本书为江西省2011协同创新中心和国家社科基金重大招标项目（12&ZD132）资助阶段性成果

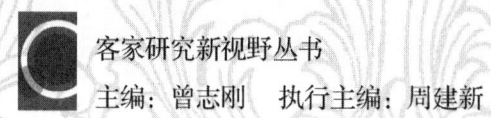

客家研究新视野丛书

主编：曾志刚　　执行主编：周建新

神境中的过客

从曹主信仰象征的变迁看岭南客家文化的形成与传承

[加] 黄　韧◎著

中国社会科学出版社

图书在版编目（CIP）数据

神境中的过客：从曹主信仰象征的变迁看岭南客家文化的形成与传承／（加）黄韧著．—北京：中国社会科学出版社，2015.3
（客家研究新视野丛书）
ISBN 978-7-5161-5293-5

Ⅰ.①神… Ⅱ.①黄… Ⅲ.①客家人—神—信仰—研究—中国 Ⅳ.①B933

中国版本图书馆 CIP 数据核字（2014）第 297305 号

出 版 人	赵剑英
责任编辑	卢小生
特约编辑	李舒亚
责任校对	郝阳洋
责任印制	王　超
出　　版	中国社会科学出版社
社　　址	北京鼓楼西大街甲 158 号
邮　　编	100720
网　　址	http：//www.csspw.cn
发 行 部	010-84083685
门 市 部	010-84029450
经　　销	新华书店及其他书店
印刷装订	三河市君旺印务有限公司
版　　次	2015 年 3 月第 1 版
印　　次	2015 年 3 月第 1 次印刷
开　　本	710×1000　1/16
印　　张	21
插　　页	2
字　　数	355 千字
定　　价	78.00 元

凡购买中国社会科学出版社图书，如有质量问题请与本社营销中心联系调换
电话：010-84083683
版权所有　侵权必究

总　序

客家人是汉民族的重要支系，主要居住于闽粤赣三省交界区域，分布遍及全球各地，是世界上分布范围最广阔、影响最深远的族群之一。客家人在中华民族悠久的历史进程中做出了卓越的贡献，在长期的迁徙和发展中，客家人吸纳了中华民族不同历史时期、不同地域的文化养分，汇成了蔚为大观、源远流长的客家文化，在方言、饮食、建筑、风俗、岁时节庆、民间信仰等方面特色鲜明、内涵丰富。自20世纪30年代罗香林先生开创客家学以来，客家研究取得了长足的发展，客家学作为一门独立的学科，借鉴了历史学、人类学、民族学、民俗学、语言学等学科的理论与方法，逐步发展成为一门以"客家"为研究对象，以"客家"的历史、现状、未来及客家语言、族群认同等为主要内容，并揭示"客家"的形成、演变的综合性学科。

客家文化是汉民族中一个系统分明的地域文化，具有我国地域文化普遍特征的文化形态，是中华民族文化不可或缺的重要组成部分；客家文化又是一个极具特色的族群文化，客家人对自身文化与族群有着高度的自觉与认同感，以对文化的坚守和传承及其突出的族群凝聚力和向心性而著称。客家社会处于汉族边陲地带，他们的特殊性展现在发展过程中长期与少数民族维持密切的互动，但在族群意识上又坚称自我为汉族血统之精粹。所谓的客家文化即在这两种不同张力的互相拉锯中形成。因此，客家社会文化研究，不能停留在汉文化或客家文化的种族中心论视野，必须从族群互动的角度，探讨客家社会在不同区域的族群关系与历史文化发展过程。

自清代以来，聚居于闽粤赣交界区的客家人在与土著的摩擦和接触中渐渐发展出显著的族群意识，他们宣称，自己是中原南迁的汉人后裔，保持了纯正的汉人文化与传统，以此区别于周边族群。客家的族群认同也随着客家人迁居海外及我国港澳台地区而四处播散，成为全球性的族群认同。在我国众多族群中，这种强烈的族群文化传播与认同具有相当的独特性，因此，对客家族群与文化的研究应更多地注重其自身的认同，并尽量从客家人自己的言说来理解客家族群的历史，从认同的角度切入，将客家族群视为一个动态的历史过程。

客家是中华民族的重要成员。以客家文化为纽带，以客家学术研究为媒介，可以充分发挥客家人在海内外交流"文化使者"的作用，对客家族群与认同的研究，将有助于我们深刻地理解中华民族多元一体的格局，是阐释作为文化传统具有延续性的中华民族认同的一个典型案例。关于客家文化与认同、客家族群意识的探讨，其中最具代表性的是华裔澳大利亚学者梁肇庭。梁肇庭先生结合施坚雅的宏观区域理论与人类学族群理论，对客家史研究进行全新的理解。客家人在宣扬族群认同的同时，又十分强调其中国性，保持着明确的国家认同，表现尤其明显的是后来迁居于海外及我国港澳台地区的客家人，他们的寻根意识及各种社团皆以爱国为宗旨，形成族群认同与国家认同的高度统一。比如，在中国台湾，客家人有450万人之多，他们对中国台湾的政治、经济和文化起着举足轻重的作用。通过客家历史文化研究，可以充分体现海峡两岸客家同根同源、同文同种，台湾人民与祖国大陆不可分割的血脉关系。

自人类起源，就开始了迁移，伴随着迁移，人类开始分化并构成不同的人群和社会。即便在安土重迁的中国文化中，任意打开一本族谱，迁移是最重要的历史记忆。因此，作为一个历史悠久的移民性族群，对客家的研究有助于丰富我们对中华民族历史的理解，深化我们对中华民族统一多民族共同体的深刻认识。正如全国人大常委会原副委员长许嘉璐先生所说："客家文化可以说是中华文化的缩影、典型、样板，或曰范式，是中国人民献给人类的一份厚礼。保护、弘扬和创新客家文化，是客家之所急需，中国之所急需，世界之所急需。"因此，深入研究客家文化，既有着重要的理论价值，又具有重大的现实意义。

在这里回顾过往的客家研究，不仅是为了理清客家学之历史脉络，更是为了表达一个期望，即希望客家学研究可一路向前，而"客家研究新视野丛书"正是其中的浓墨重彩的一笔。该丛书由江西省2011协同创新中心、江西省首批高校人文社会科学重点研究基地、江西省首批非物质文化遗产研究基地赣南师范学院客家研究中心策划，旨在推出一批高质量、高水平的客家研究著作，选取当前客家学界一批中青年学者的最新研究成果，力图呈现研究论著视野的新颖性、理论的前沿性与文献资料的完整性和系统性，提升客家研究的理论水平，扩大客家学在国内外学术界的影响。

丛书的编者和作者相信，现阶段的客家研究不应该是宏大叙事风格下的、面面俱到的研究取向，而应该是通过具体事项、具体区域或具体个案的具体研究以表达出对客家问题的整体了解。因此，丛书的作者突破了过往研究试图通过某单一学科，如历史学或人类学，研究客家问题并将其置于学科分类体系之下的构想，而采取了跨学科的研究取向，而努力将各个学科的前沿理论与方法应用其中。文献分析法与田野调查方法、文字史料与口述史、共时性分析与历时性分析、社会结构范式与社会行动范式等在其中得到了应用，并有了极佳的切合点。虽然每一本书的研究问题、研究对象都可以说是相对独立的个案，但每一个个案却与客家研究整体把握相联系，立足于客家研究的整体关怀中。换句话说，每一位作者都是以具体区域、具体事项或具体个案的研究分析以回应宏大的客家问题，这个问题是历史学意义上的，是人类学意义上的，是普遍学科意义上的。

这一套丛书最大的意义在于：

第一，视野的新颖性，即由关注客家问题的"共同性"向"地方性"转变，同时将"结构"与"变迁"两个概念很好地结合在一起，从而关注到了地域文化、地方崇拜、社会经济变迁及族群问题等的动态过程。同时，丛书的作者已经认识到，客家研究不仅要阐述客家历史的客观性，而且要关注客家人在构建"客家"过程中的能动性，甚至要反思客家研究本身是如何在"客家"构建过程中被结构化及这种结构如何影响客家人的行动。

第二，理论的前沿性，即将历史学、人类学、民族学、民俗学、符号学、现象学及考古学等引入研究中；西方人类学领域的象征人类学理论应用于阐释如服饰、饮食、民居、音乐、艺术及信仰等具体的客家文化事项，族群理论应用于解释客家族群意识、形成、互动等问题；社会经济史领域的区域研究理论应用于地方社会变迁及构建等问题。与此同时，丛书作者采用了多种学科的理论与方法，并贯穿在研究过程之中。"深描"、"族群边界"、"结构过程"等前沿理论概念在丛书作品中也被不同程度地使用。

第三，文献资料的完整性与系统性，即突破以往研究只注重文字资料的使用，而开始采用口述史资料。丛书的作者没有枯坐在书斋里，而是开始接触具体的研究对象，进行实地调查，把"获得材料与死文字结合起来"。丛书作者结合使用田野调查与文献分析的方法，到具体的地域，采访地方精英与普通民众，收集地方文献与民间文书。由此，正式史料、民间文献与口述传说、民间表述等综合应用到客家研究的"全息信息"采集分析过程之中。

近一个世纪以来，世界范围内的客家研究由肇始阶段走向学科建设和蓬勃发展之时，研究成果已在梳理史料、论证源流、文化考究等方面颇有建树。然而，诸前辈研究之视野始终未有突破，学科界限依然清晰可见，且分散性的研究止于就事论事而未能形成理论体系。直至今日，客家研究仍未能对客家问题形成整体性、系统性的学术关怀。近年来，江西、福建、广东等地的中青年客家学者引入多个学科的前沿视角，收集多个领域的翔实材料，形成了一批深入讨论客家问题的成果与论著。赣南师范学院客家研究中心顺势而为，选取其中一些相对独立而又相互连贯的精品著作，组织出版"客家研究新视野丛书"，构建一个相对系统的客家研究丛书库，力图对客家问题形成整体性关怀。

此次出版的"客家研究新视野丛书"为第一辑，由曾志刚教授任主编，周建新教授任执行主编，本辑共有8部著作，其研究对象与时空范围涉及唐宋以来客家文化的多个面向。唐宋以来儒家文化开始在赣闽粤边区传播，邹春生博士著的《文化传播与族群整合——宋明时期赣闽粤边区的儒学实践与客家族群的形成》指出，儒家文化在赣闽粤边区的传播促使当地多元族群产生"文化认同"，从而形成"客家"共同体。宋元时期，汀州社会经济历经巨大变迁，靳阳春博士著的《宋元时期汀州区域开发与客家民系形成》提出，宋代闽西山区交通的发展促进汀州经济发展，而元初以来的畲汉联合抗元斗争促进族群融合又壮大了在南宋形成的客家民系。明中期以来，赣闽粤边界地区普遍经历"正统化"过程开始，黄志繁博士等合著的《明清赣闽粤边界毗邻区生态、族群与"客家文化"——晚清客家族群认同建构的历史背景》一书以赣南营前镇、粤东百侯镇为个案力证在晚清"客家文化"被建构成"中原正统文化"的历程中，"正统化"在其中起着重要作用。黄韧博士著的《神境中的过客：从曹主信仰象征的变迁看岭南客家文化的形成与传承》一书独辟蹊径，结合民间信仰、早期移民、族群互动与区域经济等方面，采用历史人类学、结构人类学和解释人类学等研究范式，并纳入历史学、政治学、社会学及区域研究的理论视角，深入研究了广东北部曹主信仰。在人类学整体性视阈中深入阐释了粤北地区宗教信仰的文化变迁与地方社会发展的密切联系，指出北江流域的商业活动带动曹主娘娘信仰的传播，同时神话系统内又整合了不同群体的流动、互动、融合及冲突的记忆。该著作以全球化视角与中国人在国外的在地化经验研究重新审视客家问题，可谓是客家学研究又一新的视野。

历史上，随着大批中原族群南迁至赣闽粤边区，当地社会经济得以迅速发展，国家统治及儒家文化亦纷至沓来，使得赣闽粤边区由"化外之地"转为"化内之地"，客家文化认同遂于此发轫。同时，交通的发展进一步增强了闽粤赣地区各个族群间互动与融合，文教的发展促进了客家文化形成。最终，客家人的自我认同在波澜壮阔的冲突与斗争中形成并不断得以发展壮大。其中，"客家文化"在一定程度上是在生态变迁和族群关系中借由赣闽粤边界地区普遍经历的"正统化"过程所建构的。然而，"客家"并非是一个恒定不变的范畴，其往往在与"他者"的互动过程中不断变化，且客家族群的世界性流动经验往往不折不扣地在超自然象征系统中呈现。总之，客家族群的形成既是一个自我认同的过程，也是"他者"所建构认知的过程。故此，上述四部著作是将"客家"置于族群认同与族群互动中，结合共时性研究与历时性研究、静态分析与动态分析，全方位地考察了客家族群形成与发展的过程及其内外因素。

同时，"客家研究新视野丛书"第一辑著作涵盖了对多种客家民俗文化事象的深入探讨。该丛书第一辑由曾志刚教授任主编、周建新教授任执行主编。周建新教授与张海华副教授将客家服饰置于客家文化历史脉络之中进行多视角、多层次的跨学科研究，其著《客家服饰的艺术人类学研究》完成了对客家服饰的视觉识别、行为识别及理念识别过程，并指出其属于"器物文化"、"活动文化"及"精神文化"的范畴，所呈现的是客家文化与精神特质。肖文礼博士对赣南地区礼俗仪式中的艺术行为和音乐活动进行分析，她在《岁时节日体系中的赣南客家仪式音乐研究》一书中提出，客家文化在岁时节日体系中是具化的事项，即具体的时空下借由祭祖、庙会、独有仪式及国家展演所呈现的族群情感与族群关系等。王维娜博士在具体的语境中考究了福建长汀客家山歌，写成《传承与口头创作：地方知识体系中的客家山歌研究》，认为长汀客家山歌未因演唱空间改变而消失，根本在于其地方性知识体系的传承，同时地方性知识中还蕴含着歌手演唱和创作的根源。温春香博士关注宋元以来赣闽粤毗邻区的族群认同与文化表述问题，其著《文化表述与族群认同——新文化史视野下的赣闽粤毗邻区族群研究》指出，明代闽粤赣毗邻区的大规模动乱及明中后期以来的社会重组导致文化表述的转变，即借用一套文化的逻辑和汉人的意识以达成历史书写，并与历史进程并驾齐驱促成族群身份认同。

服饰乃个体与群体进行自我身份标识的最直接手段之一，客家服饰在视觉、行为及理念上的差异，蕴含其中的往往是族群性的范畴，即客家族群所持的独特属性。而音乐作为沟通人与天地的神圣手段，仪式上音乐所呈现的是客家人的宇宙观、价值观、人生观及族群认同的观念，形成了一套客家人所共享的独特精神文化。同样，声音作为人与人之间交流信息与传承文化的载体，客家山歌体现了客家人的价值观、爱情观、历史观和社会观念，传承客家山歌的背后是对客家文化及其精神特质的传承。最后，客家族群区别于其他任何族群在很大程度上是借由历史及文本的书写所表述的，而现阶段所呈现的任何一种文化特质都是一种由文化表述所构建的文本。总的来说，上述四部著作将学科关怀转向民俗学，通过考察非常具体且物化的民俗，呈现出具体民俗作为文本的表象及其背后的文化意涵，展示了客家族群的"异"与"同"。

诚然，"客家研究新视野丛书"的每一著作都归属于"客家研究"这一大命题，既在一定程度上继承了前辈的研究成果，也在已有研究的基础上阔步前行，深入把握客家之意涵，拓宽研究客家之视野，明确探索客家之方法。客家人是一个既重视传承又注重创新的族群，坚守着其独有的族群文化特质，开放地流向于全球的每一个角落并吸收"他者"优异的文化特质而具有极强的生存力。随着全球化过程的推进，传统的客家文化与客家精神也在全球范围内生根发芽。因此，"客家研究新视野丛书"的出版必然对整体把握客家、了解客家，甚至对重新理解客家、建构客家都有着深奥而久远的意义。同时，该丛书力图建立一门独立的客家学学科，并超越地方性研究的范畴，而将其推向单一族群全球性流动研究的领域。我也衷心祝愿客家研究取得更多更大的成果。

中国正处在急剧的变迁之中，社会转型、文化转型成为重要的学术命题，笔者提出，中国从地域性社会向移民社会的转型就是其一。这就是随着人群流动的频繁，城市化的加速，那种单一人群构成的地域社会不复存在，而更多地表现为多人群多族群共生构成的移民社会。作为地域性特征明显的客家族群也正在经历着这一变迁，而这种经历、变化也对客家研究提出了新的挑战！

是为序。

2015 年春于康乐园

（周大鸣：长江学者特聘教授、中山大学社会学与人类学学院教授）

代　序

本月上旬，加拿大籍华人年轻学者黄韧（Mark Y. Wong）博士来信联系，希望为他即将出版的专著写一个小序。虽然日程杂乱，似乎难以在短时间内集中精力完成这样的重要工作；但考虑到情况比较特殊，且本人对黄韧的学术成长过程较为熟悉，感觉有责任对他的学习研究情况和书籍内容做个介绍，也就应承下来。

黄韧出生在广州，年少时随父母移民加拿大，在讲英语的温哥华长大。他的家庭经济状况比较殷实，父亲做商业投资工作，期待他能够专攻经营管理研究，毕业后好继承家业。不过，他却从小对经商赚钱兴趣不大。大学本科时，不顾家人强烈反对，在加拿大大学勤工俭学攻读文化人类学专业，一心想在中国文化的深层研究方面走下去。大学毕业后，他又回到中国就读于中山大学。2007年9月至2009年7月，他在家人的坚持下进入中山大学岭南（大学）学院攻读国际工商业管理硕士。虽说顺利毕业且获得了相关专业硕士学位，但他坚信自己人生目标还在社会文化研究方面。出于这种学术使命感，他坚持自学人类学，在完成管理学课程的同时备考社会学与人类学学院人类学专业的博士课程。

我最初认识黄韧，是在2009年三四月份，他准备报考人类学专业博士课程的时候。当时，他刚刚用英文撰写完硕士论文。他来到我的办公室，向我表达了期望在宗教人类学方向继续攻读博士学位的意愿。起初，我对他跨专业报考博士生的训练条件表示了质疑。但是，随着对他了解的增加，转而感觉他具有很多年轻学人不具备的学术优势。他具有较强做人类学研究的学术动机和基础理论的学习，精通普通话、英语、广府白话和客家话，且本科时受过西方人类学调查研究的基础训练，比较适合在广东做客家社会文化的调查研究。后来，他通过了中山大学对留学生的博士生入学考试，在人类学系开始了他的学术研究生涯。

入学后，黄韧非常享受校园的研究生活。他博士课程在学4年，学习科研进步非常快。他有较强的社会运作能力，曾在中山大学的外国留学生组织担任职务，在搞好自身学习的基础上还能带动其他人努力学习，综合表现也很不错。事实说明，这种综合素质在他日后的田野调查中发挥很好的作用。2010年夏，在约一年的理论课学习和资料研究准备之后，他开始在广州市北部至英德一带的客家聚居区进行田野调查。进行田野调查大约半年以后，他回来对我说，他发现粤北地区客家文化普遍存在曹主娘娘信仰，相关神话、宗教习俗及地方志文本也比较丰富，是研究粤北地区客家社会文化较理想的切入点。于是，我们就根据他初期调研结果确定了博士论文研究主题：岭南地区客家社会与宗教文化。截至2013年6月，他通过近4年田野调查和论文撰写工作，完成了题为《神境中的过客——从象征的变化解读曹主信仰中商业和权力的互动》的博士论文，成功地取得了博士学位。目前，读者面前的这本专著，是他在博士论文基础上修改充实后写成的。

作为讲英语长大的加拿大籍华人，他的英文写作能力比较强，相对来说，中文写作不尽如人意。但是，只要有机会阅读他所刊发的学术论文和这部专著，读者一定会感到一种安心和宽慰，为他的说理分析折服，也能为他通过艰苦努力而得来的流畅中文文风所打动。正是获益于英文水平比较过硬，他外文专业书籍的阅读量较大，对国外人类学理论方法理解比较到位，并且能够将学到的理论知识快速应用到客家研究中去。黄韧博士的成长，是他本人刻苦攻读的结果，也是中山大学人类学系浓厚学术氛围所致，更是海外华人与大陆本土文化互动交融的结晶。

本书所研究的客家地区以粤北北江中游流域的英德为中心，南抵广州市区西北部的增埗社区，北至韶关北江上游，自古以来是沟通岭南岭北的重要交通枢纽。历史上，珠江水系的北江河网星罗棋布，成就了英德盆地富饶的山区鱼米之乡，也形成了人员货物迁徙转运的必经通道。秦末汉初，南越王地方政权的建立，西晋时期北方战乱中士大夫阶层南迁进入广东地区，唐宋时期北方人的大举迁入，清朝中叶的劝耕政策使其他地区的流民和无业人员大量移入英德开荒，更有抗战时期广州沦陷后大批官员和平民经英德迁出，等等，这些循环往复的移民潮对当地社会群体和文化传承的形成与发展以及对于全球移民活动都产生了重大影响。其中，民间信仰和神话则是反映时代变迁的风向标之一，对理解客家地方社会的形成和发展具有重大意义。在英德地区土著与客家的文化互动、抗争、融合的历史潮流中，围绕曹主信仰、本土与外来的信仰符号互动融合，构成了当地独特的本土性宗教文化传统。基于曹主信仰形成的神话、民间信仰以及关联的宗教文化体系在社会组织、个体行为及伦理道德等方面有超强的规制作用。其中，各种神话传说和科仪文本则是反映宗教信仰与社会文化关系、当地居民认识自然环境及社会文化变迁的珍贵文本，对理解当地社会文化的历史和现状有参照价值。而作者正是出于这种认识，通过对曹主神话深入的综合性解读，探讨历史上数次移民潮流中各种社会势力相互竞争、互动乃至融合，最后形成相对稳定统一的地方社会的动态过程。

作者认为，在中国神话研究领域中，狭义的、限于创世神话和上古神话研究思路不足以形成对本土神话更加广泛内涵的合理解释。神话研究的内容还应该涉及许多类似神话的寓言和传说故事等内容，涉及的社会文化事项也非常广泛，可以形成对社会问题具有解析意义的深层研究。基于以上认识，作者在这部著作中全面整理了有关曹主信仰的相关信息，包括历史文献、地方史志、民间信仰、民间传承、神话传说、道教及佛教经文科仪、民间刊物、民间仪式传承人和地方文人的访谈资料等广泛内容。作者在文本和田野资料的整理分析中，运用了结构人类学的空间图式理论分析界定出了曹主神话系统流传的相对区域范围，论证了曹主神话历史变迁的内因和外因，从而揭示出客家社会文化形成过程中的诸多重大事项及其内部规律。同时，作者在神话元素的提取过程中还发现，以英德为核心区域的客家社会发展历程中，还存在一个以曹主信仰为主体的宗教文化复合体所支撑的信仰圈。在这种分析设计中，他笔下的曹主神话就成为一个理解当地社会文化整体历史过程的全息文本体系。再佐证以历史文献，通过对史实的还原，作者不但能把握神话所表达的社会动态对神话自身流传的影响，同时也较合理地展示了神话系统与其流传区域的社会结构及文化传承间的相互关系。

笔者相信，黄韧博士的理论视角和研究方法都比较独特，对相关学术研究具有很高的参考价值。当然，笔者非客家研究专家，对这本专著在客家专业研究领域中的具体定位不能自行抬高或贬低。这个工作要留在本书出版后，由学界专家们去评判。在此，笔者仅从人类学研究的视角方法、区域文化研究、田野调查以及文献资料等几个方面出发，对黄韧著作的诸多特点做几点评述，供读者参考。

首先，黄韧著作所利用的神话文本、民间科仪、口头传说以及基于田野访谈资料等内容都是他独自收集、分析提取到的，研究主题和大部分资料都是新颖的。就地方性知识的系统挖掘程度而言，目前还很少见同类著作存在。

其次，这本专著在理论视角和方法论层面具有以下几个比较突出的学术特点。

第一，作为外籍华人，虽说在西方受教育成长，但他执着于中国传统文化及其所蕴含的逻辑思维形态的分析，能够专心致志地研究中国文化中最古老而又最富于本质意义的宗教元素。这种成长背景和个人兴趣使他逐渐形成一些与众不同的学术敏感，从他著作的字里行间可以清晰地看到他与大陆一般年轻作者不同的分析视角。

第二，他的研究秉承华南学派小地方大问题的一贯学术风格，把细致入微的神话元素分析与粤北客家社会近千年的发展动态结合起来，在活生生的社会事件中去理解神话的具体寓意。这种远近结合、纵横交错的叙事风格，使他的叙述和分析深入浅出，说明的道理发人深省。

第三，他能够将大量反映粤北曹主信仰起源及流变的地方史志、民间宗教文本以及神话传说等文本材料的整理挖掘与田野调查所得口传信息结合使用，形成文本说明事实、口述印证动态的立体型研究方法。这种方法使他走出了文本研究的象牙塔，其叙述和分析始终围绕当代粤北客家社会的一些重要问题展开，做到了历时性资料整理为通时性问题分析服务。

第四，他能够将法国人类学家列维斯特劳斯的结构主义人类学理论方法引入自身研究，对粤北客家社会在不同历史节点上空间移动的规律进行几何图式剖析；同时，他又不为列氏神话理论的静态性分析所约束，而在专著的后半部将格尔茨解释人类学的地方权利博弈、社会话语分析的方法引入客家文化交融的活态论证。这种对人类学理论的综合利用使他的论考不但具有分析的逻辑基础，同时也涉及当下社会问题的应用性学术讨论，使得本专著的学术目标清楚合理。这种综合使用人类学前沿理论方法的学术能力，在大陆年轻学者中还是不多见的。

综上所述，笔者毫无保留地向广大读者推介黄韧博士的著作。无论这部著作的成就如何，您肯定会从阅读此书得到诸多的有益启示。这部著作展示了出自一位跨界研究者之手的、对岭南一个跨界族群的、跨学科的综合研究分析，是一部国内少见的客家地方史诗，充满了学术智慧和开拓精神，有待于读者们去阅读和发现。

王建新

2014 年 12 月底于兰州大学一分部衡山堂

摘　要

以往的学者在研究中国文化传播途径时比较关注陆地文化走廊所起到的独特作用，而针对水道及其对于民间信仰传播所起到的作用和发生机制关注较少。自先秦以来，北江—珠江流域水路交通运输就已经开始。秦汉起，中央王朝对岭南的征服无不大力倚重水路。这条水上通道就是以珠江流域的北江和西江航道所共同构成的水上生命线。物流和人口在这条通道上不断四向流通，成为岭南文化走廊不可或缺的重要组成部分。直到现在，这条通道依然发挥着运输功能。

在几千年的南北交流过程中，各路移民陆续沿着这条通道来到粤北即北江流域中部的英德地区定居下来。他们中有客家人、广府人、福佬人，也有湖南人、湖北人。在唐代以后的客家族群的移动和定居过程中，他们的一部分参与了镇压唐末的"农民起义军"。在战斗中，出现了一位客家女英雄——虞氏。她牺牲后，人们感于她的坚贞仁爱立祠祭祀，并逐渐成为英德地区的主要保护神之一——曹主娘娘。进而在不断的移民进程中，她成为北江中游流域的重要商业保护神，并且此信仰一直南向传播到广州城西的增埗地区。后来，她还成为英德地区和增埗地区人民共同敬奉的家神。同时，曹主娘娘信仰系统与其他诸多信仰系统发生了多次混成，并形成了独具特色的宗教—信仰文化圈。曹主信仰在完成从英德地区的客家女神到流域保护神，再到家神的变化过程中，成为跨族群的地方重要信仰之一，从而成为包括客家人和广府人等地方族群的共同精神符号。

通过对粤北英德地区和广州城西的曹主娘娘信仰的田野调查发现，这一信仰的传播、混成和变型是一个复杂的过程。曹主娘娘信仰与北江流域的商业活动关系十分密切。北江航道人、物的多向流动以及英德早期城镇化是此信仰传播的直接动因。在代表着国家和地方群体利益的商业移民流动中，必然会在河道的两岸相互发生互动、融合及冲突。不同互动融合方式体现在混成方式的复杂内容中，并且在当地神话系统中得以反映和流传。同时，大传统的话语通过当地仪式和经文中的神圣空间和意涵，传递给当地民众。不同神职人员婚丧嫁娶节庆的分工体现了当地民众在建构地方小传统的同时，运用仪式的隐喻方式展示村落或宗族对于区位优势和生产资源占据之基础权威的合理性，进而发生地方和国家话语的交流。这一交流模式在增埗的"拆迁事件"中得到了现代化语境中的具体化。这证明在生产资料所有制改变后带来的生计模式的变化也使曹主信仰的社会功能发生了改变。

通过对曹主信仰的田野调查和文献研究发现，以曹主信仰为代表的北江—珠江流域混成型信仰具有与世界其他地区混成型信仰不同的特质。针对这种特质，本书综合使用历史人类学、结构人类学和解释人类学理论，逐一整理剖析。

首先，粤北地区历史环境不同，北江西江流域没有经历过殖民化过程，但移民层叠，地方社会的形成经历了复杂的历史过程。其次，曹主信仰经过长时间的多次混成最终成型，内容复杂多样，忠实反映了地方社会的变迁过程。再次，曹主信仰与当地宗族及北江的商业力量发生密切的历史性关联，最终成为地方宗族对区位资源控制的象征，从而形成跨族群和地域的宗教—信仰文化圈。最后，在中国大陆现代化语境下，由于生计模式和意识形态的改变，导致曹主信仰在社会文化功能、流传范围和信仰形态的重新塑态。

本书力图说明这样一个道理，宗教信仰的文化变迁与地方社会的发展密切关联，但不一定具有强烈的族群标识性；其神话及信仰形态的变迁能反映不同社会力量博弈过程及相关政治话语的交锋。神话和宗教信仰文化的研究，能与历史学、社会学、政治学、地域研究等学科理论方法相互应，形成对地方社会文化动态的高层次分析。用人类学理论视角去审视南岭民族走廊的宗教信仰文化景观，深入描述分析其历史形成、变迁及现状，不但为解决类似的现实问题提供思辨基础及对策方案，也为相关学科奠定理论基础。由此，学者亦可在更开阔的视野中对客家文化进行更深入的研究。

关键词： 曹主信仰　粤北客家　航运商业　移民　宗族

Abstract

When discussing China's ways of cultural dissemination, many scholars tend to focus on land cultural corridors and ignore the waterways' unique characteristics. Waterway transportation started in the pre – Qin dynasty period, in the Lower South Ridges Area. Since the Qin Dynasty, the southward conquests from the central courts mainly relied on the waterway, which is composed of the West River and North River of the Pearl River's hydro system. Demographic migration and material logistics were mainly accomplished via this hydro transportation system, which essentially became a vital component of the Lower South Ridges Cultural Corridor. Today, the transportation system still functions.

During the long process of continual South – North contact, there were groups of immigrants, such as Hakka, Guangfu, Fulao, Hunan as well as Hubei people residing in the Yingde region, which is located at the center of the North River hydrographic area. During the late Tang Dynasty, they fought and won against the rebel named Huang Chao. During this long and bitter resistance, there was a Hakka heroine known as Lady Yu (who later married into the Cao's family), who led her countrymen to fight against the rebels and died during combat. She was deified by the locals due to her benevolence and bravery. Gradually, along with the immigration process, she became one of the major deities of the region. She was named Caozhu Niangniang (The Heavenly Empress from Lord Cao's Kin), and a belief system was formed around her deity and her myth. She also became the main heavenly female protector of the North River transportation business. Now, the Goddess is worshipped as the people's family protectress. The Caozhu Belief System eventually syncretized with other different folk belief systems in the area as well as Buddhism and Daoism, and established a characteristic religious – belief cultural circle. The belief system became cross – kinship and cross-ethnic spiritual symbol, once it finished the transformation process of a Hakka goddess, local supernatural protectress, to family protectress.

The findings from three years of fieldwork indicate that the spreading, syncretization, and changes of such a belief system is rather complicated. The bond between the Caozhu Belief System and North River business activity is very strong. Human movement and the flow of goods along the waterway are associated with the early stages of Yingde's township establishment. This process is the direct cause of the belief system's spreading. There is also assimilation and conflict accompanying the movement of goddess worshippers, who essentially represent the interests of the empire and business immigration. The result of the different interest groups' interaction and integration are reflected in the mechanisms of syncretization. Various regions retained local knowledge regarding this historic construction of peoples' folk traditions by constructing a myth system and enacting it via sacred scripts and rituals.

In addition, the big tradition's message from the empire is repeated in the local sacred canons' cosmological order and meaning, and delivered to the local population by using rituals and scripts as a communication vehicle. The professional separation of the folk priest – Shiye, in different local events, shows ways of local kinships' efforts of building their small tradition, in order to bargain for their best interests with the state. Through a variety of symbolic metaphors made by the local kinships to claim their control over regional resources and key geographic spots, they made the occupation of local resources appear justified. Local kinships will use such common local understandings to complete foundational authority and to negotiate their best gains from the state. According to the recent "Village Dismantle Incident", the local kinship successfully expelled one of Guangzhou's biggest realty developers by putting this foundational authority into practice, giving researchers new insight into the modernity of China's folk belief systems. The outcome of the incident indicates that the changed ownership of the means of production led to changes in the local livelihood model, and it further caused a functional transition of the Caozhu Belief System.

Through full-angled fieldwork and record filtering, the author found the unique nature of the North River – Pearl River hydro-zone's folk beliefs, represented by the Caozhu Belief System, which has not been previously seen in other corners around the globe. In order to comprehend every aspect of the system's uniqueness, this thesis uses strengths from different anthropological theoretical schools, including historic, structural, and narrative perspectives, intending to reach a sufficient academic understanding via building an analytical model.

First, Northern Guangdong has a different historic background. The North River and West River areas did not go through a colonial process. Instead, the local society's building history was linked to complicated waves of immigration, especially the Hakkas. Second, shaping the Caozhu Belief System is a long – multi – sycretizational process, which involves many societal forces, and is a mirror of local societal transformation. Third, the belief system closely connects to local kinships, Hakka immigrants and the North River business activities throughout local history. Eventually, it becomes a religious/belief cultural circle by being the symbolic representative of local kinships' control of regional strategic resources. Finally, in the context of modernity of mainland China, the function and physical range of the system has changed, due to the changes of livelihood and ideology. The theme of this thesis is to reveal a fact that religious/belief cultural changes are caused by the changes in local society and myth. The appearance of such changes can reflect the historical game of politics. Therefore, mythological research and religious cultural studies can correlate to the study of history, sociology, politics and specified regional research topics to become a high level analytical method of local society's cultural study with a changing perspective.

Examming Nanling Ethnic Corridor's religious cultural landscape, via anthropological methods, not only provides a cognitive map of the locals and solutions for dispute; but also constructs a stronger social sciences cross – disciplinary approach and methodological foundation, based on the comprehension of local religion's process of changes in a thick narrative manner. Further, author found that folk belief as a local cultural attribute cannot serve as an indicator for ethnic boundary. Instead, the openness of the belief systems can provide researcher broader eyesight to evaluate the Hakka culture's inclusive nature.

Keywords: Caozhu Belief System; Northern Guangdong Hakka; River Transportation Business; Immigration; Kinship

凡 例

一 广府白话的写法按照汉字的白话发音，客家话写法按照汉字的客家当地发音，皆以引号标记并注明词意。

二 引用的古文繁体汉字，均写成现代简化字。

三 神话故事方面取材于地方志、正史记载、民间文本、地方文人记录、师公经文等，这类地方文献全部来自田野调查时的收集。

四 由于年代久远和保存不善以及方言异体字等原因，引用前人文本记录、碑铭、民间传说、地方文献、当地文人著作及经文中难以辨认之处，统一用方框"□"符号标注。

五 为了保持原真性和情境性，书中论述时采取直接引用信息提供人口述资料。部分与本书研究无关之内容有删节，但保留信息提供人的原意。对田野调查资料包括地方文献、神话传说、客家山歌、科仪经文、新闻报道和口述资料的引用，以仿宋、小四格式与正文加以区分。文中的许多观察和记录来自田野调查笔记。

六 作为一本学术专著，书中引用大量学术著作和论文的相关话语及论断，是基于对学者及其著作旨意的学理理解上进行引用。

七 田野调查收集的地方文献和口述资料，旨在补充说明和反映某种文化事象。比如科仪经文、客家山歌，某些难以证实的地方文字记录，未作为信史使用。

八 为了增加可读性，本书会引用上述各类文献中的诗歌和故事。

目 录

第一章 导论 … 1
- 第一节 研究缘起和研究问题 … 1
- 第二节 相关研究回顾与反思 … 5
- 第三节 田野工作和研究方法 … 34

第二章 英德地方社会中的宗教信仰 … 37
- 第一节 英德简介 … 37
- 第二节 广州荔湾区增埗社区与曹主信仰 … 44
- 第三节 岭南地区民间信仰演变进程 … 48
- 第四节 小结 … 59

第三章 曹主信仰与北江商业关系 … 61
- 第一节 曹主信仰的产生 … 66
- 第二节 曹主信仰的发展 … 75
- 第三节 曹主信仰在英德的现况 … 79
- 第四节 "民间信仰志"和曹主神话的解读 … 84
- 第五节 小结 … 89

第四章 曹主信仰的混成特质与权力分配 … 94
- 第一节 曹主信仰传播路径 … 96
- 第二节 曹主信仰与宗族的斗争及融合 … 100
- 第三节 曹主信仰与其他信仰的关系 … 125
- 第四节 小结 … 140

第五章　作为大传统戏台的曹主信仰⋯⋯⋯⋯⋯⋯⋯⋯⋯⋯⋯ 144

　　第一节　闾山派师公经文中儒释道的混成⋯⋯⋯⋯⋯⋯⋯ 146
　　第二节　闾山派经文与曹主信仰关系⋯⋯⋯⋯⋯⋯⋯⋯⋯ 153
　　第三节　曹主神诞闾山派仪式过程⋯⋯⋯⋯⋯⋯⋯⋯⋯⋯ 172
　　第四节　小结⋯⋯⋯⋯⋯⋯⋯⋯⋯⋯⋯⋯⋯⋯⋯⋯⋯⋯ 202

第六章　增坑宗族地方话语权建构与曹主信仰⋯⋯⋯⋯⋯⋯⋯ 207

　　第一节　宗族与地方话语权的控制⋯⋯⋯⋯⋯⋯⋯⋯⋯⋯ 210
　　第二节　村庄节日与宗族关系⋯⋯⋯⋯⋯⋯⋯⋯⋯⋯⋯⋯ 222
　　第三节　宗族与曹主娘娘庙重建⋯⋯⋯⋯⋯⋯⋯⋯⋯⋯⋯ 234
　　第四节　小结⋯⋯⋯⋯⋯⋯⋯⋯⋯⋯⋯⋯⋯⋯⋯⋯⋯⋯ 242

第七章　结论⋯⋯⋯⋯⋯⋯⋯⋯⋯⋯⋯⋯⋯⋯⋯⋯⋯⋯⋯⋯ 248

附　录⋯⋯⋯⋯⋯⋯⋯⋯⋯⋯⋯⋯⋯⋯⋯⋯⋯⋯⋯⋯⋯⋯ 262

　　附录一　英德行政区划沿革⋯⋯⋯⋯⋯⋯⋯⋯⋯⋯⋯⋯ 262
　　附录二　英德行政管辖区及人口⋯⋯⋯⋯⋯⋯⋯⋯⋯⋯ 264
　　附录三　英德地貌与自然物产⋯⋯⋯⋯⋯⋯⋯⋯⋯⋯⋯ 268
　　附录四　英德陆路交通网的形成⋯⋯⋯⋯⋯⋯⋯⋯⋯⋯ 273
　　附录五　各庙宇曹主娘娘配饰⋯⋯⋯⋯⋯⋯⋯⋯⋯⋯⋯ 274
　　附录六　各庙宇神诞日⋯⋯⋯⋯⋯⋯⋯⋯⋯⋯⋯⋯⋯⋯ 278
　　附录七　《曹主娘娘留念书》⋯⋯⋯⋯⋯⋯⋯⋯⋯⋯⋯ 282
　　附录八　卖身契⋯⋯⋯⋯⋯⋯⋯⋯⋯⋯⋯⋯⋯⋯⋯⋯⋯ 285
　　附录九　地方文献资料⋯⋯⋯⋯⋯⋯⋯⋯⋯⋯⋯⋯⋯⋯ 288
　　附录十　师公仪式经文、歌本⋯⋯⋯⋯⋯⋯⋯⋯⋯⋯⋯ 289

参考文献⋯⋯⋯⋯⋯⋯⋯⋯⋯⋯⋯⋯⋯⋯⋯⋯⋯⋯⋯⋯⋯ 291

后　记⋯⋯⋯⋯⋯⋯⋯⋯⋯⋯⋯⋯⋯⋯⋯⋯⋯⋯⋯⋯⋯⋯ 310

第一章 导论

第一节 研究缘起和研究问题

一 选题缘起

广东具有独特的地理构造，南海位于东、南，五岭迤逦于西、北。由此构成以珠江三角洲为中心、相对封闭的地理环境。先秦时期广东原居民开始崇尚巫鬼，随着中原移民以及海外宗教文化（佛教、伊斯兰教、天主教、基督教等）的进入，外来文化和本土文化在这里交汇，对岭南地区的社会、经济、文化、民俗乃至基因特征都产生了较明显的影响。

秦朝以来，珠江三角洲地区与粤北地区关系密切，皆因南北物流互通必须翻过南岭山脉。自古以来国家对此地区的管控十分严密，其中广州作为岭南的经济中心，既是海上丝绸之路的起点之一，也是中国当时为数不多的对外窗口之一。在物通财流的过程中，各种文化习俗与区内的宗教信仰在这个城市交织碰撞，成为岭南文化的特点。尤其是清末以来广东政权更迭，又最早受欧洲文化冲击，意味着这里也是传统生态和现代化共存的空间。"进入近代（1840—1949）之后，由于历史条件，广东的宗教活动在沿袭历史传统的同时，又呈现出新的特点，其同世俗社会的关系更加密切，影响也更加广泛。"[①]

北江流域英德地区和广州西部增城地区，普遍流行曹主信仰文化。曹主信仰文化的神灵名为曹主娘娘，又称虞夫人、惠妃娘娘以及连江姑婆。曹主娘娘由一个普通的移民农家女成长为英勇的武将，为夫报仇重伤而

[①] 赵春晨、郭华清、伍玉西：《宗教与近代广东社会》，宗教文化出版社2008年版，第1页。

亡，受到乡人拜祭。后来在多次动乱中起到保护地方的作用，进而成为英德当地的保护神。据笔者调查，英德地区几乎所有的庙宇都供奉曹主娘娘。此外，英德地区不同宗教的寺庙不下两百所，在英德市区、大湾镇以及浛洸镇皆有基督教教堂及其他宗教场所。在笔者的另一个田野点——广州西部增埗社区，村子里也有民间信仰的曹主娘娘庙，还有土地庙、祠堂和每家每户供奉的白衣观音。其村口是一个基督教教堂，村子周边两公里范围内有名的佛道宫观和穆斯林圣墓不下十几处。

有宋以来，岭南地区就开始"毁淫祠"活动。中华民国至今，中国政府一直向"迷信"和"封建"发起一次次的进攻。"文化大革命"期间甚至发展到要从物质和肉体上彻底消灭这些"旧社会"的代表。在多次由上至下的废除迷信运动中，村神庙从被征用到被废弃，直到最后拆除湮灭。可是令人惊奇的是，改革开放以来民间信仰复兴浪潮高涨，村神庙又重新建立并且被赋予新时代的社会意义。笔者在英德地区进行田野调查的过程中就发现许多新建庙宇以及在建庙宇。

二 问题意识

（一）宋元时期由于北江航运日渐发达，曹主信仰沿着水运航道传播到粤北各地

由于南岭山脉的阻隔，粤北陆路运输在新中国成立前极为艰难，南北货物交通主要由西江和北江航运承担。然而，此两河航道危机四伏，险象环生。屈大均对西江、北江沿线航道的艰险曾作《上峡》一诗：

水如奔箭穿霞壁，舟与浪花相拒敌。千岩万壑势将崩，一石中流犹荡激。

风峡惊涛似飓来，斜吹一半断虹开。潮向北江犹可上，西江从未有潮回。

北江势比西江缓，水性西江犹劲悍。时时一口似龙门，万里飞流束欲断。

牂牁至此尾闾同，到海犹须两日功。倾泻不教元气尽，故为三峡吕梁中。[①]

---

① 欧初、王贵忱编：《屈大均全集》第一册，人民文学出版社1996年版，第179页。

由此看出在如此危险的航道中行驶是对船工的技术和运气的极大考验。当时简易的行船技术和航运条件所带来的困难是超出想象的，人们转而求神拜佛希望通过超自然力量的帮助渡过艰险的航道是可以理解的。在此过程中，由航运主导的商业力量如何与地方势力（宗族）和精英发生接触、冲突，最后融合成为一体。

改革开放以来，国家的宗教政策逐渐完善。与此同时，宗教商业化也对当地的宗教活动产生了巨大的影响。如何以历史的动态视角看曹主信仰的变化：分析商业力量对曹主信仰的塑造和破坏；透视宗族从对抗、容纳到将曹主信仰变为地方信仰的一部分并成为曹主信仰复兴力量的过程。

（二）曹主信仰文化圈历经上千年的传播与变化，形成当下以英德市为中心的地方神祇信仰

虽几经变迁，但其信仰文化的核心地区并未发生重大改变，并且其边缘在历史上基本没有太大变化。民国以后，由于政治不稳定和战乱的关系，一直到20世纪70年代末，曹主信仰都处于萎缩状态。究其根源，乃是由于粤北内河航运的变化和衰退直接造成的结果。民国以来由于航运商业的衰落，此宗教—信仰文化圈应该持续萎缩、衰败。

然而，从20世纪80年代末到现在，曹主信仰文化呈蓬勃复兴趋势。笔者在田野调查期间发现，大部分重建和再建的庙宇都是在90年代之后次第动工的。所以除了研究航运沿线的商业活动对曹主信仰的影响外，仍需考虑其他客观因素对于曹主信仰的影响，如广九铁路、英西公路网、英佛公路和在建的广乐高速公路对于当地经济的影响，以及它对于曹主信仰复兴的间接推动。通过把握曹主信仰的产生、发展、萎缩、复兴的全景式过程，可以了解民间信仰与当地宗族、水上生计模式如何相互依存相互影响。由此，还可以了解南岭走廊与北江—珠江流域民间信仰的特殊纽带。

除了考虑经济因素，仍需考虑当地人民对于曹主信仰的精神需求。这种需求给曹主信仰发展提供了源泉和动力，如资金、信众和劳动力。同时也为当地宗族和商业精英创造了通过信仰的力量与国家或其他地方精英角逐地方话语权的历史舞台。但是，在曹主信仰发展过程中，所有精英与精英之间、地方与国家之间的权力竞争并不全部是激烈的、不能调和的、硬性的、抵角式的冲突；其中也有温和的、柔性的、妥协的、对话式的和谐竞争。这一切都可以通过正史、当地神话传说以及庙宇神像塑造作为符号式的记录。

新中国成立之前，增埗的蔡氏宗族掌握了当地神诞的组织权，进而通过神诞掌握了地方话语权。增埗曹主娘娘庙具有传统广州地区的"集庙"性质，即"广州商人和其他居民的街区自治，以及从国家争取到一定的管理、司法的权力"①，从此可以看出，地方精英通过对村神庙（曹主娘娘庙）的掌握为当地宗族和居民谋取利益。同时增埗的宗族精英还通过与同宗和同义②的政治、经济，甚至是武力的同盟捍卫宗族的利益。但是宗族如何具体地一步步掌握和巩固自身在地方的话语权，以及在现代语境中去把握宗族在地方事务中的角色及其所能发挥的特殊能量，乃笔者研究的重点。

（三）如果用整体观视角来看中国民间信仰，混成型信仰这个在欧美人类学语境中的概念和中国语境下的混成型信仰不尽相同

中国的民间信仰究竟是"混成性"还是"泛神性"，存在对话的空间。

中国的民间信仰是混成性的。中国的许多信仰还存在二次混成现象，这就不是普通的混成论或泛神论可以解释的。假如妈祖信仰和百越的水生动物图腾信仰的磨合是第一次混成，那么妈祖信仰和其他水神信仰的磨合就是第二次混成，若是再与道教元素结合就是第三次混成。

同时，再将"人"放进这个语境中，就变得更加有趣。因为在大部分的中国民间信仰中都存在着多信仰系统共存的现象。也就是说，人们可以拜关帝，同时也可以拜妈祖、拜观音。这三大信仰都是混成型的信仰系统。于是，可以认为这是混成系统与混成系统的磨合。在个人信仰生活中出现一种特异的情形，那就是信仰的"盔甲化"。不同功用的神祇的神功就像盔甲的鳞片一样，在人的生活中起到了不同的庇佑功能。这就需要将"人"放在这一系统的核心位置。那么，人在这一过程中到底扮演何种角色呢？更为重要的是，在宗教信仰混成的过程中，曹主信仰的宗教精英如何通过对"大传统"伦理价值系统的继承以及如何将此系统通过仪式和经文传达给广大信众，从而谋取国家对其宗教事务乃至法律地位的认可。经文和仪式在很大程度上也反映了人民群众对于美好生活的需求。学者通过对经文、仪式的研究，可以较好地把握曹主信仰中关于地方发展的人民心理需求，从而可以理解地方经济发展的积极内因。

---

① 关振东主编：《岭南逸史》，花城出版社2008年版，第180页。
② 通过对其他村落进行经济上和武力上的帮助，使其为自己的盟村。

笔者的田野调查点之一的增埗社区现正面临拆迁的问题。拆迁问题包括拆和迁。问题的关键在于回迁还是迁出，而回迁和迁出的补偿标准不一，双方在补偿问题上无法达成一致。面对政府所代表的国家威权和开发商所代表的商业力量，作为弱势的社区居民一方，如何在强力面前捍卫自己的合法权益呢？地方宗族利用传统的民间信仰仪式将各个分散的社区力量集中起来，成功掌握地方话语权并通过仪式对内对外进行宣示。当地宗族掌握地方话语权后，利用地方话语权与国家威权和商业力量进行互动与博弈，从而达到保护宗族利益的目的。在拆迁问题上，宗族如何运用民间信仰仪式进行地方话语权的表达，与地方政府和开发商进行博弈呢？此中的运行机制具体如何？这也是笔者关注的另外一个问题。

第二节 相关研究回顾与反思

一 西方人类学界有关宗教信仰的理论

西方人类学界对宗教信仰领域的研究层出不穷，几乎每一个人类学家都会对宗教信仰进行一番讨论。

爱弥尔·涂尔干在《宗教生活的基本形式》[①] 中认为，人类社会的法律道德甚至科学思想都是源于宗教，宗教与科学两者之间并没有本质的冲突，因为科学本身是具有宗教精神的。在此书中，涂尔干对泛灵论和自然崇拜进行了批判和否定的工作。并且认为，信仰和崇拜是没有具体的概念和形式同时又是一种以"超经验的力量"为对象进行崇拜的。涂尔干从社会学的角度出发理解宗教，他认为，有两种形式：其一，崇拜对象是社会组织结构本身，只是它的出现是以一种超自然形式而已；其二，人类的心理本身对神和宗教的创作起到了源泉的作用，尤其是个人和集体出现了"激动状态"时。这两个观点为解决宗教与科学的矛盾提供了前提。

马林诺夫斯基在《西太平洋的航海者》中详细阐述了新几内亚原住民特有的一种产品交易方式——库拉圈，以及围绕着此一产品交换的

[①] [法]爱弥尔·涂尔干：《宗教生活的基本形式》，渠东、汲喆译，上海人民出版社1999年版。

"经济圈"及行为所产生的一系列巫术。① 这些巫术对这些大洋洲的原住民生活、生产、竞技产生着决定性的影响。换言之，他意识到了人们的生计模式与精神世界和社会行为、仪式行动之间的相生关系。这种关系是通过对巫术符号的操纵的仪式过程所表现出来的。马林诺夫斯基还在《野蛮人的性生活》② 中提到生育巫术和性放纵以及养育禁忌中的宗教内涵。

克劳德·列维－斯特劳斯的《亲属制度的基本结构》③ 认为没有单纯的意义，意义通过与意义相关的关联体系产生的。在他看来，意义具有"层次"和"结构"两种特质，将二者联系起来的媒介就是它们的逻辑关系。同时，这样的"辩证关系"④ 所体现出来的结构可以通过解释神话和仪式之间的关系解构出来。

埃文斯－普理查德的《原始宗教理论》⑤ 将20世纪60年代的主要宗教学和社会学关于宗教和仪式的理论进行了梳理。他得出探寻宗教原型是无用的结论；并对当时所谓的原始人和原始世界与现代人和现代世界的分离观点进行了批判。他还指出，为了深入把握宗教思想特征，必须对社会结构进行深入细致的研究。对他来说，最重要的问题是，宗教信仰和实践在任一社会是如何影响社会成员的心智、情感、生活和人际关系的。他的观点在《阿赞德人的巫术、神谕和魔法》⑥ 一书中得到了具体的体现。在他看来，生活本身就是仪式的一个表现方式；人们往往喜欢用仪式性行为改变自己的生活方向，或者为利益而发动各种仪式性社会活动。

维克多·特纳的《仪式过程：结构与反结构》⑦ 分析了从仪式开始到结束的三个步骤，即分离、过渡到重新进入日常生活这一过程，提到阈限与交融反结构等概念。他在心理层面上对仪式进行了阐述，但对于仪式的现实意义以及仪式本身对社区和个人的长期影响并没有进行深入探讨。主

---

① ［英］马林诺夫斯基：《西太平洋的航海者》，梁永佳、李绍明译，华夏出版社2001年版，第304—372页。

② ［英］马林诺夫斯基：《野蛮人的性生活》，金爽、高鹏译，团结出版社2005年版。

③ ［法］Claude, Levi－Strauss, *The Elementary Structures of Kinship*. Beacon Press, 1971.

④ ［法］克洛德·列维－斯特劳斯：《结构人类学》（1、2），张祖建译，中国人民大学出版社2006年版，第221页。

⑤ ［英］E. E. 埃文斯－普理查德：《原始宗教理论》，孙尚扬译，商务印书馆2001年版。

⑥ ［英］E. E. 埃文斯－普理查德：《阿赞德人的巫术、神谕和魔法》，覃俐俐译，商务印书馆2006年版。

⑦ ［英］维克多－特纳：《仪式过程：结构与反结构》，黄剑波、柳博赟译，中国人民大学出版社2006年版。

要原因是，他过于集中对仪式环节、细节和小节的挖掘。特纳还指出："仪式符号成分自身能够被划分成为结构性成分，或被称为'支配性象征符号'，他们倾向于自身就成为目的，以及可变的部分，或称为'工具性象征符号'它充当实现特定仪式的明确或含蓄的目的手段。"① 当然，我们要通过仪式本身的语境、分类、深度、意义和行动方式把握符号和仪式的微妙关系。这个论断和格尔兹的解释人类学的宗旨有相通之处，但是特纳还是更着目于仪式的过程和类别。

克利福德·格尔兹的《文化的解释》② 提出，文化是一种网络，关于文化的分析不应该是一种实验性的科学，而是一种对其在固定环境下的意义进行解释的阐释性科学。格尔兹认为，宗教研究应分为两个阶段：第一，在宗教的语境里去把握符号的意义，也就是说，从"本位"理解宗教符号。这就要求田野调查者进行角色互换，用"如果"的思维方式去想问题。第二，符号、社会结构过程和心理过程的关系与文化系统变动密切相关，在这个基础上就将人类学者引入了一个新的田野，即"他们"所认为的事物存在的方式，也就是一般所谓的世界观。同时也将推进人类学关于宗教的动态性研究，就是从内部观点和外部诱因来研究宗教的变迁和历史。

混成型信仰是指两种或多种宗教发生教义、仪式的混合而产生的一种新型宗教信仰。欧美人类学家提出这个概念是通过分析世界各地的田野资料，尤其是在后殖民主义时期，原殖民地人民将基督教（天主信仰）与当地的原生信仰混合，从而出现了如非洲优鲁巴③—基督信仰④、北美印第安人基督教与萨满教的混成产生的印第安基督教团⑤、中美洲海地的刚

---

① [英]维克多·特纳：《象征之林——恩登布人仪式散论》，赵玉燕、欧阳敏、徐洪峰译，商务印书馆2006年版，第44页。
② [美]克利福德·格尔兹：《文化的解释》，纳日碧力戈等译，译林出版社1999年版。
③ 非洲地区的一种原生信仰。
④ Peel, J. D. Y., *Review: Religion in Africa: Experience and Expression*. Eds. by Thomas D. Blakely, Walter E. A. van Beek, Dennis Thomson, Vol. 26, Fasc. 2. *Journal of Religion in Africa*. May, 1996, pp. 219–221; *Gender in Yoruba Religious Change*, Vol. 32, Fasc. 2. *Journal of Religion in Africa*, The Politics of Mission, May, 2002. pp. 136–166.
⑤ Morrison, Kenneth M., *Baptism and Alliance The Symbolic Mediations of Religious Syncretism*. Vol. 37, No. 4, *Ethnohistory*, Autumn, 1990, pp. 416–437; *Native Americans, Christianity, and the Reshaping of the American Religious Landscape*, Edited by Joel W. Martin and Mark A. Nicholas, Chapel Hill: University of North Carolina Press, 2010, p. 235.

果巫毒信仰与基督教圣人信仰的混成①、墨西哥的圣像崇拜与玛雅身份认同的关系研究②、北美哲学界产生的一种基督信仰与佛教的混成体——大乘基督③、南亚的基督教与印度教混成的女性秘密宗教社团。④ 有学者根据佛教与多地原生信仰混成的程度不同进行多点民族志研究。⑤ 另外一些学者试图研究涉及黑人的全球离散现象发现宗教信仰混成之间的对应关系。⑥ 还有学者通过性别视角研究信仰的混成与传统和现代也门女性的社会性别角色的改变。⑦ 政治人类学学者通过中美洲宗教信仰混成现象讨论中美洲文化与殖民主义的关系，并指出后殖民主义时代的中美洲文化以及国家与文化的定位关系。⑧

语言人类学者对混成型信仰中的"同义词"现象进行文化的混成和宗教混成之间关系研究。⑨ 也有学者通过现代社会语境中的混成与更替讨论文化同化。⑩ 此类研究讨论中古时期埃及的"神人"与信仰混成之间的

---

① Heusch, Luc de, *Kongo in Haiti: A New Approach to Religious Syncretism*, Vol. 24, No. 2. Man, New Series, Jun., 1989, pp. 290-303.

② Watanabe, M. John, *From Saints to Shibboleths Image, Structure, and Identity in Maya Religious Syncretism*, Vol. 17, No. 1, American Ethnologist, Feb., 1990, pp. 131-150; Nutini, Hugo, G., *Education Syncretism and Acculturation: The Historical Development of the Cult of the Patron Saint in Tlaxcala, Mexico (1519-1670)*, Vol. 15, No. 3, Ethnology, Jul., 1976, pp. 301-321.

③ Smith, Henry N., *Beyond Dual Religious Belonging: Roger Corless and Explorations in Buddhist-Christian Identity*, Vol. 17, Buddhist-Christian Studies, 1997, pp. 161-177.

④ Kent F. Eliza, *Secret Christians of Sivakasi Gender, Syncretism, and Crypto-Religion in Early Twentieth-Century South India*, Vol. 79, No. 3, Journal of the American Academy of Religion, September 2011, pp. 676-705.

⑤ Gellner, David N., *For Syncretism, The position of Buddhism in Nepal and Japan Compared*, Vol. 5, No. 3, Social Anthropology, 1997, pp. 277-291.

⑥ Apter, Andrew, *Herskovits's Heritage Rethinking Syncretism in the African Diaspora*, Vol. 1, No. 3, A Journal of Transnational Studies, Winter, 1991, pp. 235-260.

⑦ Sharaby, Rachel, *Looking Forward and Backward Modern and Traditional Gender Patterns among Yemenite Immigrant Women in a Moshav*, No. 8, A Journal of Jewish Women's Studies and Gender Issues, Fall 5765/2004, pp. 25-49.

⑧ Aisha, Khan, *Sacred Subversions Syncretized Creoles, the Indo-Caribbean, and "Culture's In-between"*, Issue 89, Radical History Review, Spring, 2004, pp. 165-184.

⑨ Stewart, Charles, *Syncretism and Its Synonyms: Reflections on Cultural Mixture*, Vol. 29, No. 3, Diacritics, Autumn, 1999, pp. 40-62.

⑩ Levenson, Alan T., *Syncretism and Surrogacy in Modern Times: Two Models of Assimilation*. Vol. 30, No. 1, An Interdisciplinary Journal of Jewish Studies, 2011, pp. 17-30.

因果关系,并指出他们是基督教与古埃及的自然信仰混成的重要平台。①女性主义考古人类学者指出,在古代以色列犹太教中唯一的男神取代女性众神是一个有一千多年过程的漫长性别—数量混合的文化现象,此现象代表着女性社会向男性社会转变的过程。同时,此一过程并非是单向的,中间还发生了数次女性诸神的"复辟"。② 在分析教皇约翰·保禄二世访问墨西哥与墨西哥原生文化发生接触的现象时,有学者指出了信仰的同化现象,尤其是公共仪式中出现的这一现象有可能是一种短暂的个人行为。③

文学人类学者在研究古英格兰的两则诗篇时指出,女巫文化现象事实上是与基督教和古日耳曼文化的信仰混成有非常大的关联。④另外,在研究现代希腊童话时也发现大量宗教故事中混成信仰的信息。⑤ 苗学学者在中南半岛田野调查后发现"金三角地区"的观音崇拜与当地苗人的原生信仰也发生了相当程度的混成,这些学者指出,这样的混成在中国国内的苗人信仰中也出现了类似的文化现象。⑥ 在研究韩国的民间信仰与佛教混成时,人类学者发现了一种逆向混成的文化现象,指出混成的程度有高度混成和低度混成两种,对于他们来说,佛教的民间化是属于低度混成的一种。这种混成是民间信仰将佛教诸神吸纳进其神灵体系,所以称之为逆向。⑦ 音乐人类学者在讨论日本北部的传统戏剧时发现神道教、佛教与当地原生信仰发生混成并通过戏剧的乐曲、乐器、乐理反映出来。⑧ 这些研究对宗教信仰混成的理解主要局限于现象学的讨论,并未深入涉及混成变

---

① Frankfurter, David, *Syncretism and the Holy Man in Late Antique Egypt*, Vol. 11, No. 3, *Journal of Early Christian Studies*, Fall, 2003, pp. 339 – 385.

② Wanlass, Ramona, *The Goddess, Syncretism, and Patriarchy*, Volume 8, Number 2, Women in Judaism: A Multidisciplinary Journal, Winter, 2011, pp. 1 – 16.

③ Beatty, Andrew, *The Pope in Mexico Syncretism in Public Ritual*, Vol. 108, No. 2, *American Anthropologist*, June, 2006, pp. 324 – 335.

④ Hill, Thomas D., *The Rod of Protection and the Witches' Ride Christian and Germanic Syncretism in Two Old English Metrical Charms*, Vol. 111, No. 2. Journal of English and Germanic Philology, April, 2012, pp. 145 – 168.

⑤ Kanatsouli, Meni, *Religious Syncretism in Modern Greek Children's Literature*, Volume 24, Number 1. *Children's Literature Association Quarterly*, Spring, 1999, pp. 34 – 39.

⑥ Yang, Kao - Ly, *The meeting with Guanyin, the Goddess of Mercy: A Case Study of Syncretism in the Hmong System of Beliefs*, Vol. 7, *Hmong Studies Journal*, April, 2005, pp. 1 – 42.

⑦ Grayson, Huntley James, *The accommodation of Korean folk religion to the religious forms of Buddhism an example of reverse syncretism*, Vol. 51. No. 2, *Asian Folklore Studies*, Oct. 1992, p. 199.

⑧ Asai, Susan, *Origins of the Musical and Spiritual Syncretism of Nomai in Northern Japan*, Vol. 28, No. 2, Asian Music, Spring - Summer, 1997, pp. 51 – 71.

化的动因及机制。

国外学者针对中国混成型信仰的早期研究大致始于20世纪初。有研究指出在南京和福建的一些大学生和市民早在1914年就自发组成了三个具有信仰混成气质的社团。通过对这三个社团的调查，发现除去中国传统的"三教合流"外，这些社团还将伊斯兰教、基督教以及犹太教纳入他们的信仰范畴之内；并指出中国人应该有一种世界的胸怀，所以信仰也应是一种世界的信仰。① 还有学者通过研究儒家思想的哲学以及对于宗教的态度，找到了新儒家（宋以来的儒家思想）对于儒、释、道三教同流的思想基础。② 有学者认为，在研究宗教混成现象时不应单单地抓住亚洲民间信仰中的大小、官方与传统这一类的话语。混成现象并不仅仅止步于不同宗教信仰元素的合成，它应该被理解为只是一种社会现象和行为的开始。所以，应该厘清混成型信仰内各宗教元素之间的界限以及在不同环境中所代表的内涵。与此同时，在混成的过程中，不同宗教信仰元素所代表的权力之间的互动。最后，对于权威在混成型信仰中如何体现出来也应关注。③ 宗教信仰混成现象事实上是一种文化变迁。这种文化变迁代表着"一种革新，这种革新是基于一个文化群体内应对变化和发展而兴起的新思想、行为或产品。一旦以上三种事物产生并被这一群体内的大部分成员所接受……其最终结果代表着一种文化的变化"。④ 这样的变化过程在中国的语境中现在会是一种什么样的面貌，以及在漫长的历史中如何产生和变化，现在探讨的还是不多。

二　中国民间信仰研究

民间信仰是这些年来比较热门的研究课题，有关民间信仰的早期研究并不多见。最早运用欧美学术理论对中国民间信仰进行研究，可能始于江

---

① Twinem, Paul De Witt, Morden Syncretic Religious Societies in China I, Vol. 5, No. 5, The Journal of Religion, Sep., 1925, pp. 463–482.

② Haeger, John Winthrop, The Intellectual Context of Neo–Confucian Syncretism, Vol. 31, No. 3, The Journal of Asian Studies, May, 1972, pp. 499–513; Hellmut, Wilhelm, The Problem of Within and Without, a Confucian Attempt in Syncretism, Vol. 12, No. 1, Journal of the History of Ideas, Jan., 1951, pp. 48–60.

③ Goh, P. S. Daniel, Introduction–Religious Syncretism and Everyday Religiosity in Asia, Vol. 37, Asian Journal of Social Science, 2009, pp. 5–6.

④ Naylor, Larry L., Culture and Change: An Introduction, Westport: Bergin & Garvey, 1996, p. 49.

绍原的《发须爪——关于它们的迷信》①一书，该书中提到了中国人对于生理附件如头发、胡须、指甲等的巫术使用原理，并且对关于发、须、甲的禁忌进行了解释。对所谓迷信如何形成也有所论述："极小一小部分有客观真实性的事实，夹杂着多量的不可靠的观察和言过其实的传闻，无稽的古说和颠倒的记忆，白天的幻想和夜间的梦寐——又加之以不合章法的推论，而错误地判断遂成；又受相类似的错误的烘托与习惯的拘束，于是它就根深蒂固，莫可动摇，世代相传，不容疑问，变为我们所谓迷信。"他从医学和民俗学仪式出发，将使用发、须、爪用来治病驱邪祈福的仪式以及相关的禁忌看做是迷信。

许地山的《扶箕迷信的研究》②讲到扶箕起源、各种箕示的展演（自道身世、预告、酬唱、谈道与治病），从政治和心灵学的角度对这种扶箕迷信进行批判："真的箕示不过是心灵作用，与鬼神降现本无关系。扶箕者不一定个个是心诚意洁，也有弄权术的分子。"他总结说扶箕不过是心灵作用的一种表现，若只信它就会坠落魔道，扶箕者的心理多半自私自利。江绍原和许地山两人从不同角度研究迷信，并对民间信仰仪式中的迷信成分持一种否定态度。江绍原和许地山两人对民间信仰的研究体现了早期研究的唯科学主义取向。

除了早期学者对民间信仰的研究，近几十年来，一方面西方人文社会学科理论的"东渐"，另一方面中国学者队伍的壮大，民间信仰研究获得极大发展。这种发展主要体现在两个方面：一是学者们对民间信仰研究理论的进一步提升，二是表现为具体的个案研究。

杨庆堃《中国社会中的宗教——宗教的现代社会功能与其历史因素之研究》运用了比较典型的社会学功能主义的调查手段来说明其论点。在谈到宗教形式与宗教发展之间的关系时，他指出，"然而这些地域性的宗教形式，并没有改变民间宗教发展是以社区的福祉和保护为广泛基础的功能模式"。他将亲缘团体和超家庭结构区别开来，"超家庭的团体如果要形成凝聚力就需要特别强调特定的共同利益、制定一系列约束成员的规章制度以及相关的价值观和仪式"。也就是说，除了整个社区的共同利益，超家庭结构也就没有延续其价值观和仪式的必要性。同时，他也提到

---

① 江绍原：《发须爪——关于它们的迷信》，中华书局2007年版。
② 许地山：《扶箕迷信的研究》，商务印书馆2004年版。

了在一些危及社区存续的危害发生时，人们进行一些"危急关头的公共仪式"。借助隆重的仪式，人群和僧侣都在提醒着整个社区的人们，他们正在面临着一场公共危机，必须采取必要措施以获得救助，更为重要的是，让个体觉得他并不孤单，仍然生活在一个有秩序的社会群体中。通常，人们使用对神灵的惩罚来激起天上神灵对于人间的关怀。

杨氏指出，宗教反抗的社会背景是：经济危机、政治危机、过分的压迫、官员腐败，使得政府不能够再维持正常的秩序，所以，"宗教团体往往会转变为武装团体以寻找活路"。杨庆堃说明儒家学说中的宗教元素的功能。然而，他主张儒家思想是一种具有宗教气质的理性思想："儒学理论体系中的宗教面相反而使其能够与其他宗教一道成为神圣力量的基础。"最后，他认为，在宗教与道德秩序的关联中宗教扮演的是一个超自然裁判的角色。"宗教本身既不是伦理价值的根本源头，也不是惩戒违反道德准则行为的权威。因此，尽管宗教作为传统道德秩序的一部分发挥着它的功能，但并不曾作为主导的和独立的道德机制占据过一席之地。"①所以，在杨氏眼中，宗教和民间信仰都是有相关性的，通过其对中国社会中的宗教分类（分散性和制度性）可见一斑。

乌丙安②从民俗学角度指出"由宗教信仰派生出来的信仰习俗已经融为日常生活的迷信和俗信"。并将民间信仰内容概括为：（1）对自然物和自然力的崇拜；（2）对幻想物的崇拜；（3）对附会的超自然力的人物崇拜；（4）对幻想的超自然力的崇拜。

李亦园③指出，中国传统的宗教信仰实为一种混合体，其间以佛道的教义为重要成分，但也包括佛道以外如民间信仰中祖先崇拜及其仪式中的最古老成分，还有许多与佛道无关的农业祭仪等，对此只能称之为民间信仰。它不像西方宗教那样具有强烈的排他性，而是属于一种兼容并包的信仰。

回顾宗教研究的历史，缪勒、泰勒、弗雷泽威廉·施密特、涂尔干、韦伯、马林诺夫斯基、威廉·詹姆士、鲁道夫·奥托、弗洛伊德、弥尔

---

① ［美］杨庆堃：《中国社会中的宗教——宗教的现代社会功能与其历史因素之研究》，范丽珠等译，上海人民出版社2006年版，第28、66、210、236、254页。
② 乌丙安：《中国民俗学》，辽宁大学出版社1985年版；《中国民间信仰》，上海人民出版社1996年版。
③ 李亦园：《人类的视野》，上海文艺出版社1996年版。

顿·英格等人，从各自专业的角度对宗教的本质、宗教的定义和宗教包含的因素进行过探讨。吕大吉在前人基础上给宗教做出一个相当精确的定义："宗教是关于超人间、超自然力量的一种社会意识，以及因此而对之表示信仰和崇拜的行为，是综合这种意识和行为并使之规范化、体制化的社会文化体系。"① 他还认为，这个论断以定义的形式直接把宗教规定为由宗教观念、宗教体验、宗教行为和宗教体制四要素逻辑构成的社会文化体系。而且宗教体系还通过这些要素逻辑构成的社会文化体系与其他社会文化形式发生相互渗透、互为因果的作用和关系。②

郑振满、陈春声的《〈国家意识与民间文化的传承——〈民间信仰与社会空间〉导言〉》③ 把民间信仰描述成为理解乡村社会结构地域支配关系和普通百姓生活的一种象征或标志。通过"社会空间"研究可以对民间信仰存在和变化的历史过程进行解读，从而把握社会文化沉淀内涵。

赵世瑜在《狂欢与日常》中认为，所谓民间宗教，指的是不被官方认可的、由民众组织和参与的宗教体系和组织，它们有自己的组织系统、自己的教义，在思想内容上与官方认可的佛教、道教有一定的联系，可是往往被官方视为危险的邪教和异端；所谓民间信仰，是指普通百姓所具有的神灵信仰，包括围绕这些信仰而建立的各种仪式活动。他们往往没有组织系统、教义和特定的戒律，既是一种集体的心理活动和外在的行为表现，也是人们日常生活中的一个组成部分。④

针对中国地方生活普遍的民间信仰未被作为"宗教"得到官方的合法性保护，周星提出了"民俗宗教"概念。他认为，可以把包括祖先祭祀、表现为各种庙会形态的民间杂神崇拜、各种形态的民间道教、民间佛教以及基于泛灵论的自然精灵崇拜和鬼魂崇拜等在内的民间信仰，概况地定义为"民俗宗教"，并指出，"民俗宗教"实乃中国最大多数民众之信仰生活的基本形态。⑤

---

① 吕大吉主编：《宗教学通论新编》，中国社会科学出版社2000年版，第77页。
② 吕大吉、牟钟鉴：《中国宗教与中国文化：概说中国宗教与传统文化》第一卷，中国社会科学出版社2005年版，第44页。
③ 郑振满、陈春声：《〈国家意识与民间文化的传承——民间信仰与社会空间〉导言》，《开放时代》2001年第10期。
④ 赵世瑜：《狂欢与日常》，生活·读书·新知三联书店2002年版，第13页。
⑤ 周星：《乡土生活的逻辑》，北京大学出版社2011年版，第319—321页。

陈勤建、衣晓龙的《当代民间信仰研究的现状和走向思考》[①] 将民间信仰的定义综述为四种观点：第一种观点认为，民间信仰不是宗教，而是一种信仰形态。这一派观点强调民间信仰的自发性和民俗性，否定其宗教的本质属性。第二种观点认为，民间信仰本质上是宗教。此说以台湾学者李亦园为代表，他把民间信仰称为"普化宗教"。第三种观点认为，对民间信仰的界定不必要太精确，模糊一点更有利于研究的进行。第四种观点认为，民间信仰确实具有一般宗教的内在特征，即信仰某种或某些超自然的力量，但又不同于一般宗教，它不是以彼岸世界的幸福而是以现实利益为基本诉求。作者认为，在将研究集中在民间信仰本身的同时，还应将民间信仰与文艺或科学、乡土社会和历史关系研究中涉及民间信仰的研究并重，真正做到跨学科的人类学研究。

王见川、皮庆生在《中国近世民间信仰》（宋元明清）[②] 一书中指出，"宗教"这个概念乃是从 religion 转译而来，通常所说的民间信仰在西方语境中原本作 folk religion、popular religion，也可译作"民俗宗教"、"大众宗教"等。所以，我们所说的民间信仰相当于国内外学者从广义上理解的"民俗宗教"，它们的共同特征是非组织性或者说非制度化的。他们将民间信仰看作一种文化体系或者说是文化场域，其核心是神明信仰，包括神明信仰所赖以成立的宇宙观，建立在它之上的祠庙、祭祀礼仪、节庆庙会、信仰组织、占验之术等，并认为非制度性只是民间信仰的内核之一，与之相关的还应该有分散性或弥散性，对社会各个面相极强的渗透性乃是民间信仰的重要特征。皮庆生在《"中国民间信仰：历史学研究的方法与立场"学术研讨会综述》[③] 引用王见川"出入四教"的观点解释中国传统社会中民间信仰的复杂图景，四教除释道儒外还有巫教即"宋代来除道士僧侣之外流行在中国农村最重要的宗教师"。他同时指出，对中国古代民间信仰研究不应该只局限明清乃至现代宗教理论，而应该强调民间信仰研究应该有相对独立的问题意识才能够推今及古。

[①] 陈勤建、衣晓龙：《当代民间信仰研究的现状和走向思考》，《西北民族研究》2009 年第 2 期。

[②] 王见川、皮庆生：《中国近世民间信仰》（宋元明清），上海人民出版社 2010 年版，第 3—4 页。

[③] 皮庆生：《"中国民间信仰：历史学研究的方法与立场"学术研讨会综述》，《世界宗教研究》2008 年第 3 期。

郑志明的《关于"民间信仰"、"民间宗教"与"新兴宗教"之我见》[1]指出，无论宗教也好，民间宗教民间信仰也罢，都未被中国台湾社会接受，因为这些都是从西方学术中产生的概念。对于汉民族来说，非常难接受这一类的陌生概念，他还指出，在中国文化的语境中宗教与宗教实体是指已存在的制度化宗教。在如此的概念中，民间信仰是不可能被承认为是宗教，也不会承认从"民间信仰的生态环境发展而成的制度化教派是宗教。故而，民间宗教这个概念是个伪命题"。因此也就无所谓新兴宗教了。他同时指出，民间信仰是民众日常生活习惯的宗教传统，是集体生活代代传承的宗教性社会活动，是汉民族文化的最深层底蕴。他还指出，汉文化有大传统和小传统，大传统是官方承认并受国家权威保护的宗教，小传统是民间自行产生和发展的传统文化。民间宗教与新兴宗教应该被理解为是一种中性的概念，"民间宗教是用以泛指原起于民间生态环境下的各类宗教团体，'新兴宗教'则是用来泛指在现代社会变迁下各种创新性的宗教团体，是提出了某些新的教义或礼仪的宗教运动与宗教团体，或者整合不同的宗教内涵，展现出其因时制宜的传播特质，进而创立出具有全球性融渗特质的新宗教文化。同时，新兴宗教其形态不是崭新的，而是可以在传统宗教基础上创造出自身的宗教文化，以对应社会和时代的变迁。这种适应性可以使宗教群众和世俗社会支持其发展和变化"。这样就否定了民间信仰的"新生"性，肯定了民间信仰的原生性。

吴真在《中国宗教报告（2009）》中[2]回顾了民间信仰的合法性历程。民间信仰曾经被视为迷信而遭受压制，20 世纪 80 年代后，民俗学界开始共同使用"民间信仰"借以取代"迷信"一词，开始为"迷信"去敏。作者在文中谈到民俗学界强调民间信仰作为民间文化形态的存在价值，而宗教学界则突出民间信仰是道教在民间世俗化的结果，双方最终在"民间信仰并不自成一个宗教体系上"达成共识，认为"中国民众见神就磕头、逢庙便烧香的多神信仰，是民间信仰区别于西方制度化宗教的主要面向"。由于官方意识形态中"人民"的崇高地位，以及转型时期官方对民族性、民族文化的宣扬，"民间文化"逐步得到了政府的默认甚至鼓励。

---

[1] 郑志明：《关于"民间信仰"、"民间宗教"与"新兴宗教"之我见》，《文史哲》2006 年第 1 期。

[2] 吴真：《从封建迷信到非物质文化遗产：民间信仰的合法性历程》，载金泽、邱永辉主编《中国宗教报告》（2009），社会科学文献出版社 2009 年版。

随着回归传统与申遗的热潮，民间信仰庙宇与仪式实践以非物质文化遗产的面目重登历史舞台。

　　民间信仰是否存在组织呢？路遥指出，因念佛或奉观音菩萨所结之社，自南宋开始发展为"香会"，而"香会"不一定就是佛教组织，它实由众善男信女奔赴寺观祠庙焚香而起。"香会"就是属于民间教派或非教派的民间信仰的典型组织。同时，路遥还提出"传统神祇"、"一般神祇"、"平民神祇"和区域性神祇的概念。所谓"传统神祇"，是指生前通常为官员、将军、君王或曾为前代所承认之地位较高者；"一般神祇"是指更多以类而不以姓名相称的神祇，如城隍神；"平民神祇"则是指生前并未出将入相而死于非命，因灵验而受人们祠祀；"区域性神祇"其祠祀与其他所有祠祀都不一样，有本庙与行庙、分庙之区分。区域神的发展是民间信仰和官方宗教之相互较量、制衡，以及地方社会同国家权力之间互动关系的典型反映。他还指出，从唐代开始官方推行儒释道三教并重政策，宋以后三教兼习、合流，为民间信仰注入新的活力，至明清三教融混而成为民间信仰的主流形态。[①]

　　陈进国在《中国民间信仰研究述评——以大陆地区为中心》[②] 中以为，在中国大陆或中国台湾地区，约定俗成的"民间信仰"范畴通常是指具有"宗教性"又有"民俗性"双重维度的信仰形态，用以指称那些与制度化的宗教形态相区别开来的混合性的信仰形态。民间信仰一方面传承了各民族或族群的自然性宗教的传统；另一方面也传承了制度化宗教的传统，带有村社或跨地方之混合宗教的典型特征，堪称"原生性"和"创生性"双性共存的复杂的信仰形态。同时他也认为，作为一种自然的宗教崇拜体系和日常生活方式，中国民间信仰实质上是有组织的，只是有"弱组织"和"强组织"之分而已，相关的信仰团体往往兼有宗教组织与村社组织的双重面向。他认为，"民间信仰"仍然具有相当的解释潜力，比使用"民间宗教"或"民俗宗教"更具有开放性、公共性和社会性。

---

　　① 路遥：《中国传统社会民间信仰之考察》，载路遥主编《中国民间信仰研究述评》，上海人民出版社2012年版，第13、19、21—22页。

　　② 陈进国：《中国民间信仰研究述评——以大陆地区为中心》，载路遥主编《中国民间信仰研究述评》，上海人民出版社2012年版。

他在《传统复兴与信仰自觉——中国民间信仰的新世纪观察》① 中提到文化中国事业中民间信仰的现状及发展生态。一是在地理上的南洋地区，即东南亚华人社区原有的民间信仰对中国大陆民间信仰复兴的"自觉意识"的刺激；二是中国政治统一过程中的"宗教筹码"；三是中国民间信仰与外来宗教尤其是各个基督宗教的冲突、挑战与调和。

金泽和陈进国主编的《宗教人类学》② 与金泽的《民间信仰：推动宗教学理论研究》③ 认为，民间宗教并不是历史的遗存，因为它是有生命力的活态的文化，在我国各地都存在。金泽强调在宗教学理论研究上要更注重探讨宗教有不同的要素及这些要素的不固定结构；要研究特定宗教之宗教功能与其社会功能的区别；还要考虑主流的仪式形态对民间信仰的干预所起伦理价值的引导，甚至政治教化的意图。最后，金泽以文化再生产的理论来把握传统复兴现象：文化的再生产是两重的：一是内在化和外在化双向互动；二是在文化建构过程中"被建构"出来。他认为，对中层理论和地方性知识的深入把握十分重要，必须将理论和地方语境进行连接的同时，加强田野调查报告的梳理从中得出命题、地方性知识或模式。金泽在《关于"转型时期民间信仰的地位与作用"的几点认识》一文中认为，民间信仰是一种历史悠久且当下活跃的宗教文化形态。把民间信仰作为一种宗教形态来看，具有两层含义：一是民间信仰本质上具有"宗教性"，即对神圣、神祇或超自然存在的信仰；二是民间信仰与其他宗教有形态上的不同，构成了它与众不同的特殊性。金泽提出，把"宗教"与"民俗"当作民间信仰的两种文化属性来看待，把不同地区、不同类型的民俗信仰事象，按照其属性特点进行研究。④

有关正祀、正祠和淫祀、淫祠之间的界定，相关学者也做了不少论述。赵世瑜曾就此提出中国自宋以后有两对相互联系的概念可以作为"精英宗教"与"民间宗教"区别的观点：一是礼与祀；二是正祀与淫祀。他认为，中国历史上统治者是把"祀"放在"礼"之中，合乎礼的

---

① 陈进国：《传统复兴与信仰自觉——中国民间信仰的新世纪观察》，载金泽、邱永辉主编《中国宗教报告》（2010），社会科学文献出版社 2010 年版。
② 金泽、陈进国主编：《宗教人类学》第一辑，民族出版社 2009 年版。
③ 金泽：《民间信仰：推动宗教学理论研究》，载金泽、邱永辉主编《中国宗教报告》（2008），社会科学文献出版社 2008 年版。
④ 金泽：《关于"转型时期民间信仰的地位与作用"的几点认识》，浙江大学、浙江省社会科学界联合会：《汉学研究与中国社会科学的推进国际学术研讨会论文集》，北京，2008 年。

祀就是"正祀",否则就是"淫祀";而与礼相应的范畴是"法",与礼相对的范畴是"俗",淫祀或民间宗教就是属于"俗"的范畴。① 路遥则认为,"礼"和"祀"不是对立范畴,只需讨论"正祀"和"淫祀"即可,他赞同合乎礼而纳入祀典的就是"正祀","非其所祭而祭之,名曰淫祀,淫祀无福"。②

费孝通的《江村经济》③ 对江村的灶君信仰和刘皇信仰与当地居民的生活关系做过描述,而且也将当地村民对基督教和佛教对比认识进行了大致的介绍。在费孝通眼中,经济原则似乎是当地民众进行宗教选择的主要标准之一。同时,费孝通接受了文化传播学派和文化功能学派的双重影响,为后来的中华民族多元一体学说打下了理论基础:多元即多个"历史形成的民族地区";一体,则是由中国独特的地理通道将不同民族地区连接成为一块。1982年,费先生又对"历史形成的民族地区"中的"走廊地区"作了特别论述:"上述几个复杂地区:一条西北走廊,一条藏彝走廊,一条南岭走廊"④,确定了南岭走廊作为中华民族多远一体格局中南北文化交流的重要通道之一的地位。

陶思炎与铃木岩弓在《论民间信仰的研究体系》⑤ 中指出,民间信仰研究至少应包括三个基本领域,即民间信仰志、民间信仰论和民间信仰史,它们又各有自己的体系,共同合成一个比较完备的研究体系。其中,"民间信仰志"是研究的基础,"民间信仰论"是总体系中的主体,而"民间信仰史"则是对这一研究的总结与深化。民间信仰研究体系的建构,不仅是丰富学理的努力,也是对研究实践的引导。

---

① 赵世瑜:《狂欢与日常——明清以来的庙会与民间社会》,生活·读书·新知三联书店2002年版,第81页。

② 路遥:《中国传统社会民间信仰之考察》,载路遥主编《中国民间信仰研究述评》,上海人民出版社2012年版,第16—17页。

③ 费孝通:《江村经济》,上海人民出版社2007年版。

④ 1978年9月在政协全国委员会民族组会议上的发言;1981年月12月在中央民族学院民族研究所座谈会上的发言;1982年5月在武汉同社会学研究班及中南民族学院部分少数民族同志座谈会上的发言。这三次发言内容均经整理后发表,分别形成以下三篇论文:《关于我国的民族识别问题》,载《中国社会科学》1980年第1期;《民族社会学调查的尝试》,载费孝通《从事社会学五十年》,天津人民出版社1983年版;《谈深入开展民族调查问题》,载《中南民族学院学报》1982年第3期。

⑤ 陶思炎、[日]铃木岩弓:《论民间信仰的研究体系》,《世界宗教研究》1999年第1期。

孙尚扬的《宗教社会学》① 对中国宗教的一般特征进行了比较细致的描述：一是包容性，尤其是儒教包容其他各种本土或外来宗教，并获得其他宗教的赞同，所以被默认成为政治伦理正统地位。二是此世性和人文性，即是中国宗教注重不离开人间以达成其目的，并且具有以人为本精神。三是不具有类似基督教或其他一神教所具有的极端的二元对立宗教精神。同时，作者认为儒教在中国是一种弥散性宗教，享有国家宗教的正统地位。

王建新在文章②中指出，中国人类学宗教研究的对象是一个复杂的文化综合体，既包括制度性宗教也包括作为地方性文化传统、风俗习惯流传在民间的信仰体系。宗教不仅是一种与人们的感受及认识状态有关的、观念化及象征性的文化现象，而且还是与社会组织、仪式活动及人们的生活实践紧密相连的认知和规范体系。这种理解要求我们注意宗教作为文化体系所具有的积极（或消极）的社会功能以及与其他社会文化体系之间的有机联系。同时，他还提出了宗教文化圈概念，认为中国人类学研究应该在基于林耀华的经济文化类型理论、费孝通的多元一体格局理论和台湾学者的中层宗教人类学理论，同时参照西方宗教文化人类学研究的中介理论，寻找不同族群融合过程中不同宗教的融合途径，把握宗教融合过程中的宗教文化复合体。将宗教文化复合体作为混成型宗教或信仰所独有的文化特征进行归类比较，然后寻找存在符合这类特征的地域，这些地域应被统称为宗教文化圈。学者们应在这些地域进行中国宗教民族志和宗教生态研究，从而发掘中国人类学理论创新的新土壤。③

高丙中的《民间文化和公民社会——中国现代历程的文化研究》④ 在讨论民间仪式与国家在场现象时，采用了"国家在社会中视角"，也就是说，从象征性符号、仪式等来看待国家在场现象，即民间仪式借用特定的符号而让国家在场，从而取得其仪式的合法性和合理性。同时，国家有时候也会通过民众的代表以及民众的符号而使人民在场，"这种在场界定了

---

① 孙尚扬：《宗教社会学》，北京大学出版社2003年版。
② 王建新、刘昭瑞编：《地域社会与信仰习俗——立足田野的人类学研究》，中山大学出版社2007年版。
③ 王建新：《绪论：民族走廊视阈下的道教与南方山地民族研究》，载王建新主编《南岭走廊民族宗教研究——道教文化融合的视角（上）》，宗教文化出版社2011年版，第31—38页。
④ 高丙中：《民间文化与公民社会——中国现代历程的文化研究》，北京大学出版社2008年版。

国家与社会的特定关系"。他也提到了国家对民间仪式的征用现象，也就是说许多的所谓传统仪式、传统节日是被国家的价值观"政治意义和经济价值"所取代，用以表达民间对政府的肯定。同时，国家对民间仪式也发展出了一套治理的模式，比如，鼓励、取缔或建立良好地方秩序，通过对民间仪式的管理，使之贯彻国家法律的精神。

沈洁的《反对迷信与民间信仰的现代形态——兼读杜赞奇"从民族国家拯救历史"》[①] 指出，"封建王朝秩序的相背是构成淫祀批判的核心内容。禁止邪神崇拜并将民间的、地方性的神祇纳入国家祭祀体系，即民间信仰的国家化、儒家化在传统时代是一个持续不断的意图与实践的过程。国家在极力申诉民间信仰的同时，也在对其进行积极利用和改造。这是一个双效过程，而最终的目的都是维护和稳固既定的统治秩序。从中我们也可以看到，精英传统从不排斥民众世界对神灵的崇奉，但关键在于这种信仰是否符合正统的伦理教化，是否符合朝廷在乡里社区的统治秩序"。

向柏松的《传统民间信仰与现代生活》[②] 以及张晓宾、陈宏之的《潮汕民间信仰的窥探——以潮汕传统建筑工艺嵌瓷为视角》[③] 都提到民间信仰中对符号的崇拜，其中包括数字星象、灵物的崇拜。同时他们也讨论到这类的符号信仰与现代流行时尚中崇尚的神秘主义和复古主义之间的联系，这些时尚流行符号包括图符、字符、纹符以及数字。他们对许多数字的象征意义进行了一定解读。

王守恩的《论民间信仰的神灵体系》[④] 通过梳理学界反映神灵等级、来源、礼制地位、流行范围等属性的已有体系，分析了其利弊，然后从社会史角度以神灵职能为依据，构建了一个新的民间神体系，包括地理环境神、人口保障神、个人命运神、群体监护神和综合神五个大类，每一大类中又有若干小类。这一体系凸显了民间诸神的职司，揭示了其在社会结构、社会生活、社会整合控制中的地位与功能。

彭维斌的《中国东南民间信仰的土著性》[⑤] 从土著后裔传统宗教与现

---

① 沈洁：《反对迷信与民间信仰的现代形态——兼读杜赞奇"从民族国家拯救历史"》，《社会科学》2008年第9期。
② 向柏松：《传统民间信仰与现代生活》，《中南民族大学学报》2003年第1期。
③ 张晓宾、陈宏之：《潮汕民间信仰的窥探——以潮汕传统建筑工艺嵌瓷为视角》，《社科纵横》2010年第1期。
④ 王守恩：《论民间信仰的神灵体系》，《世界宗教研究》2009年第4期。
⑤ 彭维斌：《中国东南民间信仰的土著性》，博士学位论文，厦门大学，2009年。

代汉人民间信仰内涵与形态比较，认为二者的主体文化特征都是东南土著原始宗教传承与延续发展的结果。从土著后裔富于原始性的传统宗教易于找到土著先民宗教文化的原始状态，从文明程度较高的东南汉人民间信仰文化中亦可探寻到带有原始宗教文化烙印的"野蛮的原料"，因此，东南土著原始宗教文化特质已变成它们经历的各民族的共同财富。

王志跃在《儒教报告：关于儒教在民间的存在形态问题》①中大胆地提出了"儒教"概念。在其看来，根据"宗教四要素"的标准，儒家思想的宗教面可以被认为如同佛教、基督教一样的宗教的提法是错误的。同时，他还提出社会生活中的儒教存在形态的三个方面：祭祀、宗祠和习俗。考虑民间儒教和精英儒教的异同，以及儒教与儒学的关系，他提出应该厘清这两个问题之间的关系，否则很难说清楚究竟是儒家还是儒教，并指出要从两个方面来考虑儒教问题：一是当今社会中儒教的存在形态；二是儒教在民间存续的形态以及因素。但是，他没有提出具体的切入角度和方法。

罗彩娟的《论汉族民间信仰的功利性》②指出，汉人之所以虔诚拜神是源于中国民间信仰对于其功利性的满足。功利性在民间信仰中具体体现为：祖先崇拜的功利性是讨好祖先以免带来厄运或祈求带来好运；神灵崇拜的功利性一般是以治疗疾病、求子孙发横财为主。这种功利性在现代生活中还不断地被不同的思想源流强化。比如，儒家思想推崇祭祀礼仪是利用民众对于祖先的敬畏心理而达到统治民众的实用主义态度，农民的自身教育素质偏低更强化了这种功利性潮流。其他宗教的纵容更使得民间的宗教的功利性越来越强。但她没有说明为何宗教组织没有对此种功利心态进行口诛笔伐。

朱海滨的《祭祀政策与民间信仰变迁——近世浙江民间信仰研究》③通过对以浙江省为中心的关羽信仰、周雄信仰、胡则信仰及其他地方神信仰的研究指出，影响不同地方信仰差异的主要因素有自然灾害现象的地方性特点、产业形态差异、交通状况差异、乡土意识、移民活动、地方宗教

---

① 王志跃：《儒教报告：关于儒教在民间的存在形态问题》，载金泽、邱永辉主编《中国宗教报告》(2010)，社会科学文献出版社2010年版。
② 罗彩娟：《论汉族民间信仰的功利性》，《广西民族学院学报》2005年第3期。
③ 朱海滨：《祭祀政策与民间信仰变迁——近世浙江民间信仰研究》，《江汉论坛》2009年第3期。

文化背景。他还以杨庆堃关于民间信仰的定义为基础研究了中央祭祀政策变迁及其对地域社会的宗教祭祀活动的影响。

周翠玲的《从宗教到迷信——论岭南民间的信仰特质》① 将广东的民间宗教和民间信仰混同起来，并且提出信仰"岭南民间宗教恰恰是缺乏信仰的，表现为精神的有理状态"。其论点为：首先，民间宗教缺乏理论性没有对宗教的义理进行了解，导致岭南民间宗教混乱和缺乏整体及全面的认识。其次，岭南民间宗教信仰表现为短暂性和功利性，缺乏宗教精神，只是一种为世俗利益服务的工具，所以最后沦为迷信的形式而已。

陈泽泓的《广东历代祀典及其对民间信仰的影响》② 讨论先秦时代到现代的礼仪祀典。说明广东文化"重淫祀"现象是自古有之，到现在对于人民群众文化心理仍然起重大的调节作用，"只要人们在天灾人祸前无能为力，只要人们无休止地广泛需求，人们就会使这种看来杂乱无章的民间信仰发展下去，在某种程度上还会发展很久，很久"，说明民间信仰在心理层面和世俗生活中仍然起到举足轻重的精神砝码作用。

通过个案对某一事项进行研究是人类学学术研究的传统。郭于华主编的《仪式与社会变迁》③ 一书所收录的论文则大多在国家—社会的论述框架下对复兴的民间宗教进行了探讨。如刘晓春通过对江西宁都客家村落两个信仰—仪式中心兴衰变迁的演变，考察了家族、社区、国家在现代政治、经济、文化背景下的复杂互动、再造传统的过程。周大鸣对潮州凤凰村的跟踪研究探讨现代化下华侨资本、宗族组织、村落领袖、教育、民众需求以及商业活动和大众传媒对民间信仰和仪式的影响。刘铁梁对河北范庄"龙牌会"的研究表明，庙会成为国家地方争取各种资源、利益配置的重要手段。高丙中也通过对范庄的龙牌会、北京花会等仪式活动的分析，提出了"国家在社会"中这样一个命题。王铭铭在闽台三村（福建的美发村、塘东村和台湾的石碇村）的田野调查后写出的系列著作很多都从国家与社会、传统与现代的角度对民间传统信仰的复兴问题进行了解读。如通过对美发村"法主公"信仰及祠堂的复建的研究，强调在国家宏大的转型冲击下村落是如何对其传统"遗产"延续和重构。

---

① 周翠玲：《从宗教到迷信——论岭南民间的信仰特质》，《广东社会科学》1999 年第 6 期。
② 陈泽泓：《广东历代祀典及其对民间信仰的影响》，《广东史志》2002 年第 3 期。
③ 郭于华主编：《仪式与社会变迁》，社会科学文献出版社 2000 年版。

钟宗宪的《炎帝神农信仰》①、林庆昌的《妈祖真迹——兼注释、辨析古籍〈勅封天后志〉》②、张蔚的《闹节——山东三大秧歌的仪式性与反仪式性》③、叶春生和蒋明智主编的《悦城——龙母文化》④ 分别从民间信仰的口头传统、历史文献、仪式研究和信仰圈的研究角度出发对民间信仰的形成和发展以及现状进行了比较深入详细的描述。

范正义的《社会转型与民间信仰变迁——泉州个案研究》⑤ 指出，在传统的社会中民众通过信仰成为一个利益共同体，所以牵涉村落或社区的整体利益是教徒的公共性事物。城市化过程中带来的文化"入侵"将一定地区的信徒共同利益弱化，共同体逐渐涣散，共同事务变为了私人事务。在泉州的案例中，民众开始积极地保存和恢复文化传统的行动，民间信仰之公共属性被强化。

在大陆学者对民间信仰研究有声有色的同时，非大陆学者也对中国民间信仰抱着强烈的学术兴趣。在有关宗教的定义上，马克斯·韦伯认为："这些民间的、停留在巫术的救赎宗教意识，通常完全没有社会性，换言之，只是个人求助于道教的巫师和儒教的僧侣。只有在佛教的节庆时，才形成临时的共同体；只有那些异端的、经常追求政治目的的、因此也常遭到政治迫害的教派，才形成永久的共同体。这些教派中，不仅缺乏我们西方的灵魂关注的观念，而且也没有一点'教会纪律'的蛛丝马迹。这也就是说，没有任何规制生活的宗教手段。"⑥

弗兰克·弗林的《韦伯、哈贝马斯与中国宗教研究》⑦ 和威廉·加勒特的《〈中国的宗教〉一书中的儒教之谜：重估韦伯对中国社会生活中儒教理论和道德的解释》⑧ 指出，宗教与伦理正在扮演并且在现代化的下一

---

① 钟宗宪：《炎帝神农信仰》，学苑出版社1994年版。
② 林庆昌：《妈祖真迹——兼注释、辨析古籍〈勅封天后志〉》，中山大学出版社2003年版。
③ 张蔚：《闹节——山东三大秧歌的仪式性与反仪式性》，中国传媒大学出版社2009年版。
④ 叶春生、蒋明智：《悦城——龙母文化》，黑龙江人民出版社2003年版。
⑤ 范正义：《社会转型与民间信仰变迁——泉州个案研究》，《世界宗教研究》2010年第1期。
⑥ [德] 马克斯·韦伯：《儒教与道教》，洪天富译，江苏人民出版社1995年版，第254页。
⑦ 弗兰克·弗林：《韦伯、哈贝马斯与中国宗教研究》，选自汤一介主编《中国宗教：过去与现在——北京国际宗教会议论文集》，北京大学出版社1992年版。
⑧ 威廉·加勒特：《〈中国的宗教〉一书中的儒教之谜：重估韦伯对中国社会生活中儒教伦理和道德的解释》，选自汤一介主编《中国宗教：过去与现在——北京国际宗教会议论文集》，北京大学出版社1992年版。

个阶段仍将扮演一个关键角色。他们同时提出,从"文化大革命"反宗教的边缘向后退却意味着对儒家和道教遗产的某种重新评估只能够从历史的前后关系去寻求答案。二者都认为西方学者在很大程度上都相信儒教与中国文化是不可分割的统一体,在实践中儒教的生活取向决定了或构成了中国人的思想方式、性格特征以及社会关系。

在对粤东凤凰村研究中,葛学溥(D. H. Kulp)提出了宗教文化复合体概念。他在《华南的乡村生活——广东凤凰村的家族主义社会学研究》[①]一书中说道,凤凰村的宗教与其说是单独的和个人的宗教,不如说是集体的和团体的宗教,个体不是为他们自己祈祷,而是为他们的家人。凤凰村的宗教文化复合体是由观念、价值观和在中国发现的所有各种宗教系统的仪式组成。凤凰村没有佛寺、道观和孔庙,对于外人来说,宗教是所有这些宗教仪式、祖先崇拜这类家族宗族的混合体。此观点还是符合当时流行的传播论对于文化丛的解释指标。他的调查不过是寻找他所理解的华南文化丛的一个证据而已。

Erik Mueggler 的《野鬼的年代》以中国西南少数民族社区研究为基础,讲述地方社会面对国家力量入侵所酿成的残酷结果,以大规模的祭奠与驱邪仪式演绎出一套与社区原先逻辑密切一致的人鬼故事。以自己的地方知识对抗国家的政治话语,从而将国家的行动逻辑纳入地方社会的地方知识系统,以减轻由此产生的焦虑。[②]孔飞力的《叫魂:1768 年中国妖术大恐慌》一书,以 18 世纪中叶"叫魂"这一宗教仪式在全国引起的恐慌,来透视 18 世纪中国社会国家官僚体制与普通百姓之间的关系。[③]这两本书的作者都认为代表地方性的民间信仰和代表国家的意识形态之间的冲突,实质上就是国家与地方的斗争。它们之间的斗争就是国家权力和地方权力之间的博弈,但是忽略了冲突的根源。

一些日本学者偏好对中国民间一些具体神灵的深入研究,如金井德章、中村裕一、永尾龙造、酒井忠夫、小岛毅、松本浩一、须江隆等分别

---

① [美]葛学溥:《华南的乡村生活——广东凤凰村的家族主义社会学研究》,周大鸣译,知识产权出版社 2012 年版,第 167 页。

② Mueggler, Erik, *The Age of Wild Ghosts*: *Memory*, *Violence*, *and Place In Southwest China*, University of California Press, 2001.

③ [美]孔飞力:《叫魂:1768 年中国妖术大恐慌》,陈兼、刘昶译,生活·读书·新知三联书店 1999 年版。

对东岳、城隍、文昌神等神灵的信仰问题进行了深入的研究。滨岛敦俊则从整个地域变迁的历史，考察了明清时期江南地区的金总管、刘猛将、城隍信仰等，认为这些信仰的变化反映了江南地区的商品化和社会经济形态的转变。另有一些日本学者结合田野调查研究中国民间宗教，如冈田谦在台湾的田野调查提出了"祭祀圈"的概念，并将之定义为"共同奉祀一主神的居住地域"①，后来成为中国台湾学者分析汉族民间宗教的重要理论依据。末成道男在《祭祀圈与信者圈——基于台湾苗栗县客家村的事例》②一文中重新梳理"祭祀圈"概念的缘变。他指出，冈田以来的研究定向为广义的概念包括几层次地域单位，觉察到使用广义的祭祀圈概念来分析台湾汉族村落信仰现象不容易看到汉族信仰的某些重要性特征。通过对冈田、许嘉明和林美容"祭祀圈"定义的回顾反思，末成道男将"祭祀圈"的定义暂定为：将主祭神作为中心，共同举行祭祀的居民关系的地域范围（不一定是所属地域单位），最基本指标是：（1）收丁钱；（2）炉主、头家等组织。他同时指出，此一地域范围的永续性、统一性、容纳性和排他性还需要进一步的实证研究。

20世纪80年代，中国台湾学者林美容在祭祀圈理论基础上提出了"信仰圈"理论。③林美容认为，祭祀圈是以某主祭神为中心，共同进行祭祀互动的信徒们的所在地域单位，其成员只限于祭祀主神名义之财产所属地域范围内的住民。④另外，她把超越了地方小区的范围，并以某尊神或是其分身为中心所形成的组织的自愿参加者的分布范围区别出来，并称其为"信仰圈"。⑤在林美容的分析中，在各个规模的祭祀圈中，存在着与其相对应的地域社会和地域组织。范涛在《林美容教授在民间信仰研究中的开拓与创新》⑥一文中指出，中国台湾宗教历史的研究过程中发现

---

① [日]冈田谦：《台湾北部に于はる祭祀圈》，《民族学研究》1938年第4期。
② [日]末成道男：《祭祀圈与信者圈——基于台湾苗栗县客家村的事例》，《客家研究辑刊》2011年第2期。
③ 林美容：《由祭祀圈到信仰圈——台湾民间社会的地域构成与发展》，《中国海洋发展史论文集》1988年第3期。
④ 林美容：《由祭祀圈来看草屯镇的地方组织》，《中研院民族学研究所集刊》1986年第62期。
⑤ 林美容：《由祭祀圈到信仰圈——台湾民间社会的地域构成与发展》，《中国海洋发展史论文集》1988年第3期。
⑥ 范涛：《林美容教授在民间信仰研究中的开拓与创新》，《广西民族学院学报》2001年第5期。

"祭祀圈是指一个地方社区的居民基于祭祀天地鬼神的共同信仰需求所形成的义务性祭祀组织。这个定义包含三个要点：首先，要有一个地方社区及其居民；其次，该地居民不只拜一个神，天地鬼神都要拜；再次，这个祭祀组织是义务性的"。周大鸣在《凤凰村的变迁》一书中也借鉴祭祀圈理论阐述凤凰村宗族与信仰的关系①，但作者没有在宗族与信仰的关系上进一步铺开，同时缺乏信仰与经济之间紧密联系的论述。笔者将会在研究中对这方面进行有意的探讨，以期有所补充和完善。

信仰圈是某一神灵的祭祀圈发展而来，但并非所有祭祀圈都能变成信仰圈。笔者将运用宗教文化圈视角②与冈田以降的祭祀圈和信仰圈理论进行对话。

濑川昌久通过在香港新界的田野考察所获族谱，研究华南汉族的宗族、风水和移居信仰。田仲一成也通过在香港新界等地的田野工作，对中国的宗教、祭祀及其与地方戏剧发展的关系作了深入的剖析。渡边欣雄的《汉族的民俗宗教——社会人类学的研究》③一书，也是在中国台湾、中国香港、马来西亚等地的田野调查后的作品，对汉族的宗教和礼仪、神灵观、礼仪过程、风水等进行较为详细的考察，提出民俗宗教的概念，强调这种信仰因人们的日常生活而起，融入生活之中，并构成了人们的惯例行为和生活信条。相比欧美学者而言，日本学者更加注重史料的挖掘。

20世纪70年代以后，欧美人类学者由于受后马克思主义和后现代理论影响，比较关注国家政策、社会组织、社会网络以及权力对话议题。他们较少关注社会现象和社会事实中体现出来的体制漏洞和政策制定过程中的问题，不能够提出有益的应用性建议。而祭祀圈理论将一个信仰圈形而上地限定在一个有限的区域内，不增、不减、不多、不少。也就是说，缺乏一个变化的意识。

从以上可见，诸位学者主要是针对民间信仰的研究目的和民间信仰的何种表象进行探讨的。中国进入现代以后的早期，有关民间信仰的研究，主要是对传统仪式中的巫术仪式、解释方法进行调查。其主要目的是将民间信仰的仪式及解释方法纳入迷信的范畴之内，从而提高理性在中国人对于世界的

---

① 周大鸣：《凤凰村的变迁》，社会科学文献出版社2006年版，第199页。
② 王建新：《人类学视野中的民族宗教研究方法论探析》，《民族研究》2009年第3期。
③ ［日］渡边欣雄：《汉族的民俗宗教——社会人类学的研究》，周星译，天津人民出版社1998年版。

认知方法中的重要性。所以，有些学者对于民间信仰是抱着否定态度的。稍后的一些学者通过人类学、民俗学、民族学等一系列视角对民间信仰进行了有益和相对客观的研究。他们还结合当时西方最新的理论解释方式对中国社会中的这种独特的信仰进行剖析后与西方的相关学界产生对话。

许多学者认为中国民间信仰具有功利性、泛神性特点。作为一个信仰体系，中国的民间信仰却是缺乏信仰的，因为他不符合西方关于宗教的定义。然而，是否可以将一种信仰定义为具有或者不具有宗教气质的东西，是否科学，笔者认为是值得商榷的。再者，西方世界对于宗教的研究如上文所提到的，是在19世纪研究当时所知的宗教才开始的，相对于人类漫漫的宗教历程还是比较短的。他们对于宗教的定义随着世界各地越来越丰富的宗教资料的发掘和越来越多样的表现形式，是否还能经得住时间的考验呢？笔者也希望在此论文写作和针对曹主信仰宗教文化的探索过程中，可以进行具有建设性的对话。

总而言之，中国社会变化对于民间信仰的变化似乎有一种奇妙的关系，所以提出民间信仰的存在和发展与社会制度和生产力有着密切联系，在特定地区的社会组织对于民间信仰的保存有着至关重要的作用。民间信仰研究应该是一个完备的研究体系，不能仅仅立足于一个或几个关于信仰的方面来做调查，而应该建构一个完整的、跨学科的学术体系。中国学者通过家族、社区、国家、政治、经济、文化等一系列的变化去看民间信仰的仪式的改变，同时还应该对民间信仰作为一种宗教文化体系所具有强烈的、象征意义的符号（如艺术、戏曲、传说、神系等）进行研究，从而揭示此信仰的历史和变化过程及其源流。还有些学者通过国家的政策制定对于民间信仰的影响以及民间信仰的继承人与国家权力如何发生互动的角度去理解民间信仰的现代性。有学者认为，在市场经济中，宗教和仪式本身就是一种商品，所以，宗教经营作为一整个宗教发展的积极内因，其重要性是不可忽视的。

有学者在继承外国学者研究基础上提出"信仰圈"理论以及宗教文化圈理论。在中国语境下，要考虑政府对宗教和信仰分开看待的现象。林美容提出的"信仰圈"和王建新提出的宗教文化圈两个概念皆无法完全涵盖宗教和信仰在中国的两种状况，或许用宗教—信仰文化圈来概括这样一种宗教或信仰文化地域会更为恰当。这是一个等同意思，即许多被称为民间信仰的文化现象，事实上是一种宗教。即使将其投放到宗教学观点中去，其亦应为宗教，如曹主信仰。换言之，在处理中国民间信仰问题时，用宗教—信仰较为妥当且全面。同时应该注意，许多信仰的确不具备严格意义上的宗教概念的要求，而并不能视之为宗教。然而，它的确又是一种民俗信仰。所以使用宗教—信仰亦可将之覆盖。在西方这个问题要解决比较简单，要不就是宗教，要不就是信仰，两者可以互换。还要注意的是，西方视阈中的宗教与世界其他地方对宗教的解读还是有出入的。这个时候使用宗教—信仰也是解决概念性争辩带来的对于曹主信仰和中国其他民间信仰的解释不便。

对于民间信仰的研究，应该是客观的，整体的，跨学科的。我国学者经过几代人的努力，已经基本建立起了一个从考据、文献、口传、仪式、生计、政策、经营等不同角度去收集田野资料的范式，从而发展成一个人类学学科中比较成熟的科目。

三 国家与宗族博弈的视角："国家—地方"结构分析与信仰复兴

中国早期宗族研究开始于20世纪40年代，主要运用结构—功能分析方法，重视对父系祧宗群体在社会中的功能分析，代表人物如葛学溥[①]、林耀华[②]、胡先晋[③]等。从弗里德曼开始，宗族研究开始跳出单一的血缘组织研究。由于受埃文思·普理查德的影响，弗里德曼注重在社会和政治制度的关系中模式化地考察宗族，他将宗族看作有组织的社会实体，认为土地和祖产是宗族的重要基础。[④] 葛学溥则提出经济自然宗教与社会控制机制的普遍磨合，整合了个人的人格需要。[⑤]

20世纪七八十年代，基于对宗族研究传统范式的批判中发展出一脉较为重视宗族成因和内外动力的研究。例如Ahern发现祭祖仪式是次生的，不是宗族形成的原动力，祭祀甚至可以是非亲属间的。[⑥] 这类研究试图从历史脉络并结合地方社会进行考察，他们看到模式分析套用于历史的

---

① [美]葛学溥：《华南的乡村生活——广东凤凰村的家族主义社会学研究》，周大鸣译，知识产权出版社2012年版。
② 林耀华：《金翼》，庄孔韶、林宗成译，生活·读书·新知三联书店2008年版。
③ 张泽洪：《近现代中国西南少数民族宗教研究述论》，《宗教学研究》2001年第2期。
④ [英]莫里斯·弗里德曼：《中国东南的宗族组织》，刘晓春译，上海人民出版社2000年版。
⑤ [美]葛学溥：《华南的乡村生活——广东凤凰村的家族主义社会学研究》，周大鸣译，知识产权出版社2012年版。
⑥ Ahern, Emily, *The Cult Of Dead In A Chinese Village*. Standford: Stanford University Press, 1973.

危险性。

在过去的宗族研究基础上,最近兴起的对改革开放后宗族复兴的研究,成为当前人类学研究的热点之一。波特夫妇在对东莞增埗村进行田野调查后指出,宗族的深层结构并没有在1949年后受到根本性毁灭,被消灭的只是其外在的文化形态,比如族谱、祖坟、神龛、神牌等。[1] 日本学者濑川昌久通过在中国南方的多点民族志调查得出"不能认为全部客家或广东人一开始就拥有同一类型的祖先移居传说……客家或广东人中的大部分都是在后来才模仿性地接受了作为原型的祖先移居传说"。[2]

20世纪末,一批研究者包括萧凤霞、杜赞奇等将宗族视为文化创造的作品出现,认为宗族源于文化传承和社会化。他们十分重视宗族形成中的话语和权力,突出在历史脉络中宗族成员的能动性,强调宗族的文化象征和文化意义。如通过小榄菊花会研究,萧凤霞指出宗族的复兴正是地方社会运用自己的方式去适应无处不在的国家力量的渗透,突出"在意义、利益和权力的历史交接点"[3] 上,富有文化创造性的人如何构建历史过程。

在对宗族复兴原因探讨上,学者一般认为是源于现实的功能需要与文化传统的"深层结构"之结合。如钱杭认为,从宗教派生出来的心理需求是汉族宗族存在的根本原因,是一种"本体性需求"。[4] 有的学者则认为,村民只是理性地选择宗族作为实现自身利益和达到预期目的的手段。[5]

目前,本土学术界对宗族复兴的一个共识在于:改革开放后产生的宗族复兴并非原来宗族的简单复归,而是基于现实的再建构。在对粤东凤凰村的研究中周大鸣指出,民间信仰复兴的动力有宗教传统力量、文字与教育的普及和商业活动对宗教用品的推销、大众传播的普及和家庭联产承包责任制的恢复五种。最后一条是民间信仰复兴的根本动力:联产承包责任制在本质上恢复了小农经济,由此小农经济基础之上的宗族社会与民间信

---

[1] Potter, S. and J. Porter, *China's Peasants*. Cambridge: Cambridge University Press, 1991.
[2] [日] 濑川昌久:《族谱·华南汉族的宗族·风水·移居》,钱杭译,上海书店出版社1999年版。
[3] Siu, Helen F., *Recycling Tradition: Culture, History, and Political Economy In The Chrysanthemum Festivals of South China*, Comparative Studies in Society and History, Vol. 32, No. 4, Oct., 1990 (765).
[4] 钱杭:《中国当代宗族的重建与重建环境》,《中国社会科学季刊》(香港)1994年第1期。
[5] 王铭铭:《社会人类学与中国研究》,生活·读书·新知三联书店1997年版。

仰都得以恢复。①"家庭联产承包责任制造成了乡村社会对传统产生新的需求，导致传统家族意识、信仰意识的复活。再加上村落的有识之士推动村落对自己历史的认同和追求，引起传统公共仪式的回潮。传统的复兴与民间信仰意识的复活，在公共的信仰仪式推动下，宗族复兴成为事实自然在情理之中。"②宗族的复兴与信仰的复兴有着紧密联系。宗族是一种适应能力很强的社会组织，宗族制度早已融入文化之中与各种制度和意识整合在一起。这种意识自然无法摆脱地方民间信仰意识的影响。贺雪峰的研究则表明，宗族不会因为经济的变迁或者现代化而消失，宗族复兴恰恰说明现代化进程中民间力量自我组织、自我管理的能力。③麻国庆则指出，改革开放后的宗族组织一方面是对固有的宗族传统及其文化仪式的复制，一方面则是"创新"和"生产"。④也有学者指出："在一定程度上，宗族在农村社会经济和政治的发展中能够生存并获得新的活力，是农民根据自己的需要对它进行了创新，从而增强了宗族的适应能力。"⑤

何国强在粤北田野调查后，指出，客家的宗族组织相对于粤、闽族群比较薄弱，但在帮助族人谋生方面发挥了不少作用，并在书中揭示了宗族发展与社会经济发展的关系，讨论了资源竞争如何导致宗族间与聚落间的紧张与敌对关系，以及外在文化因素对宗族发展所产生的作用。同时，这些力量通过何种机制向客家社会渗透，为宗族提供经济物质基础，宗族是否以掌握这些物质资源来维系和强化自己的势力。⑥何国强谈到宗族与经济之间的紧密联系，但缺乏对宗族与信仰之间的关系的阐述，这不可说不是一个遗憾。刘晓春认为，国家的力量与传统村落空间建构发生冲突时，村民将民间传统的仪式——象征体系进行意义的再发明。同时，他认为，家族、村落、婚姻、市场、政治、经济一系列的象征体系与家族的婚姻资

---

① 周大鸣：《传统的断裂与复兴——凤凰村信仰与仪式个案研究》，选自郭于华主编《仪式与社会变迁》，社会科学文献出版社2000年版。
② 周大鸣：《凤凰村的变迁》，社会科学文献出版社2006年版，第174页。
③ 贺雪峰：《村治的逻辑：农民行动单位的视角》，中国社会科学出版社2009年版。
④ 麻国庆：《走进他者的世界》，学苑出版社2001年版。
⑤ 寇翔：《宗族势力复兴在乡村治理中的作用分析》，《中南民族大学学报》2005年第3期。
⑥ 何国强：《围屋里的宗族社会——广东客家族群生计模式研究》，广西民族出版社2002年版。

源、市场资源所延伸的区域几乎重叠。①

张小军将宗族视为象征的和功能的二重结构,以及日常实践中的实践者、习性与场域共同作用之结果,提出"宗族作为一种实践"的观点。他认为,宗族和宗祠的生消兴衰是来自与国家密切相关的文化象征创造,实体和组织的宗族是宗族文化实践的次生产品。②而景军则通过大川孔庙重建事件指出文化是一系列为适应环境变迁而发明、处于进程之中又在不断转化的实践,且这种发明实践正是基于对以往的历史、权力和记忆的构建与理解。③

人类学界早期关于国家—地方关系的研究中,施坚雅(Skinner)的"中心—边陲"论④具有代表性,通过对商业活动的考察为中心来探讨中国地方社会如何被整合,其分析具有浓厚的功能论特点。在对施坚雅的批评中,杜赞奇指出施坚雅忽略了集权化国家在贸易过程中所发挥的作用,因而无法解释集权化国家的存在和普通民众地方观念的形成,并提出了"权力的文化网络"这一概念。由于注意到国家在地方日常生活中的在场,杜赞奇的"权力的文化网络"等概念被学术界所接受。⑤而萧凤霞则认为,1949年以前华南社会是非常多元化的社会,并非施坚雅所说的孤立之地,在一个地方社会中,政治、宗族、经济因素难以分离却又起着不同作用;1949年后,社会对国家的认同与明清对中央的主动认同不同,反而产生了与中央对抗的基础。⑥

"国家—地方"的结构分析是分析民间信仰在宗族与地方社会中作用的主要视角。在伴随着中国现代化进程而发生的社会转型过程的背景下学术界对其开始展开讨论,有代表性的作品是《一个村落共同体的变迁》。⑦

---

① 刘晓春:《仪式与象征的秩序:一个客家村落的历史、权力与记忆》,商务印书馆2003年版。

② 张小军:《象征资本的再生产——从阳村宗族论民国基层社会》,《社会学研究》2001年第3期。

③ Jing, Jun, *The Temple of Memories: History, Power and Morality In A Chinese Village*. Stanford University Press, 1998.

④ [美]施坚雅:《中国农村的市场和社会结构》,史建云、徐秀丽译,中国社会科学出版社1998年版。

⑤ [美]杜赞奇:《文化、权力与国家:1900—1942年的华北农村》,王福明译,江苏人民出版社1994年版。

⑥ Siu, Helen, *Agent and Victims In South China*. London: Yale University Press, 1989.

⑦ 毛丹:《一个村落共同体的变迁》,学林出版社2000年版。

杜赞奇和萧凤霞的研究促使笔者思考国家力量和地方力量（宗族）在民间信仰复兴过程中的双重在场，以及两者如何借助民间信仰这一平台进行博弈。

沃尔夫（Wolf）的《中国社会中的宗教仪式》[①]、王斯福（Feuchtwang）的《帝国的隐喻：中国民间宗教》[②] 等沿袭了杜赞奇的主要研究思路：通过解读民间信仰的"神、鬼和祖先"的内在意义和象征意义，用宗教象征和意识形态概念模式考察地方社会。他们将国家的中心意识形态看做是向地方社会提供象征资源想象的"根"。地方社会有其自身秩序，然而地方秩序的建构则是通过"隐喻方式"[③] 或"宗教—宇宙论方式"。[④] 雷德菲尔德（Redfield）[⑤] 的大、小传统观点，加上施坚雅[⑥]的民间宗教和仪式与区域形成和发展的历史关系等，都成为研究汉人民间宗教的范式。

科大卫的《近代中国商业发展》[⑦] 提出两点：第一，要去除孔子和儒教的模式化观念，道德原则对于人们的行为是有限的。因为帝王的个人信仰和国家的宗教礼仪被区分开来，在中国形成了独特的流动性官僚机构，所以利润并非士大夫所追求的。第二，因为在一个理智而非法制的社会中对于集体的重视往往高于个人，是经济中认可官方保护而非合法权益的社会。这是一种文化，这种文化是基于中国独有的信念和几千年的社会实践活动所建构而成。

综合以上各家所言，中国的民间信仰应该是通过神化过去或当下的人或物，并赋予其对于特定社会空间中事务的审判权；在长期崇拜过程中，成为全国性的或区域性的习俗，衍生出在这些特定社会空间中所特有的、约定俗成的仪式和较为松散自由的崇拜组织。同时，这种信仰可能与其他

---

① Wolf, Dianel, *Feminist Dilemmas In Fieldwork*. Westview Press, 1996.

② Feuchtwang, Stephan, *Popular Religion In China—The Imperial Metaphor*. Surrey：Curzon Press, 2001.

③ Ibid.

④ Sangren, P. Steven, *Orthodoxy Heterodoxy, and The Structure Of Value In Chinese Rituals*. Modern China, Vol. 13, No. 1, Symposium on Hegemony and Chinese Folk Ideologies, Part I. Jan. 1987（63）．

⑤ Feuchtwang, Stephan, *Popular Religion In China—The Imperial Metaphor*. Surrey：Curzon Press, 2001.

⑥ ［美］施坚雅：《中国农村的市场和社会结构》，史建云、徐秀丽译，中国社会科学出版社1998年版。

⑦ ［英］科大卫：《近代中国商业的发展》，周琳、李旭佳译，浙江大学出版社2010年版。

的民间信仰或制度性宗教发生混成（如儒释道三教合流）。这类信仰，有些是为国家正统和地方精英所接受和鼓励的，也有相当一部分却是未经认可甚至属于被国家禁止的"邪教"。有些地方这种由崇拜行为产生的民间组织随着时间的改变会具有比较明显的宗教性特点，有些则不受时间影响，民俗性质比较明显。这种本身在民间常见的传统信仰模式，因为是"迷信"而被中国大陆年轻人疏远。

然而，这个观点忽略了民间信仰作为地方人民群众的精神文明代表和地方物质文明的创造方式——地方特有的生计模式之间的关系。笔者在调查北江—珠江流域曹主信仰的时候发现：许多曹主信仰的仪式和经文甚至道具都与农耕生产和内河航运息息相关。同时，当地仪式和诞节在农忙期间少，在农闲期间较多。过去地方精英不一定主动接受外来的信仰。是什么力量主导当地社会力量比重的改变，从而改变地方精英对于外来信仰的吸收和控制的模式呢？以曹主信仰为代表的南岭文化走廊中的民间信仰是以一个怎样的模式存在的呢？为何产生这种模式？

历史人类学视野下的区域社会研究对明清地方民间信仰也多有关注，如陈春声[1]、科大卫[2]、刘志伟[3]、郑振满[4]、赵世瑜[5]等学者的成果。这部分研究为理解当代华南民间信仰提供了历史学视角，并警醒我们同时要注重过程的而非单纯的结构—功能式的考察。由于列维-斯特劳斯结构主义的二元分类法过于静态，在解释民间信仰的动态变迁上稍显僵硬。故笔者还将尝试结合格尔兹阐释主义的"深描"方法揭示当地混成信仰的动态特征，了解粤北民间信仰的传播特征及其与当地移民传统文化的紧密联系，从而解读曹主信仰中商业和权力的互动过程。同时还希望在了解神话系统所表达的意义与当地民间信仰的仪式过程和师公经文中罗列的种种神圣空间的内在联系。

---

[1] 陈春声：《社神崇拜与地域关系研究——樟林三山国王信仰的研究》，《中山大学史学集刊》第二集，1994年版，第90—105页。

[2] ［英］科大卫、刘志伟：《宗族与地方社会的国家认同——明清华南地区宗族发展的意识形态基础》，《历史研究》2000年第3期。

[3] 刘志伟：《地域社会与文化的结构过程——珠江三角洲研究的历史学与人类学对话》，《历史研究》2003年第1期。

[4] 郑振满：《神庙祭祀与社区空间秩序》，载王铭铭、王斯福主编《乡土社会的秩序、公正与权威》，中国政法大学出版社1997年版。

[5] 赵世瑜：《国家正祀与民间信仰的互动——以清明京师的"顶"与东岳庙为个案》，《北京师范大学学报》（社会科学版）1998年第6期。

笔者以为，要解答以上问题，上述各流派理论或学说很大程度对本书的研究标的都具有参考价值，因为曹主信仰的存在就是以混成型信仰的形式存在于北江—珠江流域。根据三年的田野调查资料的积累，笔者认为要解决南岭走廊的民间信仰混成机制的课题，也必须用混成的理论解答模式。也就是说，在着眼于宗族、商业发展和民间信仰之间的共生共荣关系、仪式的符号乃至当地神话结构的二元分析等静态分解的基础上，必须关注动态文化视阈下的信仰文化圈的讨论、科大卫商业与信仰之间的互动关系、列维－斯特劳斯与格尔兹关于仪式符号和神话的结构分析和深入阐释理论。与此同时，还必须着眼与世界其他地区的混成型信仰研究的对话，从中理出南岭文化走廊中的民间信仰相对于他者的特质，并把握之。

第三节　田野工作和研究方法

一　田野工作

从 2010 年 5 月开始，笔者在广州增埗村开展田野调查，用了近半年时间，收集了广州市增埗社区的具体节日时间和蔡氏宗族的增埗（六房）族谱。同时，也确定了四个不同年龄层、不同性别的信息提供人。除他们提供的信息外，笔者还与当地的其他村民和外来人员进行过不同深度的访谈；已经获得了近 12 万字的田野笔记（以广州话形式记录）。此外，还掌握了 2010 年村神诞的部分录影资料和当地居民的大量生活照片。笔者还在 2011 年春节参加了增埗村的盟村——瑶台村闹元宵的节日活动，进一步了解到增埗在现代语境下如何延续古老的村盟系统。同年 6 月 6 日（农历为端午节），参加了在增埗村的六房祭祖仪式，收集了许多从不同地区参加祭祖的蔡氏族人的访谈资料。

这段田野调查发现，虽然收集了大量访谈资料，但是自己没有明确的研究目标。另外，发现村神（曹主娘娘）在村民的日常生活中仍然发挥着十分重要的功能。2010 年 7 月中旬到 8 月初开始第一次英德田野之旅。回到学校后，明确了田野调查的目的：第一，北江—珠江流域航运与民间信仰是否有共生关系；第二，曹主信仰研究在人类学中尚属未被开发的处女地；第三，民间信仰与"大传统"的关系以及此关系在当地仪式中的体现；第四，民间信仰在现代化语境中的功能和地位。

基于以上理由，笔者最终决定进行以曹主信仰为研究标的的多点田野调查，最终获得比较完整和全面的信息。本书田野调查历时15个月，分四个阶段进行：第一阶段为2010年5月至2010年7月初在广州增埗村展开初步的田野渗透；第二阶段为2010年7月中至7月底在英德市摸查曹主信仰的概况及其所覆盖的大致地理范围；第三阶段为2010年8月至2011年4月底继续在广州增埗村深入调查曹主信仰及宗族在现代城市化语境下的互惠关系；第四阶段为2011年5月至2013年年初在英德市各村镇进行曹主信仰全面的调查。仅在英德，行程共4400余公里，绘制了各个具有曹主信仰的庙宇平面结构图以及庙宇在英德地区的分布图。

在机动调查的同时，还以英德师爷的日常活动、生活史、人际关系、符箓经咒、神像法器为调查线索；佐以民间传说、地方文献和当地文人的著作；并且跟随师爷参加了西祠娘娘诞、王母娘娘诞和重阳节的登高仪式。在此过程中最大限度地、系统地、亲身地参与了记录和拍摄师爷主持的各类仪式活动，以获得"深描"的第一手资料。

二 研究方法

本书运用人类学民族志中所提倡的主位观察法、客位观察法和深度访谈加之文献资料研究收集有效信息。参与式观察法"在了解了调查的基本情况之后，一方面要对当地的自然地理、人工建筑和人文环境有一个明晰的认识；另一方面要有目的地对当地的日常活动、生活礼仪、人际交往等进行细致的观察"。[①] 笔者主要通过深度访谈对地方文献中的缺漏进行补充。

本书所用的基本资料与数据除政府部门公开的材料以外，还包括在访谈过程中得到与之印证的口头材料。笔者搜集的资料分为五类：

第一类：地方志。包括《广东省志》、《广州市志》、《英德县志》、《佛冈县交通志》、《清远县志》、《翁源县志》、《阳山县志》、《英德县林业志》、《元和郡县图志》、《英德县工商志》、《英德交通志》、《英德县税务志》等与田野点概况和曹主信仰相关的资料。

第二类：科仪文本。笔者在田野调查间收集了30部科仪经典，主要有《曹主娘娘留念书》、《纺棉娘子师爷书》、《龙角精神》、《开光呼龙喝彩写阴契》、《劝人歌》、《种蔴割蔴晒蔴纺蔴师爷歌》、《祖传有效秘诀三

[①] 周大鸣：《人类学导论》，云南人民出版社2007年版，第59页。

十方》、《喃无小夜科》、《福与拉传》、《钟裕坛》、《古代神宝书通用》、《请神问鬼各种神煞部》、《神宝书经》、《百中经》、《法师传经》等。由于年代久远和保存不善以及方言异体字等原因，经文中有些无法辨认之处，统一用"□"符号标注。

第三类：相关的前人文本记录和碑文。论文中的碑文有两处来源。一是源于前人所收集，二是笔者在调查期间所收集。与经文一样，在识文断句方面不能辨认者也统一用"□"标注。

第四类：卖身契。卖身契是将村中小孩寄名于神庙中希望"细路生性①，身体健康，人丁兴旺"，在田野调查中共收集过百张此类文书。

第五类：田野调查资料。包括口述资料、田野笔记、照片等。笔者在描述方面部分地方略有删节，但保留信息提供人的原意。

---

① 细路生性即小孩懂事乖巧。

第二章　英德地方社会中的宗教信仰

第一节　英德简介

英德素称岭南古邑，又称英州，位于广东省中北部，珠江三角洲与粤北山区的结合处，是珠三角连接内地的交通咽喉。东南倚靠岭南山脉，地形多山，山间物产丰富多样。但陆路交通十分不便，即使到现在有些山间的村落仍然与市镇处于半隔绝的状态。其地处北江中游，河溪众多，可通过河运和放排等手段进行货流交通，所以水上运输成为英德沟通外面的主要运输方式。由于其独特的地理方位使其成为南北物资沟通的必经之地，是南岭文化走廊的水上通道的重要组成部分。

英德地区最早的正史记录和南越王国的建立有密切关系。古代英德行政划分前后更改达20多次（见附录一），恰恰说明历代统治者对于其经济和军事重要地位的重视。英德地区的地貌主要有流水地貌和溶岩地貌两种[1]：流水地貌是英德地貌的主要成因类型，遍布于县内各地。其形态分为平原、阶地、台地、丘陵和山地五种，丘陵和山地为英德的主要地貌类型。县内发育着各种形态的岩溶地貌类型：岩溶平原。分为溶蚀平原、溶蚀冲积平原、溶蚀倾斜平地、溶蚀洼地、溶蚀台地和岩溶山地等。这样的地形地貌为英德农林产业发展提供了较好的条件。

一　陆路的开拓与发展[2]

英德古代道路的开拓和发展是与广东乃至整个岭南地区古代道路交通发展紧密相连的。英德古代道路的出现最早可上溯至夏、商、周时期，而

---

[1]　参见《英德县志》（2006），第127—129页。
[2]　部分资料来自英德县交通局编志小组编《英德县交通志》初稿。

道路交通大规模的开凿与发展则是秦汉时期。秦始皇开凿到南越道路，是我国历史上第一次开辟中原地区至岭南地区的交通大道。根据成书早于《史记》的《淮南子·人间训》关于秦军征越的记载和西汉初年一些文献的有关记载，可窥知当年秦始皇开凿的通南越道路大体有四条，其中一条从湖南的郴州进入广东连州（今连县），循连江下北江而至番禺，并曾在阳山至英德间设置了三道关塞，即湟溪关、阳山关、洭口关（今洽洸）。这条通道自秦（朝）以来成为中原地区达岭南地区番禺的一条较直捷的道路。另一条从江西南康越过大庚岭，进入广东南雄、韶关（曲江），循北江而下番禺。秦朝以后，这条通道就成为中原地区通达岭南地区首府番禺（今广州）的主要道路。从英德沿北江直上韶关（曲江），再由陆路进入江西，成为广东与中原地区的重要交通干线之一。这些通道都离不开英德水路的衔接。

西汉、东汉对广东道路进行了一些建设，使广东通中原地区和广东境内修建道路交通获得进一步的发展。从公元前213年秦始皇开凿五岭通道起，到公元前112年汉武帝派遣大军沿秦故道征伐南越止，经历百年时间，汉族人民和百越人民辛勤劳动，开辟和发展中原地区与岭南地区的道路交通，使中原汉族人民的先进生产工具和生产技术源源不断地输进岭南地区，对广东的开发和经济文化的发展起了巨大的推动作用。被开发的地区主要在西江和北江沿岸地带，因而这些地区交通运输比较兴旺，是广东境内交通运输最发达的地方。

秦汉时期开辟的通南越道路，既有陆路，也有水路。英德处于粤北山区，雨量充沛，河流处多，主干流纵横交错，这就决定了英德古代交通离不了水。据当地史籍记载和笔者访谈得知，英德地区的主要古道有：江西南康—番禺（今广州）、含洭（今英德洽洸）—湖南郴州、浈阳大庙峡桥路、百磴石路（又名金山径石路）、望夫冈石路。此外，还有黄塘石路、石麻布背石路、九凹路、连云寨石路等。

宋广东路新开峡山栈路记，宋嘉祐六年（1061），在英德市南山定光室南石壁上。高二点一米，宽二点二米，隶书，保存尚好。张俞，史书作愈，字少愚。四川益州郫县人。屡举不第，隐于家，杜门著书。文彦博治蜀，为置青城山白云谷以居之。碑文录如下：

　　广东路新开峡山栈道记，蜀人张俞撰。
　　度韶岭，由英州济真江达广州三百八十里，皆崇山密林，回

□□□。过排场，逾黄峒；涉板步，渡吉河；攀空旷，履危绝；犯瘴莽，践□域；豺虎伏，□□□岗人。人由此险，甚于死地。又自英由洸光（县名）至端州四百里，林岭氛□□□排场，居者逃，行者顿。黯流转徙，饥疠积道。虽咸灾沙度之域殆未过也。□南越入中国千有余年，凿山通道，无岁不役。然尤其恶如此，岂昔人未得利之要乎？本路转运使尚书刑部郎中荣公按越地图，将开道于二州间，以利舟车。嘉祐五年（1060年）春巡行英州，得真阳峡后，古径至光口。唯光口抵大冢峡，南望广之涉头六十里，峻岭崭屼，石壁上空，上下路绝，古莫能议。公道抵大冢峡，观其险壁。曰，可栈险为道如汉中。则由峡道□□□（县名）。□江平行，径牛栏，历炭步，趋广州；弃迂险，行直道，此天作地设之利，□□□英亦由栈道下清远，经四会（县名），入端州，则洸洸瘴路可弃。①

自秦汉以后，英德古代交通历代有所发展。其中规模较大的陆路方面有：宋代先后两次修筑广州至韶州的道路。元、明、清是广东古代道路交通大发展时期，特别是明清民间大修道路，促进古代交通网的初步形成，意大利传教士利玛窦曾经路过粤北并在其《中国札记》中记道，"旅客骑马或乘轿越岭，商货用驮兽挑夫运货者，他们好像是不计其数，队伍每天不绝于途"②，明清时期粤北陆路交通已相当繁忙。同时，由于山陡路窄，货物运输承受能力有限。所以，货物运输和人口迁移仍然主要依靠北江内河航运。从屈大均、利玛窦等人北上南下的方式为舟船也可看出当时的路况状态。

二 主要河流

从山脉的走向和英德盆地的北高南低的地势，可以看出英德境内的河流流向大体也是由北向南汇集排出。其中，除北江、滃江、连江为境内最大的三条河流外，还有集雨面积100平方公里以上的支流16条。北江，古称溱水，乃珠江水系第二大河。③ 上面提到的三条河流在英德地区汇集，成为北江的主流，流入珠三角与东江和西江汇合。

---

① 翁方纲：《粤东金石略补注》，欧广勇、伍庆禄补注，广东人民出版社2012年版。
② 庄礼昧、郑涧珍：《南雄的经济与会馆》，参见［法］劳格文主编《客家传统社会》（上编），中华书局2005年版，第119页。
③ 参见《英德年鉴》（2003—2005），第216—217页。

由图 2-1 可见，独特的地质环境造成英德地区所特有的人文地理，其基本地质特点为山地环绕的 W 形南倾盆地。英德东部有滑水山山脉将英东盆地与英中盆地隔开，北部是黄思脑山脉将英德盆地与曲江、乳源和阳山三县分割开来。西部大湾、张陂、西牛和水边一线的低矮山列将英德西部与英德中部区隔，并与五点梅花山脉连接形成英西盆地。南部的天堂山山脉与浪伞脑山脉夹塑形成英南相对低矮狭长的河谷平坝地区。北江在浪伞脑山脉中部穿过，形成大庙峡峡谷。由于英德的山势走向大多为南北走向，再加上河流的侵蚀切割作用形成了西乡、英城和东乡的自然分界。

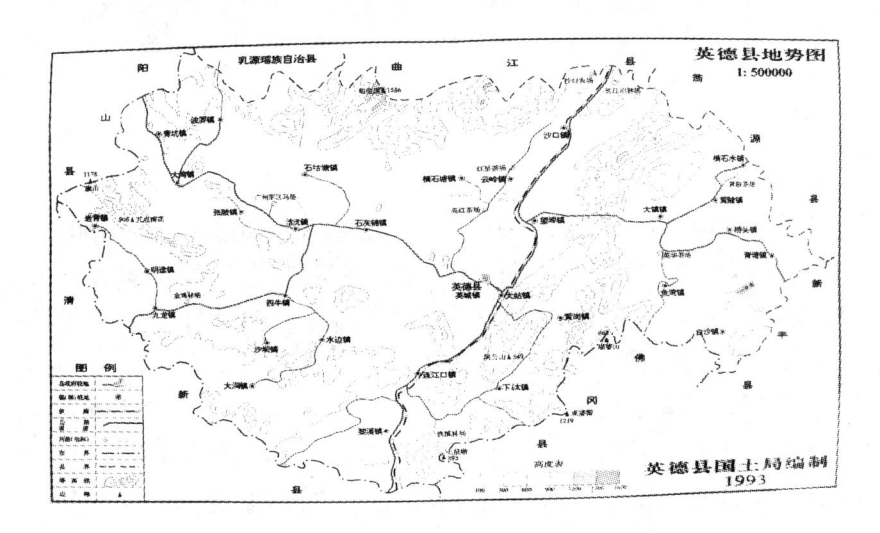

图 2-1 英德地势

北江古称溱水，是英德最大的跨省过境河流，发源于江西信丰县石大茅山。河面宽畅，除个别峡谷地段外，其余河宽都在 400 米以上。河道坡度平缓，河床平均比较降 0.7‰。干流沿岸，除滃江、连江汇入外，还有官田水、仙桥水、波罗坑水、黎洞水 4 条支流汇入。浈阳峡、大庙峡等处流道紧束，常形成洪泛，使沿岸农田受淹约 9.9 万亩。常年可通航，上通韶关，下达广州等地。该水系内有耕地面积 27.65 万亩，占全县耕地面积的 32.5%；主要圩镇有英城、望埠、沙口、横石塘、连江口、黎洞。由于北江的水流运动形成的盆地就是英中地区。

滃江，发源于广东翁源县船肚东（旧志称：发源于龙川）。干流自翁源县官渡下榕角附近流入英德县境，沿途流经青塘、桥头、鱼湾、大镇4个镇和英德华侨茶场，在狮子口与白沙水合流后，经长湖于东岸咀汇入北江干流。县境内流程69公里，区间流域面积1289.5平方公里。干流沿岸还有青塘水、横石水水、小北江水、大镇水、摆沙水、汶罗河水6条支流汇入，其中除大镇水、小北江水发源于本县外，其余支流分别发源于佛冈、新丰、翁源县，径流较充沛。沿江两岸有耕地面积19.8万亩，占全县耕地面积23.2%。滃江流经英德的地区就是东乡，包括上文提到的4个乡镇和1个茶场，是三乡中最小的一个乡。

连江（又名小北江），古称湟水，发源于湖南连县星子圩磨面石，干流经青坑、大湾、张坡、浛洭、西牛、石灰铺、水边、连江口等镇在江口砠注入北江。干流沿岸还有波罗河水、田心河水、黄洞河水、竹田河水、青松河水、水边河水6条支流，雨量亦较充沛。该干流是沟通连县、阳山、广州等主要水运航道。连江流经英西地区，英西地区亦称为西乡，主要包括连江流域的波罗镇、大湾镇、黄花镇、九龙镇、大洞镇、水边镇、西牛镇、浛洸镇、石灰铺镇和石牯塘镇，是三乡中最大区域。

三 英德与周边市镇的航道

（一）英德境内的主要水道

北江航道：县境北江干流航道95.5公里。上游始于马坝大坑口下分界石，下游止于清远横石上分界坑，经沙口、望埠、大站、英城、连江口、黎溪等镇。航道水深可保持0.5米，正常情况下可达0.9米，可航行50吨的船只。

连江航道：县境航道84公里，经大湾、张坡（三江）、浛洸、西牛、水边、连江口等镇。上游始于阳山三峡剑人石，下游至连江口分界。航道可保持15米宽，可航行50吨的船只。

滃江航道：航道长162.7公里。属县境航道34.8公里，上游至狮子口，下游至滃江口，经青塘、桥头、大镇、鱼湾等镇。自1956年炸礁和整治石坝后，全年可通行3吨小船、10吨内的木驳船。历为英东地区粮食、柴炭的主要运输线。1964年建长湖水电站54米高的拦河大坝，未建通船设施，自此，不能与北江航道直接通航，仅有长湖水电站至狮子口通航，狮子口以上的航道也不能通航。

支流航道：观音坑：仙水桥—坑口咀，航道长7.1公里；黎洞水：黎洞口—黎洞，航道长4公里。

（二）英德与周边县市的航道

英德与清远的古代水路交通情况大体是①：由清城经洲心、飞来峡、江口汛至旧横石36.3公里，河道平均坡度为0.251‰，宽窄深浅变化大，平均河宽400米左右，飞来峡处宽约100米，最大水深20—30米，最浅0.7—1米。自旧横石至清城，浅（险）滩有兴隆角等15处。清城至韶关187公里，至英德县城83.8公里。其中由清城经洲心、飞来峡、江口汛至旧横石36.3公里，河道平均坡度为0.251‰，宽窄深浅变化大，平均河宽400米左右，飞来峡处宽约100米，最大水深20—30米，最浅0.7—1米，自旧横石至清城，浅（险）滩有兴隆角等15处。

清远县水运历时较早，也较发达，清乾隆年间，已有载重30—50吨船数十艘，上航至英德、韶关和阳山青莲等地，下航于广州、南海、番禺、顺德各处。清英德线于民国二十七年，已有广利电船航行本线。新中国成立后，曾开办清远—西牛—英德县城三角航线，至1985年1月停业。

英德与翁源的水路交通状况是②：翁源有肩挑走韶州、望埠（英德）、河源、大吉山等地的历史。然而，水路仍然是主要运输方式。翁源水路主要有滃江，全长173公里，县境92公里，在英德汇入北江。其支流有龙仙河、南浦河、九仙河、周陂河、揽陂河、新江河。1955—1983年的资料记载，河水最大流量达4850立方米每秒（1964年），最小流量为3.5立方米每秒（1971年），平均流量61.3立方米每秒，水深一般为2米左右，有99.5公里的通航河道。民国前陆上交通不便，水路是主要的交通线路。民国三十三年（1944）12月6日翁源县县长刘起时向广东省建设厅厅长郑均监汇报电称："（一）查本县滃江木船可通至英德，每艘可载二千至二千五百市斤。（二）滃江河道水深在春夏间约四五市尺。（三）由龙仙至英德下水需时三天，上水需时7天。（四）每月运输量15吨。（五）沿河码头——龙仙、三华、利龙、官渡面积平均四十市尺。"

虽然历代统治者在不断修筑、拓展整个粤北地区的陆路交通，但英德乃至粤北地区古代陆路交通仍然极不发达。首先，多山的地貌和纵横其间的河流为开路架桥带来了极大的挑战，以当时的筑路技术，只能是垒石架桥，难度很大。其次，山间气候的多变和岭南潮湿多雨的大气候，造成木

---

① 部分内容源自清远市地方志编纂办公室编《清远县志》，1995年。
② 部分内容源自翁源县地方志编纂委员会编《翁源县志》，1997年。

桥栈道的维护保修成本很高。再次，在整个中国历史进程中，岭南地区多次成为割据政权的势力范围。为保证其在当地的利益，以及防范北来的军事征服，地方统治者乐于"绝道"。还有就是，狭窄的山路不能承受物产丰饶的岭南对外输出物资的承载量。直到清朝，英德地区的陆路才正式被打通。①

相比之下，英德地区河流众多，河运具有稳定、低成本、大载量以及受地理条件限制相对低的优势，使得人们更加倚重河运进行货运和客运活动。所以自古以来，水运仍然是粤北地区最为主要的运输方式，陆路仅仅是辅助的运输方式。展开英德地图，我们可以发现英德的主要市镇皆在内河航线上。如依赖小北江航线的有大湾、浛洸、西牛、水边；依赖大北江航线的市镇有黎溪、连江口、大站、英城、望埠、英红、沙口；依赖滃江航线的有东华镇、横石水、桥头镇、白沙镇、青塘镇。以前，当地人们所从事的生计活动都是紧紧围绕着内河运输。从此，可以看出曹主信仰的传播路径也应该与北江流域的航线紧密相连。发达多样的陆路与内河航道为英德地区的商业发展提供了交通条件，干支众多的内河航道承担了主要的物资运输，陆路则承担了次要的运输功能。航运为主、陆路为辅的运输特点决定了曹主信仰的传播和发展主要依靠水路的传播、兼靠陆路的传播，才将影响扩大到粤北乃至广州西部增埗地区。

田野调查发现，英德境内语言的使用也具有地方特色的多样性。其主要有客家话和广州话（含广州次方言）两大类。客家话分布于英东片的东华镇、白沙镇、青塘镇、桥头镇、横石水镇，和沙口镇、英红镇云岭、横石塘镇、石灰铺镇、石牯塘镇、波罗镇、浛洸镇、大站镇黄岗、下太镇、连江口镇、大洞镇、西牛镇的绝大部分村庄，以及望埠镇、大站镇、水边镇、大湾镇的部分村庄。广州话主要分布于英城街道及英中片、英西片的部分镇。广州次方言有附城话（源于客家话，异于客家话，也异于广州话），分布于望埠镇、英城街道、大站镇北江两岸。还有九龙话，分布于九龙镇、黄花镇。此外，黎溪镇、水边镇、大湾镇部分村庄使用广州次方言。浛洸镇的华坝、花管滩和鱼咀坝三个自然村的人口原籍潮汕，现

---

① 陈泽泓：《岭南建筑志》，广东人民出版社1999年版，第407页。

内部仍使用潮州话。全市瑶族5000多人①，使用瑶族语言。英红、英华、黄陂3个华侨茶场则使用普通话。

　　以上所有方言使用者，包括瑶胞在内，都可以使用至少两种语言，其中广府话和客家话为当地通用语言，大部分地区使用客家话较多。广府话属于次通用语，当与当地人会话时，如果见面第一选择是广府话，他们都可以猜出说话者极有可能是外地人。所以除去本身是以广府白话为母语的地区，其他地区实际上是将白话用作商用通用语。同时，与英德广府话地区不同的是，其他地区的人说广府话都带有他们母语的口音，并不像上述地区的广府话人群的语音纯正。广府话的一个原因是为了"揾食"（谋生）。这个现象在整个珠江流域都比较普遍，说明方言的分布与商业，尤其是北江流域的水上航运有着密切关系。

　　方言的分布情况还反映了一个现象，客家话和广府话是沿着北江、小北江和滃江流域的城镇相互重叠的。这恰恰说明了语言、人口分布与河运商业之间的关系。还有一个特别的现象是，在小北江地区还有一个潮汕话的小区域。笔者在与当地人聊天时得知，他们祖上是当兵的，几代前被皇帝派来这里守卫洽洸水道。从地图上也可以看出，他们所处的镇南地区是小北江和波罗坑交汇的河口，也是从阳山和粤西经洽洸入英城的门户。

　　在分析相关文献后，可以认为他们应该是在红巾军起事前后作为"潮勇"被派守该地区的，因为镇南又是洽洸的门户，同时还是红巾军当时进攻英城的唯一通道。据县志记载，在防御红巾军进攻英德县城时，曹主娘娘带起一阵龙卷风，将红巾军帅旗折断，抛于十多里以外。红巾军受到惊吓而退守西牛，避免了当地人惨遭战火的摧残，"潮勇们"也幸运地避免了一次可能死伤惨重的战争。所以，当地人以及"潮勇们"特别崇拜曹主娘娘。

第二节　广州荔湾区增埗社区与曹主信仰

一　荔湾区增埗社区简介

　　荔湾区在广州市西部，东邻越秀区，北和西北与白云区相接，南与海

---

① 据道光《英德县志》记载，瑶民最早在宋代出现在英德，他们从湖南洞庭湖和福建的瑶田迁居于此。现在主要聚居在英德东部和北部山区，有排瑶和盘瑶两支，以犬为图腾。他们的语言和曲江、始兴、翁源、仁化、和阳山境内的瑶胞可以相通。

珠区带水相依，面积11.8平方公里，54万多人。辖20个街道办事处，273个居民委员会，区政府驻中山七路。① 位于广州市区西北角的西村（非特指西村行政街，而是指包括西场增埗一带的俗称西村的地区），历史上是广州城外西北郊。地势比西关沉积平原高，原为丘陵小山岗地带。由于它位于可连通珠江三角洲腹地和珠江口的增埗河畔，经过历代开发，使它既是历史上的政治、军事要地，也是发展广州的工业和教育的开发区。②

增埗村是蔡氏单姓村，1921年由南海并入广州市区。村落原貌保存较好，村内有未翻修祠堂一间，近年重修曹主娘娘庙一座。居民以工人、小商人为主。增埗大街在市政府西北，西增路至增埗旧码头，紧靠增埗河。因是增埗村旧址，故名。沿路有增埗1—5巷，皆为居民住宅。③ 增埗河在市区西北部，南接沙贝河，北连石井河，河西岸是白云区的螺涌围，东岸是市区的增埗，故名。④ 增埗河是沿岸的广州水泥厂、电石厂、啤酒厂、自来水公司、发电厂等单位的主要水上运输线。远在西汉时期，增埗河历来是水上交通要道，汉高祖十一年，派遣大臣陆贾下南粤，从这里登岸，建筑十里土城以待赵佗，故后人在今广州自来水公司地段内建"陆贾亭"，以作纪念。后来，清政府在增埗河东岸建有一卫城名曰泥城，后来这一带被称为"泥城"。清道光二十一年的鸦片战争，英国侵略军沿珠江入增埗河，也是在"泥城"登陆。⑤

增埗是广州市西郊最早的重工业基地，其城市化和工业进程化几乎同时开始。19世纪末，便有了增埗军火局亦称为制造东局，这是增埗最早的工厂；而后，水厂、水泥厂和石料加工厂林立。当地居民也由原来的农耕生产者和小资本商业者逐渐改变成为技术工人也同时离开私塾教育进入了以广雅书院为代表的现代教育系统，接受以西洋理性主义和科学主义为指导的意识形态。

---

① 冯民牡主编：《广州市地名志》，香港大道文化有限公司1989年版，第127页。
② 胡文中：《历史上的广州开发区——西村》，载罗雨林编《荔湾风采》，广东人民出版社1996年版，第422页。
③ 冯民牡主编：《广州市地名志》，香港大道文化有限公司1989年版，第134页。
④ 据笔者访谈了解到，增埗之增字原来是一种竹制的捕鱼器具，久浸于水中容易腐烂，所以需要常常取出晾晒。增埗村建村之前，这里原是一篇晒增的空场（埗是空地的意思）。故得名为增埗。
⑤ 冯民牡主编：《广州市地名志》，香港大道文化有限公司1989年版，第143页。

二 增埗村和西村革命史

清代，珠江白鹅潭北岸柳波涌口（在今六二三路对面西桥与黄沙码头之间），有一座用石块构筑的方形炮台，称西炮台。台上装备有重2250公斤的前装光膛炮5门。西炮台有一座小型的辅助炮台，称西宁台，位于西炮台以东不远处。西炮台东至东炮台10里，西去花地五里，西北距泥城四里，扼守从珠江进入广州城的要隘，为江防重要据点。第一次鸦片战争期间，在三元里103乡联合抗英之前，四川提督张必禄指挥的川军与西关丝织工人兼武馆教头陈棠统率的怀清社学义勇，曾在此联合痛击英国侵略军，取得辉煌战绩。

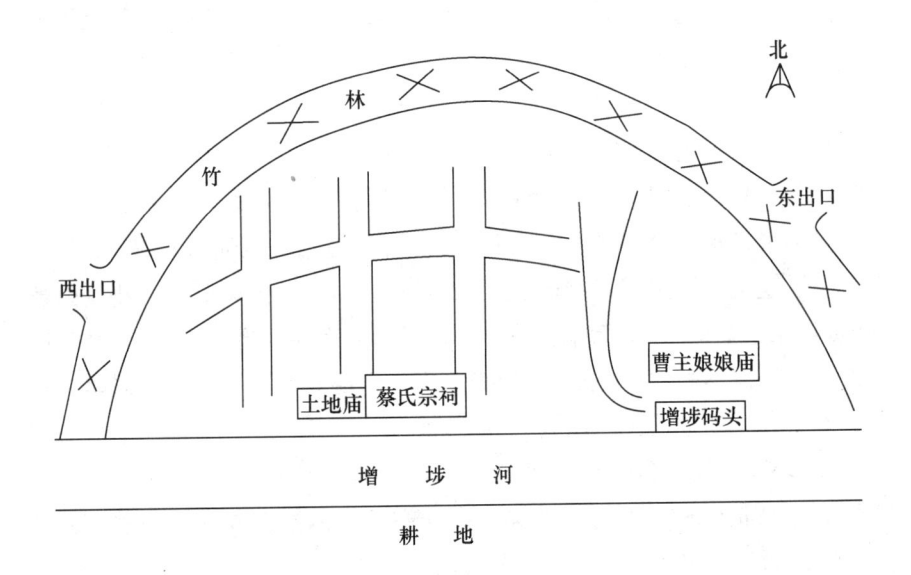

图 2-2 增埗社区地形

三 增埗与英德曹主信仰的关系

笔者于增埗田野调查时，听当地老人讲了两个关于曹主娘娘进入增埗的故事：

1. 据说，曹主娘娘是别处漂来的菩萨木头人。漂到增埗桥底那里，刚好有只商船，那个菩萨经常撞他的船的，一直撞，撞到那个船家生气了："为什么你经常撞我的船？"撞完一次，拿支竹竿把她撑开，但她又漂回来了。他说："唉呀！它生气了。"于是，捡上来放在榕树下面。安放的时候看到神像背后有"英州蔴寨曹主娘娘"几个字。就说:"真的很抱歉,你暂时在这住着吧。等他日我发财了就建一间大庙给你。"不用两年那个船家真的发财了,回来建个大庙,那建庙的钱我们村一分钱也没出过的。

2. 曹主娘搭救过香港那边的盐船,那船装着好多盐。当天大风大雨,那些盐商在水中见到有个女将,就立刻搭救她上来,所以盐商的船才没有沉。等到好起来了,就问这村里有什么,就知道原来是曹主娘,最后就帮我们村建一座庙,那庙安奉了曹主娘,成为我们村的一村之主,保佑我们这些村民。她到这儿的时候是五月二十三就成了村神日、村庆,六月初六是她的生日。曹主娘就坐在庙堂的正中间,然后旁边有四大神像持刀持枪来保护她的,像佛祖的四大金刚一样的。而且还有些其他神仙菩萨坐在一起。

两则故事就发生在增埗河上。增埗河又称泥城涌、增埗海,位于中国广州市西北部的一条河涌。其北接石井河、南至沙贝河、西岸是螺涌围,是石井河的下段。全长1600米,宽86米,因东岸为荔湾区的增埗而得名。从广州地图上看,其来水主要是从北江干流分流而来。历史上增埗河是南海、番禺、顺德①船只进出广州的水上交通要道,古时沿西江、北江到达广州的船只均在此河东岸登陆入城。增埗码头是广州城西重要的水陆码头,当地人声称增埗码头和天字码头、黄埔古港、芳村码头并称为广州四大码头。如果没有增埗码头,南番顺居民便无法入城。若要从天字码头上岸,就要往南多走十多二十里水路。

由此可见,英德曹主娘娘神像由于上游洪水被冲入增埗是可能的。笔者查看北江与增埗河(见图2-3)两条内河之间的联系之后发现,神像极有可能从两条水路入村。第一条是在北江流经佛山芦苞镇(A点)时,由上渡头进官窑涌然后再进入石井河到增埗河(C点)。第二条是神像在北江流经三水与西江水相遇时,由强劲的西江水冲入西南涌(B点)。由西南涌带入官窑涌然后入石井河进增埗河(C点)。在涨潮和台风的带动之下,曹主神像经由这两条水路进入增埗(D点)皆有可能。但是考虑芦苞镇水路的朝向,似乎由三水入广州市区的可能性较大些。总之,增埗

---

① 此三地亦并称为南番顺,下同。

经增埗河与北江相连接,具备了曹主信仰传入的水上传播的地理环境,其传入存在以上两种可能的途径。

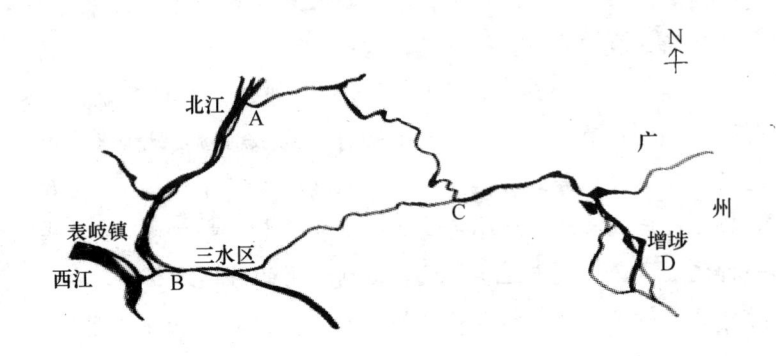

图 2-3 北江与增埗河的联系

第三节 岭南地区民间信仰演变进程

一 先秦至隋唐时期岭南的历史和宗教概况

先秦时期,岭南地区就已经与中原地区开始了货物、文化上的交流。在商周时期,中原王朝已经开始在政治上和军事上对百越地区实行有效的宗主制并促成南北货物交流。在《尚书》、《山海经》、《大戴礼记》、《逸周书·王会解》等中原文字皆有记载。

秦征岭南,打通了湘江和漓江的水路交通,建造了灵渠。从此,沟通长江水系和珠江水系的内河航线正式打通。为岭南和中原地区的物资交流和人口往来开辟了道路,再加上当时广州的造船技术和造船生产能力已经达到极高的水平,为岭南地区航运商业的发展创造了条件。[①] 秦统一岭南以后,为中原人和岭南原居民进一步进行民间的文化交流提供了政治、经济等一系列有利的平台。中原地区的道家、阴阳、名家等哲学思想在这个时候开始向岭南地区渗透。同时依托珠江航线和伐越新道,南方的经济作

---

① 陈代光:《论历史时期岭南地区交通发展的特征》,《中国历史地理论丛》1991 年第 3 期。

物以及巫蛊传统亦向北传播。① 此时岭南的造船技术也日趋成熟，为水运打下坚实基础。

汉朝至南北朝时期，北方动乱以致大量汉人南迁，部分迁至岭南地区。中原人士与岭南土著杂邻相处，不可避免地促进了民族的融合，使中原文化和岭南本土文化进一步相混。② 大量道教人士也随着波波移民进入岭南，对岭南道教发展和地方化起了重大作用。道教教团此时在岭南的活动范围既大也盛。③ 根据刘昭瑞的研究，比较分析了福建、广东东部地区考古发掘出土的石刻地券与陕西、湖南等地出土类似的地券，说明中原文化南传的历史事实，并通过对地券中所反映的神灵观念，证实了西晋末年道教在广东中西部的传播。在粤北地区，通过考古发掘也发现了大量的南朝镇墓文。④ 对于道教在粤北地区的流行提供了物证，同时证明了南北文化之间已经在较高层次上进行交流。

南越地区各民族崇尚巫鬼。"珠江流域诸越族先民巫术盛行于社会生活之中，越人十分崇信鬼神……用灵物（鸡骨）进行占卜也是越人巫术的重要内容，后人称之为'越巫鸡卜'……蛇（龙）、鸟、竹是百越民族三种主要的图腾崇拜对象。"⑤ 与此同时，佛教南传活动也从海路传入广州。中国佛教史上的第一个佛经翻译家安世高于东汉建和元年（147）来中国，即由海路到达广州，北上江淮。之后，岭南地区的佛教传播是由广信人牟子继续推动，他是中国历史上著书弘扬佛法的第一人，开佛教在珠江流域乃至全国传播之先河。⑥

唐朝大庾岭的开凿将长江水系和珠江水系连接，很快成为南北往来的

---

① 陈泽泓：《岭南建筑志》，广东人民出版社1999年版，第231页。
② 葛剑雄、曹树基、吴松弟：《简明中国移民史》，福建人民出版社1993年版。
③ 比较有名的有：程秉、刘熙、薛综、袁徽、虞翻、全琮、陆胤、吕岱、于吉、王远、张礼正、李明期、唐珍、葛玄、郑思远、甘始、桃俊、张津、士燮、董奉、步骘、卢耽、徽崇、鲍靓和葛洪等人。葛洪和鲍姑志同道合，承袭了鲍靓之道学，还对医学、化学、药物学进行了多方面的深入研究，对岭南道教产生巨大的影响，并使岭南在中国道教文化发展史上占有重要地位，罗浮山逐渐成为岭南道教名山。葛洪是岭南道教圣地的开创者。（参见王丽英《道教南传与岭南文化》，华中师范大学出版社2006年版，第86—95页；黄伟宗、司徒尚纪主编《中国珠江文化史》，广东教育出版社2010年版，第551页。）
④ 杨豪：《光东晋南朝隋唐墓葬》，载林业强编《广东出土晋至唐文物》，1985年版，第25—26页。
⑤ 黄宗伟、司徒尚纪主编：《中国珠江文化史》，广东教育出版社2010年版，第424—425页。
⑥ 同上书，第540页。

通行大道，北江和浈水航运自此蒸蒸日上，南迁远谪之人等也多走这条古道。粤北地区位于浈武二水之会，扼守大庾、骑田二岭的重要山口，成为粤、湘、赣三省的交通要冲，自古以来就是我国南北交通必经之地。① 笔者田野调查的英德处于粤北中心地带，北、连、滃三江在此汇集，是珠江三角洲地区的陆上军事的一道天然屏障，也是岭南物产北运，沟通湘粤赣的内河航运的重要港口之一。

隋唐的开明政策及强盛的国力，扩大了中国在世界的影响，各国纷纷来唐朝经商、求学、游历、传教，伊斯兰教开始传入中国。侨居广州的外商还有信奉犹太教、基督教和拜火教的，在岭南文中留下了痕迹。② 那时远赴海外取经的高僧也多从广州出发，又来广译经与弘法。在岭南独特的气候地理环境和土著文化环境下，还诞生了适合中国民众文化心理的佛教南宗顿教。随着汉文化与土著民族文化的交流与融合，佛道儒文化的交流与融合，并与传统儒学文化、经惠能改造的禅学文化融为一体，形成为珠江地区广大百姓津津乐道的民间信仰体系，出现了南海神、达奚司空、南路冼夫人、增城何仙姑等一批本土神仙，标志珠江神仙文化的形成并彰显自己的特色。③

综上所述，自秦汉到隋唐五代，在岭南地区的军事征服、政治管辖，经济开发、道路开凿，南北物资的沟通和大量中原移民的迁入，道教、佛教、儒家思想在岭南地区落地生根，深深渗入岭南文化。秦汉至隋唐期，文化交流并非是由北向南的单向的强制性的，它是南北双向通过不同的渠道和方式进行的。道教自秦汉传入岭南后不断发扬，并向北影响。岭南道教和惠能所创的佛教南宗在南方发扬，影响波及北方，从侧面说明了南北文化之间的交流不仅仅是北方单向度地传播而岭南被动地接受，岭南也有作为传播者影响北方的部分。南北文化之间主动和被动一方不再那么明显，已经有了相互学习相互影响。历经千年，由中原传入的北方汉族文化通过海上丝绸之路与西南丝绸之路传入的海外宗教文化，与本地土著民族文化互相交流、吸收与融合，形成多元混生的文化状态，建构起岭南文化的独特形貌。

---

① 吴郁文主编：《广东省经济地理》，新华出版社1988年版，第380页。
② 司徒尚纪：《珠江传》，河北大学出版社2009年版，第121页。
③ 黄伟宗、司徒尚纪主编：《中国珠江文化史》，广东教育出版社2010年版，第754—755页。

二 宋元时期岭南政治宗教状况

两宋时期，北方少数民族政权多次南下攻宋，北方长期战乱给中原以至江南造成严重破坏，人口大量流亡，岭南相对安定的社会环境和大量尚未垦种的可耕地吸引了北方士民。在此期间，中原汉民形成三次大规模的南迁。第一次也是最大一次南迁高潮发生在两宋之际，前后移民总人数约500万。[1] 另外两次发生在宋末元初。这些移民迁到南方后有部分继续迁移，沿着五岭通道，从北江、西江和东江水陆并进，抵达岭南地区，与本地人及早先迁来的汉人相互交融，使自唐代以后岭南各地域文化的分化进一步加强，由于移民源地、入居时间早晚和分布地区环境等差异，以文化为主要标志，形成了广府、客家、福佬三大汉民系及其基本分布格局，南三大方言也在此时形成。[2] 其后移民只能在既定社会文化结构下存在和发展，宋元成为岭南文化发展史上一个转折时代。[3] 目前学界对于客家的成型时期尚无定论，由于论述的需要，笔者拟用宋元说。从三四世纪发生的第一次大迁徙，到12—13世纪的又一次大迁徙并在这次终于形成客家民系，其间经历了八九百年的时间。当客家人向粤东北，尤其是浙东至粤北一线迁移时，这个民系不仅已形成且已稳定下来，从此以后，客家民系的形态已有变化。[4] 据史料考证，客家人正式定称于宋朝，客家民系和客家文化也最终形成于宋朝。[5]

南迁汉民素质高，分布广，带来汉文化和农耕技术，与本土人民一同开发了岭南地区。宋元也加大对岭南的管辖，宋设广南路，增筑州军县城，如英德、阳江等，元设广东诸道，兴修水利，整治水路交通。南宋时，全国经济重心南移，进一步推动岭南地区经济的发展，海外贸易、制糖制盐、矿冶铸造业、纺织业以及各种其他手工业十分发达，这些产品绝大多数通过水路运输，北宋时北江船运大大增加。英州"舟楫所通……富家乐商贩"[6]；连州"人物富庶，商贾阜通，有小梁州之号"。[7] 商业贸易及货物的流动加深了南北之间的沟通与交流。

---

[1] 吴松弟:《中国移民史》第四卷，福建人民出版社1997年版，第415页。
[2] 司徒尚纪:《珠江传》，河北大学出版社2008年版，第137页。
[3] 黄伟宗、司徒尚纪主编:《中国珠江文化史》，广东教育出版社2010年版，第818页。
[4] 谭元亨编:《客家文化史》，华南理工大学出版社2009年版，第114、278页。
[5] 黄伟宗、司徒尚纪主编:《中国珠江文化史》，广东教育出版社2010年版，第1053页。
[6] 道光《东安县志》卷1。
[7] 光绪《九江儒林乡志》。

宋代州县学有较大发展，"学校之设遍天下，而海内文质彬彬矣"。①广东地方官多以兴学为要务，创办书院，其中就有英德涵晖书院，扩大了儒学的传播。长期以来佛、道、儒三教合流为北宋理学思潮的诞生奠定了基础。宋代士大夫具有强烈使命感，十分重视诗文的政治教化功能。曾任职广东路的周敦颐率先提出"文所以载道"的观点，成为宋代理学的创始人之一，程颐、程颢继之。周敦颐、二程等都赴岭南宣传理学，岭南因而儒风盛炽，门派兴起，人才辈出，理学从此在岭南传开，理学著作不下三四十部，为岭南儒学发展做出重大贡献，表明文化重心也开始随经济重心南移的倾向。北宋时南汉统治下的岭南佛教极盛，建有上应二十八星宿的28座佛寺，禅宗五大支系之一的云门宗也在此时创立。② 宋代禅宗兴盛，再加上社会相对稳定，产生大量禅宗典籍。禅宗旨意颇能适应当时士大夫和民众的心理，为人们所敬奉。

广州著名佛教寺庙光孝寺在宋代多次重修。道教在宋元受尊崇，在元代正式分为全真教和正一教。上自帝王下至百姓，大多兼信佛、道二教，佛教诸神大多归入道教，同时道教不断完善其神仙体系，创造出更多神仙，当时南方道教之盛，形成南宗紫阳派，著名的南宗五祖中就有来自岭南的白玉蟾。③ 广州城东的南海神庙此时也得到修缮，元帝还封南海神为"广利灵孚王"，以示对南方海贸的重视，庙内还有一批神被朝廷封侯，显示出元统治者对宗教信仰的控制，以达到其稳固统治收罗民心的目的。发达的中外贸易导致蕃客源源不断地来中国经商，尤以穆斯林为多。他们与当地汉族和其他不同种族人民和睦相处，在元代形成新的民族"回族"。大量的穆斯林从沿海进入中国，必然扩大了伊斯兰教在各地尤其濒海之岭南地区的影响。

宋元时期，海外贸易的发达使海神崇拜继续受到朝廷重视，岭南盛行波罗诞，泰山石敢当信仰开始流行，民间信仰也出现众多新的元素，水神崇拜广为流布，粤北的曹主信仰、北帝崇拜、悦城的龙母信仰、妈祖崇拜等开始形成。曹主娘娘信仰后来成为粤北客家水神崇拜的代表。曹主娘娘本姓虞，嫁蔴寨寨主曹福，人称虞夫人，率乡兵报夫仇、御黄巢身死。其事迹感动了村民，村中绅士徐志道等人捐资在蔴寨山南面为其立祠、塑

---

① 嘉靖《广东通志》卷24。
② 广州市文史研究馆编：《岭南逸史》，花城出版社2008年版，第23页。
③ 任林豪、陈肖岐：《道教南宗考略》，《中国道教》1989年第1期。

像，称为"寨将夫人祠"。蔴寨乡士民和地方官吏念其"生时曾未闻有尺寸之封，殁后仅庙食兹土，又僻处山谷"，特呈请朝廷封赐。宋嘉泰年间受赐"冥助"，改为冥助惠妃祠。嘉定六年封"显佑夫人"，嘉定十五年加封"正顺夫人"，总称为"显佑正顺惠妃夫人"。由于朝廷赐封，乡民常常祭祀，虞夫人便由神话人物逐渐走上神坛，成为百姓奉祀的神灵。①

此时，客家人的早期族群实体开始形成。关于客家民系主体的源流在学界分为"北人说"和"南人说"两大学术观点。以罗香林为代表的学者提出，客家人群的"北方汉人主体说"主要是根据大量的历史文献，尤其是客家人群的祖谱研究得出的结论。② 他们认为，客家人其实是今河南省南迁而来的一支人群，在其迁移的漫长过程中与中国南方的百越余裔发生了文化和基因的混合才形成了如今的客家人。"南方汉人主体说"则根据人类学、考古学、基因学和历史学证据，得出这部分南迁的汉人应该是多支来自黄河、淮河和长江流域的人群。由于基因科学技术不可能将南方的汉人从血缘上分开，他们进一步提出，"客家是一个文化概念，它是历史上少数北方汉人带着当时比较发达的中原文化融化于粤闽赣边的南方汉文化中，形成以中原文化为主体的客家文化共同体"。③ 有些学者根据自己的研究所得，对"客家"这个用词产生了怀疑。其中有学者认为，客家人的主体并非汉人，而是被汉文化所同化了的百越民族的后人。有学者指出，粤北和赣南在清初之前不能算是客家，他们的文化与北方的赣文化有很多共同点，他们与客家的关系更多的是同属于一个语群，而非族群，"客家一体文化"概念是最近学术与经济发展的产物。④

唐宋以来，"随着朝廷统治力度加强，行政区划日趋完密，主流文化不断扩大，汉民区域一波又一波拓展，畲、瑶等族退入闽粤赣边区深山中。明朝以后，多民族文化向更深层次发展……瑶、畲等族的儒学水平提高，与长久居处其间的汉人融合而成的'客家'，是这个进步中的硕

---

① 林超富：《北江女神曹主娘娘》，广东人民出版社2009年版，第9、10、24页。
② 罗香林：《客家研究导论》，（台北）南天书局1992年版，第63—77页。
③ 房学嘉、宋德剑、钟晋兰、夏远鸣、冷剑波：《客家妇女社会与文化》，华南理工大学出版社2012年版，第9—12页。
④ ［法］劳格文：《客家传统社会》下编（民俗与宗族社会）序二，中华书局2005年版，第492页。

果"。① 在他们看来，所谓"客家人"的主体其实是与山中汉人杂处的瑶、畲，从而提出客家人群源流的"本地说"。同时，有学者试图通过语言学的解释来看客家方言和畲话之间的关系。在以"考虑原有文化的底层和地域文化传统的作用，而排除因为族群互动产生的借词"②为原则的研究中，他们发现，"人格化自然"是这两种语言的共性。所以，两种语言有比较密切的关系，可以作为"本地说"的一个佐证。

另外一些语言学者认为，客家话就是以前的"本地话"。"从古典籍的记载可以了解，'哈'（和）的原意是'山'，而'客'以前称'山哈'，正好是畲族的代称，加上今天仅存的畲族'客'这个词都念 ha（哈），可以明确地说明'客家'的'客'是指山，不是中原南来客居他乡，反而说明客家是世居闽粤赣山区，是地道的南方山区语言。"③ 有学者更进一步提出"客家文化建构说"，认为所谓的客家文化不过是一些特定族群在争夺生存资源过程中为了统一力量而建构出来的神话。

客家内部一些学者也承认，客家族群的建立是为了与广府、潮汕等土著争夺生存资源，是从社会的边缘向中心转化的必然举措。但就族群建构而言，取得了举世瞩目的成功。客家居住地域广阔，内部之间文化属性的差异明显，经过学者们的共同努力，客家文化的一些基本元素逐渐清晰起来，成为客家的文化边界和标识。客家的形象已经树立起来了，原本不存在的客家现在已客观地存在，客家族群成为一个不争的事实。能够将散处于世界各地的原本并无瓜葛的数千万"移民"投入客家的怀抱，给予他们归属感和相互认同文化机遇，这不能不说是族群建构的当代神话。

客家族群从无到有，从小到大，其最初的神话叙事是与中原士族联系起来，通过炫耀自己悠久的历史与辉煌的起源，获得其合法地位。客家已不是一般的南方汉族居民，其祖先艰苦卓绝的漫长迁徙历程和事迹，经过精心的学术粉饰以后，洋溢着其他汉族居民难以比拟的特有的历史荣耀，令现今客家充满敬仰之情和无限遐想。尤其是将一些历史名流纳入其中，

---

① 许怀林：《关于客家"同化"与"本地说"的几点辨识》，《客家研究辑刊》2011 年第 1 期。

② 邓晓玲：《从动植物命名看客家话与畲语的民族特性》，载罗勇主编《客家学刊》第二辑，中国社会科学出版社 2011 年版，第 119—123 页。

③ 罗肇锦：《客语与缅彝语的特殊渊源探索》，载房学嘉主编《解读客家历史与文化：文化人类学的视野》，知识产权出版社 2011 年版，第 189 页。

更是为这种民系建立了非凡起源的谱系。客家不仅是一个民系或族群，也是一种现象、一个过程，是现代社会族群构建的元叙事。① 在客家研究的几十年中，取得了比较大的成果。可是，客家和客家源流作为客家学的两个核心基础概念在学界尚未取得一致的见解。客家人的来源究竟是以北方的南迁汉人为主体还是南方的汉人进入湘、赣、粤边区成为主体；或者是本来就居住在上述地区的百越后裔是主体还是"客家"这一称谓是这一地区的瑶、畲、汉等族群共同建构的呢？在这个问题上，学界各执己见，莫衷一是。

面对论争，客家学学者指出，应该整合不同学者的研究成果：

> 不能再沿用文化是单一的线性传播的思路，二要加进文化建构的考虑，去认识在汉民族的形成壮大过程中，各个地区的民众如何在制度上通过编户齐名的方式加入到体制里面来，在文化上通过精英的中介，自动的认同中原文化，建构起当地文化新面貌，使之在外貌上与华夏文化同构。这种思路的转换可能是我们今后研究客家历史和文化时，比较可取的一种思路。如果用这种思路去研究，你既要注意到它的"中原情结"，剖析它的建构机制和过程，同时又要注意到它的"草根本色"，也就是百越民族跟其他少数民族文化因子在里面的作用，这样的话，可能对于客家文化的认识会更客观。②

由此，谢重光、王东、陈支平、吴永章、罗勇、邹春生等学者提出，客家文化体系是多元一体的文化结构。客家文化不仅包括中原的汉族文化，同时应该包含客家大本营地区原有的土著文化。"是由多种成分经过长期的融合而形成的。其主要的族源有：（1）原居赣闽粤边的土：属于百越后裔；（2）较早迁入赣闽粤的其他南方少数民族，主要是来自武陵山区的盘瓠蛮；（3）在各个历史时期从中原和江淮一带迁入赣闽粤边的

---

① 万建中：《客家族群制造的神话叙事》，载罗勇主编《客家学刊》创刊号，中国社会科学出版社2009年版，第109—110页。
② 谢重光：《我对客家研究的几点思考》，载罗勇主编《客家学刊》创刊号，中国社会科学出版社2009年版，第11页。

汉人。"① 在学者已有的研究成果上，引用文化分层理论，采用文献和田野调查资料，对各种文化成分在客家文化体系中的地位和作用做进一步分析。② 所以，一体应该是文化载体，文化体系多元是各个民族在各个时期由于不同力量的作用共同创建的文化现象——客家文化。

周建新、刘宇在《客家神灵和地域文化的多元视界——"客家民间信仰与地域社会"国际学术研讨会综述》③ 提出地域社会研究，即从客家神灵信仰的实证研究、客家风水文化研究、客家非物质文化遗产保护以及地域社会研究等方面进行调查。文中并提出客家民间研究方法的理论，如空间—场所理论就是将不动的物理空间和流动的场所结合考虑进行互动关系的分析。另外，可以尝试运用新的视角：族群信仰关系是否泾渭分明；多层次文化如何在一个场域内进行交流，强调客家主体的多元性和客家文化的多层次性。笔者以为，客家人作为一个标识个人族群归属的符号，既然是在漫长的历史进程中，由来自不同地区和不同族群的人共同创建出来的。所以具有文化和基因的开放性。那么作为个人乃至宗族，族群，都可以享有这一自我标识的权力。也就是说，只要是居住在该区域的各个群体，他们由于血缘关系或婚姻迁徙关系，都可以融入进"客家"这一身份中去。④ 这也是在漫长的历史进程中客家群体不断得以壮大的重要原因。

对于岭南少数民族地区，宋实行怀柔政策而元实行土司制度，加强对各民族的管理和控制，也方便了汉文化的进入。经过历代多次大规模的移民浪潮，岭南地区居民主体已经完全打乱，汉族人口已经超过本土居民，成为岭南主体人群并形成三大民系。在汉文化影响之下，岭南本土民族已基本被汉化，少数未受影响的本土民族退居山区，有了自己的专属族称如熟瑶、生瑶等，并保留了自己的民族特色。⑤ 虽然岭南本土民族基本被汉化，但并非意味着汉族没有受到本土文化的影响，汉族和本土民族之间相

---

① 谢重光：《客家文化的中原情结与草根本色》，载房学嘉主编《解读客家历史与文化：文化人类学的视野》，知识产权出版社2011年版，第5页。
② 邹春生：《略论中原文化在赣闽粤边区的传播及其对客家族群文化的影响》，载罗勇主编《客家学刊》创刊号，中国社会科学出版社2009年版，第97—99页。
③ 周建新、刘宇：《客家神灵和地域文化的多元视界——"客家民间信仰与地域社会"国际学术研讨会综述》，《广西民族大学学报》2008年第1期。
④ 谢重光：《客家、福佬源流与族群关系研究》，人民出版社2013年版，第135—144页。
⑤ 司徒尚纪：《珠江传》，河北大学出版社2008年版，第141页。

互影响和交融现象相当普遍，如铜鼓文化在多个族群中的存在，各族群既信仰佛教、道教、伊斯兰教等，也存在土地神、社神、灵石、树神、水神等原始信仰，比如，粤北曹主娘娘的信仰就是在此时产生的，从而呈现出多元宗教文化现象。理学的创立与繁盛，佛教和道教继续发展产生新的派系，再加上一些新的民间信仰的产生，不同信仰在岭南地区激荡交融，岭南宗教信仰混成特质的整体形貌在此时期基本形成。

三 明清时期岭南政治宗教状况

元朝灭亡后，明朝改广东道为广东等处行中书省。广东单独设省，对广东社会经济、文化的发展起了不可忽视的作用。明代，广东农田水利建设有巨大发展，根据地势特点，粤北兴建了陂和塘为主，堰、坝和堤为辅的水利设施，粮食产量大增。同时，玉米和番薯从国外引进来，有效地减少了岭南粮食问题，特别是生活在粤北山区地带的少数民族和客家族群。随着农业商品性生产的发展，带动了相应的商品生产，交通运输业跟着发展起来，对航运有较大促进的造船业也有了高度发展。这些都对岭南文化的外传和岭南以北文化的输入带来了极大的便利。[①] 明朝对少数民族实行一系列以抚为主的统治政策，并在少数民族居住地区设立土官或流官进行管理，清朝继承且彻底实现了明朝改土归流政策。这些统治政策促进了汉族地区与少数民族地区的联系，密切了各民族之间的经济文化往来。

明朝开始实行严格的朝贡贸易政策，严禁沿海人民出海贸易。由于财政负担，后期开始调整海禁政策，其中就有对广东海外贸易实行优惠政策。清朝继续实行开放广东海外贸易的政策。由此广东成为中西文化交流碰撞的前沿。基督教自明末传入岭南以来，随着西方传教士不断涌进并向内地传教，由此在岭南形成了基督教发展和传播的重要中心，基督教思想从此在岭南铺开。

鸦片战争后，随着外国殖民者的疯狂入侵，西方政治经济思想传入岭南地区，进而波及全国。岭南地区在中国近代化过程中发挥了巨大作用，维新变法运动的领袖大多出自岭南，自发组织抗击殖民者入侵的起义运动也最先始于岭南。几次反侵略战争的失败，西方传教士大量来到中国，在岭南地区广泛传教。利用各种方式进入山区以外，还在水上传教，自此岭

---

① 黎熙元：《粤北瑶族宗教文化的延续与变迁》，载王建新主编《南岭走廊民族宗教研究》，宗教文化出版社2012年版，第427页。

南地区的西方宗教文化和影响几乎无处不在。基督教思想后来还成为洪秀全发动的、席卷半壁江山的太平天国运动的有力思想武器。

明清两朝实行科举授官制度,重视地方官办学校教育,全国大兴办学之风,教授儒学。岭南地区也普遍建立了学校,开办了许多民间私人教育机构,推动了儒学的发展。明清时期,岭南地区佛教的发展经历了明初沉寂期、明中叶到明末的发展以及清朝的重大发展期。其中尤其以憨山德清禅师最具代表性,他阐释和宣扬禅宗,大力主张禅宗和华严二宗融合,儒、释、道三教合一。① 他及其弟子的一系列活动极大地促进了岭南佛教的发展。作为中国本土宗教的道教,历来具有广泛的社会基础,更被明朝列为官方宗教。明代岭南道教以正一道为兴盛,且日益趋向民间化和民俗化,道观不断面向民间社会。

清代以来,对全真教大力扶持,全真教龙门派传人曾一贯及其弟子进驻岭南,广建道观,大大扩大了龙门派影响。龙门派在宗教持守方面与正一派相融合,逐渐摒弃不尚符箓、不事烧炼的教规,在广东,正一派道士多散处于各市镇乡间,以开设商业性的"正一"道馆为谋生手段,遇喜庆节日或丧葬时,应主人家之请前往做诵经、礼忏、修斋、建醮、放焰火、度仙桥等法事。② 道教与岭南民间信仰融合过程中,产生了许多地方民俗诞会,如北帝诞、何仙姑诞、黄大仙诞、天后诞。"道教在南传发展中,与岭南文化结合,形成鲜明的岭南地方特色,产生互化效应。"③

民国时期,广东对道教等本土宗教信仰进行打压。南京国民政府建立后,推行"改革风俗,破除迷信"运动,积极取缔各种中国传统民间信仰活动及组织④,对深深植根于民间民俗文化的道教等宗教信仰进行严厉的打击。

由于独特的自然环境和地理位置,南北往来和中外贸易频繁,岭南地区历经多朝,在不断融合中原移民带来的中原文化的同时,还广泛地吸纳阿拉伯文化、波斯文化、印度文化、东南亚文化等外来文化,在明清时

---

① 陈泽泓:《憨山在广州的活动》,参见广州市文史研究馆编《岭南逸史》,花城出版社2008年版。
② 赵春晨、郭华清、伍玉西:《宗教与近代广东社会》,宗教文化出版社2008年版,第90页。
③ 王丽英:《道教南传与岭南文化》,华中师范大学出版社2006年版,第244页。
④ 赵春晨、郭华清、伍玉西:《宗教与近代广东社会》,宗教文化出版社2008年版,第101页。

期，还容纳了欧洲的基督教文化。这种兼容并蓄的文化心态造就了现代岭南文化特质。英德地区的宗教信仰状况便是在以上岭南地区宗教信仰演变过程中逐渐形成自己的地方特色。自秦汉以来，佛、道、儒三教以及外来宗教在岭南地区的产生、接触与交汇为英德地区宗教信仰的混成提供了背景和机会，英德地区的宗教信仰混成现象就是在这种大背景之下形成的。

第四节 小结

本章主要介绍了英德和广州增埗社区的历史演变、地理条件、水路交通、农业生产、自然物产、行政区划等各方面情况，为后面四章论述的展开铺垫了田野点的背景。同时，回顾了从秦汉以来岭南地区宗教信仰的产生、发展与混成的整个变迁过程，旨在说明英德地区和广州增埗社区宗教信仰现状形成的社会历史、自然环境原因。

英德处于北江中游，自古以来都是粤北重镇、兵家必争之地，同时也是北江内河航运的重要枢纽。古时，沟通岭南岭北的途径主要是北江航运。由于地理条件比较恶劣，直到清朝中期才完全打通广州到江西和云南的陆上通道。陆运在民国前很不发达，在京九铁路开通以后，物流对于北江河运的依赖性大大下降。新中国成立以来，由于公路网络的完善、铁路的维护以及武广高铁的开通，进一步降低了河运的重要性。河运重要性的降低成为曹主信仰萎缩的重要原因。

增埗在历史上曾由南海、番禺、顺德辖管过，直到民国后才固定由广州管辖。它曾是广州西部重要的水上通道。北江—珠江将英德和增埗在地理上串联起来，曹主信仰也是循着这条水路传播到广州地区，成为联系两地的文化纽带。增埗作为曹主信仰文化的一块"飞地"，对于研究曹主信仰如何进入地方并最终成为当地地方保护神具有非常重要的价值。

先秦至明清以降，岭南地区在中央王朝的管辖和中原汉人的迁移背景下不断传入新的宗教文化类型。道教、佛教和儒家思想先后传入，再加上经海上丝绸之路传入的外来宗教如伊斯兰教、基督教等宗教文化类型，促进了岭南地区宗教信仰文化类型的产生、发展和形成，自此南北文化通过不同的渠道和方式进行双向交流与互动。正是在人口的大量流动与迁徙、商业的南北往来过程中所造成的思想、文化的流播，为岭南文化输入新鲜的文化因子。正是因为道教、佛教、儒家思想等文化因子的传入，再加上岭南独特自然地理环境下产生的原生宗教信仰，催生了混成了岭南地区原生信仰文化特质的儒释道三教合流的现象。这种混成趋势为后来岭南民间信仰以及曹主信仰混成的产生和形成提供了最丰富的土壤。岭南宗教信仰文化在历史变迁过程中逐渐获得一种混成特质，在这样一种混成的信仰文化环境下，曹主信仰等后生信仰的混成自然无可避免。

第三章 曹主信仰与北江商业关系

在张九龄进一步拓宽梅关古道之前，从江西、湖南进入岭南主要是依靠大、小北江的水运。即使在梅关古道拓宽以后，因为高昂的运输成本和有限的承载量，北江水运所发挥的重要作用仍旧不可忽视。也就是说，人口和货物的南北流通主要还是依靠北江水运。① 处于古代水道三江交汇的英德地区，因为地理环境的特殊性，成为水上交通的重要中枢和钳制物流人流的咽喉。这一地区不但是人员、货流的必经之道，也是一个兵家必争之地，因为一出中宿峡，便是平坦开阔的珠江三角洲，无险可守。所以，中原王朝历史上几次由南至北的战争，都是循着这一水道，由北至南发起攻击。② 同时，北方由于战乱，南下的人口也一定会将这里当作南迁最后的一个休息站，以致此地区的地域性文化由于这种历史原因具有比较明显的移民性和军事性特征。③

上述特点使当地许多民间神话传说和重大历史事件都会紧扣军事和移民两大主题。④ 流传于当地的曹主信仰神话系统亦是如此。首先，曹主娘娘妯娌及其家人都是北来移民。其次，由于种种地方性原因，比如与当地人的和谐相处，她们又变成了军事统帅的角色，因而为其后来成为受当地人崇拜的"武神"奠定了基础。最后，在抗击黄巢的战争中，他们的英勇战斗精神和所表现出来的客家妇女具有的、强烈儒家语境下的节烈被当地人所敬仰。继而，附加了种种灵异的传说在她们身上，便成为英德地区的保护神之一。由于在曹主娘娘所处的那个历史时期，客家群体的主体建

---

① 陈泽泓：《岭南建筑志》，广东人民出版社1999年版，第403—407页。
② 从古籍记录的秦汉至唐宋征服岭南的进军路线亦可以看出这一点。
③ 周建新：《动荡的围龙屋：一个客家宗族的城市化遭遇与文化抗争》，中国社会科学出版社2006年版，第65—69页。
④ ［日］濑川昌久：《客家：华南汉族的族群性及其边界》，［日］河合洋尚、姜娜译，社会科学文献出版社2013年版，第149—152页。

构已经开始并形成了一定规模，可是仍未成为一个具有鲜明的自我标识为客家人的群体，他们仍然只是客家群体的雏形。①

进入主题讨论之前，笔者认为，有必要分享在南岭东部地区客家的一则女神传说。这则传说以起源时间来看，应该是与曹主神话起源时间相近：

> 在昔，黄巢造反，隔山摇剑，动辄杀人；时有贤妇，挈男孩二人，除外逃难，路遇黄巢。怪其负年长者于背，而反携幼者以并行，因叩其故。妇人不知所遇即黄巢也，对曰：闻黄造访，到处杀人，旦夕且至；长者先兄遗孤，父母双亡，惧为贼人所获，至断血食，故负于背；幼者固吾生子，不敢置侄而负之，故携行也。巢嘉其贤，因慰之曰：毋恐！巢等邪乱，惊葛藤，速归家，取葛藤悬门首，巢兵至，不厮杀矣。妇人归，急于所居山坑径口，盛挂葛藤，悉不敢入，一坑男子，因得不死。后人遂称其地曰葛藤坑，近日各地客家，首先，皆葛藤坑居民。②

这则流传在福建一带的岭东客家人中的故事描述了客家妇女因为自己的仁义品格而拯救了整个村子，成为客家女性精神的代表，反映了早期客家女性仁孝的一面。

曹主传说中的早期客家女性则反映出一种善良、果敢、敢爱敢恨的精神风貌。这些一般的分析过于文学化，不能表现一种神话传说系统内在的真正含义。正如保罗·拉里诺提出的，"对一种现代秩序与技术的新的表征的建构和表述就是社会事实"③；现代社会况且如此，古代社会中的叙事也可以通过神话这种社会表征的建构以反映社会秩序的变革。当神话系统和信仰作为一种社会事实出现在学者的面前时，应当如何正确把握其中

---

① 关于客家群体形成的具体时间，许多学者有过讨论，如谭元亨《客家民系形成于赣的历史文化动因》，《华南理工大学学报》（社会科学版）2004年第3期；梁肇庭推断客家在16世纪的某一时期已经形成自己的文化标识（参见梁肇庭《中国历史上的移民与族群性：客家人、棚民及其邻居》，冷剑波、周云水译，社会科学文献出版社2013年版，第21页）。
② 罗香林：《客家源思考》，《崇正总会20周年纪念特刊》，1950年，第38页。
③ [美]保罗·拉比诺：《表征就是社会事实：人类学中的现代性与后现代性》，赵旭东译，选自[美]克利福德、马库斯编《写文化：民族志的诗学与政治学》，高丙中、吴晓黎、李霞等译，商务印书馆2006年版，第314页。

象征性的含义呢？笔者以为，应当通过对于一种信仰的所有记事，包括神话、口头传说、地方志、史志、民间刊物等一系列的载体进行总体的把握、分析，重新建构出神话叙事产生的不同时期的"全息"社会现实图景。这样，既从静态的神话学，也从动态的民族志等学科出发，可以相对合理地解释神话的起源、发展、变化一系列过程中反映的历史实况。

当我们进行神话的整体研究时，为了取得静态和动态的"全息图像"，不但需要理解某一神话传说在不同地方和民族的文化心理和思维结构中的"逻辑"①，还应该将新旧神话的文献记载、口头传承和地方文本（经文和方志记录等）所提供的综合性神话文本系统研究分析。"问题不在于故事与神话必取其一，而是应当了解它们是囊括各类中间形式的同一领域里的两个端点，形态分析对这些形式（神话和故事）必须一视同仁，否则可能遗漏跟其他要素属于同一个转换系统的一些要素②，这种分析方法使我们把握神话赖以存在的地方知识及其历史变迁的学术意图成为可能。这样，不但可以研究神话变化所反映的民间信仰的现况，还可以厘清神话与民间故事的"互相补充"关系。通过这种互补关系中透露出来的信息，就可以推导出神话传说流传的区域和范围，进而对相关历史事件做出较合理的分析和解释。

北江流域自古以来就是沟通岭南岭北的水上大动脉。"从五代到北宋，完成了中国都城由西到东的迁徙过程；元、明、清的定都北京，更巩固了中国政治的这一格局。虽然比起开封，北京距离东南经济发达区更为遥远，但运河的全线开通，却将这一空间距离大大缩短。从此，运河—长江—赣江—北江—珠江成为国内主要的南北通道……嘉靖时，更因倭患严重，革除宁波和泉州两个市舶司，只保留广州市舶司。这样一来，不仅南北贸易，而且对外贸易也主要依靠运河—长江—赣江—北江—珠江这一水上通道。这条通道全长三千千米，经过河北、山东、江苏、安徽、江西、广东六省……乾隆二十二年十一月，乾隆帝谕军机大臣等……重申了广州一口通商的地位。"③ 从而确定了北江流域作为南北经济、文化、人口流

---

① 邓启耀：《中国神话思维结构》，重庆出版社1994年版，第263页。
② ［法］克洛德·列维-斯特劳斯：《结构人类学》（2），张祖建译，中国人民大学出版社2006年版，第525页。
③ 方志远：《明清湘鄂赣地区的人口流动与城乡商品经济》，人民出版社2001年版，第24—26页。

动的水上通道的重要地位，使其成为南岭文化走廊的重要组成部分。所以，英城—浛洸一带的城镇化过程亦应由以上描述的时间段开始。这与曹主神话所产生的时间是相符的。

北江流域河网星罗棋布，成就了英德盆地富饶的山区鱼米之乡，也形成了人员货物迁徙转运的必经通道。外来移民大规模进入英德，史书记载有五次。第一次，秦末汉初的南越王建立地方政权，为防御汉军南侵在今连江口镇江口咀村构筑万人城（江口咀遗址）即是佐证。[①] 第二次，西晋时期中国北方战乱频仍，士大夫连连南迁，从北江和小北江[②]航线进入广东地区。[③] 第三次，唐宋时期客家人的大举迁入，当地人口结构和群体关系发生了根本性改变。[④] 现存并流行于英德地区的曹主崇拜，就是这个时期产生[⑤]，之后逐渐传入珠江三角洲地区。第四次，清朝中叶有"劝耕政策"[⑥]，珠江三角洲地区和广东迁入大批汉民。第五次，抗战时期，广州沦陷前后，大批国民党官员和无家可归平民经英德逃往湖南江西等地。[⑦]

几次移民潮对当地经济、语言、人口结构及宗教信仰都产生了重大影响。[⑧] 由于信仰主体的人口移动，各种民间信仰的跨地域传播和流布，引

---

① （清）阮元、梁廷枏撰：《岭南史志三种》，杨伟群、林梓宗、李默点校，广东人民出版社 2011 年版，第 1 页。

② 小北江即连江，是北江的重要支流之一。从湖南自西北向南流入广东，在连江口镇与北江汇合。文中大北江指的是北江干流，下同。

③ （清）阮元、梁廷枏撰：《岭南史志三种》，杨伟群、林梓宗、李默点校，广东人民出版社 2011 年版，建兴三年（315 年），江、扬二州经石冰、陈敏之乱，民多流入广州（参见《交广记》第 30 页）。

④ 蒋祖缘、方志钦主编：《简明广东史》，广东人民出版社 1995 年版，第 186—188 页。

⑤ 沈丽华、邵一飞编：《广东神源初探》，大众文艺出版社 2007 年版，第 162 页。书中所提的虞夫人就是曹主娘娘，因为她本姓虞，夫姓曹，所以，曹主娘娘也被称为虞夫人。

⑥ 《道光英德县志》卷七《屯田》二十。

⑦ 据笔者的信息提供人文叔回忆：当时，许多广东人不愿背井离乡，选择在英德这个地方居住下来。一来，英德的风土人情衣食住行不脱广府模范；二来，许多人考虑到航道便捷，战后可速回家园。甚至当地的客家话的许多词汇都受广府白话影响，带有浓重的粤调粤音。文叔系史志办退休干部，现赋闲在家。他本来也是广州人，当时和父亲到英德南郊的连江口镇就常住下来，并且开了当时当地最大的粤式酒楼。

⑧ 由英德县志编纂委员会 2006 年新编《英德县志》可知，从清嘉庆三十二年（1818）到 1950 年之间，英德其实没有确实可信的人口统计资料。但是，从有限人口记录中可以看到，1940—1949 年当地总人口增加了近七万口（第 835—837 页）。所以，可以从侧面了解到战乱的确使英德人口增加不少。同时，值得一提的是，因为战乱而被忽视的流民人口在当时是无法统计的。因而在此九年之间英德的人口增加应该远大于七万口。

起各种民间信仰在空间分布上的巨大变化。① 当地的民间信仰和神话也受到了随移民而来的文化符号的影响。在土著客家文化对抗、互动、融合的历史潮流中，本土与外来的信仰符号融为一体，构成英德地区独特的宗教文化传统。其中，各种神话则是居民认识自然环境及社会文化变迁的珍贵文本，对理解当地社会文化的历史和现状有参照价值，"神话不是隐喻，而是约定俗成了的集体进行文化共识的标志，是语义明确的解释体系"。② 围绕曹主信仰形成的神话系统在伦理道德以及个人社会定位等方面具有很强的规制作用。通过对曹主神话的深入解读，亦可管窥几次大移民潮流中各种社会势力相互竞争、互动乃至融合，最后形成统一的地方社会动态过程。

在英德英中地区进行田野调查时收集到《曹主娘娘留念书》、《曹主娘娘历史传》、《南庙资料整理》、《喃呒经》、《师爷经》、《民心》等20多本佛教和道教经文。③ 这些经文是各派师傅在仪式活动中使用的宗教文本。其中，《喃呒经》就是民间的佛教人士在丧礼时使用的经文，《师爷经》则是闾山派和茅山派④师爷驱邪招福时所用的科仪文本。这些民间宗教文本由当地各个庙宇捐资刊印，主要用以介绍各地的神话传说、庙堂诞期和仪式过程。同时，在当地史志办得到了《英德县志》，并对其他学者所得的基础资料进行了整理，并对信息提供人进行访谈，确认资料的性质。本书尝试使用在田野调查中所得经文和访谈资料，佐以史料去复原曹主娘娘及其所代表的社会力量的真实面目，运用列维-斯特劳斯的神话理论去分析曹主神话的真正内涵，重构历史过程中不同力量从对抗、互动到融合的整个过程。

---

① 范玉春编：《移民与中国文化》，广西师范大学出版社2005年版，第238页。
② 邓启耀：《中国神话的思维结构》，重庆出版社2005年版，第194页。
③ 这些经文和小年刊对于了解英德民间佛教、民间道教和民间儒教之间的关系有很好的指导作用，笔者将另文详述。这篇文章仅仅使用了《曹主娘娘留念书》和《曹主娘娘历史传》两本经文来针对曹主信仰的神话系统建构进行论述。
④ 在笔者田野调查中发现：英德地区除正规道教宫观外，还存在茅山派和闾山派两支民间道教信仰以及相当一批从事此类宗教仪式的人员。其中，在英德东部和中部是以闾山派信仰为主；英德西部则是以茅山派为主。这两派的经文和仪式都极不相同，所以两派的师爷无法合作完成同一仪式。然而两派都有专门的经文和唱词歌颂曹主，并且在重大神诞日会分坛共同崇拜曹主娘娘。

第一节 曹主信仰的产生

一 从农家女到女神

根据《曹主娘娘留念书》和《南庙资料整理》以及访谈资料,可以了解这样一个曹主信仰建构的过程。传说曹主娘娘是湖南人,姓虞,从现在的连州地区随家人迁徙到英德西部。后随兄嫂搬迁到蔗寨为人长工,那个时候她只有五六岁,天天从家里送午餐到田间给哥哥吃。这个距离步行约需三个小时[①],其间还要经过一个湍急的山溪——冷水坑。[②] 在这里她总是要停下来,在溪边稍事休息,喝过这里甘甜的坑水之后,她称冷水坑为甘水坑。也正是因为她这种不畏艰险、勤劳勇敢的精神感动了当地的人,所以认为,年纪轻轻的她已经有了"神通"。七八岁时,一天送饭途中,她见到一位饿得奄奄一息的老翁躺在路边。她便上前扶起老人家,并且将原本送给哥哥的饭菜给了老人家一半。如此连续三天,她的哥哥发现妹妹送饭时间比以前晚多了,而且饭量不足,勃然大怒,拿牛鞭狠抽曹主娘娘。

这时奇迹发生了,曹主娘娘施展出无与伦比的"轻功",站在了稻叶上。她哥哥要求妹妹回到地面上来,但是,妹妹害怕继续受到哥哥的毒打,拒绝从稻叶回到地面上。这时,曹主娘娘的嫂子出现了。由于曹主娘娘自幼父母双亡,嫂子对她疼爱有加,所以姑娌之间关系亲如姐妹。嫂子问曹主娘娘为何有此法术,曹主娘娘说,老人家其实是天上的李国仙(太上老君)下凡,见她善心善行,于是给了她一颗仙桃。她已将桃肉吃下,嫂子便向她索要桃核,想看看仙桃核是如何的。曹主娘娘不疑有他,将桃核掏出交给嫂子。嫂子一口将桃核吞下,于是和小姑一样名列仙班。所以,都说曹主娘娘是修得仙肉,曹主嫂子修得一身仙骨,从此两姑娌便常常用法术帮助当地的穷苦人民,让他们过上幸福的生活。

这时她们还不为人知,充其量不过是人们口中所传说的"野仙"而已。

---

① 笔者访谈中,一位谢阿姨提到,曹主娘娘家住石灰铺附近。西庙则是《曹主娘娘留念书》中提到的曹主升仙的地方。直线距离六七里路,但是实际上由于山路的关系,步行距离要远许多,以前的重阳登高仪式便是行走这条路线。据老人回忆,大约需要三个小时完成此行程。

② 当地客家话称山溪为坑。

二 从女神到英德地区保护神

虞氏由一个无名的村姑成为粤北较有影响力的地方保护神是有一个特定过程的。通过对相关资料梳理，笔者发现，由虞村姑到曹主娘娘大致经过了以下从"野仙"到地区保护神的蜕变过程。这个过程可以从以下三个文本内容整理中得到说明。

文本一：根据《曹主娘娘历史传》的记载，姑嫂成仙后不久便遭遇了黄巢之乱。曹主娘娘带领当地居民艰苦奋战，打败了为害一方的匪帮。文中有对当时战斗惨烈状况的描述："大战战到仙水塘，战得黄巢无处藏，走投无路使邪术，飞毛剑杀落妹头。妹妹头脱真凄凉，嫂用法术来接上，葱梗拿来做喉管，鱼皮包颈医好伤。嫂嫂仙法手术强，驳好妹头喜洋洋，妹妹能冲又能打，齐心合力战贼王。"另有诗云："姑嫂二人已升仙，人身安葬亚婆山。九九重阳来祭拜，治恶扶良救人间。"根据这段诗文内容，可以认为作为指挥官的曹主战死或者兵败被俘后遭到戕害，所以才有了嫂子"驳颈"一说。① 然而，曹主嫂子继承她的遗志继续与黄巢部队周旋，经文也提到嫂子法术高强。历史上，黄巢部将鲁景仁因病未参加北伐，在连州一带（小北江流域）活动长达二十余年。他有四五千人马，最后被歼灭。② 在此过程中，曹主之嫂也战死，所以，有"姑嫂二人已升仙，人身安葬亚婆山"一说。由于曹主姑嫂杀贼有功，朝廷准予敕封建庙，使之成为一方供养的保护神。通过这一事件，曹主娘娘不但使地区和平得以保障，而且完成了由仙到神的"升级"过程。从经文记载的神话内容看，所谓曹主信仰并不是针对单个神，而是对曹主娘娘及其嫂子（虞夫人）的崇拜。

文本二：根据《英德县志》记载，唐寨（即唐朝蔟寨）将夫人虞氏属虞湾人（《舆地纪胜》作银城乡）。唐末黄巢破西衡州，其夫战死，虞氏毅然披甲上阵，率子弟及乡兵迎战。巢军北上后，虞氏也战死，乡人徐志道等立寨将夫人祠以祭祀。因平定洞蛮的战争中帮助军队取胜，宋嘉泰

---

① 参见蒋祖缘、方志钦主编《简明广东史》（文中提到黄巢在广州镇压了一些封建官吏和地方豪强，如原节度使李超、浈阳县宁都里集乡兵抗命的虞氏），广东人民出版社1995年版，第125页。

② 同上书，第125页。

年间被赐祠额冥助，嘉定六年又封显佑夫人，十五年加封正顺夫人。① 元朝军队南下进攻广州，先头部队经过英德时，遭到英德民众的顽强抵抗，久未通过。援军派来增援部队，大举杀入英德，并且狂言要血洗英州，不留活口。元军精锐大肆杀掠下，英州人民终于抵抗乏力，血流遍野，偌大一个英州城，变成人烟荒芜的地方。这时，曹主娘娘显灵，抵抗元军。在江口咀，曹主娘娘施展法术，一时隐身敌军后方，使其措手不及；一时又出现在山顶，抓起一把米，往空中一撒，小小的米粒便都变成了善战的勇士，在敌阵中呐喊厮杀，杀得对方阵势大乱。最后，元军放弃英州退往南雄，另谋他路。②

道光《英德县志》还记载了曹主协助当地军民击败叛匪、保卫家乡的故事：

> 天启七年十一月。石窖贼首何惟一李文通舟陆潜出觑破洽光劫税银掳厂官。自后贼蚕浸盛贼。焰日酷。于是劫黄花高陂，劫流黄二寨。高道一带蜩螗羹沸矣。
>
> 爰有烂禾塘之黠贼曰牛炉之矿夫相构相煽。焚劫殆无虚日。遂有贼首钟凌秀邹大鼻啸聚于塘湖。出没于溪头窟穴于九莲而大陂白石清溪村落。在成墟妻奴比比受辱，甚至解生灵之肢体。掘富室之坟墓残酷可胜言哉。
>
> 辛未熊公文灿请旨征剿。巡道洪公云蒸深入其阻扫荡九莲，而钟五子阎王骈首就戮。
>
> 壬申贼伙张庚子复啸聚余党劫象冈劫上下太。丙子破乐昌，复破始兴。掳船八十艘顺流至英。
>
> 攻城之日赖西祠夫人显灵。卷束贼旗祭拜不开。贼复更旗再祭再拜，见一女将腾空飞舞掣旗掷之十里外。贼众皆股栗肉缩相视错愕不敢犯英。
>
> 尔时邑侯周民初正迎西祠娘娘安守城北。父老朝夕拜祷。阴灵击贼百里之外，可谓奇哉！

---

① 道光《英德县志》卷十一《列传上流寓》原文为繁体字。笔者将其整理成为简体字以便阅读，下同。

② 林超富：《北江女神曹主娘娘》，广东人民出版社 2009 年版，第 59—60 页。

不然贼乘破竹之势何溃于英，复赖周侯练乡勇歼贼曰密侦探严保。①

这个故事反映了曹主娘娘死后继续保护英德地区人民，在这次平剿盗匪过程中，她的神灵直接参与了英州保卫战。"大显威灵"，击退了匪众。这体现了她的神灵"威"的一面。文中提到匪贼们暴虐无道，先是抢劫银场，继而攻下黄花至高道一线的小北江沿岸的几个要塞，然后，清除了英州外围的当地抵抗力量。从行文来看，土匪在攻下英城外围的圩镇后奸淫掳掠，还惨无人道地将人活活肢解，同时还掘人祖坟以得钱财。从儒家的"仁"观点出发，这便是无道。曹主娘娘作为当地的保护神，她保护的不但是老百姓的生命财产，还有当时精英所倡导的儒家伦理道德。古西祠正殿有这样一副对联："上联：私于兄弟，交于乡里，见我不拜亦扶持。下联：无恶不作，奸淫邪道，任你烧香难庇佑。"当地历代文化精英对其也是赞美有加，其主旋律便是歌颂曹主娘娘的"忠"和"贞"。其中最有代表性的是明代李时秀的两首诗：

恩荣天上赋归来，瞻拜灵祠奠一杯。草木尚疑兵布阵，风云犹想马蹄枚。

可怜窦女为贞毙，却笑黄巢比劫灰。仗义萧条西幸日，君主曾不悟奸回。

乾符杀气满边疆，战骨如山渍血红。天意未教平乱贼，民心犹复戴熹宗。

分财列土将军贵，殉国忘家女子忠。回首一怜固区划，地落花芳草遗踪。

从诗人对皇族和将军的讽刺，以及对曹主的怜惜可以看出他对于这个出身平民为国尽忠的女子的推崇。除李时秀外，还有刘震、朱惠、刘渍、郑伯琛、郑伯瑛、吴喧等地方名人或有职位的官员为曹主娘娘的这段历史赋诗。② 所以，仕人们对于她英勇事迹的称颂，在当地会形成一股上好下

---

① 《道光英德县志》卷十五《盗贼》。
② 参见林超富《曹主娘娘文化》，选自谭伟伦、曾汉祥主编《英德的传统地方社会与民俗》，四川大学出版社2010年版，第78—79页。

从的风气，使得曹主娘娘登上地域的神坛，也反映了国家和地方文化精英对曹主娘娘成神之正当性的认可。可见，"封建统治阶级和和地方士绅在推动民间信仰方面，起着重要的作用"。①

其后，英德地区又遭遇了几次罕见的旱灾，眼看庄稼就要绝收。人们通过向她祈祷，再一次得到护佑，显现出这位神祇"灵"的一面：

> 高宗淳祐甲辰岁夏六月不雨，至于秋八月时顾。孺履被命来守兹土。八月父老以阙雨，告二十七日乙未躬祷于正顺显佑夫人祠下。神诺以三日戊戌之暮斜阳在山余霞散绮。将夕密云西郊雨大至。城市水盈尺许。
>
> 丙午年夏五月又旱六月。三日庚寅斋戒白神。
>
> 又诺以三日壬辰之晡檐溜如线。一再食，顷然乡落犹未偏也。十九丙午，再诣祠下拜如前且请上章奏于帝。戊申启奏，夜微雨及晓，雺霂累日。民大悦②

因为曹主有以上屡次保佑民众渡过重大灾难的社会贡献，得到清朝政府册封。这个文本有两点需要注意：第一，曹主娘娘原来是一个肉胎凡身，只是通过黄巢之战的英勇献身才成为当地的祭祀对象。战斗中，她不是以保护神的面目出现，也没有显示神迹，人们并不知道曹主娘娘"法术高强"。在平定洞蛮叛乱时，她才显露头角。在平叛、剿匪、抗元、布雨等一系列的神迹之后，曹主娘娘才被定位为英州的保护神。第二，曹主娘娘在民间传说中被认为在七八岁就得道成仙，然而，在国家记录中，她是婚后③战死立祠之后，才以神仙面目出现在国家祀典名录之中。同时，在官方记录中，始终不见其嫂子的踪影，曹主信仰似乎又始终是对一个女神的崇拜现象。④

---

① 熊昌锟：《论桂北地区商业发展和民间信仰的互动关系——基于大圩祭祀圈的考察》，《广西民族研究》2011年第4期。
② 《道光英德县志》卷十五《灾异》。
③ 在一些其他的口头传统中，提到曹主娘娘确切战死的年纪是19岁。
④ 笔者发现除了在英德的西庙和连江口镇的江口祖庙以外，曹主娘娘基本是以单一形象出现的。此外，还有一说：英德市区的古西祠是曹主娘娘的道场，连江口的江口祖庙是曹主娘娘嫂子的道场。其他庙宇则是以曹主娘娘崇拜为主，而其嫂子始终都被边缘化。这可能与其"取巧"成仙有关。

第三章 曹主信仰与北江商业关系 ·71·

文本三：根据英德古西祠庙长丘社琼老先生提供的曹主成仙的故事，曹主娘娘虞氏小时候与其嫂情同手足。虞氏被许配给蔴寨的寨将曹福之后，嫂子与她生活在一起。在抵抗黄巢战斗中，曹福屡战屡胜，于是有了轻敌之心。在一次出营侦查的时候，不听曹主娘娘的劝告，轻骑简从，中敌埋伏，死于战阵中。曹主闻讯，伤痛至极，誓言要报杀夫之仇。于是，率寨兵和族人与敌激战，获大胜。但是，虞氏自身也伤重而死。死前连呼"得为夫报仇，快哉快哉"。乡人敬重曹主娘娘的忠贞和英勇，为其立祠。这个故事的内容解开了两个疑问，一是曹主娘娘本来姓虞，为何被称为曹主；二为她嫂子为何也成为受祭拜的对象。

但是，这个传说故事还有另外一个版本。曹主娘娘并没有死，而是像文本一的经文记载一样，与黄巢斗智斗勇，最后将其斗败。最后，还通过一个叫朱买臣的人感化黄巢，使其在自知罪恶深重而自杀。在自杀前，还授计朱买臣用自己的首级去请赏。姑嫂二人战败且消灭黄巢有功，皇帝三道速敕，姑为曹主娘娘，嫂为虞氏夫人即南庙婆婆，并令建庙祭拜。于是，南庙、西庙、江口庙等其他庙都有了曹主娘娘和虞氏夫人的神像①。

从以上材料可以看出，曹主娘娘从一个民间本来并不起眼的村姑一路走来，升为"寨将夫人"，再变为独当一面带领一支军队的将领。在其为国尽忠身亡之后，成为地方崇敬的对象（即义行）。再后，由于她多次显灵救当地人民于水火（即灵异），成为英德地区乃至北江流域的一位主要保护神。同时，由于她生前的事迹，经地方士绅推荐获得国家的封赐，成为国家正祀中的地方保护神（即封爵）。曹主娘娘升为地方正神的过程正符合了"神"三个要素——义行、灵异、封爵。② 曹主娘娘最后能得到国家的封爵，亦暗示了她的崇拜组织在当时应该是代表了国家利益的。

笔者查阅《辞海》时发现，"曹"和"漕"有以下几种解释。【曹】"①辈；②群，众；③集体游戏的分组；④古时分科办事的官署，又古代州郡所置的属官也称曹；⑤诉讼的两造；⑥古国名；⑦古邑名；⑧姓"。③【漕】"①水道运粮。《史记·平准书》：'漕转山东粟，以给中都官。'②

---

① 选自当地民间出版的宗教刊物《民心》2007年刊，第46页。在这里误将虞氏印成茹氏。在文中已经进行改正。
② ［日］滨岛敦俊：《明清江南农村社会与民间信仰》，朱海滨译，厦门大学出版社2008年版，第83页。
③ 《辞海·语词分册》（下），上海辞书出版社2009年版，第1493页。

古邑名；③姓"。① 根据《辞海》对"曹"、"漕"两字的解释分析有两个发现，一、"曹"和"漕"两字都可以作姓氏；二、"曹"有古代州郡所置属官之意，而"漕"有水道运粮之意。在古代，漕运对国计民生之重要可想而知，故古代各朝专门设有掌管漕运的官职。故两字都与官职有联系。

岭南盛产银矿，英德古代就以产银闻名，"据《中国历代户口、田地、田赋统计》研究，英宗治平年间，虽整个广南东路的矿冶商业经济在全国处于落后状态，但英州却相对发展较快。到神宗熙宁十年（1077）商务税场已达23个，位居广东第一。税额高达4.2356万贯，仅次于广州，位居广东第二，超过全国311个州平均商税额近2倍，超过广南东路州均税额近3倍。若单从场镇税务数和商税额计算，英州位居广东第一。21个场镇税务商税额高达1.9407万贯，占全广东商税总额的1/3。据《元丰九域志》载，元丰八年（1085）左右时，英州已有14个乡5个镇：真阳有清溪、光口、回口、板步四镇。一个钟峒银场、一个新平银场。浛洸有浛洸一镇，四个银场即贤德、尧山、竹溪、师子。'歧路分韶广，城楼压郡东。伎歌星汉上，客醉云水中。'这两句诗道尽了英德在宋代的辉煌"。②

吴震方《岭南杂记》中记载了南北、海外通过航运进行银矿贸易的过程以及加工前后银的差价："白铅出楚中，贩者由乐昌入楚，每担价二两。至粤中市于海舶，每担六两。海舶买至日本，每担百斤，炼取银十八两，其余即成乌铅，俗称倭铅，实不产倭，炼出银后，仍载入内地。每倭铅百斤，价亦六两。其炼银之法，誓不传于内地，炉火家亦不晓其术也。从白铅到乌铅，其间有三次交易：贩者入楚买白铅，这是第一次交易。在每担二两的价值中，包含采矿者向政府交纳的矿税以及中间商支付给采矿者的工钱。贩者将白铅卖给海商，这是第二次交易，获利为四两，内含运费及风险金。海商将白铅运往日本（或者是沿海岛屿）进行提炼，提炼过后将乌铅返回大陆销售，这是第三次交易，商人获利十八两。第一次交易和第二次交易之间的过程十分简单，是简单的长途贩运。但第二次交易和第三次交易之间，除了长途贩运之外，还包含着稍稍复杂的技术性生产

---

① 《辞海·语词分册》（上），上海辞书出版社2009年版，第1040页。
② 英德县地方志编纂委员会编：《英德县志》（前序），广东人民出版社2006年版。

过程，也正是这种技术性生产，使这一过程产生出比简单贩运更高的附加值，获利更大。如果就地生产，获利当然更大。"① 如此大的差价是极为诱人的，而从《中国历代户口、田地、田赋统计》研究可见，当时英德肯定掌握了炼银之法，才能缴纳如此高的税额。现在英德附近有一个地方叫"白银坑"，与银矿生产也是有关系的。

岭南地区掌握炼银技术，又催生了另外一种商业贸易方式。"明前期，江西布商主要经营的是夏布，中期以后，则夏布、棉布兼营。万载、乐安、宁都、石城等地夏布，清江、南昌等县棉布，'衣被楚、黔、闽、粤'，是江西商人致富的重要货物。吉安布商多走蜀、广，有专号'粤庄'、'蜀庄'者。贵州水银产地回龙场和双流泉，汞商多是江西人，而这些江西商人实际上又是布商。他们将本省夏布、棉布（部分购自松江一带）运到贵州、四川等地销售，然后就地收购水银，转售湖广、广东、浙江、江苏，然后在江苏或本省收购布匹，再运往川、贵、云南。"② "明代万历初，洽洸便设置了'太平海关'，名曰'洽洸税场'……清康熙五年（1666），洽洸税场收入八千饷银（佛山关年税一万二千两）。可见连江航运货物往来的鼎盛。"③ 从以上材料可以看出，广东与江西之间的商业往来通过北江内河航运联系紧密，这些江西商人其实大部分是江西客家人。客家女性承担家庭事务，客家男性往往要诵读诗书，以考取功名为人生目标。但并不是所有的客家读书人都可以考取功名，许多名落孙山的客家读书人转而走上经商的道路，即"学而优则仕，学而不优则贾"。一方面，拥有知识和见地，一方面拥有官场上的同窗这条人脉资源，这就使得客家人在经商上相当成功。

岭南不但产银，还产盐。笔者的访谈对象连江95岁的九叔就告诉笔者，"从广州运上来的东西就有盐，运上来这里的，盐是最主要的"。"食盐是关系到国计民生的重要物质……产地有限，便于国家进行控制，所以从春秋开始，就被视为国家的垄断商品……湘鄂赣大部分地区为淮盐的行

---

① 方志远：《明清湘鄂赣地区的人口流动与城乡商品经济》，人民出版社2001年版，第363—364页。

② 同上书。

③ 林超富、范桂典：《洽洸的传统经济》，选自谭伟伦、曾汉祥主编《英德的传统地方社会与民俗》，四川大学出版社2010年版，第234—235页。

销地，但江西的广信府食浙盐，湖广的郴州、桂阳二州则食海北即广盐。"① 盐、铅、银属于国家战略物资，其大宗的政府性运输行为就是漕运。广东盐运情况在《雍正朝汉文朱批奏折汇编》中亦有记载，证明广东确实有大量盐运现象："两广总督奴才杨琳为备陈盐务始末情由，事两广盐课原额止一十九万两。自康熙三十一年设立专差历年加增至二十九万余两……陋规银十六万两归入正项，共额课四十五万五千余两。然每年所完不过七八分，从无十分全完……共积欠九十一万余两……课饷既倍于原额又无大本商人，场商无力收盐，埠商无力行运之故……两广盐课从前每年不过完至三十余万两，今不特每年四十五万余两之额必设法全完，又带完旧欠十八万余千两，较之盐差每年所征几多一倍，商力实有不支。"②北江流域自古以来就是沟通岭南岭北、作为南北经济、文化、人口流动的水上大动脉，而漕运所走航运路线自然为北江内河航线。

　　曹主迁入的蔴寨即现在的廊步，为英德门户。从英德地图来看，廊步距离北江十分接近，而且距离多条河流交汇处也十分接近，地理位置十分特殊，并且扼守南方的陆路和水路。同时，廊步处于通往增埗的北江支流的源头，廊步即古蔴寨作为曹主娘娘诞生、生活和牺牲之所，是曹主娘娘神话传说的发生场所。增埗曹主娘娘的神像就是北江发大水从廊步冲到增埗。为保护北江漕运安全，在蔴寨设立负责漕运的专门官员也是非常可能的。当时的蔴寨寨将姓曹，从《辞海》对"曹"和"漕"的解释看，这位姓曹的寨将可能就是负责漕运的官员。这样一种特殊的身份使得他成为地方的领导者，手握兵力，在黄巢叛乱时率领乡兵抵抗黄巢的侵犯也就顺理成章。根据当地有关曹主娘娘的神话传说，曹主娘娘就是嫁给了这样一位负责漕运的官员。可见，曹主之名可能与漕运有着密不可分的关系，甚或是负责漕运的官员。漕运官的特殊身份使其成为当地地方领袖，进而成为地方民众畏惧或崇仰的对象。再加上抵抗黄巢、护卫地方的过程中蔴寨寨主曹氏及其夫人的英勇节烈之举，之后乡绅之推动、官方之认可，以曹主之名形成曹主信仰进而成为地方保护神也易为理解。所以曹主娘娘成了"娘娘主漕"。既然曹主信仰与漕运存在这样密切的关系，那么曹主信仰

---

　　① 林超富、范桂典：《洸洸的传统经济》，选自谭伟伦、曾汉祥主编《英德的传统地方社会与民俗》，四川大学出版社2010年版，第437—438页。

　　② 中国第一历史档案馆编：《雍正朝汉文朱批奏折汇编》，江苏古籍出版社1991年版，第116—118页。

与诸如盐运商业等航运商业发生联系也就顺理成章。

第二节　曹主信仰的发展

一　从保护神到水上运输业保护神

曹主娘娘从地方神又发展成为水上运输业的保护神，其护佑功能进一步扩展。曹主娘娘历史上一共接受封号四次。第一次是在宋朝嘉泰年间受封为"冥助"，西祠也改名为冥助惠妃祠。第二次在嘉定六年受封为"显佑夫人"，嘉定十五年加封为"正顺夫人"，总称为"显佑正顺惠妃夫人"。最后一次是在清朝咸丰年间由广东总督劳崇光上表请封为"显济夫人"。在四次受封期间，民间大兴土木，建造庙堂，崇拜曹主。因为曹主娘娘有九次显灵解救英城百姓免受战火摧残，被视为英德地区主要保护神，在城隍庙中也享有受祭的权力。[①] 同时，两岸村庄每每有大型的游神活动时，曹主娘娘往往位列其中，甚至成为游行的主神之一，接受民众的崇拜。

笔者在广州增埗听到的曹主娘娘庙的故事更能反映曹主娘娘对于内河航运商人庇佑而成为其保护神的案例。乾隆五十九年五月二十三日，许多商船（一说是盐船，另一说是米船）停泊在增埗码头。从增埗河上游漂来一段木头，接近码头时在回流处久久徘徊。片刻，木头开始连连撞击停泊在回旋处的船身。有一位商人感到奇怪，将木头捞上船后发现是一尊神像，背后刻有"英州蔴寨曹主娘娘"。于是这个商人将神像请入船中（一说放上增埗码头），并且祝祷"若娘娘保我平安发大财，我便为娘娘在此建庙一座，年年享受香火祭祀"。当天夜里，台风登陆。停泊在增埗码头的所有商船皆为台风所覆，由于曹主娘娘的保佑，捞到神像商人的船只却完好无损。虽然河上波涛大作，此船却稳如泰山。后来，商人发了大财，向增埗村买了一块靠近码头的地，出资建成曹主娘娘庙。增埗的宗族长老受商人诚心的感动，也捐出部分公田用以维持祭祀开支。于是，增埗的曹主娘娘庙成为村庙，每年农历五月二十三日就是村庙祭日，纪念曹主娘娘

[①] 吴文穆：《修城隍庙墙基鼓楼记》，选自雍正重修《英德县志》。

来到增埗。①

笔者在连江访谈过一位叫九叔的95岁老船工,关于曹主信仰他给我们描述了另一种情景:从九叔的描述得知,除了靠河运谋生的人们信仰曹主娘娘以外,许多沿河大族也利用曹主信仰,拉帮结派,把持河运,从中赚取大量的保护费。这些地方豪强也往往通过组织大型的醮仪来宣誓对于他们所"管理"的河段的合法性。所以这个时候的曹主信仰不但是平民的精神生活中的重要组成部分,也是享有地方话语权的豪族展示他们对此话语权的控制平台。作为水上商业保护神的曹主娘娘不但为船工和船东们带来精神上的慰藉,还为地方豪强把持河运,敲诈百姓披上了一层神圣的外衣。由此,使得这些豪强俨然成为地方话语以及曹主信仰的代言人。②这样,民众所参拜的曹主娘娘在某种意义上是豪强们操控的地方权力的象征符号。至于地方大族是通过何种手段将曹主信仰操控在自己手中从而把持河运,谋取地方话语权和利益,笔者将在第四章详述。

通过田野调查可以比较发现曹主信仰的庙祠几乎都分布在大小北江两岸,英西、英中、英东、英南一线最为明显。由此可见,曹主信仰是依托北江航线,通过航运自英城向北、东、南辐射,曹主信仰的传播主体便是英德地区的商人、河工、船工、纤夫、挑夫等当地民众。建庙原因也是非常多样:商人希望顺风顺水,财源广进;劳动大众则是对于大自然的力量无奈,寄希望于天上的神灵保佑得以行船和工作顺利。船家过大庙峡时,都要到大庙拜祭,祈求平安。久而久之,大庙峡大庙的主神虞夫人(曹主娘娘)就成为北江过往船客们的保佑神。③

可见,曹主信仰的发生、发展来自于移民、航运商人、国家力量和地方宗族的合力,尤其是在"南方的商业圩镇及周边区域,推动民间信仰发展的主要有商人、官府与地方士绅、移民三种主要的力量"。④

二 从保护神到家神

曹主信仰成为当地民众的家神也有一个渐进过程,在这个过程中体现

---

① 此故事乃笔者在增埗访谈所得。
② 林超富的《北江女神曹主娘娘》一书中关于英西黄花地区几个巨匪的故事就说明了这个道理。
③ 林超富:《北江女神曹主娘娘》,广东人民出版社2009年版,第63页。
④ 熊昌锟:《论桂北地区商业发展和民间信仰的互动关系——基于大圩祭祀圈的考察》,《广西民族研究》2011年第4期。

出早期客家女性独特的传统。曹主娘娘之所以可以在送饭的路上邂逅她的道法恩师——李国仙①，与早期客家人流传下来的女子男用传统有关。有学者认为，客家人群中的众多女神信仰与早期抵达粤北地区的客家先民与当地百越余裔的文化交流有关。因为到了南方，而南方母系社会的遗存仍有相当大的影响——如后来融入客家的部分畲族人。② 同时，在开发山区耕地的时候是缺乏劳动力的，这就需要女性也加入到生产生计的操劳中。所以，宋以来的裹足束胸风潮对各客家地区影响有限。由此，客家女性的社会地位相较于其他地区的汉人女性要高。③ 由于兄嫂都在田间劳作，使得小小年纪的虞姑娘必须承担起照顾家务、做菜送饭的活计。这样解释就使得虞、李相见的情节顺理成章了。

作为中国民间信仰的特色，与其他信仰或多或少发生接触混成是使曹主娘娘成为粤北人家家神的另一个重要原因。英德地方神祇众多，除曹主娘娘外最盛行的就是以白衣观音为代表的佛教崇拜。曹主信仰与观音信仰在英德发生了混成，这样为她走进农家创造了一个道佛同宗的信众基础。在英德大北江畔的观音岩应该是两者发生混成最早的地方。首先，这个地方离英德城城隍庙和古西祠很近，直线距离约8公里，距离南山寺约10公里。这几个信仰中心都同处在英中平原的中心位置，地势平坦，有水陆交通的便利。值得一提的是，观音岩和古西祠还有一个地理上的巧合：它们坐落在一列小山脉的东西两端。观音岩在东，古西祠在西。所以民间有说法是"观音娘娘和曹主娘娘坐镇英中"，这样是因为曹主娘娘其实是观音娘娘的妹妹托生而来。她们一起保佑英中，又使道佛成为一家。直至前不久，观音岩洞内有曹主和观音的靠背同座神像。可以这样认为，佛教在英德地区的流行为曹主信仰更接近民间提供了一个较好的渠道。在英德的其他神庙中也可以常常看到，曹主和观音被同庙供养的情况。然而现在的观音岩被承包给了几个五台山的和尚，她的神像作为外路杂神被"驱逐"出了庙外，下落不明。

除此以外，当地流传的许多故事和地方习俗直接将曹主娘娘从庙中带进了民众家门。西牛镇街娘娘庙现有立庙时的石碑一座，碑文如下：

---

① 这里的李国仙应该是太上老君李耳，而不是口头传说中的铁拐李；另一说是太白金星。
② 谭元亨：《客家文化史》，华南理工大学出版社2009年版，第120页。
③ 谭元亨：《华南两大族群文化人类学建构——重绘广府文化与客家文化地图》，人民出版社2012年版，第289页。

粤稽天后圣母能御大灾大难，平波涛于江海，总有曹主娘娘能捍大患，驱叛逆于英洲，其得天子显荣煲大也，葛矣溯二十年前，墟民立庙于路旁边，因洪水冲激垣墙倾退。兹陡其庙于墟口，观栋宇，梁角焕然一新，则自今日，而往诸君益宜明德，以书馨香，世世奉组豆，而勿废也，今功成勒石永志。

虽然大洪水没能看到曹主显灵，人们仍然将其神庙另择地址重建起来，说明曹主信仰中关于曹主娘娘具有的保护乡民的功能的再次肯定。英德琵琶山新屋村大岗庙重建的铭记中有这样一则文字：

> 大岗庙，又名大岗祠，坐落于琵琶山高墩岭脚，系双合抱，秀气凝聚的道士栋来龙之结穴。前有东坑之暖流，似玉带缠身，内供奉曹主娘娘，荷花仙女，花公花母，及八仙，并附有盘古大王，海龙王，朱光，朱辉等仙圣。相传始建于明朝中后期，历数百年风雨沧桑。众仙躬扶，携福驻临，庇佑南、北方迁入附近村落之民众。乡邻和谐，人丁聚旺，贤达辈出，而香火旺盛。惜毁于"文化大革命"期间。今欣逢太平盛世，相邻各乡善男信女，纷纷倡议，祈求重建。精心谋划多年，踊跃捐款，热心参与。张氏祺锋、晓丹谨记曹主娘娘诸仙圣其慈母谢氏柱莲小时"契养"之恩而倾心赞助。谢族杰财、思军、宝书、永红、维珍、锦山、思聪……信众出钱出力。合于公元己丑年十一月三十未时动工重建，庚寅年九月初四日竣工落成。恭迎众仙圣回坐本祠重光，再显威灵，佑庇乡民，德泽无疆。

这则铭记提到因曹主对信徒的"'契养'之恩"，故信徒倾心赞助大岗庙的重建倡议，可见，曹主已经成为信徒"寄名"其下的"神母"，曹主真正介入信徒家庭生活、担当起庇佑家庭安康的功能。

以上四个庙宇都是离英城较远的镇子和村子，庙中除有曹主神像同时也有代表盘古信仰的盘古大帝，代表生殖信仰的花母花郎神像，代表农耕信仰的稻花仙女谷花娘娘神像，以及代表土地信仰的社坛一同被供奉起来。在笔者调查的过程中发现，这样的情形在英德所有村庙中都有。这意味着作为地方保护神信仰的曹主与其他民间信仰也发生了混成。混成过程的重要意义在于就发生在村民们身边，也就是说，这一混成行为让曹主娘娘离人民群众的日常生活越来越近。上文叙述的民间故事中便可以看出非常浓厚的民众日常生活的味道。可以说，包括曹主在内的地方神祇们不但在关键的地方事务中发挥着重大作用，还管辖着普罗大众的"开门七件事"的调配。这样，曹主娘娘和观音娘娘作为女性介入人们的家庭生活比男性神祇在性别意义的层面也更容易被接受。

同时，女性神祇在民众生活中所代表的意义，往往会与女性在家庭生活中的意义关联，如送子娘娘与女性的生育能力。而男性神与力量和政治以及军事关系比较紧密。毕竟在男权的社会中家里面的一些由女性做主的事情，还是交给三姑六婆去做的好。所以有了这样的性别文化心理做铺垫，两位女神便逐渐进入平民家庭生活，担当起了琐碎而具有生活意义的功能，并且不会引起家里男人的反感。

英德当地有一个"上契"的地方信仰传统。"上契"也叫"卖身"，就是将新生儿童寄名在当地村神庙，以期满堂神灵保佑孩子健康成人、功成名就、婚姻美满等，卖身契在举行醮仪时会请师公施法后贴于村庙墙壁上。有时候夫妻不和，家庭不睦，人们也会将家中的问题张贴于庙中，以奏表的形式向神灵禀明情况，希望可以得到神灵的指点，甚至是消灾祛病。还有些人家，由于搬家或者家中风水等原因，将原先供奉在家里的神像"送回"到庙里。如果乱丢乱放，有可能会引来灾祸。还有一种情况，如果家中有长期卧病的人或者有过突发重病的家人，人们在病者痊愈之后会将煎药的药煲放在庙中，希望病痛远离，不再复发。这种情况说明，村庙对于家庭事务乃至家庭保护神也具有干涉和保护的功能。

第三节 曹主信仰在英德的现况

英德具有曹主信仰的神庙主要分布在大小北江以及滃江沿岸，其中在小北江一带，尤其在大湾镇、西牛镇、浛洸镇为多。另外，石牯塘、横石塘、石灰铺以及英城区为多，在从黄花镇的管塘到九龙的太平一线，曹主信仰也比较集中，连接英西地区和英东地区有一条水路，在约20公里的水路上的曹主娘娘庙有6座之多。

在这一曹主娘娘的核心地区，根据当地《民心》杂志记载有以下一些比较大的神庙。

一　白公祠

白公祠位于英德市大站镇，大塘管理区。谭十九郎，姓谭，白公法号，唐代时以茅山师得道，那时贼寇横行，谭十九郎率众抗寇，人民才得安居乐业，此后世人因其对人民有功绩，遂立祠以纪念。

白公祠庙，建在万寿村，创建时无考据，传说有洪钟一口，重五百余斤，是明弘治八年铸的，原供奉大陂兴和寺用。相传庙成时，船装洪钟，使至近庙时，神以法力摄之，使船都上不了滩头。船主看此情况，愿以洪钟赠予白公庙，白公庙大门的石牌，铸记是嘉庆二十三年，至今已有几百年历史了。每年不管远近，前来崇拜白公庙满堂神明的平民百姓不可胜数。大年大节古庙香烟浓郁，炮响喧天，特别是每年七月十三日，放炮时人山人海十分热闹，直至土改后毁去满堂神像，"文化大革命"期间庙被拆除，致使白公庙满堂神明企风坐雨几十年。改革开放以后，英德市各镇乡村的古庙，都已陆续复兴建起。2006年，组织起重建白公庙的理事会。会员们为筹建庙的资金，不怕艰难困苦，同心同德，四处奔波，废寝忘食，发动群众捐款，终于建起来了。

二　江口祖庙

江口祖庙坐落于英德市连江镇，是大小北江的交会点，来龙群峰起伏，弯曲辗转如生龙活虎，四文笔高山峰围绕。玉带缠身见水来不见水走，现在飞来水电厂建起，更成聚宝盆，大饱眼福的风水宝地，安坐曹主娘娘满堂神像。据庙宇管理人员的说法：改革开放以后，保护人民宗教信仰自由。于钟水耀、罗细堂、陈海强、黄德明、钟仕兰等为于1993年正月组织重建江口古庙的理事会组织。在筹建工作中，会员们一致认为：办善事好事，亦是为人民服务，人人不计报酬，积极负责，深受群众拥护和大力支持，百姓子民踊跃捐资，终于把江口古庙建立起来。

三　东山古庙

东山古庙位于英德市大站镇市州境内的东边山麓，至今已有一千多年的历史了。据传说龙头出天子（即长湖天子地）被国师制了，于是没有山天了，龙尾山神仙，地名叫瘌痢石。此处是几支文笔高山峰，发脉于来，行龙生动辗转活发结穴，龙虎砂重重环抱，化一座人形大山，又称美女坐莲花。正穴中有支仙神泉水流出。清澈甘美滋润可口，孕育万物生长，东山古庙就定坐在这结穴的宝地之中，坐山乾向分金。

当地流传着这样一个故事：抗日战争胜利前，在1945年的三月由邬强同志从东江纵队,带领一支红军到东乡开展革命,1946年元宵又率一支部队到南庙临时扎营,并到东山庙视察。曾派吴上苟和下村吴金到林屋林慈光和胡华彬那里去侦察敌情,并在他二人家里住过。1947年陈建忠大队长领导游击队立足干南庙,经常带领队伍到东山庙活动,侦察英德大站的敌情,沉重打击了铁路沿线的敌人,有力协助南下大军,直至解放了全中国。当时东山庙亦是游击队经常活动的地方,值得永远纪念。

土改后毁去庙中满堂神像,"文化大革命"时期甚至把庙拆为平地,造成白马三郎满堂神明企风坐雨几十年,直至2002年由钟厚英、钟文坤、刘石鉴受钟仙姑、钟石路嘱托,把东山庙重建起来。请来南庙理事会员邱永棠、陈堂法、黄石福、陆观俊,指导筹建东山庙的理事会组织和工作的进展,并选出会长钟厚英。他们认为,为神道办善事是引劝世人行善道,亦是为人民服务,所以,深受群众的拥护和支持。百姓踊跃投资,终于把东山庙建起来了。

四 江湾镇龙古庙

江湾镇龙古庙坐落于英德市英城镇江湾老围塘尾村的社坛背侧。传说在清朝康熙十九年庚申冬即1723年所建,有二栋二廊,神像九尊。当时有位堪舆师,从江西回来,路经此地,觉得建庙于此不合适,与老围塘尾几村的绅士父老共同商议,决定把庙迁移到苏屋村前面左侧。几村众信集资于清代道光八年戊子冬即1821年建起。后在越明年间又由群众集资建了一厨房,庙遗有生钟一口,重一百余斤,钟面刻有六位赠钟信士芳名:李才能、赖良顺、邓志大、谭造、谭愫、邓戒。

由于北江河水经常暴涨,庙堂历年上水被浸,造成墙壁破烂。于民国二年由谭介臣信士主持维修一次;民国三十七年,由谭显有信士主持再重修一次。"文化大革命"时期,庙宇被毁。直至改革开放后,于2005年农历八月顺利把庙重建起来。

五 仙师公庙

仙师公庙坐落于英德市望埠镇,古村何管理区,始建时代不明。听说元朝就已有,因失火烧毁此庙后,于道光辛卯年才重建复兴。群山脚下,当时有两位平民,在亚公岩地处界板出外靠卖换米度日为生,所界之树乃是檀香树。

清末有一年天旱,无水种田。农民焦急万分,上下各村民齐心到庙堂求雨,并抬着生猪到亚公岩界板之地刺杀生猪叩拜,回头便大雨滂沱。求得雨之后才把抢种下去。1965年庙宇被毁现于2005年农历十月复建成功。

六　南庙与仙神泉水

南庙泉清澈透底，发源于高高的大山中，常年滋滋地流到庙门前。由于大山中树木碧绿婆娑，郁郁葱葱，一年四季都繁花似锦，争奇斗艳，传说为仙家之地。听当地居民说，由于大山中有着各种竹木花草和中草药材，流出来的水饮了能助人健康，用来熬汤药更佳。

南庙在1997年复兴。

七　洄龙古庙/七甲庙

此庙位于英德市望埠镇，寿江管理区，江边咀村的东南片，狮形山，坐北向南。七甲古庙周边有寿塘、江边咀村、徐屋村、陈家坡吴屋村、池子岭村、柳塘村、七屋岭村等七条村庄。一村为一甲，七村为七甲，故此庙命名为七甲庙。七甲古庙传说建于明朝时期，至今已有六百多年历史。古庙有九位神明，分别是盘古大王、玉皇大帝、曹主娘娘、禾花仙女、海龙王、花公花母、文驸兵、武附兵。

"文化大革命"时期毁去满堂神像，庙宇被拆。2003年，筹建七甲古庙理事会组织成立，集各地百姓的资助，于同年农历十二月十六日复建而成。

八　鱼湾文策五显灵官庙

五显灵官庙位于东华镇文策村委五道坛老屋遗址以东。此庙具有悠久的历史，曾有"封五显灵官"之美称，居"洄龙"、"丰霖"两庙之首。"大跃进"年间被毁。在政通人和、百废俱兴的年代里，按灵官旧址重新建造；各地人民踊跃捐款，于次年七月七日灵官满堂神明重登龙位。灵官圣地坐辛山乙妆戊辰，前有远山群峰为屏，后有三姐妹山，右有羊子栋，左有神前诸山为翼。

九　石板古庙

石板古庙坐落于英德市石灰铺镇，石灰管理区和勤丰管理区二区之间。周围有20多个生产队。古庙坐落在一座高山上，来龙起伏，旋转活泼，下来形成一座小山，命为狮头山的龙穴宝地。高丰山面禀上有一个石岩，高约108米，大石岩上有139级的码头。石板古庙始建于道光年间。"文化大革命"时才把石板古庙拆了。直到1991年才开始重修，马头139级，还有上下岩神仙。

十　工村祖庙

工村祖庙也称工村沙口缺古穴祖庙，坐落于英德市横石塘工村街辣蓼山山脉处。由境内九大奇山重叠，故称为"九龙贯气"。庙观建造格式为两栋紧聚，安奉木雕菩萨十三尊神像。

石雕金身龙王坐正龙宫深洞30余米，洞内奇形怪景，奥妙无穷。海豚石、鲤鱼跳龙门等石景隐约又现，逼真壮观。仙景下龙洞紧密，洞洞相连，迷宫重重。此庙"文化大革命"期间被毁，荒芜数十载，杂草丛生，只剩残墙碎瓦。直至2008年3月间，工村广大祖民捐资重建起此祖庙。

十一　西庙

古西祠位于英德市西郊，当地人也称之为"西庙"。西庙内供奉蛛丝草书娘娘以及其他神祇，包括财神、白衣观音、玉皇大帝、王母娘娘、地藏皇以及盘古大帝。《英德县志·重修惠妃祠碑记》说：

> 去英城西行十五里，乡名蔴寨，山麓有惠妃夫人祠。神即英产也，按本传称神。虞姓，生御黄巢有功，卒后复显灵杀贼，累封显佑正顺惠夫人。传所称有功德于民则祀之者，非耶！岁久，祠将圮，适予友周子象九自广陵来寓兹邑，慨然捐资修葺。易栋楠之腐，挠补瓦甄之破缺，粉壁彩绘，焕然一新。而嘱予记其事。予思神为斯土所倚庇，则祭祀之专诚，庙貌之严肃，自当视他处惟加谨，乃修葺致敬；反得之异地之人，岂神之灵只可以感远而不足施于近耶？抑兴废固有时也！方巢暴起乱唐，屠戮几半天下，所向莫敢当，而神以一女子击走之，使吾韶得免踩躏之惨者，神之力也。然当其生时曾未闻有尺寸之封，殁后仅庙食兹土，又僻处山谷，祷祀潦草，无专诚严肃之观，不亦重可慨耶！而世辄多冒功徼幸得以膺高拥厚，终其身而荫其子孙者，亦独何哉？宜象九嘉神之功，叹神之灵，历数百年如一日，而为之一新其古庙者也。虽然象九少壮从戎，功垂成而不居，与神无异，此时相视莫逆，当必有默喻于心者，则今日此举又其偶然也哉！祠凡三楹，最后奉神坐像，右侧为梳妆亭，石壁上有五指痕神迹，宛然亭覆其上。故凡神之灵与人之所以庄严，其神皆可连类。而详记之。

根据林超富的《北江女神曹主娘娘》①介绍，西庙，又称西祠，坐落在英德市英城马口白楼村后面的蔴寨山南麓。庙后蔴寨山挺拔秀丽，庙前溪水蜿蜒东去，周围群山环绕，环境清幽宜人。

第四节 "民间信仰志"和曹主神话的解读

英德地区丰富多样的神话传说与经文，是探寻曹主信仰来龙去脉的重要资料。这种研究范式当归于"民间信仰志"，即"以事象的搜集、研究为主，包括空间性的记录整理、时间性的记录整理、类型与专题的归纳、文献与载体的研究等方面。所谓'空间性的记录整理'，是指以国别、地区或其他固定场所（都市、农村、渔村、山村等）为范围，对民间信仰的具体事象、物象、心象、语象加以采集、记录、整理、研究的一种方式"。②流行于英德地区的女神信仰——曹主信仰，神话版本众多，这种丰富多彩的宗教民俗动态，如能参照国内外学界关于神话概念及相关理论，则可展开富于启示意义的学术分析。

葛兰言的《古代中国的节庆与歌谣》③一书对于当时历史学家以"当前事实"来解释一切的研究方法，以及民俗学只局限于使用调查对象的解释和学术的门户之见进行了批判。他认为语言学和历史研究必须具有真正的批判性研究方法。首先，要了解和说明文献的学术价值；其次，要将文献的社会价值和社会功能进行说明，并且要在事实构成的"整体之内进行更为谨慎的解释"。这是关于中国历史研究比较早的方法。并且通过此方法他对《诗经》进行了系统的研究，得出中国人的世界观是由《诗经》的许多原则所指导的。虽然其观点是在立足于民俗学、历史学、文学和语言学的基础上提出来的，但是，对于神话学和人类学的解释方法也有重大的启发作用。

早期欧美学者研究神话，往往将神话与创世神话等同，其影响相当广

---

① 林超富：《北江女神曹主娘娘》，广东人民出版社2009年版，第32—33页。
② 陶思炎、[日]铃木岩弓：《论民间信仰的研究体系》，《世界宗教研究》1999年第1期。
③ [法]葛兰言：《古代中国的节庆与歌谣》，赵丙祥、张宏明译，广西师范大学出版社2005年版。

泛①，对中国学界也有影响。比如，茅盾先生认为："'神话'者，原来是初民的知识的积累，其中有初民的宇宙观，宗教思想，道德标准，民族历史最初期的传说，并且对于自然界的认识，等等。根据最新的神话研究的结论，各民族的神话是各民族在上古时代（或原始时代）的生活和思想的产物。"②这个总结在神话内容的概括方面有独到之处，但忽视了神话作为文化要素所具有的变化性特征。直到近期，还有学者以创世神话为神话研究的唯一对象。③然而，早在上世纪后半期，国内外学界就出现了运用人类学整体观"全息"定义神话、合理进行其内涵研究的思想潮流。④

20世纪80年代前后，欧美学者意识到已有神话研究较少关注神话的变化性和多样性，开始对相关概念重新厘定。由阿兰·邓迪斯主编的《西方神话学读本》是这一思潮的标志性读物。其中，有学者质疑神话研究的"理性"，认为神话从根本上是一种形而上学的概念，它存在于不可置疑的前提条件之中：现实和即时性事物与观念和超验性事物之间存在对应关系。这是一个难以还原的论点——不证自明的真理——整个大厦都建立在这个论点之上。⑤贝塔佐尼则认为："神话不是纯粹杜撰的产物，它不是虚构的无稽之谈，而是历史，它是'真实'的故事而不是'虚构'的故事。故事的真假取决于内容，真实的故事是真实发生过的事件，其出发点是那些令人难以忘怀的创造过程……它们全都是祖先经历的，同时又是现实存在所'绝对必需'的东西。神话是真实的历史，因为它是神圣的历史，这不仅取决于它的内容，而且取决于它具体发出的神圣力量。讲述起源的神话是在崇拜中进行的，而且讲述神话本身就是一种崇拜，它是专门用来详述所行崇拜之目的的。"⑥达代尔持有与马林诺夫斯基相似而又不同的观点，前者认为神话是"现在时"的，这种现在感表现在讲述者把

---

① 王青：《中国神话研究》，中华书局2010年版，第22—32页。
② 茅盾：《中国神话研究初探》，江苏文艺出版社2009年版。
③ 王增永：《神话学概论》，中国社会科学出版社2007年版，第1—4页。
④ 邓启耀：《中国神话思维结构》，重庆出版社1994年版，第260—265页。
⑤ [美]西奥多·H. 加斯特：《神话和故事》，选自[美]阿兰·邓迪斯编《西方神话学读本》，朝戈金译，广西师范大学出版社2006年版，第163—164页。
⑥ [美]拉斐尔·贝塔佐尼：《神话的真实性》，选自[美]阿兰·邓迪斯编《西方神话学读本》，朝戈金译，广西师范大学出版社2006年版，第125页。

自己和听众带入事件发生的当时，神话使任何它所涉及的事物现实化[1]；后者指出，神话不是象征性的，而是主题的直接表达；神话不是为了满足某种科学兴趣的解释，而是为了满足深切的信仰需求、道德渴望、社会服从、社会主张甚至实际需要而经叙事加以再现的原始现实。[2]

国内学者针对神话在历史上的变化特点提出，在漫长的历史进程中，神话会发生改变。在内容上变得复杂的同时，还会有新神话的产生，这就决定了神话研究的复杂性。[3] 也有人认为，神话是有关神祇、始祖、文化英雄或神圣动物及其活动的叙事，它解释宇宙、人类（包括神祇与特定族群）和文化的最初始源，以及现时世间秩序的最初奠定。[4] 尤其是在英雄崇拜方面，英雄的内在性质经常是通过实在的神化形象而描绘出来的。[5] 同时，郑志明在《想象：图像·文字·数字·故事——中国神话与仪式》[6] 中从"广义神话"、"神话哲学"、"民俗神话"等三个角度来分析神话研究。书中提到神话的范畴还包括后代有神话色彩的传说、仙话、志怪小说、佛话、童话、民间的风俗典故、少数民族的神话传说等，并指出"广义神话"的真正目的是重新界定神话的内在意涵，神话的主要内容是人类解释自然现象的集体创作，反映出人类与自然相抗争的心理历程。"神话哲学"是用来体现民族文化的精神意向系统，而"民俗神话"是用来体验民族现实生活的具体操作系统。"民俗神话"理论认为神话是民俗生活下的产物，与习俗礼仪相互结合。神话也是一套民俗的操作系统，与仪式文化相辅相成，展现出民俗生活的多元化与复杂化，从神话中可以探知民族文化传承的真实面貌。在古人鬼神观的解读上，他认为"神人"、"仙道变化"都是一种生命境界。

进行神话整体研究时，为了取得静态和动态的"全息图像"，不但需

---

[1] ［美］埃里克·达代尔：《神话》，选自［美］阿兰·邓迪斯编《西方神话学读本》，朝戈金译，广西师范大学出版社2006年版，第281页。

[2] 马林诺夫斯基：《神话在生活中的作用》，选自［美］阿兰·邓迪斯编《西方神话学读本》，朝戈金译，广西师范大学出版社2006年版，第244页。

[3] 鲁刚：《文化神话学》，社会科学文献出版社2009年版，第5页。

[4] 杨利慧：《神话与神话学》，北京师范大学出版社2009年版，第5页。

[5] ［美］西奥多·H. 加斯特：《神话和故事》，选自［美］阿兰·邓迪斯编《西方神话学读本》，朝戈金译，广西师范大学出版社2006年版，第149页。

[6] 郑志明：《想象：图像·文字·数字·故事——中国神话与仪式》，贵州人民出版社2010年版。

要理解某一神话传说在不同地方和民族的文化心理和思维结构中的"逻辑"①，还应该将新旧神话的文献记载、口头传承和地方文本（经文和方志记录等）所提供的综合性神话文本进行系统研究分析。"问题不在于故事与神话必取其一，而是应当了解它们是囊括各类中间形式的同一领域里的两个端点，形态分析对这些形式（神话和故事）必须一视同仁，否则可能遗漏跟其他要素属于同一个转换系统的一些要素"②，这样不但可以研究神话变化反映的民间信仰现况，还可以厘清神话与民间故事的"互相补充"关系。通过这种互补关系中所透露出来的信息，我们就可以推导出神话传说流传的区域和范围，进而对相关历史事件做出较合理的分析和解释。

符号在民间仪式中的功能问题，苟志效和陈创生有比较详细的解释。他们认为民俗符号的产生与民俗信息的交流过程有很大的关系：

> 一方面是前面所说的第一个因素，即表现体；另一方面则是前面所说的第二个因素，即相应背景中的那个含义或概念的结合。可以认为，任何民俗符号都是有一个或多个民俗表现体和它或它们所表现的具体民俗对象与抽象的民俗含义或概念结合而成。也可以说，正是民俗表现体和其所表现的民俗内涵这两方面的关系，成为民俗符号的基本结构。这也是构成民俗事象的基本条件。当俗民们接到某种民俗信息时，立即会经过听觉、视觉或其他感觉收到一个可以直观或直感的东西，这便是民俗符号表现的第一个元素。这个表现出来的物象，叫做民俗符号的"能指"，他通常有表示、指示的意思，一般只能是形象的（或影像的、具体的）。
>
> 在语言领域，民俗符号的"能指"是听觉形象；在非语言领域，民俗符号则是视觉形象以其他方式可以感觉得到的具象。这时，"能指"只是显示出符号所有密码中属于物象的那一部分，只完成了符号传送信息的一半任务。与此同时，当上述的"能指"表现出一个个或一幅幅可以感觉到的民俗事象时，民俗符号的第二个元素便紧跟着与那个或那些物象联系起来，构成一个个可以被认识和表达的民俗

---

① 邓启耀：《中国神话思维结构》，重庆出版社1994年版，第263页。
② ［法］克洛德·列维－斯特劳斯：《结构人类学》（2），张祖建译，中国人民大学出版社2006年版，第525页。

对象及其含义概念。在这里，那一个个被推知、被理解或被联想到的民俗含义或概念，就是民俗符号的第二个要素——"所指"，即那些"能指"所能指代的民俗对象的含义和概念，也就是说，民俗事象被人们解释了的民俗内涵和外延。正因为有了民俗符号的"所指"，才最后完成了传递民俗信息另一半的任务。我们可以用具体的民俗事象说明民俗符号的"能指"和"所指"的关系。①

虽然两位作者在阐述仪式与符号之间的意义双向交流产生了一种特殊的意义的表现方法，即符号意义。但是，他们却没有非常准确地指出仪式与神话之间的关系，也没有说明神话中的事件人物或具有标志性的物体成为符号并为仪式所用的过程。

他们也没有对符号的意识形态指向进行阐述。

由于宗教信仰大都与各种各样的仪式联系或结合在一起，这样，仪式的便被分成两个基本部分：信仰和行为。仪式的形式化特征经常把人们的注意力吸引到物质形态上，但事实上，仪式之所以成为一种相对稳定化的形式，它需要有信仰和意识形态方面的内容的支持与支撑。②

然而，特纳认为仪式中的符号的意义是会随着社会环境等条件的变化而发生改变，因为神话也是一直在变化中的。"一个神话会发生变动，终至成为强弩之末，尽管尚不至于彻底消失。剩下的两条道路可供选择：一是精心虚构故事；二是从合乎历史着眼，重启神话。这样的一部历史又可以分为两种：一是回顾式的，目的是借助遥远的往事建立某种传统的秩序；二是前瞻性的历史，目的是将往事变为一个刚露头的未来的起点。我们通过一个事例强调了这种体现在神话、历史传说和应当称之为政治的东西之间的有机的连续性。"③ 如何重构仪式和符号的意义成为地方精英和普通民众共同面对的一个问题。

英德历史上发生五次移民潮，对当地方方面面都产生了重大影响，其信仰系统亦因此发生了变化，而流传下来的神话故事成为体认当地变迁的

---

① 苟志效、陈创生：《从符号的观点看——一种关于社会文化现象的符号学阐释》，广东人民出版社2003年版，第175—176页。

② 彭兆荣：《人类学仪式的理论与实践》，民族出版社2007年版，第47页。

③ [法]克洛德·列维-斯特劳斯：《结构人类学》（2），张祖建译，中国人民大学出版社2006年版，第658页。

重要参照。

　　北来的中原移民文化与南上的海外宗教文化与广东本土文化发生接触，在冲突与互动中逐渐走向融合，呈现你中有我、我中有你的状况。在人口流动上也存在这种接触、冲突与融合的过程。英德地区亦是如此。在外来文化与本土文化在人口和文化上的双向互动过程中，外来族群与土著族群之间的界限开始模糊化，尤其在族群与族群连结与过渡地带，文化叠加与混成现象十分常见，民间信仰的混成便属于这种现象。虽然族群边界逐渐模糊化，广东民间信仰并不因族群边界的模糊而失去族群内部的历史记忆和文化传统，族群内仍然保留各自对本源文化的历史性认识，有自己的一套形式，诸如科仪、经文等。族群之间的互动影响并没有使双方完全同化，族群内部依然处于同而不化的状态。

第五节　小结

　　曹主娘娘由一个客家移民的农家女升格为地方神，最后又受到皇朝的封赐成为粤北地区的主要保护神。纵观曹主信仰发生、发展的全过程，可以发现曹主信仰的发生、发展的动力来自移民、地方宗族、航运商业、国家力量之间的共同作用。以移民为代表的商业文化与以宗族为代表的地方农业文化之间博弈的结果进一步深化曹主信仰在当地的影响。曹主娘娘不但得到国家认同，也得到民间认同，还发展成为具有代表性的地区保护神、航运保护神、家庭保护神，由原来一个简单的地方保护神，成为多功能的地方性神灵。在曹主信仰的演变过程中，"自上往下的是国家信仰给予民间信仰的存在活力与合法性；从下往上的是民间信仰对于国家信仰的主动攀缘，是对宇宙王权信仰神圣权威的证明与认可。相互之间若即若离，相互利用却又勾心斗角……由此观之，整个中国社会就如同一个巨大规模的信仰形态。信仰出乎其里，权力一统天下……这说明，中国宗教—信仰关系不仅仅是一种受制于社会权力结构的观念形态，它同时也是一种国家权力关系、象征权力结构"。[①]

[①] 李向平：《信仰是一种权力关系的建构——中国社会"信仰关系"的人类学分析》，《西北民族大学学报》2012年第5期。

从英德的曹主信仰庙宇分布可以看出这样一个规律：这些庙宇在大小北江和滃江沿岸分布十分密集。因此可以看出曹主信仰的传播与北江内河航运息息相关。也就是说，她的传播过程应该是自北向南由浛洸和英城两个中心向南和向东呈"Ψ"形发展。这样说明曹主信仰的传播是与粤北客家人的移民过程，和在此一过程中他们赖以谋生的大农业和航运业密不可分。同时在浛洸到英城一线的陆地传播途径应该早于南向的水路途径。《英德县志》关于曹主信仰的描述也说明当年曹主娘娘抵抗黄巢的活动范围，在此范围内，出现了最早的曹主信仰的庙宇——古西祠。这个范围可以视为曹主信仰的最早期核心区域即美村至英德西郊，因为在这里，除有古西祠以外，还有一座庙宇，就是作为曹主娘娘军事指挥部的石灰铺铜锣祖庙。

当曹主信仰传播到英城北江沿岸的时候，便与佛教（主要是观音菩萨）发生了混成。而后，又与城隍信仰发生混成，并作为主要配祀神在英德城隍庙内接受万民香火。这是曹主信仰发展的第二阶段，同时也说明了来自英德北部和西部的客家早期移民人口逐渐抵达英中最开阔平坦的地域。这样的混成现象并不是偶然发生的，它见证了英德城市化过程中的重要步骤。

一个地区的城镇发展和升格取决于三个主要指标：人口、物产和区域优势。人口为城镇的发展提供了劳动力和消费市场，物产则创造了工作机会和市场对于物产的需求进而产生商贸活动。而区域优势包括交通、气候等地理条件，为商贸活动的顺利进行和市场的扩展提供了先天的条件。最后，由于城市商业发展需要大量的劳动力，进一步刺激了人口增长。这是一个良性的循环。所以，英德中部盆地地势平坦开阔，同时北江古航道已经具备了区域的空间和交通优势。英德又盛产水稻等农作物，山区林牧业也非常发达，为珠江三角洲提供了大量的山货资源。这些货物可以通过北江航运源源不断地供给珠江三角洲市场。英德有许多矿产，最重要的有连江的银矿。

当地人指出，以前珠三角、海南，甚至南洋的华人地区，都需要购买英德的木炭和林木。所以，连江大站一带的村镇人口都有到码头上当搬运工的经历。有村民甚至说："肩膀上没有多一块肉的男人，肯定不是本地人。"因为长期的肩挑背扛，人们的肩膀上会形成像肉疙瘩一样的老茧，从此也可以看出外地市场对于英德木炭的需求量是非常大的①，而这些木炭主要是通过北江的内核航运输送到岭南各地，由此也可以从侧面了解到当年北江的货流吞吐量之大。

英德地区以山地林木业、矿业和平原农业产品为地方特产，通过北江航运向南北大量输出，这样便需要大量的人口移入当地作为劳动人口。这样一来，英德就变成了具有祭祀城隍资格的粤北商业重镇。城隍是中国古代城市的守护神，有了他的存在，生活在其中的居民在心理上才有了安全感，才可以安居乐业；城市是城隍庙的生存空间，城隍信仰的兴衰与城市的发展（尤其是经济）休戚相关。城市经济发展了，才有充足的经费修葺庙宇，也才有兴旺的香火；城隍庙香火旺盛，聚集了人气，反过来又进一步促进了城市经济的发展。城隍信仰与城市发展就是这样一种共荣共生的关系。② 这样一来，也为后来的曹主娘娘"入庙"，正式成为当地主要保护神之一埋下了伏笔。

皮庆生指出："一般来说，任何一项传播活动都必须具备四个基本要素，即传播者、信息、媒介、受传者。祠神信仰的传播也是如此，必须有信奉者将该祠神信仰从一个地区传播给另一个地区的民众，其媒介或为语言，或为香火、祠神的塑像等。祠神信仰的传播包括以下几种情形：（1）信奉者将祠神的灵应故事传播给本地的人群；（2）信奉者将灵应故事向外地人群传播；（3）信奉者在外地供奉圣像或私设小神堂，以求祠神保佑；（4）信奉者在外地的公共场所供奉神像，再次形成传播。第（1）、（2）种是最普遍的传播方式，宋人笔记小说中记载了不少灵验故事，都是作者从当事人、信众处耳闻或辗转得知的。"③ 从英德地区神化传说和其他文献记载可见曹主信仰的传播和庙宇的建造与上述四点有契合的地方。这些行为的背后推手除了有各地人民自发的行为以外，最重要的就是代表着英德地区商业利益的内河航运组织。

学术界有一个普遍的认识，"中国百姓对神明的崇拜是功利性的，普通民众见神就拜，儒释道信仰杂糅在一起。这种说法从一般意义而言当然

---

① 明朝时在北江沿线城镇设立抽分竹木厂对竹木运输征税，可见木材运输量之大。参见叶显恩主编《广东航运史》（古代部分），人民交通出版社1989年版，第130页。

② 郑土有、刘巧林：《护城兴市——城隍信仰的人类学考察》，上海辞书出版社2005年版，第127页。

③ 皮庆生：《宋代民众祠神信仰研究》，上海古籍出版社2008年版，第208—209页。

没有问题。但如果我们把神明崇拜与具体的乡村社会联系起来，又会发现不同区域人们崇拜的神明其实是各不相同的，由此形成了中国乡村社会极其丰富的文化内涵。一个乡村的主神崇拜往往与当地的社会历史发展脉络息息相关，它不是凭空产生的，而是历史选择的结果。因此，透过对一个乡村主神崇拜的解读，可以帮助我们理解某个地方社会的族群关系及其历史演变趋势"[1]，从英德主神曹主娘娘演变过程便可以看到英德地区族群与历史变迁的轨迹。曹主娘娘作为英德地区的主要保护神和英德城隍庙的主要配祀神之一。同时，作为早期英德地区客家人群所共同信奉的家神，她保佑着农民、移民、市民、船民、商人等英德城市化过程中的主要人群。在这个过程中，曹主信仰分别与佛教、城隍信仰发生了第一次、第二次混成。

所以，她作为代表着英德地区和国家正统的神祇向各个方向传播也就顺理成章了。在传播过程中，曹主信仰必然会与盘古信仰发生混成，这是曹主信仰发展的第三阶段。自古以来英德地区山货非常丰富，如矿产资源有硫、铁、煤、铜、石英、石灰石等重要矿产五十多种；动物资源有野猪、鹿、竹鸡、草鱼、五步蛇等兽类、禽类、鱼类、虫类上百种；林业资源有枫、松、毛竹、土茯苓等油类、茶类、药类、果类百余种，还有众多的谷类、菜类、花类植物。[2] 由于多山地形，适于耕种的农田缺乏，山地民族只能"靠山吃山"，种类繁多的山货往南贩运到珠三角甚至是东南亚地区。丰富的山货资源为英德地区山地民族的生存繁衍以及与外来商业移民之间进行物资往来创造了得天独厚的条件，为山地民族和移民之间的交往打下了坚实的基础，也为曹主信仰与山地民族的盘古信仰的接触与混成奠定了基调。商业移民在与山区进行贸易物资往来时，不可避免与山地民族（主要是瑶族）大量接触，代表商业移民的曹主信仰与山地民族的盘古信仰之间难免发生混成。英德地区曹主庙宇中，只有在西庙、江口祖庙曹主姑嫂为主神，其他庙宇的主神为盘古，曹主只是盘古的配祀神；通常位于其右手第二或第三位置。曹主与盘古在同一个庙宇空间一起接受村民的祭祀，曹主信仰与盘古信仰已经形成混成状态。

---

[1] 周雪香主编：《多学科视野中的客家文化》，福建人民出版社2007年版，第358页。
[2] 详细资源名录参见《英德县志》。

曹主信仰代表客家商业移民力量，而盘古信仰则代表山地民族[①]；曹主信仰与盘古信仰的混成表明客家族群与山地民族关系密切。关系密切的原因体现在两个方面：其一，客家移民与山地民族存在频繁的商业交流和人员之间的密切接触，这是曹主信仰与盘古信仰得以混成的先决条件。其二，客家族群与山地民族之间存在基因的流动。曹主代表的客家商业移民不但与山地民族存在经济的互动，同时还因通婚的关系存在基因的交流。[②] 为了有效地调节客家族群和山地民族之间的关系，需要在超现实的世界有一个可以团结双方的共同寄托，这个寄托就是以盘古为领导的满堂众神，其中就包括曹主。曹主信仰与盘古信仰的混成，其实质是客家族群与山地民族在交往过程中一种非常明智的折中选择。

当地人在发生基因混合时，主体还是山地民族。[③] 以西庙为例，在西庙供奉的神明包括曹主、王母、地藏王菩萨、花公花母、观音菩萨以及盘古，是一种典型的信仰混成的集中体现。尽管曹主居于正殿，然后盘古高居神殿二楼，地位最高的神灵依然是盘古。虽然客家族群与山地民族之间互动、融合，但庙宇中祭祀的主神不是客家族群的曹主，而是山地民族的盘古。可见，当地的族群主体依然是山地民族，或者族群来源的主体是山地民族。由此看来，至少在英德乃至粤北地区，民间信仰不具备划分族群边界的指标功能。这与其具有信仰混成性有重要关系。这也恰恰说明在世俗生活的图景中，瑶汉等民族已经变得我中有你，你中有我，水乳交融了。

曹主信仰在英德地区继续传播的又一个新的结果就是，代表着城市化的商业利益的曹主娘娘将与代表着地方利益的宗族发生接触。在这个时候，因为种种原因发生矛盾和冲突的可能性也大大增加。为了克服土客矛盾，曹主信仰与当地宗族都乐于接受改变。从而，受英德人口结构和城镇化加深的影响，曹主信仰发生了第四次混成现象，第四章笔者将详述这一现象。

[①] 笔者以为当时的山地民族主要是瑶族，盘古信仰属于瑶族祖先崇拜，参见李少梅《中国广东乳源瑶族与瑶语》，民族出版社2008年版，第45页。
[②] 冼剑民、王丽娃：《明清时期广东瑶族的锐减与迁徙》，《中南民族大学学报》（人文社会科学版）2006年第1期。
[③] 覃乃昌：《追问盘古：广西来宾市盘古文化考察札记》，广西人民出版社2006年版。

第四章　曹主信仰的混成特质与权力分配

　　大部分中国民间信仰都存在着多信仰系统共存的现象，即民间信仰多次混成的"绳索化"和"盔甲化"过程。英德地区曹主信仰同样存在这种混成特质。"盔甲化"即信仰与信仰、信仰系统与信仰系统之间的混成，不同信仰的不同神祇之间的混成。在这种混成现象中，神的功能和职司与人的生活密切相关，"从上古到近古，岭南的民间信仰体系中出现过无数配享人间烟火的神灵，时间越往后，神灵越多，神灵之间的分工越细，职能愈多……综观岭南古代民间信仰的变化发展轨迹，大概有两类神灵流行最久、香火最盛。一是与水（海）有关的神灵，一是与商贸有关的神灵"。① 不同功用的神祇们的神功就像盔甲的鳞片一样，在人的生活中起到了不同的保护或庇佑的功能。当有灾难来临的时候，民众知道去拜哪个神灵，"在中国人多神崇拜的传统中，人们为不同的目的向不同的神明祈祷"。② 所以每个神祇对于人民生活的各个方面都必须且可以兼顾到，为了达到此一功能，就必须将多个信仰像绳索一样"束集"起来，这样就产生了信仰的混成现象。曹主信仰不但和观音信仰、土地信仰等全国普遍流行的信仰混成，同时还与盘古信仰、花母花郎信仰、灵石信仰、郎信仰（即师公信仰）③ 等地方信仰混成。

　　曹主信仰通过客家先民传播到英德腹地时，首先与佛教信仰发生了第一次混成，其次与城隍信仰发生第二次混成，与盘古信仰的混成为第三次，接着曹主信仰与地方郎信仰发生第四次混成。不过，需要指出的是，在不同地区，曹主信仰混成的顺序和机制有所差异，曹主信仰每传播到一

---

① 赵春晨主编：《岭南宗教历史文化研究》，天津古籍出版社2002年版，第12页。
② ［美］杨庆堃：《中国社会中的宗教——宗教的现代社会功能与其历史因素之研究》，范丽珠等译，上海人民出版社2006年版，第25—26页。
③ 在笔者调查的粤北地区，师公都是由长房的郎升格而成，当地的师公又叫某某郎，郎信仰即师公信仰，当地师公又叫师爷，笔者在行文中将统一使用郎信仰和师公。

个新的地方,与当地原本存在的信仰发生第一次接触时,往往处于冲突的状态。冲突的原因在于信仰的载体"人",每一种信仰都必定依附于一种有信仰需要的群体,尤其是"在移民社会,神缘往往是与地缘交织在一起发展的。在移民过程中,自然地域环境的恶劣,生活的艰辛,使移民形成一种群体精神,团结在共同信奉的神灵周围"。[1] 由于这种需求,再加上"民间信仰一般是借助现有的家族组织或村社组织举行相关的民间信仰活动"[2],信仰容易成为地方权力阶层如地方精英、宗族行使地方话语权的平台。中国宗教是信仰的权力建构,是一种以神人之伦为基础的权力关系的建构。[3] "精英传统从不排斥民众世界对神灵的崇奉,但关键在于这种信仰是否符合正统的伦理教化,是否符合朝廷在乡里社区的统治秩序。"[4]

地方精英利用自身的权威,不但成为地方事务代言人,而且成为民间信仰的领导者。借助宗教领袖身份,他们可以进一步巩固其在地方的权威,保护本宗族在地方上的利益与势力范围。从曹主信仰发展的历史来看,当一种新的信仰传入一个原本存在信仰的地方时,借助本地信仰来巩固地位、获得利益的地方宗族往往会对外来的信仰产生排斥,对信仰群体进行打压。当外来信仰群体势力超过地方信仰群体,地方势力对外来势力妥协并开始接受对方,体现在宗教上便是主神的让位和信仰的混成。徐斌对明清鄂东地区宗族香火庙的分析亦指出,"鄂东各族在建立香火庙时,所供奉的神灵亦各不相同,这同样加强了宗族的内部认同和宗族之间的区分……对神化的祖先的供奉,对于外姓而言便具有了一定的排他性,从而有助于族人之间相互认同……生活在同一地域的人们,由于势力发展的不均衡,庙宇亦会出现易手的情况"。[5] 信仰的冲突源于信仰群体的冲突,信仰群体的冲突源于利益冲突。株潭镇龙氏与丁氏的宗族械斗便是基于傩

---

[1] 范正义、林国平:《神圣的纽带:分灵—进香—巡游》,九州出版社2003年版,第281页。
[2] 叶涛、周少明主编:《民间信仰与区域社会:中国民间信仰研究论文选》,广西师范大学出版社2010年版,第2页。
[3] 李向平:《信仰是一种权力关系的建构——中国社会"信仰关系"的人类学分析》,《西北民族大学学报》2012年第5期。
[4] 沈洁:《反对迷信与民间信仰的现代形态——兼读杜赞奇"从民族国家拯救历史"》,《社会科学》2008年第9期。
[5] 徐斌:《明清鄂东宗族与地方社会》,武汉大学出版社2010年版,第193—197页。

神信仰以傩神庙为载体的宗族间地域社会权力格局的竞争。[1] 曹主信仰的传播过程便经历了这样一个排斥、接受、融合的过程，反映在信仰主体上即外来商业力量成为地方势力的掌控者。地方宗族势力被打压后，为了重新获得话语权和宗教发言人地位，会有意融合外来信仰成分，这个过程中也体现出信仰的地方化过程。

第一节 曹主信仰传播路径

曹主信仰的产生与客家族群的迁移有关，可以说曹主信仰是一个诞生于族群迁移的民间信仰，曹主信仰的发展也离不开"迁移"两个字。同时，曹主信仰还是一个与水和航运商业生计模式有着紧密关系的信仰文化系统。笔者在前文提到，曹主娘娘成仙后的两次显灵，都是通过起风降水达到退敌的效果。庙宇中所见之伏波将军能成为粤北保护神，也是因为他跟水的关系。[2] "伏波"即降服波浪。在岭南地区波浪、雨水与民众的生活利害两分，控制水的能力是成为神灵的有力条件，这都与岭南濒临海洋的地理特点以及高温多雨的气候条件有关。[3]

林超富认为，古西祠（即西庙）为曹主信仰文化的发源地[4]，在《曹主娘娘留念书》中也多次表明西庙、铜锣祖庙为曹主娘娘抵抗黄巢、施法显灵的重要活动场所。鹤坪南庙理事提供的《曹主娘娘历史传》中有"先有南祠后西祠，历史记载无差别，南祠不是去争老，不过历史记当时……姑嫂得道登南庙，威灵大显永扶持……皇帝敕封曹主娘，得道来到南庙堂，登正南庙大庙殿，驱邪除外保八方"的记述，显然南庙亦为曹主信仰文化发源地之一。铜锣庙、西祠、南庙都位于英德市中心区域，空间距离临近，可见英德市中心区域乃曹主信仰文化的起点，也是曹主信仰文化的核心区域。曹主娘娘信仰在英德市中心区域产生后，借助航运商人、客家移民、船工、纤夫、挑夫等向四周传播。曹主信仰的信仰主体为

---

[1] 肖唐镖：《农村宗族与地方治理报告》，学林出版社2010年版，第202—208页。
[2] 伏波将军成为水神的过程可参见刘素霞《北江流域水上交通与水神信仰关系初探》，《商丘师范学院学报》2012年第8期。
[3] 叶春生：《广东水神溯源》，《民俗研究》1992年第1期。
[4] 林超富：《北江女神曹主娘娘》，广东人民出版社2009年版，第33页。

航运商人、客家移民、船工、纤夫、挑夫等，他们的活动方式和范围决定了曹主信仰传播的方式及范围。

从英德的庙宇分布来看，曹主信仰存在两种传播路径：水上传播和陆上传播。处于北江—珠江流域的地理位置和信仰主体的交通方式决定曹主信仰以水上传播路径为主，陆上传播路径为辅，陆上传播基于水上传播的影响，可以视为水上传播的延伸。曹主信仰在北江流域传播开后，通过陆路再慢慢扩展到平原、山区。

一 曹主信仰的水上传播路径

从英德的庙宇分布来看，曹主娘娘庙祠几乎都分布在大小北江两岸，英西、英中、英东、英南一线最为明显。由此可见，曹主信仰依托北江—珠江航线，通过航运自英城向北、东、西、南辐射，其传播主体主要为英德地区的航运商人、客家移民、船工、纤夫、挑夫等信众。从西北向东南，沿着小北江干流流域有曹主娘娘的庙宇包括飞龙祠、迴龙古庙、荷岩祖庙、丰舒古庙、蟋蟀古庙、金山祖庙、永星祖庙、百家祖庙、天神古庙、阳酬祠、镇安祠、雷神古庙、安埠古庙、旗龙古庙、玉虚宫、永丰祠、关帝祖庙、娘娘庙、太平庙、镇江古庙、太平古庙、鼎水灵祠、文昌庙、飞龙庙、迴龙古庙，小北江第一支流上有圆龙祠、饶乐祠、永兴祠、新龙庙、吉龙祠、石龙祠；第二支流上有七星祠庙、福善堂、白马庙；第三支流上有永兴古庙、迴龙庙、酪岗灵祠、永兴灵祠、安乐祠、迴龙庙、永丰祠、镇安祠、镇龙祠、圣公祖庙；第四支流上有英灵祠、天启灵祠、祖国天皇大庙、镇江祠庙、福龙祠、迴龙庙、曹主宫、迴龙祠、雅家古庙；第五支流上有金华古庙、鱼染古庙、金溪古庙、迴龙古庙、飞鹅庙、飞云古庙、福龙古庙、金竹古庙、歌堂古庙、广镇古庙、龙福古庙、姑婆庙、法斌堂庙、永丰祠、聚螺祖庙、飞来祠、林婆祖庙、感应祖庙、永兴祠、杨树庙、镇定祠、飞马庙、灵先祠。由北往南，大北江干流有扶莲大庙、蕉园村庙、太平庙、江溪庙、凤凰大庙、大岗庙、迴龙庙、沙口缺古庙、东山古庙、丰盈庙、迴龙庙、古西祠、仙师古庙、南庙、白公庙、孔子庙、惠妃宫、下廉古庙、龙潭古庙、神耕庙、曹主大庙、逆水庙。由于缺乏英东地区的调查资料，对于翁江流域的情况不甚了解，仅仅知道有白公庙、五显灵官庙、东山古庙等几座曹主娘娘庙宇。

曹主信仰发轫于英德市中心，以英德市中心区域作为起点，通过大北江北段、小北江及其支流、大北江南段和潖江向四面传播，由此形成的水上传播路径大致有四条：一条向北传播、一条向西南传播、一条向南传播、一条向东传播（见英德庙宇分布图）。曹主庙宇在西南传播路线上最为密集，也是小北江支流最密集的区域。曹主信仰得以通过小支流传播的关键因素在于，为了适应狭小河道的运输需要，当地发明了一种小船，称为"盆艇"。其艇呈圆形，像大浴盆一样，可容纳一人，载重量大概两百斤。借助"盆艇"，狭小的河道甚至山溪都可以成为航运的一部分。进入山溪的"盆艇"经过特制，船底的木板煅烧过，使木质具有极强的韧性，现在做法已失传。由于窄小的山溪礁石多，盆艇滑过石头时，船底木板具有韧性，会随撞到的石头而变形隆起，避免船底被石头划破，导致船体受损而造成翻船、沉没的意外。①

当地张氏宗族迁移路线与曹主信仰向南传播的路径十分吻合。张氏宗族先祖居住在惠州府龙川县广信都新义甲："始先祖公张九龄传而先祖公张应松妻杨氏生男张得全，系原在惠州府龙川县广信都新义甲住居……此系三代祖公在龙川县安葬，未曾移来英德。洪武皇三十五年四月十八日分房各居。"后张氏宗族经潩江横线向西迁至英德地区。张氏族谱显示，张氏先祖从惠州龙川县迁至英城区后，后世又从英城区迁到连江口镇小舍村以及水边镇下营等地。其迁移路线沿着北江往南移动，留下一条曹主信仰往南传播的轨迹。张氏宗族作为信仰曹主娘娘的客家群体之一，在迁移过程中把曹主信仰也带到迁入地。而他们迁入之处正是曹主娘娘庙宇分布十分密集之地。这从侧面证明了曹主信仰确实存在一条向南的水上传播路径。

西庙、南庙为曹主信仰文化的重要发源地。《曹主娘娘留念书》多次表明铜锣祖庙和西庙同为曹主娘娘抗巢显灵的重要活动场所。在朱念七郎与曹主娘娘斗法故事中，两人斗法的场所就在连江与北江交汇处的江口祖庙，江口祖庙在曹主信仰文化建构和传播中承载着十分重要的功能。如果把东面的潩江流域曹主娘娘庙宇分布状况与大小北江流域曹主娘娘庙宇分布情况放在一起看的话，粤北曹主信仰传播路线则大致呈现"ψ"状，即左右两条曲线为小北江和潩江，中间一直穿过的直线是大北江。西庙正好处在三条曲线交汇处附近，南庙则位于右边曲线代表的潩江流域，铜锣祖庙处在左边曲线代表的小北江流域，而江口祖庙坐落在大北江下游处。曹

---

① 笔者的关键信息提供人文叔和九叔在访谈中都提到这种船。

主信仰文化在铜锣祖庙与江口祖庙之间主要通过小北江进行传播，在南庙、西庙到铜锣祖庙之间则通过向西的陆路进行传播，南庙、西庙与江口祖庙通过大北江相互沟通。南庙、西庙、铜锣祖庙、江口祖庙在曹主娘娘经书、当地神话传说中屡被提及，可见，由南庙、西庙、铜锣祖庙、江口祖庙四个庙宇环绕而成的宗教—信仰文化圈①是曹主信仰文化传播的核心区域。

二 曹主信仰的陆上传播路径

航运商人和客家移民不仅仅通过水路运输人口和货物，在地势平坦的英中平原，也是航运商人和客家移民选择的活动路线。从英德庙宇分布图来看，在英中平原存在一条陆上传播路线，即从英德市向西到石灰铺镇、浛洸镇、大湾镇。在这一条向西传播路线上分布有石龙桥庙、青龙祠、兴灵祠、铜锣祖庙、集福祠、合水灵祠、石板庙、白马庙、丰熟祖庙等曹主庙宇。据笔者初步了解，还有向东的传播路线，由于缺乏调查资料，此处暂不表。

《曹主娘娘留念书》主要记述曹主娘娘抵抗黄巢军、成仙显灵的事迹，在该书中，也能发现曹主娘娘陆上传播路径的线索。据《曹主娘娘留念书》记述，"娘娘英州蔴寨住，英州蔴寨是娘家……月台台来月台台，娘娘英州蔴寨来"，英州即英德市，曹主娘娘最先产生于英德市中心区域。曹主娘娘小时候给家人送饭、救助李国仙直至与黄巢逆军战斗前的活动范围始终在英德蔴寨。其后，在与黄巢逆军多次战斗的地点才不断发生变化，不再仅限于英德市中心，这是曹主娘娘影响突破英德市中心地带向四周扩大的体现。《曹主娘娘留念书》有一段话反映了曹主娘娘的活动范围：

葬地未有半年长，王巢做贼劫村乡。此地出娘真猛勇，杀猪集会
点刀枪。

集会点刀千万张，人人马上用刀枪。法出雄兵千万个，战场营内
练刀枪。

铜锣庙内闭兵马，韶州六景放兵下。只因白土地神恶，假作鸡啼

---

① 笔者使用宗教—信仰文化圈概念源于王建新基于林美容"信仰圈"理论提出的宗教文化圈理论，参见王建新主编《南岭走廊民族宗教研究——道教文化融合的视角》（上），宗教文化出版社2011年版，第31—38页。

催娘下。

　　姑嫂二人急忙忙，回到英州天未光。布署雄兵八十万，战场内外练刀枪。

　　东瓜领土打一望，王巢①兵将列成行。战鼓一声锣一声，便与王巢战一场。

"铜锣庙"位于现石灰铺镇的美村，《曹主娘娘历史传》有"冬瓜岭上望一望，黄巢兵将列成行。战鼓一声锣一声，便与黄巢战一场"，如此《曹主娘娘留念书》"东瓜领土打一望"的"东"应是"冬"的谐音或误笔，此处战斗地点应指"冬瓜岭"，"冬瓜岭"位于现在英城区马口附近。从英德市中心到马口、石灰铺镇，说明曹主娘娘影响已经逐步扩大到英德市中心地带以西部分乡镇。这正是曹主娘娘陆上传播途径，由英德市一直往西传播到石灰铺，甚至浛洸、大湾。不过查阅英德庙宇分布图，浛洸至大湾镇主要传播途径为水上传播，沿浛洸至大湾，曹主娘娘的庙宇并不多见。

曹主信仰存在水上传播和陆上传播两种路径，但不表示两者像平行线一样各行其道、互不交叉。曹主信仰经过水上传播最终要回到陆地上建庙，航运商人和移民群体也要进曹主娘娘庙拜神祈福。同时，航运商人和客家移民在航道凶险地方会选择平坦陆路进行替代性的转移运输。在小北江流域，西向陆上传播路径与小北江干流在燕石处交叉，与第二条支流在浛洸镇附近交叉，与第四条支流在石灰铺镇交叉。水上传播路径和陆上传播路径的交叉现象暗示了曹主信仰与地方宗族郎信仰之间冲突与融合的关系。

第二节　曹主信仰与宗族的斗争及融合

曹主信仰作为一种外来信仰，在传入一地时总会因其外来身份受到地方文化的抵触。尤其是曹主信仰所代表的外来势力在进入地方宗族控制的地域，因为族群利益和地方优势资源控制权的争夺，曹主信仰连同信仰主

---

① "王"乃"黄"客家话发音。

体与当地地方信仰及地方宗族往往要经历对抗、互动、融合的过程。在这一过程中本土信仰与外来信仰符号融为一体,其中,各种神话以及庙宇中的造像特点则是居民认识自然环境及社会文化变迁的珍贵文本,对理解当地社会文化的历史和现状具有参照价值。"每一种艺术都有其民族、时代和社会的特征……各个朝代、各个地区人们供奉神仙的这种演变,正是他们在不同条件下,不同愿望和追求的反映。"① 正如田汝康在研究傣族的"摆"所言"摆仅是一个宗教仪式,但是这个仪式却关联着摆夷的整个生活……人类每一个活动后面都隐藏着一番意义……对小事物的了解常能加深我们对全面事物的认识"。② 围绕曹主信仰形成的神话系统在伦理道德以及个人社会定位等方面具有很强的规制作用。曹主信仰传入英德地区,分别与佛教信仰、城隍信仰、盘古信仰发生第一次、第二次和第三次混成后,接着与当地郎信仰发生了第四次混成。通过对第四次混成的深入解读,可管窥各种社会势力相互竞争、互动乃至融合,最后形成统一之地方社会动态过程。

一 曹主信仰与地方宗族冲突的记忆符号

神话故事是一个族群的历史记忆,从神话故事中窥探一族群生存的真实情景,可以解释神话的起源、发展、变化这一系列过程中所反映的历史实况。"非正式口述史的生产,既是我们在日常生活中描述人类行为的基本活动,也是全部社会记忆的一个特征。"③ 没有神话传说的族群,是丧失记忆的族群,也是缺乏精神寄托的族群。"神话、历史与个人经验记忆,都是一些经由口述或文字传递的社会记忆。它们是在某种社会情境中被流传的'文本',在一个社会里它们呈动态存在,透过语言、文字的文化符号含义以及其特定的叙事结构,影响人们的个人经验建构,强化相关的社会情境与此社会情境中人们的集体行为,因而造成社会现实与历史事实。"④ 神话故事不但影响着人们的个人经验建构,同时在一个族群建构的历史过程中,神话传说发挥着不可替代的作用。笔者尝试利用田野调查所得经文和访谈资料并佐以史料,复原曹主信仰及其所代表群体的真实面

---

① 王宜峨:《道教的神仙信仰及其造像建筑艺术》,《道教会刊》1986年第17期。
② 田汝康:《芒市边民的摆》,云南人民出版社2008年版,第5页。
③ [美]保罗·康纳顿:《社会如何记忆》,纳日碧力戈译,上海人民出版社2000年版,第40页。
④ 王明珂:《羌在汉藏之间》,中华书局2008年版,第109页。

目，运用列维-斯特劳斯的神话理论去分析曹主神话的真正内涵，重构历史过程中不同力量从对抗、互动到融合的整个过程。

英德当地流行一种郎信仰的信仰类型，"郎"是地方宗族势力的表现。黎熙源在《粤北山区的仪式信仰与瑶汉民族融合》一文中对粤北山区瑶族"郎"有过论述：瑶族人把经过度戒成为仙人或先师的男人称为"郎"、女人称为"娘"①，这与英德地区当地汉族的郎信仰不同。在地方汉人宗族里，宗族内的男孩一出生就有郎的称号，但唯有长房长子才拥有当师公的资格。此子要想成为师公，同佛门僧侣一样有一个成长的过程。首先，他要成为本族或盟族师公的学徒，经过一段时间的熏陶和培养。掌握基本的醮仪知识后，经过传度师公的考核后升格为师爷，这种考核形式即度戒仪式，度戒仪式在广东北江瑶族当中称为"打度篆"。②成为师爷也就具有了独自主持醮仪的能力和资格。由此可见，郎原来是当地山地民族部族精英的尊称，后来客家也吸收了当地传统，将"郎"变为当地宗族精英的尊称。可以看出客家人与当地族群之间互动之频繁。

在当地间山派师公经文体现的神仙体系中可以看到很多的"郎"，这些"郎"都是当地师公去世后升格而成。每次醮仪请神过程中，已逝师公的弟子们都要将自己的祖先师公与各路神灵同时拜请到醮坛。在重复的拜请仪式中，祖先师公的历史记忆不断被强化，已逝师公便逐步升格为神，成为地方保护神灵，一同成为地方信徒祭拜的对象。地方宗族利用所掌控的权力将本族或盟族有资格的人推上师公位置，再通过拜请师公醮仪将其推上神位，地方宗族的祖先也就成为地方共同祭拜的神灵，为宗族掌握地方宗教话语权以及政治话语权都提供了宗教保障。同时为宗族扩大其势力范围、谋取更多的实际利益提供了路径和手段。由此可见，郎信仰代表的是以农业为主要生计模式的地方宗族势力。在某种程度上说，郎信仰具有父系社会男性中心主义的浓厚色彩。

由于北江航运的日渐发达③，曹主信仰沿着航运水道传播到粤北及广

---

① 黎熙源：《粤北山区的仪式信仰与瑶汉民族融合》，载王建新主编《南岭走廊民族宗教研究：道教文化融合的视角》，宗教文化出版社2012年版，第256页。

② 排瑶称"打道箓"，过山瑶称"度师"，参见《清远文史·连南瑶族文史专辑》，1995年，第186—187页。

③ 参见陈代光《论历史时期岭南地区交通发展的特征》，《中国历史地理论丛》1991年第3期。

州西部增埗地区。新中国成立前南岭山脉的阻隔导致陆路运输，极为艰难，南北人口和货物运输主要由西江和北江航运承担。郎信仰作为祖先崇拜和道教的混成信仰，成为当地地方宗族信奉的民间信仰，与中国地方宗族社会的特点以及农业生计模式紧密相连。"中国古代的政治是家族本位的政治"①，中国的宗族制度本身寄身于传统的农业经济体系之中、依托于农耕生产方式而存在②，中国宗族社会强调家族的延续、祖辈与后代永远切不断的血缘联系。

英德地区过去一直以山间平地农业耕种以及山区林业和果业维持生计，并借助大小北江航运使广东南北货物得以交易而补充山区无法生产的物资。商业移民的商业活动起着南北物资交流的纽带作用，航运商业对水岸陆地有着极为强烈的依赖，船只的停泊、货物的集散等都依靠陆路交通。地方宗族却掌握着水岸陆地的所有资源③，"宗族必须控制资源，如果他不在聚居地有效控制、拥有足够资源，那么就不得不迁徙，寻找新资源，或处于衰弱的状态，导致被吞并、排挤"。④ 地方宗族在与商业力量接触、交往过程中产生矛盾和冲突，即商业的"低投入"与"高回报"和农业的"高投入"与"低回报"之间的矛盾（或者说富与贫的差距导致的心理偏差）和航运商业对陆地的依赖和地方宗族掌握陆地资源之间的矛盾。比如地方势豪借助对地方资源的占领，私设关卡，向途经之人收取费用。⑤ 笔者的信息提供人"九叔"也跟笔者说过英德沿河一线地方宗族豪强私设关卡勒索、抢劫过往商旅的事例。地方宗族豪强这么做的目的亦在于"保持宗族在乡村经济上和政治上的统治，维护对地方社会的控制权"。⑥

在神话传说中，有几例生动展示了曹主信仰进入英德地区后与当地郎信仰以及信仰主体对抗、冲突和融合的整个过程。

曹主信仰诞生于移民迁徙、曹主娘娘成为英德地区的城市保护神在第

---

① 梁启超：《先秦政治思想史》，中华书局1986年版，第40页。
② 郑定、马建兴：《论宗族制度与中国传统法律文化》，《法学家》2002年第2期。
③ 弗里德曼论述东南宗族时引用的一段话也说明了这点。参见［英］莫里斯·弗里德曼《中国东南的宗族组织》，刘晓春译，上海人民出版社2000年版，第133页。
④ 陈启钟：《明清闽南宗族意识的建构与强化》，厦门大学出版社2009年版，第143页。
⑤ 同上书，第147—148页。
⑥ 郑振满：《明清福建家族组织与社会变迁》，中国人民大学出版社2009年版，第98—99页。

三章已经详细论述过。城市生产生活的运转需要商业的支撑，商业也需要城市来集散物资、消费商品，城市是商业活动的重要场所。城市与商业的关系决定了城市保护神与商业的结合。正如郑土有所言："信仰与社会经济之间存在着一种互动的联系，呈现为共生互荣的态势。"[①] 航运商业与移民有着一致性，即作为一种流动的力量，在水路、陆路运输中随时可能遭遇无法预知的危险，这种未知的危险给航运商业力量带来极大恐惧。在几次商业航运风险中曹主娘娘屡屡显灵，加上商业力量的需要和曹主娘娘的护佑功能，曹主娘娘升格为商业保护神。

作为航运商业保护神的曹主娘娘，在扩展势力范围时遇到了当地地方势力的代表——朱念七郎的阻挠："曹主娘娘选定的地方，也正好是附近下坯朱念七郎觊觎已久的地方，朱念七郎因为道行不好，修道不深，无法找到准确穴位。当得知曹主娘娘找到穴位时，便想占为己有，于是利用法术欺负曹主娘娘的嫂子。"曹主嫂子斗不过朱念七郎，这表明曹主嫂子所代表的力量无法战胜当地地方势力。结合笔者的信息提供人连江95岁的九叔在第三章所说的情况，曹主嫂子可能就是代表小规模的商船力量；朱念七郎即所谓的"贼"，也就是代表当地地方宗族势力。商船在经过地方宗族掌控的地方时，由于人单势孤斗不过地方宗族势力，于是只能被欺负，钱货被抢，甚至人身也要受到侵害。

地方宗族聚众抢劫盐商也反映了外来商业力量和地方宗族的冲突。"总制江西等处地方军务左都御史陈金在一份批示中说：'查得江西十三府俱系两淮行盐地方，湖西、岭北二道滩石险恶，淮盐因而不到。商人往往越境私贩广盐，射利肥己。'……是广盐在南、赣二府行销，十税一；在吉、临、袁三府行销，十税二。如此重税，商人竟然乐行，说明其利润的可观……清代湘鄂赣地区的人口虽然比明代有较大增长，但正额盐引并没有增加……官盐正额的减少，原因是私盐的盛行。顾炎武《日知录》谓：'行盐地分有远近之不同。远于官而近于私，则民不得不买私盐。既买私盐，则兴贩之徒必兴。于是乎盗贼多而刑狱滋矣……每岁秋冬，田事才毕，恒数十百为群，持甲兵旗鼓，往来虔、汀、漳、潮、循、梅、惠、广八州之地，所至劫人谷帛、掠人妇女，与巡捕吏卒斗格，或至杀伤，则

[①] 郑土有：《共生互荣：城隍信仰与中国古代城市经济关系研究》，《上海大学学报》2006年第4期。

起为盗,依阻险要,捕不能得;或赦其罪招之。元末之张士诚,以盐徒而盗据吴会,其小小兴贩,虽太平之世,未尝绝也。'是江西行淮盐宋时已然,而赣州一带走私广盐,也至少从宋代已经开始……即使行广盐,但由于官盐成本高,其价钱也高于私盐,所以走私仍不可免。"① 走私性质的商业力量面对地方宗族的聚众抢劫,无法得到官方力量的庇护,不得不祈求神灵曹主娘娘的保护。

有人指出,客家女性"在中国,堪称最吃苦耐劳、最自重自立、最重人伦教化、团结互助,于家、于国均最有贡献的。在她们身上,集中体现出了客家精神,更完整、更充分与更典型地塑造出客家人的形象与风范……她们走出家门,承担了比男子更为繁重的农耕……客家妇女精明、热情、大方,又很讲礼貌,处处透出一种文明的底气……她们所表现出的从容、简朴、吃苦耐劳,以及表现出的善良、美好、真诚,无不令人动容"。②

在对连南排瑶女性地位的调查发现:"1. 女性可以自由参与社交活动,拥有自由恋爱的权利,婚姻也较为自主。2. 家庭中夫妻关系平等,夫妻共同承担生产和家务劳动。丈夫虽是一家之长,但凡事都会与妻子商量决定,甚少出现打骂妻子的行为。在生产方面,除了犁耙田、运杉、伐木等需要重大体力的工作主要由男子承担外,其余的都是由男女双方共同负责。在家务方面,除了刺绣、缝纫是女性的专职外,男女之间也无太大的分别。排瑶男子背小孩、煮饭、洗衣服是很平常的事情。而在现代大都市里,这类丈夫通常都会被冠以'气(妻)管严'的美称。正因为夫妻之间经济上的平等地位,决定了排瑶男女之间社会地位的平等。3. 排瑶家庭的生育观念是生男生女都同样高兴,没有歧视和抛弃女婴的现象。4. 排瑶社区离婚自由,作为女性也拥有首先提出离婚的权利。夫妻双方感情不和,男女均可提出离婚,很多时候往往是由于妇女不满丈夫的懒惰行为而主动提出离婚。如经调解确是感情破裂的,即可离婚。以三排乡为例,如果女方返回娘家居住,经丈夫再三请求而不回者即算离婚成功,并不需要经过复杂的离婚手续。女方离婚后还可以带走自己的嫁妆。离婚或

---

① 方志远:《明清湘鄂赣地区的人口流动与城乡商品经济》,人民出版社2001年版,第439—445页。

② 谭元亨:《客家圣典:一个大迁徙民系的文化史》,广东高等教育出版社2012年版,第272页。

丧偶的妇女不受歧视，再嫁自由。"① 连南在地理上距离英德非常近，连南女性文化与英德客家女性文化之间应当有所互动。

有学者认为，客家人群中的众多女神信仰与早期抵达粤北地区的客家先民与当地百越余裔的文化交流有关。因为到了南方，南方母系社会的遗存仍有相当大的影响——如后来融入客家的部分畲族人。② 同时，开发山区缺乏劳动力，这就需要女性也加入到生产生计的操劳中。所以，宋以来的裹足束胸风潮对各客家地区影响有限。③ 由此，客家女性的社会地位相对于其他地区的汉人女性要高。

在曹主娘娘与朱念七郎斗法冲突中，即便国家力量想要介入这场冲突，或许也因为当地驻兵不足以弹压这样的冲突，所以出现了国家力量失语的状况。如此，也就导致了朱念七郎要去搬救兵而导致杀身之祸。造成这样的结果后，国家也必须承认当时的情况，选择了支持曹主娘娘。据《英德县志》记载："顺治十三年（1556年），英德驻军设官兵300人，其中配备守备1人，把总2人，兵297人。次年调走江防兵150人。设千总1员，食步战兵粮百总1员，食守兵粮百总3员，守兵145人。康熙二年（1663年），原制英德清远营江防，设千总1人，守城兵110人，调入守城兵39人，官兵共150人。"④ 反映出清代驻兵的状况非常薄弱。

曹主信仰代表的信仰主体是航运商业力量和移民群体，而朱念七郎象征的郎信仰代表的信仰主体是地方农业宗族。曹主娘娘与朱念七郎斗法的故事反映的曹主信仰与地方郎信仰发生的冲突，其实质为"外来移民与本地宗族"、"商业与农业"的冲突，归根到底，也就是利益与权力的争夺。当然，需要指出的是，尽管地方宗族主要的生计模式为农业，但并不表示他们没有商业行为，自给自足的农业经济缺少了商业与交换也不能存续，对航运商业的依赖同样是其生计模式之一。⑤

不但在神话故事中体现出曹主信仰要强于地方郎信仰，在庙宇中的神

---

① 马建钊、乔健、杜瑞乐主编：《华南婚姻制度与妇女地位》，广西民族出版社1994年版，第203—204页。
② 谭元亨：《客家文化史》，华南理工大学出版社2009年版，第120页。
③ 房学嘉、宋德剑、钟晋兰等：《客家妇女社会与文化》，华南理工大学出版社2012年版，第20页。
④ 英德县地方志编纂委员会编：《英德县志》，广东人民出版社2006年版，第644页。
⑤ 费孝通在《江村经济》一书中对农村与集镇、农业与商业的交换关系有所描述。参见《江村经济》，商务印书馆2001年版，第216—218页。

像大小、神像排列的次序和神像所处的位置也体现出谁的势力更强，因为在地方社会，影响越大的神灵会受到信徒更高的待遇，形象的表现就是造像的大小、次序及方位。① 在连江流域，许多庙宇中的师公神像比曹主娘娘神像小。最典型的是在连江口镇小舍村的迥龙庙，师公神像被摆在庙宇的边角里，曹主娘娘神像处于主神或仅次于主神的地位。相比神像的大小，师公神像要比曹主娘娘神像小得多（见图4-1）。

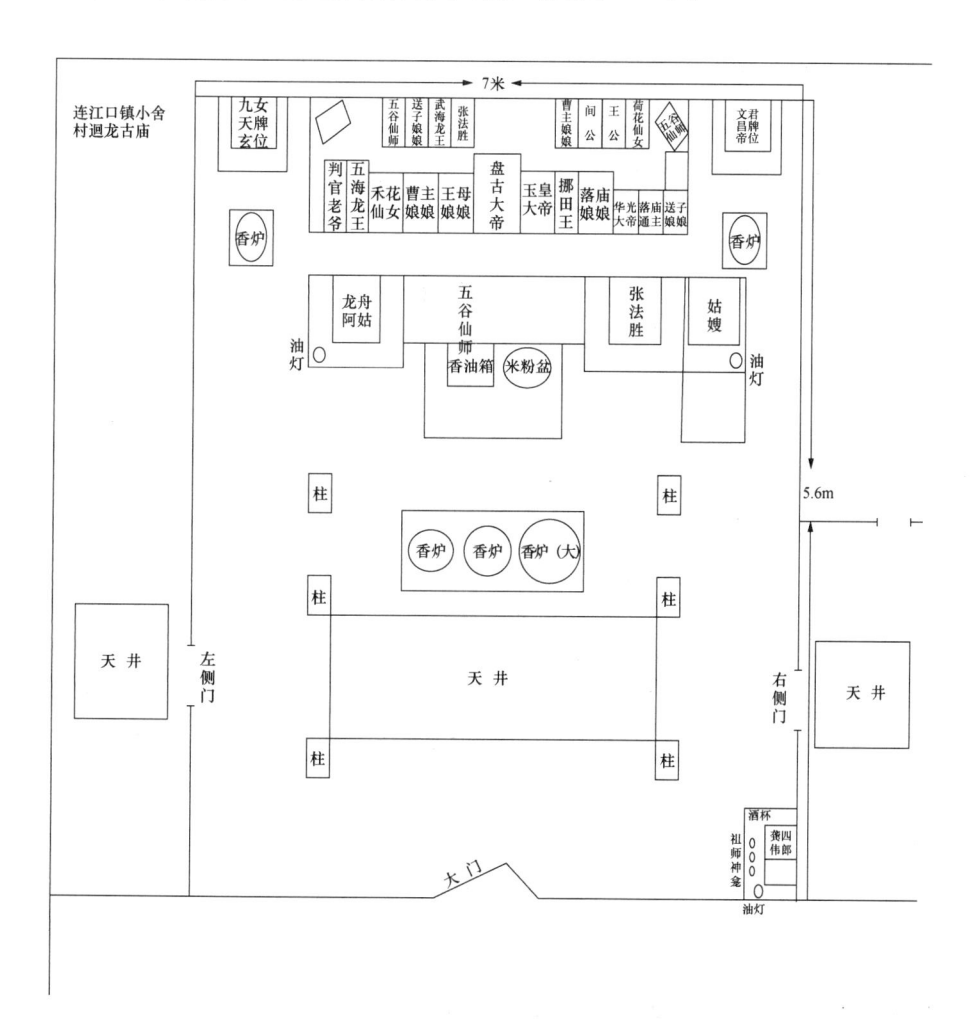

图4-1　连江口镇小舍村迥龙古庙

① 黎熙元：《神的体系和乡村人的社会视觉》，载（香港）《21世纪》（网络版）2001年第6期。

据《宋楞伽峡题记》记载:"楞伽峡石壁字。《广东新语》云:'楞伽峡一石,人传为丁兰所化。旁多篆刻,苔蚀不可读。'予竟舟其下,审视之,以水洗苔半日,乃见画痕,非篆刻也。其字在丁兰石之左旁,高数丈,凡十七行,行十八字,字大数寸。既为苔所剥蚀,又石形皆长,字体长斜不匀,故以为篆耳。命工梯而拓之,石势凹凸不可着纸,略得数字:'楞伽山贞女距连州(第一行起首)嘉泰壬戌(第一行之末)一日(缺数字),东崖(第二行中间)底舟楫不通(第二行之末)十九年间(第三行起首)为周郡(第三行之末)四明汪之疆也(第十六行之末),文至此完。司黄文书(第十七行之末,此行只此数字,亦不甚分明)。'因捡《连州志》,载:'楞伽峡,宋嘉泰二年崖陷,谿谷倒注,航楫不通,司法建安李华请于州,疏凿底平,叶适为之记。'嘉泰二年正是壬戌。又志载:'有司法题名记一篇,连州学教授四明汪之疆记并书。'始知峡中之字即记此事。惜其文不全矣,又按此文首称'楞伽山贞女峡',可见今所谓'楞伽峡'即昔谓'贞女峡'也,因补之韩诗注中。《诸道石刻录》有唐贞女峡楞伽台置寺勅。"[①] 由《重修古西祠碑记》可知,这个大型自然灾害事件在当地神话中的表现为曹主娘娘和朱念七郎"争庙事件"提供了一个时间参照:宋嘉泰二年(1202)。所以,从时间线索来看,以此神话作为一个历史事件的对照还是有可信性的。

　　上述神话故事、造像大小以及神像所处地位所反映的"商业与农业"的冲突,谁占上风谁占下风,与国家力量对两者的态度有着很大的关系。虽然中国历史上"重农抑商"思想一直占据主导地位[②],即高丙中所谓的主导文化在经济上的表现。[③] 但是,商业在民众生活和国家政治经济中发挥着举足轻重的作用。"商业与农业冲突"的结果存在另外两种可能性:①商业与农业双方"单挑",最终的结果可能两败俱伤。但在郎信仰占统

[①] (清)翁方纲:《粤东金石略补注》卷七,欧广勇、伍庆禄补注,广东人民出版社2012年版。

[②] 中国古代思想家并不否定工商业的积极作用,但为了保证农业的发展,从战国中期起产生了抑制工商业的思想,这种抑商思想也长期延续,成为中国传统的经济思想,参见《中国经济思想史论文集》,上海社会科学院出版社1986年版,第42页;傅筑夫对此亦有论述,参见傅筑夫《中国经济史论丛》(上),生活·读书·新知三联书店1980年版,第608—668页;关于"重农抑商"思想的根源,参见叶茂《略论重农抑商的历史根源》,《中国经济史研究》1989年第4期。

[③] 高丙中:《主文化、亚文化、反文化与中国文化的变迁》,《社会学研究》1997年第1期。

治的地域，即使是两败俱伤，很可能还是地方宗族的力量稍占上风，毕竟"强龙不压地头蛇"。②商业与农业矛盾中的其中一方联系第三方——政府的力量以制约，甚至镇压另一方。所以，从表面上看，商业与农业双方斗争的结果与国家的态度有很大的关系。从曹主娘娘与朱念七郎斗法的传说中可以看出，"天"是偏袒曹主娘娘一方的。也就是说，在"连江口争地"这一事件中国家力量是站在商业力量一方的。国家力量站在商业力量一方的原因主要有：

（1）国家经营岭南的国策和流民垦荒的政策与当地宗族的利益必然发生冲突，新移民会与当地居民形成争土、争资源的竞争状态。

自秦始中央政府便开始征服岭南、设置郡县，揭开汉人陆续迁入岭南的历史序幕。岭南"处近海，多犀、象、毒冒、珠玑、银、铜、果、布之凑。中国往商贾者多取富焉"①，因而常吸引商人和移民来此经商和定居。②唐宋之前，岭南汉人数量还很少，唐宋以降，岭北的社会动荡造成大批汉民向岭南迁移，岭南汉民人数渐多分布渐广。岭南各地历代州府积极招民垦荒，常态化的行政管理下也开始对其征收赋税。如宋真宗咸平年间还对岭南免除征税："上曰避方之人宜省徭赋"，等到了景德年间，"会计天下，垦田广南，顷亩不备第，以五等赋约之"。③社会动荡也导致大量流民的出现，招募流民开发地方成为常策，如正德五年，诏抚两广流民"复业者免其赋役之年，其啸聚山泽流劫乡村者仍照节次"④；洪武元年，"多方招谕，未踰岁，民皆复业，劝课农桑，百废俱举"⑤，正统年间的韶州已是"主户少而客户多"，"而翁源、乳源尤甚"。⑥康熙七年，"招徕安插男妇十六万有奇，垦田二万五千余顷"⑦，二十二年，王永年到任花县（即今广州花都区），"招四方流民，授廛垦田"⑧，此等招垦开发岭南的政策在地方史志中多有记录。然而，"除了个别地区外，沿海平原土著

---

① 参见《地理志》，（汉）班固：《汉书》卷28。
② 葛剑雄：《中国移民史》（先秦至南北朝时期）第二卷，福建人民出版社1997年版，第267页。
③ 嘉靖《广东通志初稿》卷二十三，第1596页。
④ 嘉靖《广东通志初稿》卷三，第248页。
⑤ 嘉靖《广东通志初稿》卷十一，第907页。
⑥ 曹树基：《中国移民史》（明时期）（第五卷），福建人民出版社1997年版，第409页。
⑦ 道光《广东通志》卷二百五十五，第16100页。
⑧ 道光《广东通志》卷二百五十七，第16226页。

集聚程度最高，可供开垦的荒地最少，珠江三角洲地区新近淤出的沙田，也成为邻近土著觊觎的对象，根本不容外来人置喙。然而，清代广东客家移民除了密集分布于上述各丘陵或山区外，还大量迁入珠江三角洲平原"①，以及广东其他府州，正如台湾汉民拓荒垦殖使亦常与土著发生冲突甚至械斗。②

（2）在岭南陆路交通不发达情况下，国家必然保证水运的畅通③，尤其是保障通往内地的航路畅通，这就决定国家站在航运商业力量一边，共同清除阻碍航运畅通的障碍。据史载，康熙四年，广东巡抚王来任曾上疏说："募省会官共捐银造河船二百二十八备官使"④，虽然说是"备官使"，然而官员使用完后必然也会流入航运市场，为航运业提供服务。

（3）国家对于粤北山地少数民族常叛不驯的强硬姿态⑤，也决定了在商业力量与当地地方力量冲突中国家选择站在商业力量一边。这样既可以团结商业力量征服山地民族，起到震慑"群蛮"、宣扬国威的作用，同时可以推进商业的发展，为国库创收。⑥ 如史志记载："客民者来增佃耕之民也。明季兵荒叠见，民多弃田不耕。入版图后，山寇仍不时窃发，垦复维艰。"⑦ 都表明岭南的开发需要依仗国家力量进行干预、维持岭南的秩序和安定。

曹主娘娘与朱念七郎斗法故事中，国家力量站在商业力量一边导致的直接结果就是朱念七郎的死亡，间接结果就是"压服"其他沿河的宗族，最后屈服于曹主的"法威"之下。

中国历史上的商人阶层与统治者之间很少形成极为尖锐的对立，有时

---

① 曹树基：《中国移民史：清、民国时期》第六卷，福建人民出版社1997年版，第375页。

② 同上书，第348—350页。

③ 水路对岭南岭北之间政治、经济交流的重要性可详见陈代光《论历史时期岭南地区交通发展的特征》，《中国历史地理论丛》1991年第3期。

④ （道光）《广东通志》卷二百五十五，第16098页。

⑤ 岭南人强蛮的文字记载甚多，如《汉书·两粤列传》"东粤狭多阻，闽粤悍"；唐司马贞"谓南方之人，其性陆梁"、张守节"岭外之人多处山陆，其性强梁"等（参见《史记集解索引正义》，中华书局1999年版，第180页）；尤其明清时期，岭南山地出现大量盗贼流寇，其中部分即是地方豪强势力，地方志多有记载。

⑥ 粤北山区瑶族的锐减即与此相关，参考冼剑民、王丽娃《明清时期广东瑶族的锐减与迁徙》，《中南民族大学学报》（人文社会科学版）2006年第1期。

⑦ 参见（嘉庆）《增城县志》卷一《客民》。

还会达成某种一致。中国历代统治者更注意调整专制统治的策略，制定出相应的法律对商人又控制又利用，并注意给商人留下一些生息的空间。① 可见，商业是在国家意志的节制下生息的，宗族与国家意志产生矛盾必然又会与商业产生矛盾。首先，贱商与抑商的目的就是使国家对商业有更强的控制权。其次，宗族力量对于生产资料，尤其是对于土地和运输路线的占有及对于"外人"的排斥必然会导致双方力量在生产资料的话语权上进行博弈。费孝通在《江村经济》中说："田埂和公共道路，就交通用途而言，像水路一样，不是任何人的特有财产。任何人不得拦阻公共道路或田埂上行走的任何其他人。但是，道路和田埂也用来种菜。这种道路和田埂的使用权，是对此有特殊权利的家所专有的。"② 所以，发生代表宗族利益的朱念七郎与代表商业利益的曹主娘娘"争地"的事例也就不足为奇了。

北江流域更接近市镇，距离国家威权更近，然而结果却完全不同。曹主信仰在北江流域呈现出来的是一种合作甚至是臣服的姿态，地方郎信仰的力量明显不弱于曹主信仰。在北江流域，外来的"惠妃"是沿河漂下的一具"女尸"。被当地人们打捞上岸后收留在村庙之中，而做此决定的正是谭十九郎——宗族联盟首领。据《民心》有关白公祠的简介描述，白公姓谭，法号谭十九郎，唐代时以茅山师得道，那时贼寇横行，谭十九郎率众抗寇，人民才得安居乐业，此后世人因其对人民有功绩，遂立祠以纪念。

北江流域附近几座供奉曹主娘娘神像的庙宇里，同时供奉谭十九郎神像。在大站镇菠萝坑廻龙庙与望埠镇江口咀村廻龙庙，谭十九郎与曹主娘娘处于主神盘古大帝左右次神位置并列而立。而在大站镇景头村白公庙里（见图4-2），与主神谭十九郎像相比，处于庙角的惠妃像简直可以用"不值一提"来形容，因为其还没有谭十九郎的1/6。从这几幅庙宇图来看，在北江流域存在比商业力量不相上下甚至更加强大的地方宗族力量，即宗族联盟，"在特定时候，任何地方宗族可以与某一宗族联合，而且与其他宗族为敌。联合建立在宗亲、有联系的姓氏或者婚姻的基础上"。③

---

① 孙丽娟：《清代商业社会的规则与秩序》，中国社会科学出版社2005年版，第124页。
② 费孝通：《江村经济》，上海人民出版社2007年版，第141页。
③ [英] 莫里斯·弗里德曼：《中国东南的宗族组织》，刘晓春译，上海人民出版社2000年版，第4—5页。

·112· 神境中的过客

大站镇景头村白公庙

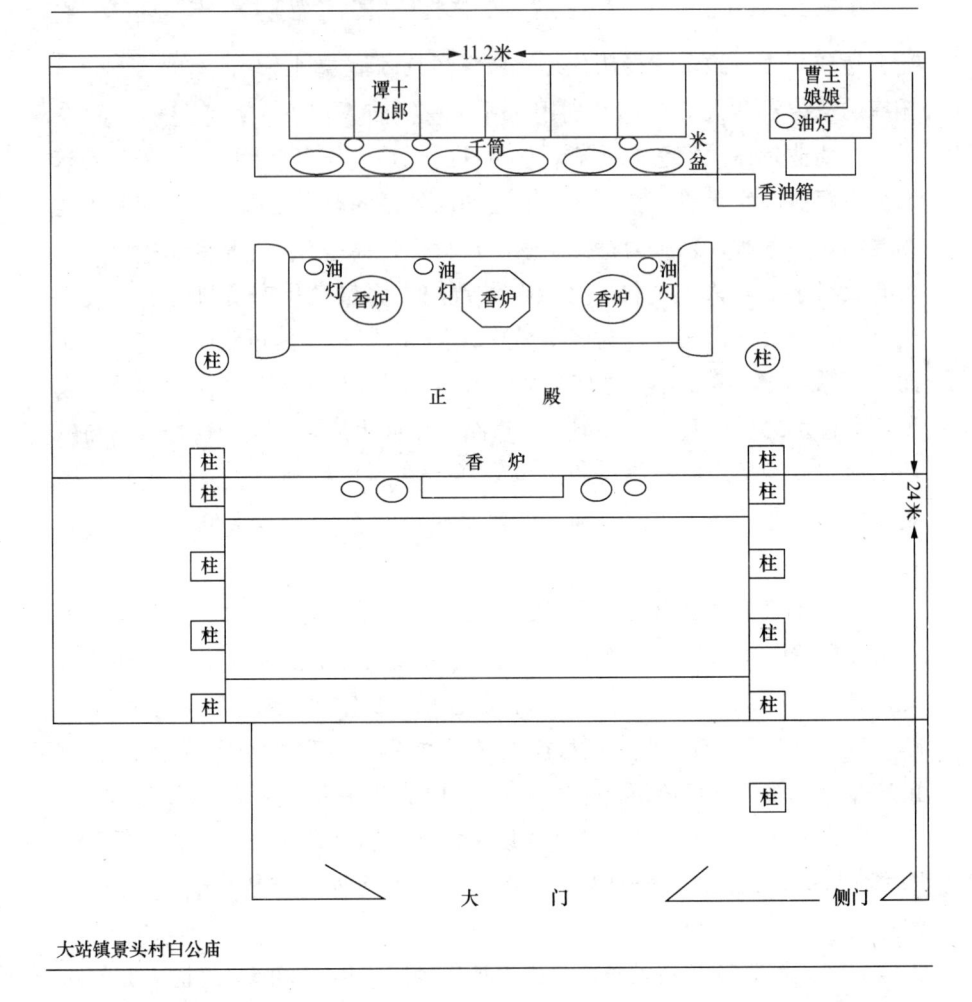

图4-2 大站镇景头村白公庙

　　北江流域的宗族联盟类型包括：（1）村中异姓联盟。如田白马大庙①的故事就是反映的村中田白马三姓联盟。在英德当地所编的民间刊物《民心》上记载有关天白马大庙的情况：传说当时田白两姓均同住一村即

---

① 田白马大庙有时又被简称为白马庙。在英德当地，有几座庙宇都被叫做白马庙，但只有英德一处田白马大庙供奉白马郎或白马神。

今日天屋村。由于历史变迁,近代两姓都没有留下后裔居留此地。白马三郎[①]是大法仙师出身,传闻法力极为高强,专事抱打不平,救苦救难,驱邪斩妖,为善良人民除害,无论远近良民有求必应,其名杨英翁佛三县。后人为纪念其善道功德,把白氏宗祠改为宗庙,成为世人朝拜祭祀之神。在田白马大庙,白马一郎神像居中,白马二郎神像、白马三郎神像分立左右。曹主娘娘神像立于白马三郎旁边,仅仅是配祀神的地位。曹主娘娘作为后来产生的外来移民信仰,其在田白马大庙中神像位置部分反映出信仰族群背后的关系,可见外来商业移民在北江流域势力和地位要弱于本地族群。(2)邻村之间的军事联盟。"谭十九郎率众抗寇,人民才得安居乐业,此后世人因其对人民有功绩,遂立祠以纪念。"说明谭十九郎组织地方力量结成军事联盟。同时,当地传说谭、李、陈三姓是结为异姓兄弟,三人都有法术。其中,以谭十九郎为长,尊为大哥,领导三姓联盟对抗贼人,所以造成此联盟称霸地方。从上文提及的白公庙铜钟的故事便可看出其在地方上予取予夺的力量。由此,此联盟使三姓成为地方事务的话语者,连曹主娘娘都要给他面子。

　　北江流域的传说故事中没有见到谭十九郎与曹主娘娘斗法,只有谭十九郎收留曹主娘娘。收留通常意义上是指当时情境下的强大者一方收留弱小者一方,可见谭十九郎远比曹主娘娘实力要强大,曹主娘娘连与之斗法的机会都没有。从谭十九郎收留曹主娘娘的故事看,当地宗族力量明显大于商业力量。宗族力量在北江流域强于商业力量的原因在于国家力量似乎没有强力介入,其原因可能在于:(1)村落间联盟力量强大,军事介入较难控制冲突规模。[②](2)广大的英中盆地交通相对便利,对水运的依赖相对小,陆路运输可以承担相对的地方货品的运力。(3)地方精英在即定的话语权分配中占主导地位,也乐得从内河航运中获利,从而谋取双赢。(4)北江流域地方宗族与国家的关系本来就比较融洽——卫城御敌

---

① 白马三郎信仰不只在粤北,在福建地区亦信众广泛。其原型有几种说法,一说是闽越王三太子,神勇有力,好骑白马,射大鳝而亡,后人立祠祀之;一说是唐末开闽王王审知,其好骑射,常乘白马,号称"白马三郎",治理闽地有方,备受敬仰,被尊为"八闽人祖"。(见赵菲菲《闽东白马尊王信仰源流》,谱牒研究与五缘文化研讨会论文,2008年)结合粤北客民多从闽赣迁来,虽然白马三郎信仰的原型在这里发生了变迁,却可能暗示该村客民的迁来源。

② 唐宋以后,岭南地区迁入大量汉民,包括谪官、流犯和流民等。社会动荡时期,岭南山区总会形成大批流寇团体,实则地方豪强势力,流寇现象在岭南地方史志中记载颇多。当强大的国家力量不存在时,地方豪强势力便成为地方统治力量。

（匪）的故事较多。对于以上情况，徐斌研究鄂东宗族时分析说："当人们以宗族的形式保护着各自在地方上的利益时，便会理性地采取不同的策略来争取他们的生存空间……在官府的社会控制力较强时，人们在发生纠纷之时通常寻求官方权威的支持，并在官方所认可的范围内寻找社会资源的支持，然而当社会出现动荡，官府控制力下降时，人们就以自己的方式——通常表现为以武力来解决纠纷。"① 正与北江流域地方宗族处理地方事务时的策略有相同之处。

连江流域与北江流域大大不同。首先，连江口乃兵家必争之地，所以国家必然希望于斯建立绝对的话语权。其次，连江流域除去沿岸平坝可以居住之外，其他村落都在深山内且交通与密度相对稀少，经济和人口都较弱。这点从现在的地图亦可以清楚地看出来。再次，村村之间，尤其河岸与山区的村庄间的往来与联盟较少，连江口镇小舍村回龙庙供奉有曹主娘娘，距离小舍不到5公里的严村村庙就无曹主娘娘。小舍回龙庙内亦未见严村的三星信仰。可见两村的联系相对少。最后，宗族与国家的关系并不融洽。①连江流域资源有限，山区不适宜大面积的农作物耕种，只能靠水道进出和运输。②水道相对狭窄，无法像英中平原那样"大路朝天，各走一边"（从仪式的密度和程度可见连江航运从高道到连江口也比从英德到连江的北江航道较困难）。

谭十九郎收留曹主娘娘和朱念七郎与曹主娘娘斗法两个神话故事分别体现了大北江流域的宗族联盟对航运商业力量的优势，以及依靠宗族联盟的强大力量对水上交通和陆上交通的控制。他可以将其他庙宇贵重的铜钟抢夺过来却没有发生任何反抗，英德中部北江流域的宗族势力可见一斑。

在增埗，蔡氏宗族掌握了当地神诞的组织权，进而掌握了通过神诞对地方话语权的控制。增埗的曹主娘娘庙具有传统广州地区的"集庙"的性质，即"广州商人和其他居民的街区自治，以及从国家争取到一定的管理、司法的权力"。② 从此可以看出，地方精英通过对村神庙（曹主娘娘庙）的掌握来为宗族和当地居民谋取利益。同时增埗的宗族精英还通过与同宗的和同义的政治、经济甚至是武力的同盟捍卫宗族的利益。据笔者访谈，非蔡氏宗族或盟族的船只尤其是商船经过增埗码头时都要收取过

---

① 徐斌：《明清鄂东宗族与地方社会》，武汉大学出版社2010年版，第274页。
② 关振东主编：《岭南逸史》，花城出版社2008年版，第180页。

路费和停泊费。

英德地区有一个故事。在浛洸镇张屋村，村里建有两个村庙，都称作双仔庙，分别供奉曹主娘娘和虞夫人。庙门正对一条小河，其出连江的入口只有六七米宽，被当地人用水坝（现在水坝只剩下遗址）拦截蓄水，并对外称之"此水很凶，不交钱就不得过"。① 如果过往航运商人不交钱，当地村民就会拉开水闸。水势凶猛，商船可能会被冲到小北江的礁石上，造成船毁人亡。当地村民向商旅解释说是由于他们没有"交钱"，惹怒当地法师施法术而使商人受到惩罚。当地宗族便是这样通过操控民间信仰，逼迫过路商旅进村庙敬神烧香拜"码头"。地方宗族通过收取香油钱获得农业以外的额外收入。大小北江是岭南南北商贸往来的重要航道，自北江航运发展起来后，通过收取"香油钱"成为张屋村当地宗族的收入来源之一。如果过路商旅不拜码头的话，当地宗族就利用他们操控的"法术"修理过路商旅，强迫他们支付香油钱。

在北江流域附近宗族掌握着陆地上的资源，"码头"就是地方宗族对航运商人力量的优势。"码头"对航运商人来说，就是唯一的陆地。但"码头"却掌握在地方宗族的手里，这是航运商人与地方宗族之间冲突的缘由之一。对两个群体来说，"码头"成为地方性资源、区域优势等的象征。

此外，在英德，当地民众称庙宇的风水为"食住"②，意思是靠这一带的风水谋生活，从语言的角度也可以发现地方宗族对地方资源的控制。同时，面水修建的曹主娘娘庙有一个风水的原则："风水的意识与活动涉及农业社会的各个地方、各个时间、各个空间。这个系统被创造的目的，乃在于操控土地与水源，二者均为传统农业社会生活中生存与发展的必要条件，生存在这个环境中的人们要不断为获取好风水而竞争，风水在宗族间的互动和空间的组织中扮演着重要角色……庙门之所以朝向流水，是为了迎接河水所代表的财源。"③ 地方宗族对航运商业宣示对地方的控制权和话语权，进行权力和财富的积累。英德地区几乎所有庙宇都朝向河道，这也是庙宇在地方宗族控制下向经过的航运商业力量宣示地方控制权和话

---

① "不得过"是客家话，即过不去的意思。
② 粤语中"控制"的意思，"控制"之意就是"控制当地的风水"。
③ ［法］劳格文：《客家传统社会》下编（民俗与宗族社会）序二，中华书局 2005 年版，第 476、485 页。

语权。

二 曹主信仰与村落"郎信仰"融合的记忆符号

曹主信仰在进入英德地区时，遭遇地方郎信仰的"阻击"。然而，随着时间长河的流逝，曹主信仰由不被地方认可到成为地方信仰的一部分，慢慢融入当地民众的生活当中。英德地区庙宇内部神灵的混成、神像的摆放以及神像大小与装扮，成为曹主信仰与"郎信仰"融合的记忆符号。因此，神堂中的神像除有曹主娘娘外，必有盘古、郎（法师）和观音。

英德地区有基督教堂13所、佛教寺庙39所、道教性质的庙宇有185所左右，共计237所上下。其中有曹主娘娘的庙宇占115所，占寺庙总数的49%，将近一半。在这些庙宇中，大部分庙宇的曹主娘娘都居于次神地位，部分庙宇的曹主娘娘居于主神地位，与已逝高功法师同列神坛。如在连江口镇领头村飞龙庙，神坛上层从左往右，依次为曹主娘娘、观音、判官、寿星、师公张法胜、冯天保、福星、禄星、仙姑，神坛下层左右各有一座土地公神像。曹主娘娘已经与当地师公张法胜、冯天保一同成为当地村民祈拜的对象。在望埠镇东山古庙，位于神坛的神灵从左至右依次为花母、花公、王母娘娘、玉皇大帝、王老仙师、盘古大帝、白马三郎、曹主娘娘、管火龙王、禾花仙女、谷花仙娘、神笔判官，曹主娘娘同样与当地师公王老仙师、白马三郎同列神坛。这样的事实不胜枚举，仅以上述几例为证。曹主娘娘与师公的混成已经成为既定事实，在众多庙宇中都可以发现，可见曹主信仰与郎信仰已经融合为一体。

在有曹主娘娘的庙宇中，曹主娘娘的配饰情况从侧面反映了曹主娘娘在民众心目中的印象。① 从附录五的表格看，各村落对曹主娘娘的造像有身披铠甲、手握宝剑的武将形象、凤冠霞帔的夫人模样、纹服彩衣的贵妇形象、绿衣红裙的少女模样。武将形象和夫人模样表明民众对曹主娘娘是一种威武、严肃、高高在上的印象，此时的曹主娘娘已经为民众接受，但与民众仍存在一定距离。平妇形象和绿衣红裙的少女模样体现民众对曹主娘娘的印象是亲切的、平易近人的，此时的曹主娘娘已然在民众心目中成为和蔼亲切、有求必应的神灵。同时说明，曹主娘娘离人民群众的日常生活越来越近，曹主娘娘与当地宗族不再是冲突和对抗的关系，曹主信仰也

---

① 肖海明也从图像学和符号学的角度对真武灵应图册的服饰进行分析。参见肖海明《走向神圣——真武图像的综合研究》，博士学位论文，中山大学，2005年，第134—138页。

第四章　曹主信仰的混成特质与权力分配 ·117·

不再被当地宗族和村民所排斥，越来越受到当地宗族和村民的敬仰。

据笔者调查，部分庙宇中曹主娘娘取代盘古大帝和当地法师（郎）而居于庙宇的主神地位。除大站镇景头村白公庙谭十九郎神像要比曹主娘娘神像大以外，大部分庙宇中曹主娘娘神像和当地师公神像一样大小，甚至大出很多的神像也有不少。这都说明随着外来移民在当地定居下来，与当地原住居民经过长期的互动、交融，曹主娘娘纳入了当地信仰体系，不但成为当地地方保护神，而且成为地方村民家中的家神。

南迁汉人在粤北定居后并不是常住不变，"唐宋年间，粤北集聚了大批中原移民"，后来又沿北江南下迁移。① 从收集到的红溪庙角村谢氏族谱来看，庙角村谢氏初祖最初居住在英德英红镇的围子下。谢氏宗族在英红镇定居下来后，宗族成员仍然没有停下迁徙的脚步，部分谢氏宗族往北迁到韶关。谢氏二祖从英红镇往南迁居到附近的丹石，三祖又从丹石迁到下隅坑背，直到四祖才一次性从英红镇下隅坑背迁居到连江口镇红溪庙角村（见图4-3）。根据谢氏族谱，谢氏宗族迁移路线分别存在向北、向南、向西、向东四条（见图4-4）。其中向北走大北江，向西经过陆路到达洽洸镇三江后又沿小北江迁移至西牛镇，与曹主信仰传播途径相符。向南迁移的一支经平坦的英中平原，到廊步，翻山越岭来到庙角村。谢氏宗族居住在英红镇（上隅）时不信仰曹主娘娘，搬到红溪庙角村之后才开始信仰，并同当地村民一样认曹主娘娘为"姑婆"。

初祖（英德）→ 二祖（丹石）→ 三祖（下隅坑背）→ 四祖（红溪庙角村）

图4-3　谢氏宗族迁居地的变更

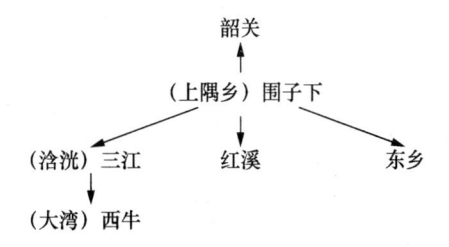

```
              韶关
               ↑
        （上隅乡）围子下
        ↙      ↓      ↘
（洽洸）三江   红溪    东乡
   ↓
（大湾）西牛
```

图4-4　谢氏宗族迁移路线

英德当地"上契"的信仰传统（"上契"也叫"卖身"，即父母将子

---

① 谭元亨：《华南两大族群文化人类学建构：重绘广府文化与客家文化地图》，人民出版社2012年版，第17页。

女寄名于村庙神灵，祈求神灵保佑）中，大家寄名的神灵基本为曹主娘娘，并认曹主娘娘为"姑婆"。但这样存在一个难题，即大家都认曹主娘娘为"姑婆"，如谢氏父子都认曹主娘娘为"姑婆"，父子伦理关系岂不会混乱？谢氏的人的解释是，他们自己清楚互相之间的伦理关系，曹主娘娘也知道他们的父子关系，不会乱伦。如此看来，在超现实世界的伦理关系与现实世界的伦理关系十分清晰，在超现实世界同认曹主娘娘为"姑婆"，回到现实世界是父子依旧是父子。在现实世界中，伦理关系清晰，没有和差序格局冲突。卖身契维持着家庭成员世代关系及社会身份的认知，不会产生混乱。"文化大革命"期间，小舍村张氏族人为了保护曹主娘娘的神像，将其埋存于隐秘之处，还时常悄悄地去烧香祭拜。这样的现象在英德地区比比皆是。即使之后村庙复建，他们宁愿把张氏"郎"神搬出宗祠、置于村庙，也不肯将曹主娘娘神像现于世人。可见这样的宗教情感之深。

图 4-5　年代最久的曹主像

说明：从图 4-5 中可以看出，曹主娘娘是裹着小脚的。这与客家的民风不符。然而，神像本身作为一种特殊的商品制作所需的工艺和原料都是英德没有的。据当地师爷回忆，习惯上，庙中神像大多是从福建或潮汕地区订购而来。所以造像的形象也和本地的民俗有所出入。这是从侧面反映了作为沟通粤东的航道——滃江在神像订购这一事务中的特殊地位。

人们同拜曹主娘娘为"姑婆"，皆为曹主娘娘的"子女"。如此产生强烈的拜曹情感，形成以曹主娘娘为中心的向心力。而贴在村庙墙壁上的卖身契则清楚地表明大家的身份，成为抽象感情寄托和身份认同的象征，同基督徒之于上帝的宗教感情。谢氏还与另外一个姓氏"义结金兰"，谢氏宗族与之此姓氏形成异姓联盟关系。村子和邻村在同一个信仰下，形成一种近乎兄弟般的情谊，一旦需要，他们就联合起来，结成同盟关系。这种联盟在抵抗匪寇、维护宗族利益方面起到重要作用。在鄂东地区的庙宇与宗族研究中，徐斌发现当地的"香火庙并非一个完全封闭的排他系统，它虽然存在着一个核心的信众群体，然而在它的外围还有一些分散的信众。各族的香火庙并不禁止外姓人入内参神，甚至还鼓励外姓人这样做，从而使之更具有了一种'外联'的功能……为宗族保护自己在当地的利益及势力范围，甚至是对外扩张奠定了良好的基础"。[1] 同时，徐斌还讲到一些在一定地域范围内各族联合供奉香火的庙宇，显示了地域社会中各姓之间的合作关系。谢氏家族迁居庙角后与当地人一样信仰曹主娘娘，成为当地宗族力量的一部分。这个家族迁徙并融入当地的故事从侧面反映出地方宗族接受了曹主信仰后，再利用曹主信仰把外来移民纳入自己的宗族势力范围，曹主信仰成为地方宗族控制新移民的"工具"。

曹主信仰与"郎信仰"的融合，与历史上朝廷在英德地区力量薄弱，需要借助地方宗族力量对抗贼匪有关系。据《英德县志》记载："顺治十三年（1556），英德驻军设官兵300人，其中配备守备1人，把总2人，兵297人。次年调走江防兵150人。设千总1员，食步战兵粮百总1员，食守兵粮百总3员，守兵145人。康熙二年（1663），原制英德清远营江防，设千总1人，守城兵110人，调入守城兵39人，官兵共150人。"[2] 英德作为军事要郡，守备竟如此薄弱。一旦遇到大伙贼匪，只有与地方宗族力量合作，才能守住英德。若地方宗族与国家力量产生矛盾而不予合作时，国家只能从其他地方匆忙调集军力回攻。如县志记载："清臬司沈棣辉遣参将尹达章率领水师会蔴寨（今廊步）乡勇合攻重占县城。"[3] 军事力量的薄弱也导致当发生地方宗族大规模冲突时国家力量无力介入，如长达百年的土客大械斗，清朝政府束手无策，只能任由事态演变。地方宗族的强势也必然使得国家会巧妙地处理好双方之间的关系。与国家力量有紧

---

[1] 徐斌：《明清鄂东宗族与地方社会》，武汉大学出版社2010年版，第201—205页。
[2] 英德县地方志编纂委员会编：《英德县志》，广东人民出版社2006年版，第644页。
[3] 同上书，第655页。

密关系的、代表商业力量的曹主信仰跟代表地方宗族力量的郎信仰融合也就合情合理。

曹主信仰和郎信仰的融合，其实质是移民群体与地方宗族、商业力量与农业力量在长期互动中，各取所需，双方的优势资源进行交换与流动。群体间的互动必然导致信仰与文化符号的交流与融合，在神话与造像中留下的证据为我们还原融合的过程提供了帮助。

三 商业和宗族的冲突与融合

从以上分析的曹主信仰和郎信仰之间的冲突与融合，其背后的力量是商业和宗族。商业、宗族和信仰三个方面如同"三位一体"，他们像圆环一样交叉的地方，就是曹主信仰（见图4-6）。曹主信仰和郎信仰就是"三位一体"的一个平台。"三位一体"的三个方面是有机结合的。第一，信仰是人的信仰也是在人民生活中形成的，所以叫民间信仰；第二，商业，指的是精英、富有者或者官商结合等拥有优势资本的这一类人；第三，宗族是当地的地方性精英。宗族控制了地方信仰，代表当地人民意志。政府或者商业的精英也代表着当地人民的部分要求，比如寺庙的修缮、民众的就业以及养老、医疗等。"三位一体"关照到商业、宗族、信仰三方面的现实的、社会的和精神上的需要，而且又是一种权力的制衡。有关商业、宗族、信仰三者之间的关系，很多学者都有过论述，蔡洪滨等在对明清时期的徽商和晋商商帮治理模式进行系统比较和分析的同时，也进一步探讨了商帮治理与宗族制度、商人信念之间的互动关系。[1] 梁洪生在研究江西吴城镇聂公崇拜时对商业和信仰之间的关系有过精辟描述[2]，王铭铭也讲到村落仪式与农业和乡村集镇的组织两者的关系十分密切，并指出民间仪式的经济作用有两个方面：一时为生产提供一定的象征性保障，二是调节当地收获季节与集市贸易的日程与圩日的关系。[3] 宗族是地方权力的诉求或保护；商业是流动的、追求利益的、跟政府也是有关系的；民间信仰，其主体就是地方民众，因为它是广泛流传于民间或者为多

---

[1] 蔡洪滨、周黎安、吴意云：《宗族制度、商人信仰与商帮治理：关于明清时期徽商与晋商的比较研究》，《管理世界》2008年第2期。

[2] 郑振满、陈春声主编：《民间信仰与社会空间》，福建人民出版社2003年版，第222—258页。

[3] 王铭铭：《村落视野中的文化与权力：闽台三村五论》，生活·读书·新知三联书店1997年版，第31—35页。

数社会下层民众崇信的。①

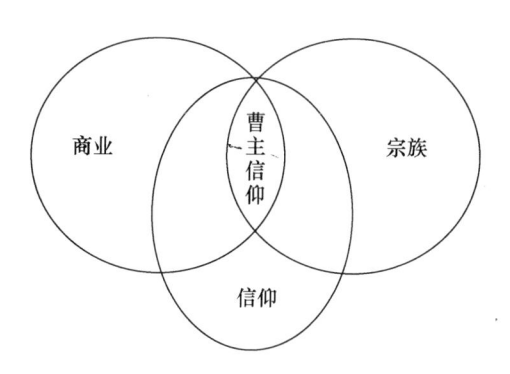

图 4-6　商业、宗族、信仰"三位一体"　　图 4-7　商人、商业和国家的关系

　　曹主信仰代表的商业与政府的关系表明商业在很大程度上体现的是国家意志。按照孙丽娟的观点，中国历代统治者对商人既控制又利用，制定商法的目的是维护社会秩序和统治阶级权力。商人不得不依赖并充分利用统治者提供的机会和条件，以尽可能扩展自己的空间。② 因而形成商人与商业和国家的关系如图 4-7 所示。

　　因此，商人是依靠在国家调控所制定的商业渠道中实现自我实现。换言之，商人的正当商业行为代表着国家意志。即使商人和国家存在矛盾，最终仍须服从国家意志。地方化的曹主信仰就是承载调和三方关系不同功能的平台作用。许多商业活动代表国家意志，在商业力量与宗族的冲突中，宗族之所以落下风就是因为宗族与国家力量在地方事务上是一种竞争的关系，商业服从国家调控，它只是一种渠道、工具。宗族伤害商业利益，其实在很大程度上是伤害了国家利益，违背了国家意志，最后肯定落下风。曹主信仰反映的盐运商业如广东盐商官商化便体现了航运商人与国家的关系。"商人的官商化也主要发生在盐商之中……李宜民、李秉裁叔侄和盛潮澜及程桓生父子分别代表着商人官商化的两条途径，一是受官府笼络而为官商，一是由自行捐纳而为官商。如果说前者意味着商人进入国家管理体系以适应商品经济发展的需要，后者则是商人通过向政治权力投

---

① 贾二强：《唐宋民间信仰·序言》，福建人民出版社 2002 年版，第 1 页。
② 孙丽娟：《清代商业社会的规则与秩序》，中国社会科学出版社 2005 年版，第 124 页。

资并进而通过政治权力以获取更大经济利润的手段。"①

从当地郎信仰的故事还可以看出当地的"郎"、宗族还是带有叛性和离心。在平时，国家通过对地方宗族微妙的制衡机制达到对地方事务的控制和管理，这种机制主要是依靠两方或几方宗族势力的相互制衡而发挥作用②，或者通过地方士绅管理地方事务。③ 但是，它是比较脆弱的。虽然一些地方上的小矛盾可以通过宗族联盟机制来化解，如果遇到大规模的冲突或者外来入侵时，这种机制便无法发生化解矛盾的作用。相反的，还可能增加冲突双方矛盾的深度和烈度。而国家在介入的时候两边都要镇压，最终伤害的还是国家的利益。自明末以降，土客冲突开始成为社会演变的重要组成部分。正如孔飞力所分析，人口增长使人均土地占有比率降低到了危险的标准，促使众多家庭转而寻找新的生存战略，其中包括弃农经商和移民。移民的方式之一是男性的乔迁——离家外出打工挣钱（包括前往海外），另一种情况就是全家全族甚至整个乡里迁往外地，寻找新的可供耕种的土地。客家族群就是因为人口膨胀而进入粤东、粤西，引发这些地区新的紧张关系。④

自宋元以来，北方汉民大规模南迁基本结束，客家先民是最后一批迁入岭南地区的汉民。明以后，自在自觉的客家主体已经形成，并且开始了逆向地流动扩散。⑤ 在客家民系形成之前，广府、福佬民系已基本形成，留给客家民系的只有粤东北和粤北山区。迁至粤北的客家民系有一批在贫瘠的山区生活下来，大批客家民没有停止继续迁移的脚步，留在粤北山区的客家民其实并不多，一部分客家民继续往东往南往西迁移。"由于山多田少的自然地理因素所限，随着人口的不断增多，人稠地狭、粮食不敷的现象日益严重，而要解决人与地之间的矛盾，在当时生产技术较为有限、粮食亩产量还停留在较低水平的情况下，向外寻求新的生存空间……这也

---

① 方志远：《明清湘鄂赣地区的人口流动与城乡商品经济》，人民出版社2001年版，第407—408页。

② 冯尔康等：《中国宗族史》，上海人民出版社2009年版，第408—414页。

③ 费孝通：《中国士绅：城乡关系论集》，赵旭东、秦志杰译，外语教学与研究出版社2011年版，第89—99页。

④ 刘平：《被遗忘的战争：咸丰同治年间广东土客大械斗研究》序二，商务印书馆2003年版。

⑤ 谭元亨、詹天庠主编：《客家文化大典》，广东教育出版社2010年版，第64—76页。

第四章　曹主信仰的混成特质与权力分配 ·123·

是导致明中叶以后闽西粤东北人民大量向外流动的一个根本因素。"① 明末清初，客家迁徙总共有五条路线，明成化年间开始，自闽西、粤东，沿五岭山脉，进入到了粤北，再进入到桂东北、桂东等地；因抗清斗争，追随郑成功于东南沿海转战后迁徙到台湾；由于东南沿海战乱，从闽西、粤东回流到赣南；沿海战事平息后，向滨海地区迁移；"湖广填四川"或"实川迁出"。② 黎熙元也指出："明清时期广东北部的人口流动表现为双向移民的过程，一方面是广东中南部广府语系的居民向东北扩散垦殖，一方面是赣粤闽山区的客家向广东东南部扩散迁移。"③ 由于客家民系的壮大，客家族群、原住居民之间为争夺生存资源引起的矛盾越来越尖锐，最终导致大规模、长时间的土客大械斗。宗族间与国家之间的微妙关系一旦失调，便会造成地方性乃至地域性区位优势争斗的失控。

清朝咸丰、同治年间爆发的这场土客大械斗，其规模、死伤和影响历史少见。这场械斗从咸丰四年肇端于鹤山，波及开平、恩平、高明、新宁、阳江等县。客家人移入粤中、粤西之后，与珠江三角洲西部土著（即广府人）居民相比，人数相对较少。土客之间一直以来存在纠纷，19世纪前期该地区的经济萧条更加剧了土客矛盾，为大规模冲突埋下隐患。经济因素固然重要，文化的、族群的因素也是冲突发生的动力。由于平原地带已经被土著居民占据，播迁至荒野山岭之区的客民，只能以种山烧炭等苦力活为生，生活不下去只好"为匪"、"为逆"，故广府人把客家人称为"匪"，与之水火不容。与此相应，客家人则认为广府人性格残忍，难以信任。文化差异产生的敌意与资源竞争互相影响，使双方陷入一场持续数十年的大械斗。从当时和事后官员所上奏折来看，当时清政府对这场大规模的地方族群冲突束手无策、无能为力："同治元年七月二十八日上谕称：'劳崇光奏：查明恩平等县土客互斗原委并密陈办理为难情形各折片：广东恩平等县土著与客民互斗，地延八县，事阅九年。'""同治五年十二月，广东巡抚蒋益澧会同总督瑞麟奏设阳江直隶州，略云：'……如土客械斗一案，起于恩平，蔓延八九县，贻害十余年，皆由道府驻扎太

---

① 周雪香：《明清闽粤边客家地区的社会经济变迁》，福建人民出版社2007年版，第109页。
② 谭元亨编：《客家文化史》，华南理工大学出版社2009年版，第283页。
③ 黎熙元：《粤北山区的仪式信仰与瑶汉民族融合》，载王建新主编《南岭走廊民族宗教研究》，宗教文化出版社2012年版，第245页。

远，未能及时消弭.'"① 可见，清政府对地方的统治受到极大冲击，对地方的控制权威受到极大挑战。

面对人口大量死亡、经济一蹶不振的情形，数以万计的客家人与广府人踏上前往东南亚、北美的征途。如今北美西部各州华人随处可见，很大程度上是这场长久而破坏性极大的族群冲突促使广东居民走上"猪仔"之旅。这批海外迁徙之客给广东、东南亚，甚至北美的政治、经济、社会、文化等方方面面造成相当程度的影响，为北美地区开发做出了不可磨灭的贡献。②

当时中原和南方汉人通过南岭走廊移入粤北地区，山区的土地和资源无法养活庞大的移民群体。除少数部分定居下来，大部分的汉人仍然继续往南迁移。③ 导致粤西、粤东地区人数急剧膨胀，土地和资源的争夺最终酿成土客冲突。目睹械斗带来的破坏，清政府开始干涉土客械斗，并把大量客家人迁移到两广边界等地。④ 粤北地区现在成为客家人聚集之地，大部分客家人就是因为土客冲突从粤西、粤东回迁而来，张氏宗族的迁移之路即是佐证。

在英德地区，地方宗族精英在过去主要代表地方宗族的利益，为宗族发展而谋划，如今的宗族精英因其与政府的关系发生变化，更多的承载着联系政府与民众的纽带功能，反而与代表国家意志的商业力量取得了融合的基础。务农为主的地方宗族随着社会经济的发展也渐渐改变了以农为主的生计模式，地方宗族精英在面对曹主信仰代表的商业力量和国家意志时也逐渐改变以往强硬的态度而改为采取一种温和的、柔性的对抗与合作的方式。以前的宗族精英掌握着公田、收入等，是当地社会资源的控制者、分配者。他代表的是地方宗族成员即当地民众的意愿，为了宗族权益可以不惜采取暴力方式。⑤

宗族在全民所有制和集体所有制下失去了独立的经济能力以及政治运

---

① 刘平：《被遗忘的战争：咸丰同治年间广东土客大械斗研究》，商务印书馆2003年版，第51、89页。
② 谭元亨：《广东客家史》下册，广东人民出版社2010年版，第465—490页。
③ 曹树基：《中国移民史》（清、民国时期）第六卷，福建人民出版社1997年版，第375页。
④ 参见谭元亨、詹天庠主编《客家文化大典》，广东教育出版社2010年版，第74—75页。
⑤ 对于宗族械斗的描述可参见冯尔康等著《中国宗族史》，上海人民出版社2009年版，第282—289页。

作的资本①，在新的社会条件下却以另外一种形式存在。当下的宗族精英相当一部分有党员背景，有的甚至在政府部门工作过，本身就是属于国家的政治精英。他们在退出政府部门后，继续参与地方宗族事务的时候就成为当地地方事务的带头人，发挥着重要作用。以增埗的案例来讲，在增埗拆迁事件中，当地的几个老人家起了很大作用。他们本身是党员，其年纪大经历的事情多，经验丰富，处理事务不急躁，能够用比较柔性的手段对地方事务或宗族事务进行管理。在拆迁矛盾中他们选择用静坐的方式与房地产开发商抗议，而不是像以前那样交涉几次就进入械斗模式。他们一方面要照顾到地方上的利益，又要顾及党员的党性，有了这种两面性后，他们处理事情反而非常理性。由于他们对当地事务比较了解，并且愿意为地方谋实利，其性质已经转为民主监督机制中实行民主监督作用的力量。由此可见，宗族的性质已经发生改变，成为社会主义民主监督的一部分。

在社会经济变化过程中，宗族内部发生变迁，尤其是信仰曹主娘娘的移民群体慢慢融入地方社会成为当地宗族的一部分，也把曹主信仰引入当地民众的生活中，就这样与郎信仰发生了融合。在国家意志的影响下，航运主导的商业力量在满足地方宗族生活需要时，与地方宗族和地方精英发生接触、冲突、磨合，最后融合成为一个整体。

第三节 曹主信仰与其他信仰的关系

一 道佛之变：从丰盛古庙的更名案例看商业力量对信仰的塑造

改革开放以后，市场经济的浪潮以不可阻挡之势席卷中国大地。市场条件下的中国民间信仰，面对无孔不入的商业力量，也显得"脆弱不堪"，即要依赖商业力量生存下去，又要受商业力量的"挟持"。② 随着现代性的应运而生，超越意义的信仰世界随之遭遇危机。这一重要转折维度，即世俗社会的形成。在马克斯·韦伯看来，现代性是一个"祛魅"的进程，"祛魅"之后的现代社会是一个世俗化社会。世俗社会的到来使

---

① 尤其是当地新中国成立后的土地改革，使地方宗族失去了赖以维持和继续的经济基础，参见邵彦敏《中国农村土地制度研究》，吉林大学出版社2008年版，第88—95页。

② 商业与神灵关系的论述可参见田兆元《神话与中国社会》，上海人民出版社1998年版，第392—404页。

得那些终极的、高贵的价值，就从公共生活中消失。人们热衷于现实的、可计算的利益目标，而不再将宗教信仰和超越性精神的追求作为生活唯一性目标，人类对物欲的满足和追求推向了极致，物质主义和消费主义在社会生活中蔓延。[①] 在偏远的粤北山区，同样摆脱不了商业力量的控制。从丰盛古庙的更名案例来看，商业力量以"利"相诱，地方寺庙在缺乏资金情况下被迫接受商业力量的条件，将丰盛古庙更名为丰盛古寺。地方寺庙掌握"宗教资本"[②]，而商业力量拥有金钱资本。两者依靠各自的资本进行资源交换，资本的流动带来民间信仰的复兴与改变。佛教在粤北地区传播广泛，佛教信仰与曹主信仰之间的关系也是笔者需要了解的。通过对丰盛古庙释师傅的访谈可以窥探到商业力量对信仰的塑造，也可发现粤北各信仰之间关系的转换。

释师傅讲述了丰盛古庙的详细情况：

> 丰盛古寺建于2002年，每年都会修葺。因为佛教祖庙多半时间悠久，选址山水风景比较好，都是风水宝地，所以它的发展和完善就像文学一样无止境，每年都会有所改进、有所发展。由于丰盛古寺在外面的名声很大，到寺庙朝拜的信众越来越多。名声越大，寺庙的规模就越大，承接的项目也就越来越多。另外，在佛教里寺庙要做到样式齐全很困难，所以需要更多的时间。比如，历史祖庙，就是历史悠久、怀旧的祖庙。还有一种宝塔，单面做的有钟楼有鼓楼。因为钟楼鼓楼要各方面豪华，所需时间就多了。现在，五百罗汉殿，包括信众楼，钟鼓楼在内，各个殿堂基本都完善了。

> 丰盛古寺的经费是募捐而来的。其中绝大部分由信众捐款捐物一起将寺庙的门面草创起来的。比如，供桌和门口的牌匾是真正的红木，由广州一个开厂的商人捐助。大多经费都是靠广州、南海、顺德、中山、珠海、深圳几个地方捐建，捐助的头是从珠三角过来的。村里主要花钱的地方是水泥、红砖、钢筋、木材之类的建材，大概花

[①] 张琳：《现代性的信仰困境与信仰塑造》，博士学位论文，复旦大学，2012年，第10—11页。

[②] 对于"宗教资本"的概念，泰瑞·雷有过仔细分析，并提出两个修正性概念即"制度宗教资本"和"民间宗教资本"，参见泰瑞·雷《宗教资本：从布迪厄到斯达克》，李文彬编译，《世界宗教文化》2010年第2期。

费了几千万元。

开山也并非容易，还要有点愚公移山的精神。2002年决定建寺时，政府没有插手，当时寺庙师傅觉得既然要建，就要建大建好。由于这里比较偏僻、贫穷，前师傅便依靠个人魅力，发动、集合众人之力建造寺庙。这件事开始之后很快远近都知道，接着一传十、十传百，像无声的广告一样传播开来，连南海、广州、中山、珠海以及深圳等地的信士都来这里求拜。所谓言传不如身教，都想亲自眼见，有的甚至来这里做帮手。广东人都会尽自己的能力帮助别人。我之所以还留在这里，也是被广东朴实的人们所感动。有句古话说：少莫入川，老莫入粤。这是由于广东的气候比北方要好很多，四季如春，无霜无冻无雪，人一老了来到广东就不想回去，就是这个道理。

丰盛古寺建好后，管事全面接管了整个寺庙的事宜。他又从外地请来师傅主持古寺。我就是被他请来主持此寺的。由于这里交通、购物等各方面都不方便，请了好几次才答应过来。我来丰盛古寺之前在安徽天柱山那里的三祖寺修行。三祖寺旁边有很多小庙，"文化大革命"中被破坏殆尽。"文化大革命"结束以后，原来毁掉的祖庙逐渐重建，佛教开始昌盛。佛教是达摩传过来的，达摩挂单在嵩山少林，二祖在安徽皖公山（在安徽境内），三祖僧灿在天柱山，四祖、五祖在湖北黄梅，六祖在韶关南华寺。天柱山三祖寺就是三祖修行的地方，所以叫三祖寺。管事请我过来，就是因为我比较有经验。

英德民间的佛教比较昌盛，但是像丰盛古寺这种大规模的寺院，还是比较缺乏，比如英中有个稍微有点大的南山寺属于佛教寺庙。其他地方的佛教寺庙都比较小，现在基本上都没有了。从规模上来说，现在这个祖庙属于英德第一大祖庙。清远佛冈的黄山寺，白山寺的规模也比较大。丰盛古寺属于重建的寺庙，还有一个飞来寺也是重建的寺庙，与丰盛古寺由民间出资不同的是，飞来寺乃政府出资。飞来寺出名，是因为屈大均有诗描述过。

丰盛古寺虽然是佛教寺庙，但庙里也有曹主娘娘神像。丰盛古寺在历史上遭受过多次水灾。有一年发特大水灾，那年的洪水把佛像都冲到了南海，当地人们拾到曹主娘娘神像就送回来了。据说，曹主娘娘庙原来有十九幅地。曹主娘娘庙原来还有一幅地在半山，后来为了方便，改在山下建殿。这个选址属于险地，因为它是一个山坑。原来的大殿就在两座山凹进去的中间，洪水一冲就没了。从风水上来说，丰盛古寺重建选址也是属于比较险的，在历史上已经是第二次重建。飞来寺的重建是政府出资，黄山寺是个体户赞助，专款修建的。

当时丰盛古寺重建是通过广东省民宗委批准，又直接通过清远市批下来。丰盛古寺重建八证齐全，许可证、开发证、金融管理证、民间宗教活动许可证、土地证和获得的新产权证等。在进行宗教活动时一定要有合法证明。由于古寺不是由政府出资建造，属于民间集资建成的宗教场所，所以政府没有来这里收过一分钱。不但如此，连高压线、变压器都建好，电也在2004年就给接通了。村里面没有资金，村民也不会向政府筹钱，因为他们不想增加政府的压力和负担。在1994年人大代表提出农村古老祖庙重新修复的规定获得通过，此文件还规定政府不允许插手寺庙宗教内部的事务。所以这里的寺庙建设，百姓不要国家和政府出资，都是由村民自己监管，自己筹钱，力求把丰盛古寺建好，这成为当时计划重建古庙的村民的目标。丰盛古寺现在面积二十多亩，虽然庙宇还没有建成，但是他们还是在努力完善。一旦古庙建成，对当地的经济发展和税收都有帮助，政府也乐见其成。现在丰盛古寺的重建遇到困难，而在这个困难时期能引起政府的关心和重视，证明当地村民做得很好。因为国家鼓励宗教信仰自由，特别是在广东地区，所以广东人对宗教信仰也很重视。

至于后续资金来源够不够用来筹建这个古寺，以及解决后续的扩建问题等，一切皆随缘，缘是一个人的命运，靠自己去造化，事在人为。

通过释师傅的描述以及笔者的了解，丰盛古庙曾经是一处道教场所，在"文化大革命""破四旧"口号中遭受破坏。改革开放后，随着"申遗"热潮和国家对文化发展的重视，民间信仰开始复兴。丰盛古庙在这个大潮中获得重修的机会。但重修后的丰盛古庙更名为丰盛古寺，所供神灵也变为佛教神灵。从释师傅的讲述来看，丰盛古寺的更名源于寺庙重建资金的不足。虽然如他所说："丰盛古寺的经费募捐而来，其中绝大部分由信众捐款捐物，一起将寺庙的门面草创起来的。比如，供桌和门口的牌匾是真正的红木，由广州一个开厂的商人捐助。大多经费都是靠广州、南海、顺德、中山、珠海、深圳几个地方捐助，捐助的头是从珠三角过来的。"然而却由不得丰盛古寺理事会全权主持，比如牌匾的内容，就由捐助的商人决定。

据笔者了解，捐助丰盛古寺重建最多的商人信仰的是佛教。丰盛古寺原先供奉的是混成的道教地方神灵，如曹主娘娘、盘古大帝、当地师公。更名后的丰盛古寺也不再供奉曹主娘娘等神灵，而改为佛教神灵。尽管如释师傅所说"百姓不要国家和政府出资，村民自己监管，自己筹钱，力求把丰盛古寺建好"，依靠商业力量捐助的后果却是丰盛古寺由名字到神灵的彻底变更。由此，造成了曹主信仰的萎缩。

二 信仰的相互补充：大湾镇基督堂见闻

基督教最早在唐朝贞观年间就传入中国，但影响甚小，且与岭南无多大关系。后来，从"海上丝绸之路"再次传入，岭南地区濒临海洋，成为基督教传播的基地，在中西文化交流史上流下了壮观的一页。[①]

明朝时一反唐、宋、元各朝代开放海外贸易的政策，实行严格的朝贡贸易政策，严禁沿海人民出海贸易。由于财政负担的加重，后期开始调整政策，其中就有对广东海外贸易实行优惠政策。清朝继明依旧实行开放广东海外贸易政策。由于这种政策，广东不可避免成为中西文化交流的枢纽。基督教自明末传入岭南以来，随着葡萄牙人进居澳门，西方传教士不断涌进澳门，以澳门为跳板，开始向内地传教。从第一代传教士沙忽略的努力，到利玛窦、罗明坚打开传教中国的僵局，岭南成为基督教发展和传播的重要中心。借助地方官员的帮助，传教士罗明坚和利玛窦沿北江而上，前往广东北面的韶州建造了一座中式教堂和寓所，来往于南雄、英德本地进行传教，基督教思想从此在岭南铺开。[②] 两次鸦片战争后，中西方文化激烈碰撞，西方先进物质和科技文化首先经岭南地区传入中国。随着外国殖民者的疯狂入侵，西方政治经济思想传入岭南地区，进而波及全国。岭南地区在中国近代化过程中发挥了巨大作用，维新变法运动的领袖大多出自岭南，自发组织抗击殖民者入侵的起义运动也最先始于岭南。几次反侵略战争的失败，西方传教士大量来到中国，在岭南地区广泛传教。自此岭南地区的西方宗教文化和影响几乎无处不在。基督教思想后来还成

---

① 雷雨田等：《广东宗教简史》，百家出版社2007年版，第11页。
② 参见雷雨田主编《近代来粤传教士评传·序》，百家出版社2004年版。

为洪秀全发动的、席卷半边江山的太平天国运动的思想武器。

　　基督教在这个大变革、大动荡的阶段传入英德地区，注定因其特别的宗教形态而承受不一样的待遇。在英德地区，过去"英德县浸信会有堂（点）六处，英德县循道会有堂（点）五处"。① 如今，基督教堂大约有14所，如浛洸镇的浸信会，沙口镇的循道会，望埠镇的循道会、浸信会，英城的循道会、浸信会，大站镇的汶潭浸信会、黄岗循道会、侧塘循道会以及英东地区东华镇的浸信会，鱼湾的浸信会，白沙镇的浸信会（又叫白沙教堂），下呔镇的循道会，加上大湾镇的基督教堂。以上基督各教派虽然看上去林林总总各有不同，事实上是由于香港有很多教派的布道者在当地活动，造成派系众多的错觉。事实上，英德的一个教会长老对笔者说过："对于我们来讲，侍奉主就是大家在一起读读圣经唱唱歌。我们对这些教派之别也不大懂。说老实话，我自己一家人都是'自学出家的'。所以只是请香港的教友来教教我们一些基本的仪式和教义知识。我们也博采众长。不管他们是哪个教会的，只要他们愿意来，只要不违反政策和不做危害大家的坏事，我们都欢迎。"所以，英德教会的这种教派林立的现象只是有些学者没有做好田野，不清楚当地的教会发展真实情况。但是需要注意的是，既然香港常常有基督教布道者出现在当地，加之当地信仰者的态度；有可能出现以下情形：（1）以后在香港布道者熟悉了当地情况时会发展其本身教派的崇拜组织及传教点。（2）各个教派在英德兼容并蓄，并且形成一种符合当地需求的教派。笔者认为，根据当地传统的对于宗教信仰的态度，第二种情形发生的可能性会比较大。

　　关于基督教在英德的传播现状，笔者访问了大湾镇的伍婆婆、刘婆婆、姚婆婆。

　　三位婆婆说，信教后几十年一帆风顺，而且家里都比较尊重她们的意愿。"因为现在年纪大了，没什么事情要做，所以就经常过来见见主，拜拜神。"但是，她们的先生基本上都不来。所以，教会里的人主要是老人家，老奶奶比较多，男人比较少。婆婆说大湾的男性都不管拜神之类的工作，都是女性拜神。在英德有一个很有趣的现象就是，男的好像没什么精神上的追求，就只是打打麻将、扑克之类。无论是拜神拜基督还是拜佛，都是老奶奶居多。

---

① 陈先钦、吴伯卿编：《清远宗教史话》，（香港）银河出版社2008年版，第250页。

几位婆婆说:"在《圣经》当中有很多安慰别人的话,就像:手勤就富手,手懒就贫穷;敬畏耶和华,是智慧的开端,认识至圣者,便是聪明。她们说,做人也是要找一个最大的才能帮你的忙,而且《圣经》说,上帝就是万王之王,万神之神,所以已经需要去找其他的。信耶稣又开心,又保平安是基督教的真理。所以说,喜悦的心,乃是良药;忧伤的灵,使骨枯干。有一个故事是这么说的,有一个人去偷东西,那个牧师就不知道那是个小偷。他就说道,《圣经》里有一句话是说,从前偷窃的,不要再偷了。那个小偷就慌了,就想那个牧师是不是看见他偷东西了,然后他就改变自己,没有再偷。在信仰里面你信基督教,基督教会告诉你,什么是错的。《圣经》里说,宁愿吃素菜欢天喜地,好过吃肥牛你争我斗。《圣经》告诉我们,无论贫穷还是富贵都不重要,重要的是懂得如何敬畏神。"

从访谈资料看,三位老人信教的情况有以下相同点:(1)信教的时间都是在改革开放以后,这表明随着改革开放政策的实施,基督教也开始跟着复兴起来。(2)信教的年龄都是在50岁左右,这个年龄有时间,身体也好,也容易重新信仰一个新的宗教。(3)信教之前不是自己生病就是家人生病,通过祈祷病痛得到缓解甚至治愈。(4)教徒中大多数为老年女性。通常家中有一位老年女性最先信仰基督教,她的子女可能因为她的引导而信仰基督教,而她的丈夫却没有信仰基督教。可见,基督教在英德地区信众仍然较少,在英德地区基督教的功能不如师公那般被民众相信。

不过,可以看出,基督教在英德地区也开始了复兴之路。自16世纪基督教的足迹出现在岭南地区发展到今天,在英德地区基督教堂的数量虽然还不及道教庙宇的尾数,但现在已经有13座之多,大部分分布在英东地区。根据笔者的调查,在英西地区基督教复兴也较快,但复兴的过程并非一帆风顺。这与基督教天生的排他性使其排斥、抗拒民间信仰也有一定的关系。

需要指出的是,在"文化大革命"中,民间信仰与基督教一样遭受了前所未有的冲击。同时,由于土改和改革开放,当地的生计方式也发生了天翻地覆的变化。由此促使民间信仰与生计模式发生了错位,而开始脱离人们的经济生活,"可以说,村民传统的自然信仰弱化,几乎是现代社会发展的必然趋势"。① 加上社会对于迷信的批判，使得许多年轻人对神庙产生了一种迷而不信的矛盾心态。一方面他们对曹主娘娘的故事都有耳闻，并且作为地方人士为英德出了这么个"文化名人"颇感自豪；另一方面却认为以曹主娘娘为代表的民间信仰不过是"旧社会封建残余"。笔者在与当地年轻人聊天时，他们都表示曹主信仰是属于"老一辈人"的东西，是"老古董"、"没有用"。

在笔者田野调查中感觉到虽然各村、乡、镇的神庙已经被恢复，但是参加神诞庙会的往往都是五六十岁以上的老人，鲜见年轻人参与其中。有时虽然可以见到一些年轻人来神庙参拜，往往只是因为抱着看热闹、瞧新鲜的心态。或者因为家里的老人要来参加，他们担心爷爷奶奶的身体状况而勉为参加的。他们往往都会因为觉得无聊而很快地离开仪式现场，不会真正参与其中。甚至有时他们看到老人家虔诚地朝拜磕头或为招兵摇旗呐喊时，竟然会掩嘴而笑，失去了最后的一点点敬畏之心。同时，即使他们去庙内拜过神之后，也不愿意让同学朋友知道，怕"没面子，被人家笑我迷信"②，如果被人看见祭拜神灵更是一件很"丢脸"的事情。这意味着，在当地的年轻人中产生了一种对于俗神的"似信非信"的精神状态。

当地基督教特别的传教方式弥补了这样一个信仰的矛盾。传教者通过举办兴趣班、英语班以及举办地方志愿活动，吸引了众多在校学生参加到教会的活动中。在这样的氛围中再施以布道，很容易就将教义传播给年轻人。笔者在大湾和洽洸做田野时，多次观察当地基督教传教方式，发现其效果非常显：年轻信教者和入门者越来越多。

这种态度与基督教教旨排斥异教及异教徒分不开，《圣经》中消灭异教徒的话语并不少见，如《出埃及记》："除了我以外，你不可有别的神"、"不可为自己雕刻偶像，也不可作什么形象放佛上天、下地，和地底下、水中的百物"、"不可跪拜那些像，也不可事奉它，因为我耶和华你的神是忌邪的神。恨我的，我必追讨他的罪，自父及子，直到三四代"、"祭祀别神，不单单祭祀耶和华的，那人必要灭绝"③，《申命记》第三章："耶和华我们的上帝，将他交给我们，我们就把他和他的儿子、并他的众民都击杀了。我们夺了他的一切城邑，将有人烟的各城、连女人

---

① 谭同学：《桥村有道》，生活·读书·新知三联书店2010年版，第367页。
② 这是笔者在当地的朋友私下告诉笔者的。
③ 参见《圣经·出埃及记》20：3、4、5；22：20。

带孩子,尽都毁灭,没有留下一个。惟有牲畜和所夺的各城,并其中的财物,都取为自己的掠物"。《约书亚记》第十一章:"耶和华对约书亚说,不要因他们惧怕,明日这时我必将他们交付于你,他们无一人能在你面前站立得住……以色列人用刀击杀城中的人口,将他们尽行杀灭,凡是有气息的没有留下一个。"《士师记》第一章:"约书亚死后,以色列人求问耶和华说,我们中间谁当首先上去攻击迦南人,与他们争战。耶和华说,犹大当先上去,我已将那地交在他手中……犹大就上去,耶和华将迦南人和比利洗人交在他们手中,他们在比色击杀了一万人……犹太人攻打耶路撒冷,将城攻取,用刀杀了城内的人,并且放火烧城。"《撒母耳记上》第十五章:"万军之耶和华如此说,现在你要去击打亚玛力人,灭尽他们所有的,不可怜惜他们,将男女、孩童、吃奶的,并牛、羊、骆驼和驴尽行打死。"这些都是在耶和华旨意下进行的残酷虐杀,类似宣扬如何屠杀异教徒和大量宣扬不择手段血腥报复仇杀内容俯拾皆是,也影响了英德地区基督教徒的思想和宗教态度。

在闽西北客家地区关于阳公庙也有一个故事:当时庙里有三尊神,即白马大王、紫马大王和搞屎大王。因为搞屎大王最没有势力,人家给他供的东西很少,经常一天才吃一顿。他问其他两位大王该如何办,他们教他让世人生病。可是,由于他不灵验,只让过路的乞丐生了病,这些乞丐就睡在庙里,拉大便。有一次,一个孩子刚好在庙里出恭,一个过路人问他,这个大王叫什么名字,孩子漫不经心地回答:搞屎。大王很生气,与另外两个大王打架被杀了。后来,紫马大王不让一个天主教徒入村,教徒把圣水泼在大王身上,紫马大王死了。结果,溪口村仅剩下一个阳公即白马大王。① 这个故事也反映出外来宗教与地方民间信仰的冲突,虽然民间信仰牺牲较大(死了一个大王),但最后还是民间信仰取得了胜利(白马大王保存下来)。

有些年轻的信教者提出:"基督教是世界性的宗教。现在我们要与世界接轨。中国要真正全球化就必须在信仰上也与国际接轨。"虽然这样的提法许多人觉得可笑,然而不可忽视的是,这的确代表了当下的一种思潮:全球化等于西方化,西方化等于文化的西方化。

由此在笔者看来,类似于世界其他地区的本土信仰与基督信仰发生混

---

① [法]劳格文主编:《客家传统社会》下编(民俗与宗族社会)序二,中华书局2005年版,第487页。

成的可能性在英德很难发生。首先，国内的民间信仰和本土制度性信仰，特别是有些民间信仰缺乏重生的土壤，由于与生计模式脱节以及大众教育的因素已经被弱化。正如谭同学在讨论桥村的信仰困境时所指出的："当代所有的教育及正规媒体向村民传递的信息，都是瓦解这些信仰的……再加上村庄纵向与横向社会的共变，以及村庄道德秩序和权力格局的变化①"。在许多汉人地区，尤其是城镇中，民间信仰甚至是被边缘化的。有许多民间仪式虽然表面上办得红红火火，然而由于过于商业化而缺乏传统文化的价值观内核。其次，全球化过程本身就是一个以西方为模板的经济、文化乃至政治的同化过程。② 这是以一种"发展观"为外，地方文化被边缘化为实质的一种现象。甚至有人类学者指出："地方（部落）的自治实质上造成了地方（部落）的'落后'。这种情形是违背了当地人民的意志的。文化本身是个抽象的概念，并非像其他事物那样可以在灭绝中被'拯救'或'保护'的。由是文化或文化群落（民族）的消失现象其实是不存在的。"③ 根据以上观察，笔者现在英德地区的基督教和以曹主信仰为代表的民间信仰是一种我升彼降的关系；在年轻人中，民间信仰人口下降，基督教信仰人口上升。笔者在调查过程中尚未发现类似中美洲或非洲等地区那样，产生的本土信仰与基督教混成之共性。

三 喃呒教与曹主信仰的共生关系

佛教自传入岭南地区经历排斥的命运后，主动接受当地民间信仰的特点，与当地民间信仰产生互动交流，最终融入岭南民间信仰的洪流当中。佛教融入地方社会信仰文化并没有道教顺利，缘于佛教缺乏道教那种土生土长的与中国本土文化的绝对兼容性。

清末民初以及"文化大革命"时期广东有过两次大规模的拆庙运动。清末，张之洞提出"庙产兴学"。至民国，这一主张又几次被重提，佛教处境日益艰难。而广东作为最早接触西方近代文明的地区之一，得风气之先，思想比内地更加开放……对在封建制度下发展成熟起来的佛教，较少扶持。民国初年，几次实行庙产充公政策④，尤其是广州，孙科为了支持

---

① 谭同学：《桥村有道》，生活·读书·新知三联书店2010年版，第366、378页。
② 鲍曼认为全球化带来的不是我们预期的混合文化，而是一个日益趋同的世界，参见[英]齐格蒙特·鲍曼《全球化——人类的后果》，郭国良、徐建华译，商务印书馆2001年版。
③ Bodley, John H., *Victims of Progress*, 5th edition. Plymouth: AltaMira Press, 2008, p. 22.
④ 雷雨田等：《广东宗教简史》，百家出版社2005年版，第122页。

国民党和孙中山的革命事业,在他任市长期间曾经将广州市的寺庙收用、拍卖,掀起了一个拍卖庙产运动。[①] 在拆庙过程中,主要拆除的是佛教寺庙,整个英德地区最后只剩下金山庙、南山庙两个佛教寺庙。如今,仅在英德已有佛教寺庙 39 所左右,具体情况如下:大湾镇:重华寺;黄花镇:福庆寺;九龙镇:碧云寺;浛洸镇:兴隆寺、蓬莱寺、浛洸寺、宝山寺、镇匡寺、天星寺、开元寺;石牯塘镇:古佛寺、莲花寺、金鸡寺;横石塘镇:文汇寺、潜龙庵、太平寺、天星寺、双林寺、祈水寺、上林寺、万福寺;石灰铺镇:金钱寺;沙口镇:镇静寺;英红镇:清风寺、长寿庵、丫山寺、太平寺、大圆寺、神龛寺、天竹寺;英德市:青峰寺、金山寺、金泉寺、西口庵、准提庵、雷山寺;大站镇:观音岩;连江口镇:云山寺、南林寺。

图 4-8 曹主信仰与佛教的混成(佛像为观音,基座书曹主娘娘)

虽然佛教寺庙不断增加,但喃呒教已然自成体系。笔者在田野调查中

---

① 赵春晨、郭华清、伍玉西:《宗教与近代广东社会》,宗教文化出版社 2008 年版,第 370 页。

搜集到喃吽教的经文有《观音经》、《福与拉传》、《徃生咒》、《福兵坛专用秘诀书》、《故灯一宗》等。从这些经文中，笔者发现佛教融入民间信仰体系后，其功能既有变化也有不变，一方面存在着佛教的民间化，即喃吽教的产生；另一方面民间信仰也存在佛教化，两者之间呈现出相互合作的共生关系。根据经文整理，可以从以下几个方面看出两者相互之间的影响。

（一）神仙体系

从收集的经文来看，佛教神灵也被纳入民间信仰的神灵体系当中。如经文《故灯一宗》："大圣瑜伽海会佛菩萨……无边诸佛下南册……如来方便实难量……化作阴司引路王……大圣放光明藏菩萨……灯光自有龙神护……河泊水官愿遥闻……愿承三宝力加持……河泊水官临法会……振迎佛迎仙架以荷临座上香……喃吽大方广佛华严经、喃吽大慈悲观世音菩萨、喃吽救苦幽冥藏王菩萨、喃吽启教阿难陀尊者、喃吽常徃十方法佛僧喃吽本师释迦牟尼佛"，既有佛教神灵，如观世音菩萨、幽冥藏王菩萨、阿难陀尊者、释迦牟尼佛，也有道教神仙龙神、河伯。所以，在英德地区的神仙体系中，佛教神存在一个民间化过程。

南庙碑文记载有一段文字如下：

> 见南庙婆婆神明菩萨却有威灵故宅所贵的属言曰：
>
> 善男信女听言由，听念三世因果缘。因果报应非小事，佛言真语需谨记。
>
> 今生做官为何因，三世黄金妆佛身。穿绸穿缎为何因，前世施舍济僧人。
>
> 有食有穿为何因，前世衣食舍穷人。买食买穿为何因，前世不肯舍分文。
>
> 相貌端庄为何因，并世彩花供佛前。聪明智慧为何因，前世食聊念佛人。
>
> 父母双全为何因，前世敬重孤独人。多子多女为何因，前世笼开放鸟人。
>
> 今生长命为何因，前世买物多放生。今生短命为何因，前世残杂中生人。
>
> 今生聋哑为何因，前世恶口骂双新。今生驼背为何因，前世笑了

拜佛人。

今生无病为何因,前世施药救病人。雷打火烧为何因,大秤小斗不公平。

万般自作还自受,地狱受苦怨何人。莫道因果无人见,远在子孙近在身。

前世修来今世受,今生积善后世身。若人不认因果报,同生西方极乐行。

三世因说果不尽,皇天不负善心人。三宝门中福可修,一文施舍万文收。

为君记在坚牢库,世世生生福不忧。世间最重是生命,勿贪钱财望杀人。

家有资财多积德,时行方便发慈心。施衣舍药救疾苦,莫因穷困起贼心。

天地神民当敬重,功德无量福显灵。戒杀放生多施舍,修桥造路好为人。

父母恩爱如山海,人生不孝枉为人。善人勤修得安健,恶徒遭劫泪汪汪。

破产倾家为饿鬼,妻离子散背离乡。只晓贪财谋富贵,哪知造恶积祸殃。

只想快乐风流事,知般诡计尽损人。军警贪残虐百姓,官吏权势欺良民。

及不严慈教儿女,子不孝顺逆双亲。那时恶类难逃避,死死生生不留性。

祸福无门乃自作,人心不善祸相招。劝君及早回头去,罪孽尔天悔可消。

南庙供奉的神灵乃曹主姑嫂,嫂虞氏夫人被信徒称为南庙婆婆。碑记中将南庙婆婆与佛教菩萨相提并论,还将南庙婆婆"属言"称为"佛言真语"。碑文中用词如前世、因果报应、放生、积善、西方极乐、三宝门、佛身、僧人等皆为佛教词语,表达的也是佛教思想。作为供奉曹主姑嫂的庙宇以及曹主信仰的发源地,南庙碑文却包含众多佛教用语和佛家思想,可见,曹主信仰与佛教的共生、混成现象确实存在。

（二）经文内容与信徒福愿

佛家思想主张通过修行成佛，领悟世间真谛，而不在乎个人寿命长短。佛教认为，人世间是一大苦海，人生有不能逃避的"八苦"……人之所以不能逃避这种种苦难，是由于"无名"（不觉悟）引起的。佛教的教义就是教人如何脱离苦海。要脱离苦海就要照佛教的一套来修行。[①] 生死是人类关注的永恒主题，在任何一种文化中都对这一问题有所探讨。粤北曹主信仰文化自然也不会逃避此人世间终极问题。在笔者从英德市西牛镇收集到的《观音经》中，有一段《观音延生经》：

喃吥大慈大悲观世音菩萨喃吥佛喃，
吥法喃吥僧与佛有因与法有缘佛法。
相因常乐我静朝念观世音暮念观世，
音念念从心起唵佛不离心天罗神地罗。
神人离难难离身□□□身中灾难一切灾殃化
为尘喃无诃般若波罗蜜多娑婆诃
观世音菩萨消灾解难咒
喃吥观世音菩萨喃吥佛喃吥法喃吥僧
旦只哆唵咖啰哦哆咖啰伐哆咖呵伐哆啰
哦哆积帝娑婆诃。

从经文内容看，经文中只字未提"延生"，更未谈及如何"延生"，而是通过师公们唱念此经文来满足信徒希冀"延生"的愿景，达到为信徒"延生"效力。从这点来看，粤北曹主信仰文化中并不太在乎经文的内容是否与愿景相关。访谈得知，佛教自西汉传入岭南，至今已近2000年；"佛法无边"思想已经深入民众思想当中。"法"在运用时具有不同意义，"当说佛是法的根源时，意思是指佛教的教法……佛为我们指示了透过法的或是道德的实践（法＝道德行为），通向最高之法"。[②] 师公们只是通过实践（唱念经文）来发挥效力，他们看不懂经文的内容，要借默念经文来实现愿景。

[①] 汤一介：《佛教与中国文化》，宗教文化出版社1999年版，第104页。
[②] ［日］阿部正雄：《佛教》，张志强译，上海古籍出版社2008年版，第71页。

（三）宗教人士及作用

英德地区民间佛教被称为喃呒教，民间佛教经文被称为喃呒经，民间佛教的师公叫做喃呒佬。从民间道教在英德地区的统治性影响、喃呒经的内容以及喃呒佬的生活和仪式来看，民间佛教受民间道教影响极深。在清末民初和"文化大革命"时期的一次次拆庙运动下，佛教寺庙几乎荡然无存，再加上民国时期缺乏以前皇权的有力支持，战争破坏，民生凋敝，使许多寺院道观萧条废毁。[①] 许多寺庙和尚被迫蓄发还俗[②]，一部分演变为喃呒佬。寺庙力量毕竟在长期破坏下十分凋零，然而在英德地区有许多喃呒佬存在。他们就是由当地火居道士和还俗僧侣演化而成，这也就说明了喃呒教经文缘何包含许多道教元素。同时，许多喃呒佬还自称自己为闾山派或茅山派弟子。可见，在佛教民间化一过程中，他们在民间仪式尤其是丧葬仪式里发挥了主要作用，并且通过民间佛教丧葬仪式满足了当地民众对终极关怀的诉求。这些师公在拜佛求道的过程中有时也会向曹主娘娘祭拜。换言之，曹主信仰也是其仪式和信仰中的一部分。这就意味着曹主信仰作为媒介之一，在佛与道、喃呒佬与师爷的文化共生状态中起到了作用。以喃呒佬为代表的民间佛教从业者和以师公为代表的民间道教从业者，以曹主信仰作为平台之一进行仪式活动。所以，这也意味着在民间的日常仪式结构中，佛道起到了有机的互补作用。

在师公醮仪中，有位师公头戴法帽，而法帽前头中间写就一个大大的"佛"字，"佛"字上行书"阿弥陀佛"。可见，在英德地区喃呒教与民间道教双方之间并不是单纯由一方向另一方施加影响，而是双方互相影响。

"道教斋醮科仪有阳事、阴事之别……阳事有祈福谢恩、却病延寿、祝国迎祥、祈晴祷雨、解厄禳灾、祝寿庆贺等。阴事有开方破狱、摄召度桥、沐浴朝真、炼度施食等。"[③] 阳事又被称为红事，阴事又被称为白事。在英德喃呒佬和师公各司其职，分工合作，互相较少往来。师公不接手白事，喃呒佬则不管红事，两者互不争抢对方的业务，形成有机的补充。在英德地区，师公主要负责婚配嫁娶等红事醮仪，有时也会操办白事醮仪，

[①] 牟钟鉴、张践主编：《中国宗教通史（下）》，社会科学文献出版社2000年版。
[②] "文化大革命"时，六榕寺便有部分寺僧迫于无奈而还俗，寺庙被改为工厂，大量文物被劫持砸毁，参见余庆绵主编《广州六榕寺志》（寺庙内部资料），1999年版，第94页。
[③] 彭理福：《道教科范：全真派斋醮科仪纵览》，宗教文化出版社2011年版，第21页。

但白事醮仪较少；喃呒佬则主要承担民众白事醮仪的工作，不主持红事醮仪。两者也是分工的关系。所以，这种分工与合作也可以看出曹主信仰与佛道的共生、混成现象。

第四节　小结

马林诺夫斯基在《西太平洋的航海者》中详细阐述了新几内亚原住民特有的产品交易方式——库拉圈，以及围绕着此一产品交换的"经济圈"及行为所产生的一系列巫术。[①] 这些巫术对这些大洋洲的原住民生活、生产、竞技产生着决定性的影响。换言之，他意识到人们的生计模式与精神世界和社会行为、仪式行动之间相生的关系。曹主信仰的发展和传播再次证实了马林诺夫斯基的论断。

曹主信仰的发展和传播与信仰主体活动分不开，信仰主体的活动方式和范围决定着曹主信仰的发展和传播路径。曹主信仰代表的商业力量和移民群体主要依靠水路运输、兼用陆上运输，这种运输方式决定了曹主信仰传播的主要路径为水上传播，而陆上传播则为次要路径。曹主信仰随航运商业和移民群体迁移的过程中，因信仰主体航运商人和移民群体的利益与地方宗族的利益发生冲突，而与地方信仰即最具代表性的郎信仰发生冲突。曹主娘娘的信仰主体航运商业和移民力量拥有财富资本和国家关系，而地方宗族掌握地方信仰力量以及地方资源，从而掌控地方话语权[②]，在商业力量和宗族力量的博弈与互动中，形成了某种程度上的利益共同点，为两者合作与融合提供了条件。

处在不同力量冲突中的曹主信仰也因此获得了发展的动力，并在冲突中与地方信仰走向融合，使英德地区的民间信仰获得了新的混成特质。英德地区不但有地方独特的郎信仰，还存在民间化的佛教和道教。它们与曹主信仰在冲突中形成一种共生关系，这种共生关系即体现在信仰混成后的"盔甲化"现象。在新的信仰进入英德后，反倒使得英德民间信仰的"盔

---

① ［英］马林诺夫斯基：《西太平洋的航海者》，梁永佳、李绍明译，华夏出版社2001年版，第304—372页。

② 从前面笔者所述以及有关国家鼓励垦荒、保护移民、官商结合以及地方豪强的历史记述，可知这种关系的存在，各自的优势也为双方的合作共赢奠定了基础。

甲化"更加厚实坚硬。"盔甲化"是指神的功能和职司与人的生活密切相关,每一个神的职司像拼图一样,把人生的每一个方方面面都关照到。当有灾难来临的时候,民众知道去拜哪个神灵。比如说,旱灾来临马上去拜龙王、春天要耕田就去拜挪田王、求子求福可拜曹主娘娘和花公花母。他们非常清楚当灾难或者困境来临时求哪些神灵才有效果。困境就像一把利箭,民众知道在精神世界里用哪一块最强硬的"盔甲"去抵挡去化解困境。所以民间信仰的"盔甲化"实则是汉人信仰功利性的一个侧面反映。

总的来说,商业对曹主信仰的塑造可以用"成也萧何、败也萧何"来形容。曹主信仰的发展、壮大跟商业紧密相连。佛道之变体现出的关键意思,即它是以商业为动力,商业在不同历史环境之下既可能成为毁灭信仰的力量,也可能成为重塑信仰的力量。所以商业的机制不但是一种市场的机制,而且是一种塑造信仰的无形之手和无情之手。"尤其是中国民间的庙宇历来喜欢在集市中寻求和培育它的香客信徒。在众多的县志和其他资料中,集市(或者说市场)与庙、寺、道观、祠堂等具有宗教意义的建筑结合在一起的事实,即是明证……繁荣的商业活动为民间信仰提供了发展的基础,同时民间信仰也深深地影响着商业的发展。民间信仰能为商业活动提供某种维系的准则,商业交易所崇尚的某些精神在人们的信仰和民间信仰行为中也反映出来了……另外一方面,民间信仰场所也不是完全的纯粹的宗教场所……商业对民间信仰的渗透也随着商业的发展日渐增大……在民间信仰影响商业行为的同时商业对民间信仰的渗透也没有停止。"[1] 曹主信仰依托航运商业力量而发展、壮大,又因航运商业力量的衰落而萎缩,甚至还由于异信仰的商业力量介入而导致曹主信仰从形式到内容上的变迁。

商业力量对曹主信仰的塑造体现在:首先,曹主信仰的传播通过商业,曹主信仰的发展通过混成,尤其与当地盘古信仰、郎信仰的混成,使曹主信仰赢得了广泛的信众。同时,宗族又利用它作为控制地方话语权的平台,此时进一步扩大了曹主信仰的宗教—信仰文化圈。从佛道之变看出,地方权力发生了改变。因为所有制的改变,曹主信仰所代表的商业和宗族权威机制也发生了改变。宗族不再是地主,成为一种社会活动的中间

---

[1] 万静:《关于"九井十八庙"的乡土调查报告——兼论商业与民间信仰的互动》,《民俗研究》2009年第2期。

人和调节人，并不是组织者。组织者的权力控制在国家手中，地方的权力所有者发生变更，由传统地方宗族控制地方权力变为国家成为控制地方权力的力量。所有制形式的改变进而导致商业模式发生改变，国家政策也随之发生改变。宗族失去话语权，导致民间信仰在商业活动中日渐无助。在丰盛古庙更名案例中，商业的无情之手对曹主信仰起到重塑的作用。换言之，在中国社会进入"现代化"后，由于社会力量和经济基础发生了重大变革，旧时的曹主信仰亦随之发生改变。

林美容认为，祭祀圈是以某主祭神为中心，共同进行祭祀互动的信徒们的所在地域单位，其成员只限于祭祀主神名义之财产所属地域范围内的住民。[①] 另外，她把超越了地方小区的范围，并以某尊神或是其分身为中心所形成的组织的自愿参加者的分布范围区别出来，并称其为"信仰圈"。[②] 在她看来，任何一个地域性的民间信仰之宗教组织符合此定义，即以一神为中心，成员为志愿性，且成员分布超过该神的地方辖区，则谓其为信仰圈……对任何特定信仰圈而言，一定是由一个祭祀圈逐渐发展而成的，但是并不是所有的祭祀圈都可发展成信仰圈。[③]

从英德地区民间信仰看，曹主信仰宗教—信仰文化圈与林美容所界定的情况不同。英德地区庙宇的神灵是混成的，混成了佛道儒三教神灵，以及盘古、师公和其他地方神灵，而每个庙宇几乎都供奉曹主娘娘，每个曹主娘娘庙中都有一个当地的神诞日，诞日基本不同。当地拜神组根据各庙宇曹主娘娘诞日依次祭拜各个庙宇，由此形成一个拜神路线圈。从拜神路线圈看，几乎所有庙宇每年至少祭拜一次，而如南庙、西庙、江口祖庙、东山古庙、仙师古庙、工村祖庙、田白马庙、靖保祠古庙每年至少拜祭四次以上，多者一年拜祭达6—7次，以曹主信仰文化核心区涵盖的庙宇居多。还有一个比较特别的是，当地庙宇主要神灵都有诞日，虽然以庙宇某位神灵的诞日为名，比如在王母娘娘神诞日，都要祭拜曹主娘娘。更奇特的是，神诞日那天拜的既是曹主娘娘也是王母娘娘。所以，在英德地区，只要有曹主娘娘神像，就可以算作是曹主娘娘的宗教—信仰文化圈范

---

① 林美容：《由祭祀圈来看草屯镇的地方组织》，《中研院民族学研究所集刊》1986 年第 62 期。

② 林美容：《由祭祀圈到信仰圈——台湾民间社会的地域构成与发展》，《中国海洋发展史论文集》1988 年第 3 期。

③ 同上。

围。从拜神组拜神的先后顺序看，完全以各庙宇神诞日先后为标准。

林美容根据炉头捐钱然后巡游的路线勾勒圈子的方法，在确定英德地区曹主信仰宗教—信仰文化圈的范围时不可用。比较有效的方法就是通过曹主娘娘的庙宇分布图，同时参考拜神组的拜神路线来勾勒曹主信仰的宗教—信仰文化圈边界和范围会相对客观。由此界定的曹主信仰宗教—信仰文化圈比林美容定义的信仰圈范围大得多。而且林美容在定义信仰圈时依据的是以某尊神或其分身为中心所形成组织的自愿参加者的分布范围，而在英德地区存在信仰的多次混成现象，即信仰的"盔甲化"现象，而且在神诞日所有神都要拜到，到底是以哪个神为中心，实难确定。林美容的信仰圈理论在解释台湾地区汉族社区的信仰情况可能会比较有解释力，但是一旦放到更复杂的地方或混成型信仰占主导的地域时就会失效，这个时候我们需要一种其他有效的方法。

英德地区只要有寺庙就有拜神组祭拜，而不是按照林美容界定的几个标准；其次，英德地区属于信仰混成的宗教—信仰文化圈，拜神组因哪个神诞去寺庙祭拜，是有点随意的，而不同于台湾地区汉族社区。可见，林美容的信仰圈是基于台湾的祭祀状况，而英德地区的情况与台湾地区不同，使用宗教—信仰文化圈来概括比较恰当。

从上曹主信仰与各信仰混成情况看，曹主信仰混成方式与生计模式两者之间存在一定联系。曹主信仰的主体——商业移民在进行商业贸易活动时，必然进入城镇，每一地区的城镇都是当地物资集散地和人流聚集地。在这个场域中，曹主信仰与其他的原生性信仰发生接触与混成，形成不同的宗教文化圈。在城镇中进行商业活动时，曹主信仰必然与城隍信仰发生混成。粤北地区山地广布，山货丰富，陆路交通十分不便，水路是与外界联系的主要方式。① 大量山货通过航运与外界发生贸易，而商业移民是贸易的主体。商业移民与以山货生产为生计模式的山地民族交往，必然与其盘古信仰发生接触与交流，曹主信仰不可避免地与盘古信仰发生混成。离开山区，进入到平原地区，乃是以农业为主要生计模式的地方宗族控制的场域。商业移民在与地方宗族接触、磨合中，必然会在文化上发生冲突与融合，这种磨合的结果就是曹主信仰与当地郎信仰发生混成。曹主信仰与城隍信仰、盘古信仰和郎信仰的混成，离不开各信仰主体的生计模式。

---

① 赵春晨主编：《岭南宗教历史文化研究》，天津古籍出版社2002年版，第12—13页。

第五章　作为大传统戏台的曹主信仰

美国人类学家罗伯特·雷德菲尔德在《农民社会与文化：一种通往文明的人类学方法》[1]一书中提出大传统和小传统的二元分类框架，用来说明在复杂社会中存在的两个不同文化层次的传统。大传统是指以城市为中心，社会中少数上层人士、知识分子所代表的文化；小传统是指在农村中多数农民所代表的文化。沃尔夫在《农民》（Peasants）一书中认为：农民信仰不能孤立地限定在其自身来解释。如果其信仰在支撑和平衡农民生态系统和社会组织上发挥功效的话，那它也是构成一个更大的意识形态秩序的组成部分。相对应源于社会的农民部分和更大的社会秩序的促进因素，信仰又锻造了一个将农民生活融入这个秩序的链环。将农民的神圣观念及技术与整体社会的信仰和技术联系起来的工作，掌握在宗教人士手里，就像将农民与更大秩序联系起来的工作被政治学家和经济学家所掌握一样。[2] 在粤北英德地区民间信仰混成的过程中，曹主信仰的宗教精英如何通过对"大传统"伦理价值系统的继承以及如何将此系统通过信仰仪式和仪式经文传达给广大信众，从而取得国家对地方宗教事务乃至法律地位的认可，以上问题都可以在仪式和经文中有所了解。

信仰仪式和仪式经文反映了人民群众对于美好生活的具体需求[3]，通过对仪式和经文的研究，可以较好地把握曹主信仰关于地方人民群众发展的心理需求，从而理解地方经济发展的积极内因。同时，可以了解曹主信仰如何持续以及人们为何固守此传统和曹主信仰变迁的动态原因，把握以曹主信仰为代表的当地民间信仰与其他信仰之间的复杂关系。

考察粤北英德地区曹主信仰的形成可以发现，曹主娘娘经历了从农家

---

[1] Redfield Robert, *Peasant Society and Culture: An Anthropological Approach to Civilization.* Chicago: The University of Chicago Press, 1956, pp. 24 – 38.

[2] Eric R. Wolf, *Peasants*. New Jersey: Prentice Hall, 1966, p. 100.

[3] 如功名财富、健康长寿、多子多福、五谷丰登、六畜兴旺、家人平安、好运等。

女到女神、从女神到英德地区保护神再到家神、从地区保护神到航运商业保护神的演变、发展过程。此过程展示了曹主娘娘由人到神、由外（地区外、家外）到内（地区内、家内）、由地区扩大到行业的动态变迁。这种转变证实了大传统和小传统互动互渗的动态过程，以及曹主信仰宗教—信仰文化圈的渐扩过程。

据已有资料记载，曹主娘娘本是一个随家人从外省迁移过来的无人知晓的客家女，少时分食给陌生老人表露出勤劳、善良、俭朴、仗义的品质。为保地方、报夫仇，她率领乡兵抵御黄巢起义军牺牲了自己，谱写了一首巾帼英雄的赞歌，成为古代女性的典范，即忠君、忠地方、忠夫、节烈。村民感其事迹，为其立祠、塑像，逢年过节向她烧香、祭拜。此时的曹主娘娘只是作为地方杰出女性被村民祭拜，尚未升格为神灵，仍处于地方小传统范畴。后来经过几次保卫地方的杀贼显灵，地方乡绅官吏呈请朝廷封赐以及历朝的多次封赐，曹主娘娘才逐渐成为国家认可的地方正统神灵，成为英德地区的主要地方保护神。

曹主娘娘从一个地方祭祀性人物演变为国家正统神，反映出小传统文化主动靠拢大传统文化、大传统文化有意吸收小传统文化的互动现象。拥有国家正统神和女性神的身份后，曹主娘娘很快又被村民请进家庭，承载着村民多生了嗣、家庭和睦的愿景，逐渐又被赋予生育神的功能。作为外来移民的曹主娘娘成为迁入地保护神的过程，呈现了外来移民族群和本地族群不同族群之间力量的博弈和文化的互动。这中间上演的多少幕争夺地方话语权的大戏，正可从曹主信仰这个大戏台窥豹一斑。

与士绅注重信仰的政治权力不同的是，普通大众更在乎信仰的实用性，有灵则信，有用则信。只有当神灵能够满足需要的时候，普通大众才会信仰某个神灵，"民间信仰的信仰对象、目的、祭祀仪式和信仰心理都与民众日常生活密切相关，具有实用性……'灵验'是维持信仰的基础，对那些长期不灵验的偶像，人们就会认为神的灵已经不再寓存其中而弃之不顾"。[①]曹主娘娘由一个地方保护神成为航运业的保护神，说明曹主信仰适应了航运业的需要，这源于水上航运的特殊性以及曹主信仰的独特性。北江流域流经南岭，水流湍急，峡谷众多，如著名的浈阳峡、大庙峡、飞来峡三峡。

---

① 曾传辉：《中国民间信仰的属性》，参见金泽、陈进国主编《宗教人类学》第一辑，民族出版社2009年版，第363页。

商船航行在这样的水道上十分危险，一个不慎就是船毁人亡。在古代没有创造"高峡出平湖"的技术时，依赖航运讨生活的人，除依靠丰富的水上经验外，唯一的办法就是祈求神灵护佑。北江航道是中原文化传入岭南的重要水上传播路线，南迁的中原汉人和南方汉人经北江进入粤北，与当地土著族群混合后，成为现在占主要人数的客家族群。正如前文所论，客家族群极有可能是由被"汉化"的本地土著族群再混合迁入本地的汉人构成。曹主娘娘作为客家移民，容易在共享一种文化的客家族群中传播开来，因而成为客家族群的信仰神灵。聚集众多客家移民的粤北地区，曹主娘娘便上升为北江流域影响最大的女性水神，成为航运商业的信仰对象也就顺理成章。从地方保护神到行业保护神的转变，表明商业力量与民间信仰之间存在一种互依共存机制。

第一节　闾山派师公经文中儒释道的混成

用印度哲学元典《奥义书》中的一段小故事来形容英德地区儒释道融合的情形再恰当不过：徒弟向师父问"道"。师父说："把这把盐放到水中，然后明天再来。"徒弟照办了。第二天，师父吩咐徒弟说："把昨天放到水中的盐拿来。"徒弟向水中看去，再也看不到盐，它已溶解于水中。师父又说："从这边尝水，它的味道如何？""有盐味。"徒弟说。"再从那边尝尝，味道如何？""还是盐味。"师父说："到水中去找一次盐，然后来见我。"徒弟照办，然后对师父说："我看不到盐，我只看到水。"师父说："同样地，你看不到'道'，但事实上它就在其中。"①

两汉时期岭南地区便传入道教和佛教，其独特的气候地理环境以及土著文化，为道教、佛教的发展提供了良好的土壤。再加上岭北汉人的移入，带来以儒家思想为主体的中原文化，道、佛、儒三教在岭南地区碰撞、交流、相互吸收。②曹主信仰形成之前，岭南道教、佛教已经相当昌盛，曹主信仰在形成过程中不可避免地融合了道教、佛教的元素。通过田野调查发现，英德地区存在诸多民间师公，他们一般为正一道的闾山派或茅山派。

---

① 引自［美］坎贝尔《千面英雄》，朱侃如译，金城出版社2011年版，第14页。
② 王丽英：《道教南传及其影响》，博士学位论文，华中师范大学，2004年，第108页。

每到神诞节日比如曹主娘娘诞日，各庙宇便会宴请附近师公跳大神、做法事。所有曹主娘娘庙里都供奉佛教神灵，其中又以观音神像居多，阿弥陀佛也可见到。然而，佛像常常居于次神位置，有的距离正殿较远，往往处在偏殿位置。曹主信仰混成了道佛两教元素，这是十分明显之事。

在闾山派师公经文中还可以看到丰富的师公歌本，这些歌本包含大量儒家正统理念。如《劝人歌》通篇表达了儒家孝道思想：

> 劝人儿子觉悟高，劝人歌子讲你知。
> 劝人子女觉悟高，莫把父母自己煲。父母年老做吾得，爷娘养子吾功劳。
> 做子思想爱提高，劝人子女心莫少。父母爷娘吾好心，有食无食爱关心。莫把父母当只狗，有食说话应该欧。
> 做人子女爱想真，细细吾离父母身。千辛万苦来养大，大里吾好忘本心。
> 做儿爱知娘苦情，劝人子女爱想通。脾气莫猛怎莫恼，父母爷娘不要打。眼泪流出很可怜，落雨最怕响雷公。
> 劝人子女莫偏心，从细当子一团金。父母爷娘吾尊重，何能养好代本身，到衣也会亏本身。
> 做人子女听懂来，父母吾好当坭。你当坭大脚踢，你从山崩爆出来，这种恶劣吾应该。
> 劝人歌子讲你知，歌子唱出有意义。
> 做人子女爷养大，莫把爷𡟰①丢别里，惜模思想丢掉已。
> 做人子女听真来，莫拿爷𡟰来分开。从细父母养到大，你从何处长大来，这种行为吾应该。
> 做人子女爱尊卑，莫把爷𡟰分开里，吉到爷娘自己煲。以后也会麟到你，大家分息不合里。
> 劝人子女爱学好，千祈吾好发劳唆。从细爷娘养到大，口水三桶口两箩，你爱记得娘苦劳。
> 劝人子女爱想真，莫把父母当别人。父母爷𡟰要尊重，孝顺当

---

① 客家音译，"父母"之意。左边一个"女"字，右边一个"哀"字意为母亲。英德当地讲客家话，在经文中有许多类似按客家话发音而写的字。

得值千金，这条道理爱分明。

　　做人子女一条心，父母养子贵如金，三餐饭菜儿饱。养大吾好蛮本心，千祈莫来瞒本心。①

《劝人歌》劝诫子女要孝敬父母、关心父母、不能遗弃父母，否则"何能养好代本身，到衣也会亏本身"。孔子在《论语》中多次提及"孝"，有关"孝"的言论如"弟子入则孝"、"生，事之以礼；死，葬之以礼、祭之以礼"、"父母唯其疾之忧"、"色难。有事弟子服其劳；有酒食，先生馔"、"父母在，不远游"② 等。孟子也有"世俗所谓不孝者五：惰其四肢，不顾父母之养，一不孝也。博弈好饮酒，不顾父母之养，二不孝也。好货财，私妻子，不顾父母之养，三不孝也。从耳目之欲，以为父母戮，四不孝也。好勇斗狠，以危父母，五不孝也"③ 之论。而《孝经》专门论述"孝"之道，如"夫孝，德之本也，教之所由生也"、"夫孝，天之经也，地之义也，民之行也"、"宗庙致敬，鬼神着也。孝悌之至，通于神明，光于四海，无所不通"。④ 百善孝为先，孝乃八德之首。孝作为宗法社会中最核心的伦理观念，在宗族建构与延续、维护宗族利益方面发挥着至关重要的作用。

　　中国的地理环境、气候状况使之较早进入以种植业为主的农耕文明。农耕文明最需要的是稳定，一个风调雨顺的天，一个安定有序的社会，以及一个和谐安康的家庭。天、社会、家给予我们生存的基本条件，也使得人类得以繁衍发展。作为一个农耕民族、宗法社会，家也就自然而然地成为最基本的社会单位。农耕文明除了自然条件之外，还需要生产工具、生产经验等因素，而这些都是由祖辈留给后代、传授给后代。加之与生俱来的血缘亲情，祖辈与子孙之间就有一种天然的联系，任何人都无法割裂，孝就自然成为维持家庭和谐稳定的重要保障。孟子曰"天下之本在国，国之本在家"、"为政不难，不得罪于巨室"⑤，家既已和谐稳定，只要不触犯地方宗族利益，则国与天下自然不会动乱。通过以上论述可见，孝在

---

① 意为"长大不要无良心，千万莫要瞒良心"。
② （宋）朱熹集注：《四书集注》，陈戍国标点，岳麓书社2004年版，第56、63、64、83页。
③ 同上书，第333页。
④ 胡平生、陈美兰译注：《礼记·孝经》，中华书局2007年版，第221、239、270页。
⑤ （宋）朱熹集注：《四书集注》，陈戍国标点，岳麓书社2004年版，第310页。

传统宗法制社会中的地位。由此，也可以理解为何孔孟对其尤其重视与强调。人生天地间，最先接触的是父母、兄弟姐妹。理所当然，亲情就成为人最原始，最基本的感情，而孝则是维系亲情最核心的纽带。

《十劝妹对唱歌》则诠释了儒家为人处世的道德观，劝郎勤俭持家、孝顺父母、爱护妻儿、戒嫖戒赌戒色戒贪、守为夫之道，劝妹守妇人之道、勤劳孝顺、待客热情，同时还反映出"农本"思想：

> 一劝郎来夜里深，莫来想妹想生心。莫把小姑来去想，想来想去想生心，思想得病怨谁人。
>
> 一劝涯妹妹在家，切莫上家捞下家。上家有介懒媳妇，下家有只懒绩蔴，了懒身来害自家。
>
> 二劝郎来外出捞，出外吾好乱去嫖。有日身上惹到病，自己生命都会无，莫来担各嫩亚娇。
>
> 二劝涯妹里家务，煮里朝晏煮夜。锅头碗筷洗干净，家迁吾好柬鲁夫，人来客到爱招夫。
>
> 三劝涯郎话你知，劝郎固家养孩兜。一来固家养子女，二来固家养贤妻，你莫打半别人妻。
>
> 三劝涯妹话你知，劝妹好好洗衫衣。换倒衫裤你爱洗，好天落水你爱里，有讲有笑好夫妻。
>
> 四劝涯郎四四方，劝郎好好养爷娘。从细养子已难大，吾好忙本你爷娘，养兜代老好心肠。
>
> 四劝涯妹莫牙花，你莫吵闹来分家。你莫吵闹来分火，你爱和顺你全家，哥哥面份爱阑遮。
>
> 五劝涯郎莫柬话，自己讲出自己夸。吾会打算害自家，莫把钱银乱柬花，出门吾好奢大炮。
>
> 劝涯妹子爱想下，自己家务自己抢。自己家庭自己做，能养猪鸡鹅鸭姆，勤勤俭俭当好家。
>
> 六劝涯郎莫学懒，你妹看见心也烦。世上只有耕田好，后生吾做老里难，半年辛苦半年间。
>
> 六劝涯妹心莫烦，世上耕田系吾闲。一早出门做到夜，转去又爱煮三餐，每朝起身吾好晏。
>
> 七劝涯郎莫去嫖，嫖赌两种得人憎。屋埒都有贤妻子，连得妹多

奢坏腰，你爱固紧你荷苞。

　　七劝涯妹功夫多，起身吾好头懒梭。随日天光随日暗，千祈吾好发劳唆，做里亚妈做姐婆。

　　八劝涯郎莫赌钱，赌钱无日的光先。今日营里三两百，明日输你三五仟，百万家财输得完。

　　八劝涯妹做花鞋，天晴也爱割担柴。年幼做来自己着，后生做倒老里鞋，好天割倒落水柴。

　　九劝涯郎九九长，莫作小妹来去想。莫把靓妹来去贪，奈处也有靓妹娘，莫拿有钱银送娇娘。

　　九劝妹妹好心肠，做里心普①做家娘。别人有钱你莫贪，莫来讲坏妹身上，哥哥缘分命年长。

　　十劝涯郎劝柬多，十条歌子劝亲哥。老人无子受崩波，男人莫信女嫖哥，十条歌子都劝了。

　　十劝妹妹哥话你，哥讲言语记尽已。朝辰早起理家务，夜晚服侍小孩儿，各样周至正为先。

　　《放女嫁妹对唱歌本》说的是婚姻习俗，有关嫁女、说媒、聘礼、告知舅亲、归宁的父女之间的对话，体现了儒家"父母之命、媒妁之言"的正统婚姻观。还有众多歌本诸如《祝英台歌》表达道教思想对姻缘观的影响；《采茶唱歌》、《织麻对唱歌》唱出生活劳作的艰难不易；《儿童开学歌》则表现上学学习礼仪文章，考取功名的读书观；《青年当兵歌》弘扬忠君爱国、孝顺父母家人的忠孝观。还有《劝儿女尊敬父母》、《劝青年人莫学懒》、《劝人忠诚爱公心》、《劝醒男女莫赌钱》、《书中劝好正公道》、《十月怀胎书》、《怀胎孝儿经》、《读书学堂开》、《小妹织蔴歌》等。这些歌本是师公在打醮活动中歌唱的文本，属于打醮科仪的组成部分，而歌本的内容却是儒家伦理道德思想。

　　王维娜对闽西客家山歌进行深入考察发现，在闽、粤、赣客家地区，乡绅等一直把唱山歌看作"淫亵"之事，认为唱山歌是不道德的行为，有碍风化，破坏传统伦理道德观念、社会与家庭秩序，尤其禁止女性唱山歌。客家山歌被排除在传统士大夫、上层精英群体以及乡村士绅所控制的

---

① 客家话，"媳妇"之意。

城镇、乡村范围之外，只能在传统道德范围约束力无法触及的山野间进行，成为与大传统对立下的小传统文化。① 唱山歌的人也主要集中在那些劳动群体中。参与这些劳动的民众选择唱山歌来达到减轻身体疲劳、消磨劳动时间、调节情绪、表达内心的情感的目的。在调查中，王维娜发现女性也是传承山歌演唱传统的主要群体，主要源于闽西童养媳婚和等郎妹婚下的女性在婚姻家庭生活中承受巨大的生理和心理痛苦，这种痛苦成为女性演唱山歌的文化动力，唱山歌是她们相互安慰、相互疗伤的最好工具，她们在家庭中受到的种种不公、委屈和痛苦，都能够通过唱山歌得以缓解，因而女性也成为山歌的主要传承群体。②

闽西客家歌曲内容多以表达男女爱情为主，不似粤北客家包含如此多的儒家正统思想和教育意义，从一个侧面反映迁入粤北地区的客家一方面长期受到岭南儒家思想的影响，一方面粤北客家部分来源于山地民族（主要为瑶族）的汉化，同样受到山地民族文化的影响，女性地位较高。

在师公所用经文如《关帝明圣真经》，也可看到儒家文化和道教文化的交融。关帝即关羽，关羽作为忠义标榜，历来为文人骚客所歌颂。关羽形象原就是儒家文人创造的儒家理想士人的模型。历代文人的传扬和地方百姓的拜祭，使关羽升上神坛，成为中国许多地方祭祀的正祀神灵，后又被道教吸纳到神仙体系。从以下经文不仅可以看到儒道文化交融的痕迹，还能看到佛教文化的因子：

> 万里穷军，欲求长生育子。急宜戒杀放生，不食牛犬等肉。
> 可免牢狱囚刑，男女遵奉吾语。遇难吾自降临，战场驱逐鬼魅。
> 刀光雷雨血淋，护国百折不改。助尔加爵策勋，富贵永昌万世。
> 眉寿永无灾口，如有毁法妄想。斗秤欺哄愚氓，不许生身人世。
> 阿鼻地狱呻吟，那时悔祸已晚。急早佩服法文，回头诸恶莫作。

"万里穷军，欲求长生育子"是道教修行者一直追求的梦想，"急宜戒杀放生，不食牛犬等肉"明显是佛家倡导的"慈悲为怀、不杀生"的思想，"不许生身人世，阿鼻地狱呻吟"属于佛家转世轮回的宇宙观。

---

① 王维娜：《劳动与山歌——闽西客家山歌传承的文化生态》，《文化遗产》2009年第2期。
② 王维娜：《婚姻、性别与山歌——传统时期闽西客家山歌的文化生态》，《民间文化论坛》2009年第6期。

"可免牢狱囚刑,男女遵奉吾语。遇难吾自降临,战场驱逐鬼魅。刀光雷雨血淋,护国百折不改。助尔加爵策勋,富贵永昌万世"显然属于儒家"保家卫国、升官发财、福荫子孙"的思想。由此从侧面反映出儒、佛、道三教的融合。面对中国宗教混成的现象,劳格文概括道:人民寻求两种最重要的仪式专家:道教和佛教人士所提供的服务有一模式——前者祭生(拯救生者)和后者度死(拯救死者)。驱邪赶鬼的道教与救赎的佛教两个结构性的分野,衍生了道教与民间宗教的相同性——二者均处理神明和鬼众;也衍生了佛教和儒教的共通性——二者均是处理祖先。这共通性不论在中国历史上和田野调查中均可发现,但既然我们的注意力集中在道教与民间宗教上,于此我们欲强调:虽然二者在神统和仪式上的分别很大,在目的上它们却是共同的,即提供保护、治疗和兴旺。[1]

作为各朝用来维护统治、控制民众思想的工具,儒教、佛教、道教可以划入大传统文化,这类大传统文化在曹主信仰的地方小传统文化中随处可见。同时,大传统文化不但影响小传统文化,小传统文化也在积极、主动形塑大传统文化。如同"雷德菲尔德认为,属于大传统的上层文化向地方流动,逐步地方化;而地方区域文化传统向上层中心流动,则会形成普遍化。以西南少数民族宗教的演进历程来看,大传统和小传统相互依赖,两者之间的影响是长期持续的"。[2]

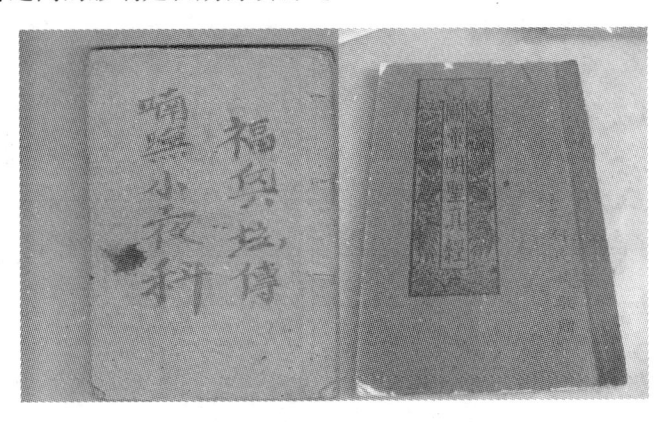

图 5-1 经文

---

[1] [法]劳格文:《词汇的问题或我们应该如何讨论中国民间宗教》,参见劳格文主编《客家传统社会》下编附录,中华书局2005年版,第955页。

[2] 张泽洪:《文化传播与仪式象征:中国西南少数民族宗教与道家祭祀仪式比较研究》,巴蜀书社2007年版,第6页。

第二节　闾山派经文与曹主信仰关系

道教之醮，其特点是"自三宝而下，只于三界真司、将吏神祇，无不召请……后事安排醮筵，陈列圣位，其小者惟二十有四，其多者三千六百，每位各设茶酒果食，立牌位供养"。① 它是向天神祈祷、传递信徒请求的仪式，起着沟通神圣世界与世俗世界的作用。神圣世界是对世俗世界的反映，基于世俗世界的模式建构。在世俗世界中，黎民分三六九等、官员有各种品级，皇帝则高居庙堂。这种严格的等级制度规范着这个社会模式之中的所有官与民，皇帝也不例外。世俗世界的人们同时还受到自己建构出来的神圣世界的规约，在社会活动和个人生命阶段中都要请神拜神，以求此世的安宁。在世俗世界，拜见比自己长一辈高一级的亲朋、官衙，先要投递拜帖，得到答允方能会见。世俗世界的信徒拜见神圣世界的神灵时同样要有拜帖，这拜帖就是道教经文中丰富多样的奏书。高功法师请神作法时，要以"臣子"朝见"天子"的形式进行，向道祖、神灵上疏，给神灵的疏文仍然以古代官方行文为标准，有章、奏、表、疏、牒等众多样式。故有"斋醮简牍之设，古者止符箓朱章，而以其他表状文移之属，皆后世以人间礼兼考合经教"。②

道教科仪经文种类众多，英德地区闾山派师公打醮时要唱念跳打，有大量经文，包括师爷歌、阴契、奏书（如冯道法林奏状《造船、退病、送火、过花桥》）、招兵奏表、神宝书经、佛教喃吼经、往生咒、观音经等。通过笔者收集的经文，可以发现英德地区闾山派富有地方特色的师公体系和神圣空间。

一　当地闾山派祖师传承系谱

当地师公在各种斋醮科仪中都会请出本堂祖本宗师，通过清理各经文，可以发现当地闾山派师公系谱。如体现在《神宝书经》中的师公系谱（见图5-2）。

---

① 胡道静、陈莲笙、陈耀庭选：《道藏要籍选刊》第8册，上海古籍出版社1989年版，第806页。
② 同上书，第3页。

```
                    ┌─────────┐
                    │ 闻山九郎 │
                    └────┬────┘
              ┌──────────┴──────────┐
         ┌────┴────┐           ┌────┴────┐
         │ 左车童子 │           │ 右车童子 │
         └────┬────┘           └────┬────┘
              └──────────┬──────────┘
                    ┌────┴────┐
                    │  竹师主  │
                    └────┬────┘
                    ┌────┴────┐
                    │  竹师爷  │
                    └────┬────┘
                  ┌──────┴──────┐
                  │ 老师、少师   │
                  └──────┬──────┘
                    ┌────┴────┐
                    │ 一派宗师 │
                    └────┬────┘
                  ┌──────┴──────┐
                  │ 前传口教师父 │
                  └──────┬──────┘
                ┌────────┴────────┐
                │  老师傅刘大一郎  │
                └────────┬────────┘
              ┌──────────┴──────────┐
```

本堂翁师：罗法宾一郎、罗法强一郎、罗法装五郎、罗法保、罗法选、罗养三郎、罗寿四郎、罗锦一郎、罗五一郎、罗余一郎、罗平七郎、罗四郎、罗交四郎、罗法远、罗恒五郎

师公：罗镇一郎、罗达一郎、罗星三郎、百师罗仁一郎、传教师傅罗法君

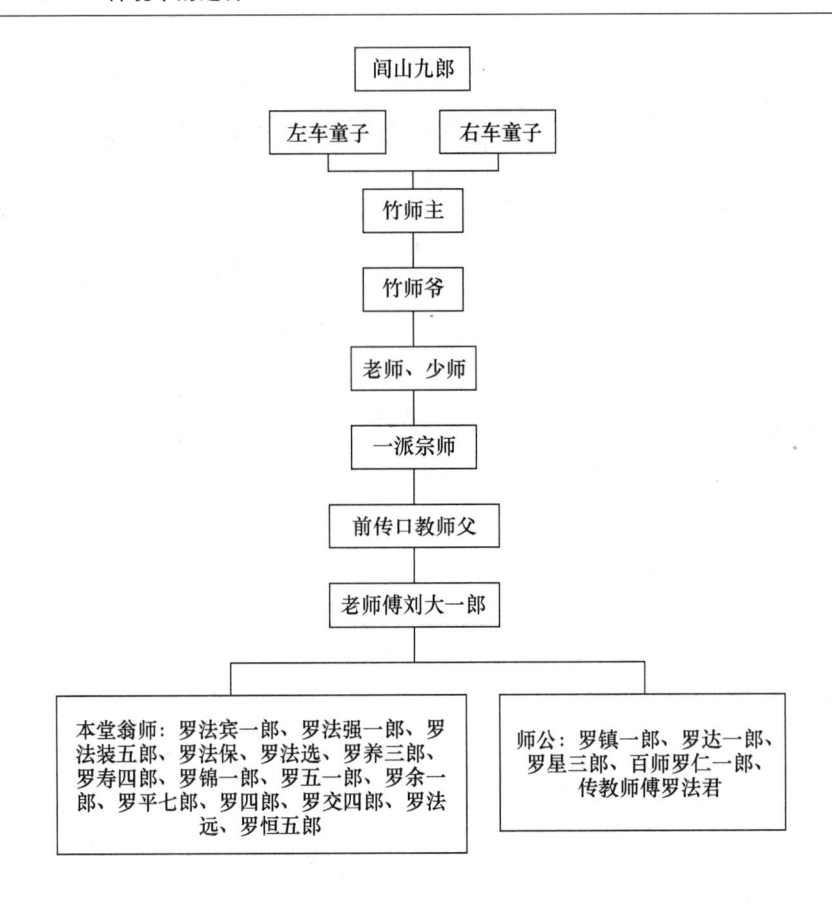

图 5-2 《神宝书经》师公系谱

在《请神问鬼各种神煞部》"请师环节"中所请已逝师公会因仪式不同而有所不同，各仪式所请师公如下：

师公系谱：熊十六郎→熊十三郎→熊十四郎→林十五郎→茅山廖法兴→陈大念→传度祖师赖玄一郎→黄正二郎→李道椿→（大幡师主）李学一郎→钱贵一郎→林岁五郎→卢镇四郎→老师箫其二郎→林记五郎→林仲二郎→廿四朝朱满姑姊妹→朱富六郎→朱念七郎→朱秀一郎→朱吉一郎→高莫一郎→曹二郎→何战一郎→邓千一郎→邓一通二郎→罗标一郎→张真二郎→陈万四郎→陈广二郎→陈元三郎→罗真一郎→陈行一郎→卢荣标一郎→扶兵太子黄念七郎→黄兵太子→罗千五郎→祖师黄法令→邱清三郎→邱仁一郎→郭八三郎→丘四九郎→彭通一郎→彭大一郎→彭大二郎→先通舍人彭法论→丘法通→车犯祖师张廿郎→张法行→张全二郎→丘松二郎

→丘恒一郎→老师黄万二郎→罗锦二郎→少禁祖师浓远一郎→刘鉴一郎→刘鉴二郎→刘石四郎→加笞老师刘大一郎→许红一郎→许才一郎→赖翁一郎→传教师父罗法兵一郎→罗法强一郎→罗法装五郎→罗法保→罗法选→罗法养三郎→罗寿四郎→罗锦一郎→罗倍一郎→罗余一郎→罗平七郎→罗宗四郎→罗咬一郎→百师罗法远→罗恒五郎→师公罗镇一郎→罗达一郎→罗星三郎→罗仁一郎→傅教师公罗玉一郎→传教师父罗法君→重兵太子罗千五郎→生魂口教师父罗清君。

《神宝书经》的师公系谱中罗姓师公 20 位、刘姓师公 1 位，共计 21 位，几乎全部是罗姓师公。在《请神问鬼各种神煞部》师公系谱中罗姓师公 27 位、熊姓师公 3 位、林姓师公 4 位、廖姓师公 1 位、陈姓师公 5 位、黄姓师公 5 位、李姓师公 2 位、钱姓师公 1 位、卢姓师公 2 位、萧姓师公 1 位、朱姓师公 6 位、高姓师公 1 位、曹姓师公 1 位、何姓师公 1 位、邓姓师公 2 位、张姓师公 4 位、邱/丘姓师公 6 位、郭姓师公 1 位、彭姓师公 4 位、刘姓师公 4 位、许姓师公 2 位、赖姓师公 2 位、姓氏不详 1 位，共计师公 86 位，而罗姓师公就占师公人数的近四成。

从师公系谱和师公经文看，师公法术与经文的传承是以宗族为基础，如罗氏宗族控制了近四成师公神位。徐祖祥在研究瑶族宗教时曾说过，师公把经书作为其传承的关键，从不轻易示人，因为如果给别人拿出翻版，得到经书的人就很容易成为师公，就会直接威胁到掌握经书的师公在该地区宗教社会中的地位。故师公大多采取父子相传的方式传承其衣钵，而与师公没有血缘关系的人只有少数特别得其信任的人才可以做师公。[①]

从师公姓氏看，罗姓以外的师公所占比例不高，这种对他姓的传法，可能涉及当地婚姻圈、外来移民等因素，但有一点必须明确的是绝对与宗族结盟有很大的关系。在英德地区存在村与村之间结盟、宗族与宗族之间结盟的现象。作为一个大量汉人迁入的地区，当一个小姓宗族迁入到新的地方时无法独自保护自己的宗族利益，便会与其他小姓宗族结盟或依附于大姓宗族，共同抵御土强流寇和社会动乱造成的侵扰。宗族结盟使各宗族成员之间产生一种义兄弟的关系，他们同拜一座庙，同信一个神。师公传授法术和经书就不只是在同姓宗族，也会在结盟的他姓宗族中寻找弟子，

---

① 徐祖祥：《瑶族的宗教与社会：瑶族道教及其与云南瑶族关系研究》，云南人民出版社 2006 年版，第 43 页。

从而出现各种姓氏的师公。但师公还是会倾向于选择本族子弟，如自己的子侄，这也就是导致罗姓师公数量庞大的原因，同时说明罗氏宗族在当时势力之强大。通过宗族结盟的方式，地方宗族的势力范围和影响在这一结盟过程中也得以扩大。师公法术和经书的传播过程便是这种宗族间结盟过程的体现。异姓宗族与异姓宗族结盟的先后顺序亦在经文中有所体现，反映在师公姓氏出现的先后顺序，这点在当地民间神话传说中也得以印证。

在血缘关系和宗族联盟基础上传承下来的师公系统，经过代代相传形成英德地区的郎信仰，"郎"即师公。郎信仰的实质为宗族对信仰的控制，在师公系谱上得到进一步证明。

"明清时期，道教进一步向民间渗透，道教信仰已与西南少数民族的民俗信仰相结合……道教在西南少数民族中的传承，是立坛传授，师徒相承，以坛为单位从事祭祀活动。此法源于江南正一道的道坛。每代坛主都取有法名，以显法脉源流。瑶族道公、师公的法名，多用'玄'、'道'、'法'、'胜'等字，系取自道教教义，具有明显的道教色彩。"[①] 与张泽洪描述的西南少数民族的信仰特点相同，英德地区师公系谱也反映出这种取名之法，可见英德地区的民间信仰受道教以及山地民族的宗教——信仰文化的影响是极为深刻的。

"凡修斋设醮，参加道士皆有固定称谓和职能，统称'醮坛执事'。"[②] 醮仪中各师公也有不同称谓，包括全坛全齐师、日中收禁师、收邪师、收瘟急脚师、朦山施食师、收鬼师、油汤火口师、水火练度师、水盆刀山师、封山封禁师、置花轩煞师、收虎放虎师、转青断路师、建坛杀肉师、追魂放魂师、造鬼师、车埋转竹师、书符不符起水师、治病打邪治鬼师等，这些师公在醮仪中承担着不同的职责，受道教科仪的影响十分深刻。

二 闾山派仪式中神灵体系与神圣空间

（一）闾山派仪式中神灵体系

师公在醮仪中会请神来法坛助阵，从其所请神灵名录中可见闾山派的神灵体系。细细比较可发现《请神问鬼各种神煞部》和《招兵奏表》中所请神灵名录最丰富。在经文中师公请神分批进行，师公最先请到一批神

---

① 张泽洪：《文化传播与仪式象征：中国西南少数民族宗教与道家祭祀仪式比较研究》，巴蜀书社2007年版，第23页。

② 彭理福：《道教科范：全真派斋醮科仪纵览》，宗教文化出版社2011年版，第22页。

灵后以"再拜请"或"再请后来神"为启,再分批拜请其他神灵。所以可把第一批请到的神灵视为第一等神灵,下面以此类推。需要注明的一点是,各个师公经文中所请神灵谱系有所不同。此外,邓师傅《招兵奏表》中"龙角开坛躬身拜请"、"法炉焚香拜请",刘师傅《请神问鬼各煞部》,冯师傅打醮经文也有非常丰富的神灵名录。

《请神问鬼各种神煞部》拜请神灵体系:

第一批神灵:三清上圣、华将大帝、混元赦主太上老君、王母仙众、闾山九郎、三元传教祖本宗师、二真君法沼封不犯、本境福主水口大王、观音菩萨、佛堂列圣、炉旧仙人、长生大帝、七十二宫大帝、白马三郎、十道现代十四郎、李九妹、李九娘、陈林李氏三位夫人、左坛龙杵王华、紫微山作法师主、王七娘、伟八郎、平山高汉王、华光芥子、捉缚枷拷四员猛将。

第二批神灵:生天王、开天王、阿修罗王、长目仙、短目仙、三目仙、四目仙、横仙许晶王、淮南法主(张、赵)二郎、赵候三郎、骑鹤祝三郎、井内撑船何五妹、莲叶街前何五娘、苏七妹、柳洲郝九娘、晋山上吊鬼王、晋山下吊鬼王黄河、桥头将禁、师公王十六郎、殿治邪王七十、外随夫人。

第三批神灵:东极青华大帝、南神门官户尉、井灶神君、日文日武志圣志贤。

第四批神灵:前傅口教祖本宗师朱杏一郎、朱念七郎、朱富六郎、陈万四郎、邓千一郎、高莫一郎、曹二郎、何战一郎、邓一通二郎、罗标一郎、张真二郎、陈广二郎、陈元三郎、李师罗真一郎、陈行一郎、卢荣标一郎、前傅口教生魂师父罗全坛、全齐师、日中将禁师、将邪师、将瘟急脚师、朦山施食师、将鬼师、油汤火口师、水火练度师、水盆刀山师、封山封禁师、不坡放学置花轩熟师、将虎放虎师、转青断路师、连坛杀肉师、追魂放魂师、造鬼师、车埕转竹师、书符不符起水师、治病打邪治鬼师。

第五批神灵:东方九夷兵、南方八万兵、西方六营兵、北方五特兵、中央三千兵、大朝兵小朝兵、麒麟狮子兵、犀牛白象兵、蜈公百鸟兵、春雷下雷兵、冬雷兵、二十四阵狼雷兵、三十六员天将兵、左战天马兵、右战地鸟阳战阴战兵、楼天地兵、三百打火王、三百打鬼治邪王、左相旗头虽汉王、右相旗头虽汉王、左营带兵阳都智、右营带兵李将军、左营押兵王伏藏、右营押兵李成奏、祖师五营众兵将、李师五营众兵将、第子五营众兵将。

在以上神灵体系中可以发现宗教神灵混成现象。在《请神问鬼各种神煞部》拜请第一批神灵中有"观音菩萨、佛堂列圣",第二批神灵中有"阿修罗王",这些都是佛教神灵。彭理福以观音为例揭示出这种"双栖神仙"甚至是"多栖神仙"现象:"道教、佛教在中国都有两千年的悠久历史,二教长期共存、互相影响又互相渗透,这是中国宗教的特色,在这种包容性很大的宗教文化氛围中,出现了道、佛共尊的双栖神仙,我们熟悉的观世音就是其中一位神灵,他在道、佛二教中香火鼎盛,信众朝夕朝拜。道教尊称为:慈航真人观世音;佛教尊称为:观世音菩萨"。[①] 由此还能发现许多民俗神,如"井灶神君"。"井灶神君"正好处于所请神灵的中间位置,这与灶君的身份有关。传说玉皇大帝派灶神掌管善恶,每年腊月二十三晚上,他要上天报告玉皇大帝,述说人间善恶。因此,人们对灶神很尊敬,不敢得罪他,还要摆好供品贿赂他,让他在玉皇大帝面前说好话。[②] 灶神来往于神圣世界和世俗世界,既代表了世俗世界的意志,也代表了神圣世界的意志,正好起到衔接神圣世界和世俗世界的纽带作用。这种重叠身份导致在师公请神时把他放在了中间位置。从师公所请神灵中还可以发现许多自然神,如"麒麟狮子兵、犀牛白象兵、蜈蚣百鸟兵、春雷下雷兵、冬雷兵、二十四阵狼雷兵、左三百打火王",这些神兵既有动物,也有自然现象。这体现出英德地区民间信仰的原生信仰特质。在《瑶族的宗教与社会:瑶族道教及其与云南瑶族关系研究》一书中,徐祖祥用了一章解读瑶族宗教的神灵系统,提到"道教的瑶族化"现象,瑶族宗教神灵系统的神祇主体部分来自汉族道教神灵,却表现出明显的瑶族化特点,瑶族原有的原生信仰神、本民族的杰出人物和本家族的家先等全被纳入神祇系统之中,使瑶族道教的神祇系统显现出明显的瑶族化色彩。[③] 在英德地区神灵体系中仍然可以看到遗留下的瑶族原生信仰的特质。

[①] 彭理福:《道教科范:全真派斋醮科仪纵览》,宗教文化出版社2011年版,第133页。

[②] 张泽洪:《文化传播与仪式象征:中国西南少数民族宗教与道家祭祀仪式比较研究》,巴蜀书社2007年版,第507—508页。

[③] 徐祖祥:《瑶族的宗教与社会:瑶族道教及其与云南瑶族关系研究》,云南人民出版社2006年版,第61页。

第五章 作为大传统戏台的曹主信仰

《神宝书经》神灵体系如图5-3所示。

```
                    玉皇大帝
                    太上老君
                    八表真人
                  龙真君、虎真君
                  十极十华将大帝
                  北斗将星、南斗将星
                  长眉仙、短眉仙
                  三目仙、四目仙
                 信洲治邪梅老太君
                左行张仙师、右行张仙师
          恭令仙师 童重仙师 叶净仙师 雪山圣者
              平山微眉高汉帝太子七位络灵王
              前汉公爷汉高武  后汉公爷汉灵皇
              前汉公爷十二王  后汉公爷十二王
              廿四朝将皇帝    三十六公皇太母
关兵一灵皇、点兵二灵皇、动兵三灵皇、行兵四灵皇、招兵五灵皇、扶魂太子六灵皇、光武太子七灵皇
              吕洲吕阳县吕山三官承九郎
              左案卷横山当十郎  右案卷横山当七郎
```

```
         祖本宗师斩鬼李道通   杀鬼高曼皇云中八大皇   急水兵头梁舍人
         福吕府古田县林水三师大夫人、陈氏夫人、林氏夫人、李氏夫人
                   雄头神将    墨头神将    飞龙飞凤神将
                   大幡师主熊十三郎、熊十四郎、林十五郎
              治邪退病茅山廖发兵、陈大念   十四朝朱满姑朱姐妹
                   仲法信太子点兵黄念七郎   黄兵太子罗干五郎
         祖师黄法全、林仲二郎、邹清三郎、邹仁一郎、郭八三郎、兵四九
         郎、老师黄方二郎、罗锦二郎、少禁祖师衣运一郎
         大幡师主刘鉴二郎、刘方四郎  诸幡转度祖师赖应上郎、黄仁一郎、黄正二郎、李道春
              大幡师主李学一郎、钱贵一郎、林变五郎、卢侦四郎
         放峰老师简其一郎、唫黎律练师、林仲二郎、车犯祖师张法行、张全二郎
              老师丘从二郎、丘恒一郎、朱富六郎、朱吉一郎
              左营天仙兵、右营地仙兵   左营押兵李成太、右营押兵王伏藏
              东南营兵、西北营兵、东营兵、西营兵、北营兵、中营兵
                   五方五路红火红水兵、大朝兵、小朝兵、
         串岩破洞大将军、上元唐将军、中元葛将军、下元周将军、罗维罗网大将军
                   铜马三郎、铁马四郎、五伤五郎
              奇灵狮子兵、野猪百罗兵、喜牛突相兵、乌鸦泽鸟兵
                   串岩破洞大将军天地兵、四季原来火杖兵
         祖师手下兵、本祖手下兵、弟子带来三十六营神战马、七十二营神战兵
```

```
┌─────────────────────────────────────────┐
│           老师父刘大一郎                  │
│ ┌─────────────────────────────────────┐ │
│ │ 本堂翁师：罗法宾一郎、罗法强一郎、罗法装五 │ │
│ │ 郎、罗法保、罗法选、罗法养三郎、          │ │
│ │ 罗寿四郎、罗锦一郎、罗君一郎、罗          │ │
│ │ 余一郎、罗平七郎、罗定四郎、罗咬          │ │
│ │ 一郎、罗法远、罗恒五郎                   │ │
│ ├─────────────────────────────────────┤ │
│ │ 师公：罗侦一郎、罗达一郎、罗星三郎        │ │
│ ├─────────────────────────────────────┤ │
│ │ 百师：罗法远、罗化一郎、罗玉一郎、罗法君  │ │
│ └─────────────────────────────────────┘ │
```

图 5-3 《神宝书经》神仙体系

从神灵体系看，英德民间信仰的神灵体系吸纳了当地已逝师公。在每次醮仪请神过程中，已逝师公的弟子们都要将自己祖先师公与各路神灵同时拜请到醮坛。在重复的拜请仪式中，有关祖先师公的历史记忆不断被强化，逝去的师公便逐渐升格为地方保护神，一同成为地方信徒祭拜的对象。地方宗族控制民间信仰后，利用所掌控的权力将本族或盟族有资质的人推上师公位置，再通过拜请师公醮仪将其推上神位，地方宗族祖先也就成为地方共同祭拜的神灵，为宗族掌握地方宗教话语权以及政治话语权提供了信仰保障，同时为宗族扩大其势力范围、谋取更多的实际利益提供了途径和手段。

以上密如蚂蚁般的神灵名词证实英德地区民间信仰神灵体系多么庞大。英德地区民间信仰承继了道教神灵体系，并吸收了其他各式各样的神灵。庞杂的神灵体系明显可以划分为家神、佛道众神、自然神、地方神。徐祖祥在论述瑶族神灵系统时指出，瑶族根据与其关系的亲疏将神灵系统划分为外神与家神。被称为家神，是因为这些神祇所管的主要是家庭内生产生活诸事；而外神主要由来自汉族的道教诸神构成，也包括一些本民族原有的神，这些神主管家庭以外的众多事务。[①] 笔者认为，英德地区家神还应包括信徒在家中祭拜的神灵以及一众女性神灵；外神则指相对于地方神的佛道众神与自然神。

英德居民在家中祭拜的神灵有观音菩萨、曹主娘娘、送子娘娘、西方三圣、灶神君、门官、土地神等，其家神主要有观音菩萨、佛堂列圣、南

---

① 徐祖祥：《瑶族的宗教与社会：瑶族道教及其与云南瑶族关系研究》，云南人民出版社2006年版，第60页。

神门官户尉、井灶神君、福神、镇宅龙神、先祖公婆、老少尊神、社官，以及李九妹、李九娘、陈林李氏三位夫人、花公花母、平等仙姑等一众女性神。外来神主要有三清上圣、华将大帝、混元赦主太上老君、东克东华大帝、南极长生神大帝、北极紫微神大帝、中极黄花神大神、上元一吕赐福天官、上元二吕实在地宫、三元三吕三官大帝、日月二官将天子、南北二斗将星军、王母仙众、间山九郎、三元传教祖本宗师、二真君法沼封不犯、观音菩萨、佛堂列圣、长生大帝、七十二宫大帝、金轮元中都教主、茅山李仙师、陈林李奶娘、左坛龙杵王华、紫微山作法师主、生天王、开天王、阿修罗王、长目仙、短目仙、三目仙、四目仙、门神、灶神君、福神、门官土地、镇宅龙神等一众佛道众神。

自然神有麒麟狮子兵、犀牛白象兵、蜈公百鸟兵、春雷下雷兵、冬雷兵、二十四阵狼雷兵等。地方神：磐古大王、五谷之主、禾花仙女、谷花小娘、金花小姐、银花小娘、正顺曹主娘娘、（娘娘部卫）雄兵大将、白旗仙官、李小九郎、（连州江口）肖小一郎、（尔）小三郎、（琶江水口）林小七郎、林小八郎、江口排兵府城王、进教师婆刘九姐、飞天白鹤马二娘、金州金七姐、银州三娘、花公花母、平等仙姑；本境福主水口大王、炉旧仙人、白马三郎、十道现代十四郎、李九妹、李九娘、王七娘、伟八郎、淮南法主（张、赵）二郎、赵候三郎、骑鹤祝三郎、井内撑船何五妹、莲叶街前何五娘、苏七妹、柳洲郝九娘以及一众师公等。"中国少数民族原始宗教，伴随历史的演进和社会的变迁，曾不同程度受到儒释道三教的影响，但仍保留图腾崇拜、自然崇拜、祖先崇拜的原始信仰的内容。"[①] 英德地区的神灵体系体现出这种特点，当地信奉的神灵体系中，既崇拜道教神灵，又有山地民族原始信仰神祇，具有巫道结合的明显特征。信奉的道教神灵中，除三清、太上老君、玉皇大帝、三元、张天师等道教诸神外，还有关帝明圣、文昌帝君、土地、城隍、社神等民间俗神，盘古、曹主娘娘、高功法师、花公花母等地方神灵。

在拜请神灵顺序中可以发现，神仙所处的位置体现出本位与外界的关系。从师公请神必请三清至尊、玉皇大帝、太上老君来看，英德地区的民

---

① 张泽洪：《文化传播与仪式象征：中国西南少数民族宗教与道家祭祀仪式比较研究》，巴蜀书社2007年版，第6—7页。

间信仰中道教成分非常浓厚，属于上清派一支。根据师公的说法，他们属于闾山派，其醮仪作法与正一符箓派相似。而所请的自然神则反映出本地原生信仰的遗存。显然，英德民间信仰实则混成了道、儒、佛三教，同时还包含当地原生信仰成分。

　　费孝通在《乡土社会》中提出富有生命力的"差序格局"理论："我们的格局……好像把一块石头丢在水面上所发生的一圈圈推出去的波纹。每个人都是他社会影响所推出去的圈子的中心。以'己'为中心，像石子一般投入水中，和别人所联系的社会关系……而是像水的波纹一般，一圈圈推出去，愈推愈远，愈推愈薄。"① 在解读神灵与法师个人亲疏关系上，适用费孝通的"差序格局"理论。在神圣世界英德师公以其个人或宗族为中心，在所请神灵体系中形成一种与神灵"一圈圈推出去，愈推愈远，愈推愈薄"的差序关系。从师公经文来看，"三清上圣、玉皇大帝、太上老君、王母仙众、闾山九郎、三元传教祖本宗师、茅山李仙师、陈林李氏三位夫人、茅山法主刘十八郎主、老少众宗师"是所请神灵中出现频率最高的，在师公各种功能的醮仪经文中他们都是要拜请的神灵。由此可见，闾山派与茅山派之间确实有千丝万缕的师承（门）联系。

　　师公拜请神灵中都提到闾山九郎，而茅山法主也会请到，但其位置被置于前者之后。笔者访谈时师公们自称为闾山派，从其所请神灵来看，应当不会有错。而其请神顺序也恰恰适用着费孝通的"差序格局"理论。师公们倾向把本派祖师先拜请，而他派法主排在后面拜请。这也反映了闾山派师公说自己是道教正统，而茅山派不过是支系。他们承认茅山派与其同源关系，故不排斥茅山派，还会与茅山派师公合作，闾山派师公负责文醮，茅山派师公负责武醮，互相补充、各取所长。师公们总是先拜请闾山九郎，最后才拜请本地已逝师公，从其所请顺序来看，实则反映了闾山派由闾山传播到英德的地缘过程。虽然英德地区师公自称闾山派，但与英德地区不同的是："信奉道教的西南少数民族，多称其教来自梅山和茅山……瑶族师公尊梅山法祖大圣九郎为教主，瑶族道经说梅山法祖大圣九郎曾赴庐山向张天师学法，故瑶族称其教为梅山教。"② 据其来源、神灵系统、道法、教理教义等各方面的差异，徐祖祥将云南瑶族所信仰的瑶

---

① 费孝通：《乡土中国》，北京大学出版社1998年版，第24—27页。
② 张泽洪：《文化传播与仪式象征：中国西南少数民族宗教与道家祭祀仪式比较研究》，巴蜀书社2007年版，第21页。

族道教分为梅山派、完满派、闾梅派三派①，也不同于英德地区师公信仰的道教系统。

闾山经文从一个侧面说明了"法术衣钵"的传承恰恰肯定了缩小的差序格局有利于地方社会稳定的讨论。在这里，至关重要的就是精英首先开始有意地通过缩小差序格局，有选择性地打破宗族壁垒；起到建构地方宗族间"兄弟"意识的关键作用（见图5-4）。同时还在经文的神圣空间和仪式中再次阐述了这一象征性的身份认同受到神法的保护。因此，有必要阐明师爷辈分之间的传承关系，使其由"神法传承"转型为"家法传承"，以达到当地精英与普通大众都认可的一种象征性认同。这样一来，也为以曹主为代表的地方神灵进入家庭打下了伦理的基础。

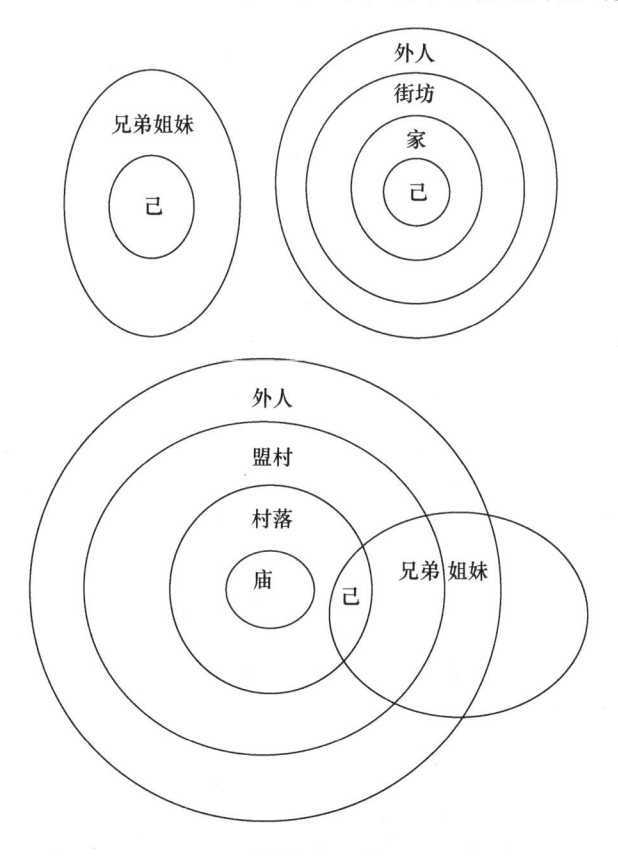

图5-4 曹主信仰内差序格局

---

① 徐祖祥：《瑶族的宗教与社会：瑶族道教及其与云南瑶族关系研究》，云南人民出版社2006年版，第20—26页。

这些神灵体系几乎都没有提到曹主娘娘，只在邓师傅《招兵奏表》排兵仪式中两次提到"惠妃曹主娘娘"："请出初开天地盘古大王当天坐，两营兵马排两边。请出大慈大悲观音娘娘当天坐，两营兵马排两边。请出本州本县城皇大皇、勅封正顺曹主娘娘当天坐，两营兵马排两边。请出华光大帝、府洲登坛白公尊主、谭十九郎当天坐，两营兵马排两边"、"来到龙坛宽谢座，回身来拜曹主娘。英德明神是曹主，救国救民免灾殃。一拜上曹神师主，二拜合坛众仙神"。在曹主娘娘为主神的庙宇里举行的师公醮仪，甚至是庆祝曹主娘娘神诞时师公们也较少拜请曹主娘娘，已逝师公拜请的数量和频率却很多。说明当地郎信仰依然强于曹主信仰。有可能是师公作为主持醮仪的核心者，并不想把曹主娘娘请到醮坛。其中的深层次原因在于英德地区民间信仰被地方宗族势力所控制。郎信仰来自当地已逝的师公，而师公来源于地方宗族，地方宗族以务农为主，他代表的是地方宗族势力和农业经济，而曹主娘娘作为移民过程中产生的保护神和商业航运的保护神，代表的是商业经济和外来移民势力。依据马克思生产力决定生产关系、经济基础决定上层建筑的生产力决定理论，由于农业经济依然占据主体，农业经济的主体——地方宗族势力大大强于外来移民群体和商业力量，这种差异体现在宗教信仰上就是曹主娘娘地位要弱于已逝师公。

然而这种差异性在神话传说中又有另外一个完全相反的版本，即曹主娘娘将当地师公打败的故事。神话传说往往来自底层民众，代表地方上的小传统，而师公经书受地方宗族势力所控制，代表地方上的大传统。为了保持对地方宗教话语权的控制，师公不愿在经书上做基于事实的修改。同时，还有一个原因，靠近北江流域的地方长期与航运商业打交道，受商业影响深刻，商业力量要强于地方宗族势力；而远离北江流域的地区，受商业影响较弱，相反，受农业经济的影响十分深远，故地方宗族势力要比商业势力强大，而商业势力也很难进入到这些地区。由此在其经文和仪式中便体现出来了。

在师公醮仪所请神灵中，不同经文所记同一神灵名字有所不同，主要原因有三：（1）隐藏之用。怕他人偷看经文，知晓神灵名称，学了法术；（2）神灵肉身之时，有姓、名、字甚至雅号，以及多个尊称，在经文抄写流传时可能因方言发音不同，而出现一些错误；（3）由于抄写者文化水平有限，辗转抄写，导致经文中错字颇多。

在刘师公经文所请神灵中还有众多女神，如《神宝书经》中的地方女神谱系（见图5-5）。

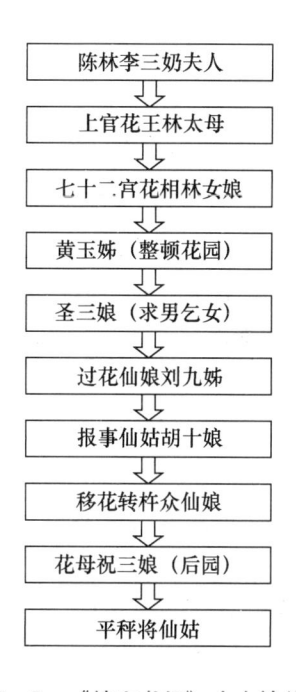

```
陈林李三奶夫人
    ↓
上官花王林太母
    ↓
七十二宫花相林女娘
    ↓
黄玉姊（整顿花园）
    ↓
圣三娘（求男乞女）
    ↓
过花仙娘刘九姊
    ↓
报事仙姑胡十娘
    ↓
移花转杆众仙娘
    ↓
花母祝三娘（后园）
    ↓
平秤将仙姑
```

图5-5　《神宝书经》中女神关系

同时，邓师傅《招兵奏表》中的地方女神谱系：禾花仙女、谷花小娘、金花小姐、银花小娘、正顺曹主娘娘、天仙仙一姐、仙娘、仙三姐、仙四娘、仙五姐、仙六娘、仙七姐、仙八娘、仙九姐、仙十娘、进教师婆刘九姐、飞天白鹤马二娘、骑龙法水（虔）六娘、金州金七姐、银州三娘花公花母、平等仙姑。

从师公经文中所得地方女神谱系来看，既有农业女神、生殖女神、地方保神，也有闾山神灵。女性在地方社会通常认为是生儿育女、打理家务还要务农的对象，她承担着繁重的任务，也练就了多种能力，可以说是地方性知识的传承人。① 在师公经文神灵中，常常可以看到陈林李三奶夫人，即三奶娘。作为人神、女神、守护神及生育神，三奶娘为广东客家地

---

① 巫在中国古代是知识分子的象征，而在中国和西方古代都存在女巫，西方智慧之神雅典娜也是女性。由此可见，不管东方还是西方，过去女性都曾充当知识掌握者和传授者的角色。

区民间崇信的神祇，本是保家安宁的地方守护神，因其女神身份，也成为扶胎救产、护佑孩童、庇护妇女的神灵。① 从陈夫人的故事②中也可以看出女性拥有接生、治疗儿科疾病的能力有多么重要，同时在生活中的历练使她们习得了相关的能力。师公经文中地方女神体系反映了这种女性地方性知识体系的传承过程。在英德，还有将自己的子女卖予女性神灵的风俗。由于地方女神所具有的护佑子女的能力，当地人认本地神灵为"契娘"也就顺理成章。

（二）闾山派经文中的神圣空间

所有经文都有详细的神灵谱系，但只有冯师傅和刘师傅的经文体现出比较完整的神圣空间。冯师傅经文《奏状》体现的神圣空间见图5-6、图5-7和图5-8。

图中所示神圣空间是冯师傅奏状奏上天堂时所经历的空间变化。可将奏状开始阶段呈现的神圣空间称为奏程始神圣空间，将奏状上天及至天堂阶段称为奏程中神圣空间，将奏完奏书回来时阶段称为回程神圣空间。

刘师傅《请神问鬼各煞部》经文中的神圣空间（见图5-9）：

师公在醮仪中总要向五方叩拜，并且要拜请东南西北中央五方神灵降临醮坛。神圣空间最大的特点便是体现出道家"五行"的宇宙观。"五

---

① 沈丽华、邵一飞主编：《广东神源初探》，大众文艺出版社2007年版，第191页。
② 临水陈太后名陈靖姑，福州下渡人。传说观音菩萨赴宴瑶池返回南海时，见南方黑气冲霄，捏指一算，知有白蛇成精为害人间，便咬破中指将指血往南一弹，血云直往福州下渡陈昌的家里投胎化生了陈靖姑。陈靖姑自幼聪慧，持斋礼佛，她父母在她未及笄之前便作主将靖姑与同县刘杞定亲。成人后，靖姑立誓祀奉观音，终生不嫁。父母不允，靖姑便逃婚出走，得神人指点入间山许真君门下学法。真君算出其日后有产难之厄，特授靖姑扶胎救产之术，但靖姑认为自己一生不嫁，学此法术没有用处，执意不学。真君见靖姑拒学扶胎救产之术，只得由她而去。三年后，靖姑学成回家，见父母因思念自己而催病缠绵于床榻，便用法术治好双亲沉疴。为消除父母对婚事的担忧，答应嫁给刘杞。靖姑出嫁之后，以救世济民为己任，义结十帅姐妹，广行善道。24岁那年福州干旱，哀鸿遍野。靖姑不忍看故乡百姓遭难，虽身怀六甲，却不顾自身的安危，脱胎家中，赴白龙江浮席江中施法祈雨。不久大雨倾盆，五谷得以丰收，百姓免于饥饿。但靖姑施法祈雨之时，仇妖乘隙陷害，他们毁去靖姑的孕胎，又欲将靖姑溺死。施法中的靖姑腹痛难忍，站立不稳，草席逐渐沉入水中，靖姑拼全力向师傅求助。靖姑得师傅之助，免掉溺水之厄。靖姑运神通将仇妖白蛇斩为三段，但她自己也因为寒浸五脏六腑，致遭产厄，肉身坐蛇首而羽化。她坐化之前发誓说："吾死后为神，必救妇人之难产。"坐化之后，她的英灵复至间山再求师傅教自己学会扶胎救产、保赤佑童等诸般法术。靖姑得道后，众人感念她的恩德，建"夫人"庙以奉祀之。历代以来，顺鼓夫人屡屡显灵护生救产（引自潘恩德编著《全像民间信仰诸神谱》，巴蜀书社，第114—115页）。

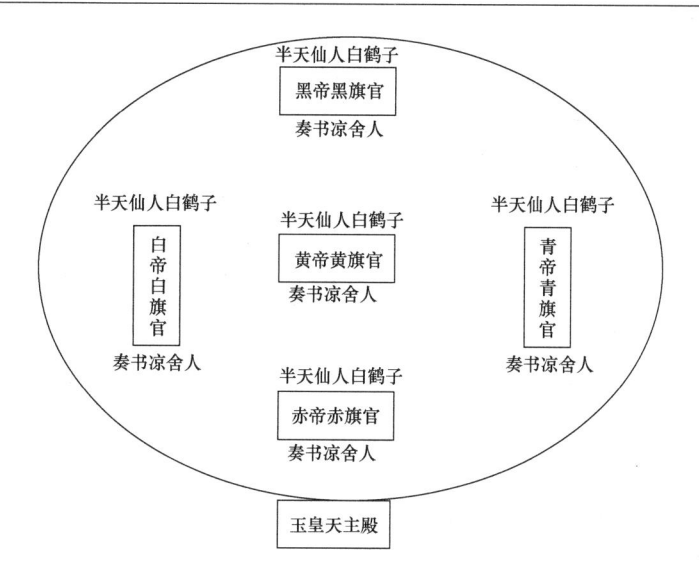

第五章 作为大传统戏台的曹主信仰 ·167·

```
                半天仙人白鹤子
               ┌──────────┐
               │ 黑帝黑旗官 │
               └──────────┘
                 奏书凉舍人

半天仙人白鹤子      半天仙人白鹤子      半天仙人白鹤子
┌────┐            ┌──────────┐        ┌────┐
│白帝│            │ 黄帝黄旗官 │        │青帝│
│白旗│            └──────────┘        │青旗│
│官  │              奏书凉舍人          │官  │
└────┘                                 └────┘
 奏书凉舍人       半天仙人白鹤子         奏书凉舍人
                ┌──────────┐
                │ 赤帝赤旗官 │
                └──────────┘
                  奏书凉舍人

                ┌──────────┐
                │ 玉皇天主殿 │
                └──────────┘
```

图 5-6　奏程始神圣空间

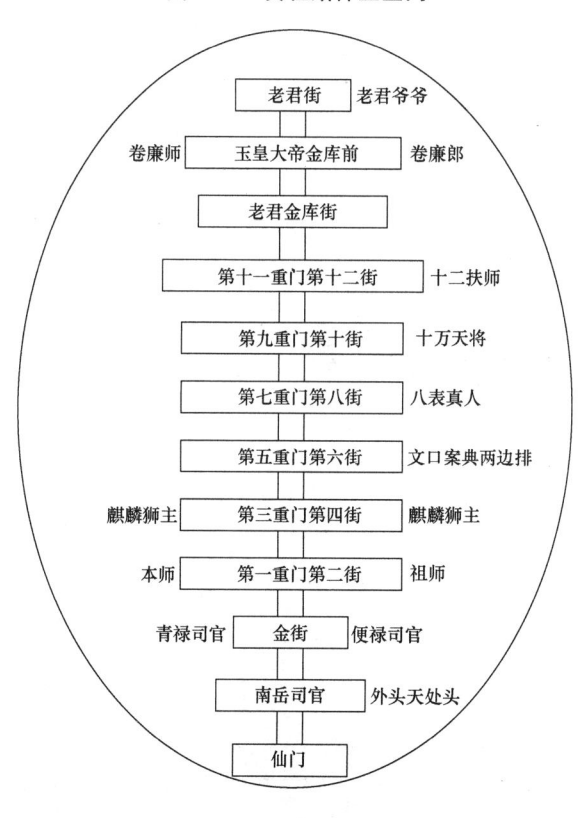

```
              ┌────────┐
              │ 老君街 │  老君爷爷
              └────────┘
      卷廉师 ┌──────────────┐ 卷廉郎
             │ 玉皇大帝金库前 │
             └──────────────┘
              ┌──────────┐
              │ 老君金库街 │
              └──────────┘
              ┌────────────────┐
              │ 第十一重门第十二街 │ 十二扶师
              └────────────────┘
              ┌──────────────┐
              │ 第九重门第十街 │ 十万天将
              └──────────────┘
              ┌──────────────┐
              │ 第七重门第八街 │ 八表真人
              └──────────────┘
              ┌──────────────┐
              │ 第五重门第六街 │ 文口案典两边排
              └──────────────┘
      麒麟狮主 ┌──────────────┐ 麒麟狮主
             │ 第三重门第四街 │
             └──────────────┘
        本师 ┌──────────────┐ 祖师
             │ 第一重门第二街 │
             └──────────────┘
      青禄司官 ┌──────┐ 便禄司官
             │ 金街 │
             └──────┘
              ┌──────────┐
              │ 南岳司官 │ 外头天处头
              └──────────┘
              ┌──────┐
              │ 仙门 │
              └──────┘
```

图 5-7　奏程中神圣空间

· 168 · 神境中的过客

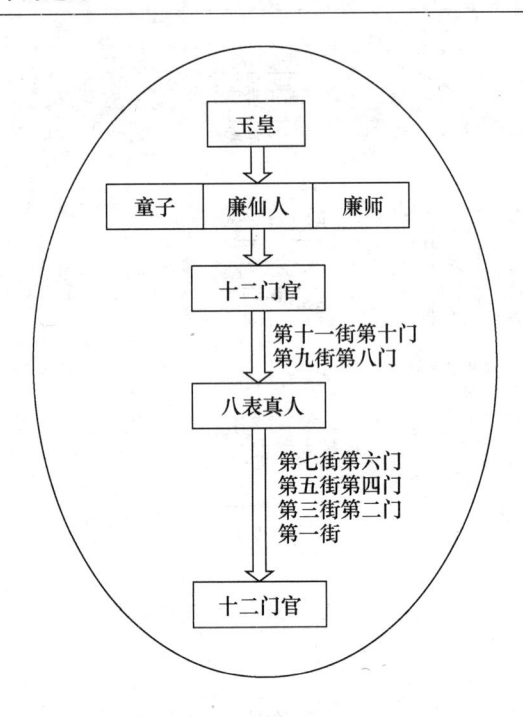

```
            玉皇
             │
             ▼
    ┌────┬─────┬────┐
    │童子│廉仙人│廉师│
    └────┴─────┴────┘
             │
             ▼
         十二门官
             │  第十一街第十门
             │  第九街第八门
             ▼
         八表真人
             │  第七街第六门
             │  第五街第四门
             │  第三街第二门
             │  第一街
             ▼
         十二门官
```

图 5-8　回程神圣空间

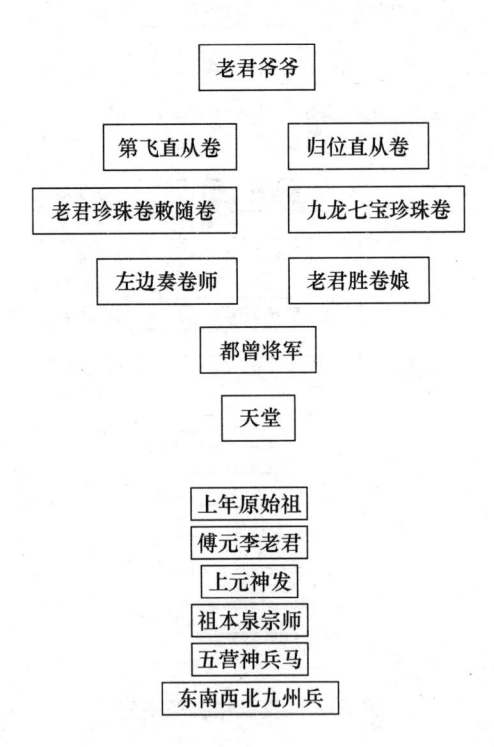

```
              老君爷爷

    第飞直从卷        归位直从卷

  老君珍珠卷敕随卷   九龙七宝珍珠卷

    左边奏卷师        老君胜卷娘

              都曾将军

                天堂

              上年原始祖
              傅元李老君
               上元神发
              祖本泉宗师
              五营神兵马
             东南西北九州兵
```

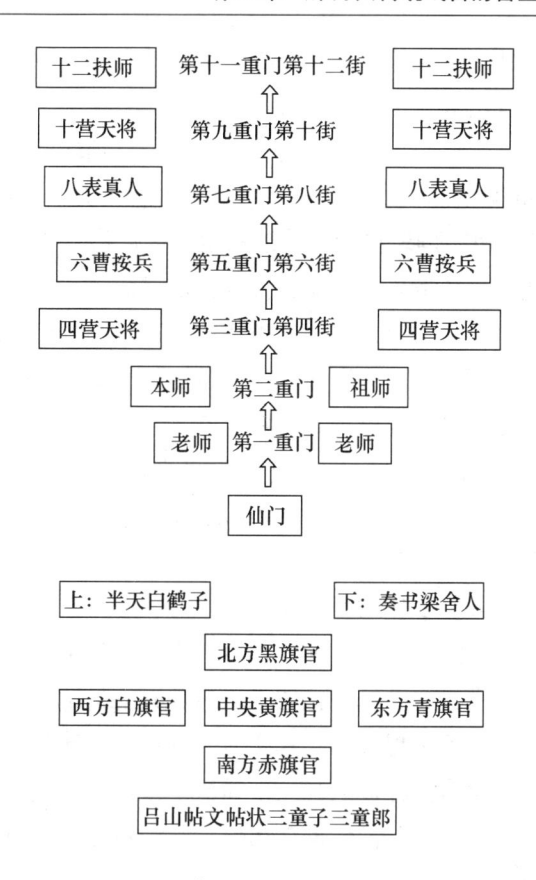

```
          十二扶师    第十一重门第十二街    十二扶师
                          ↑
          十营天将    第九重门第十街       十营天将
                          ↑
          八表真人    第七重门第八街       八表真人
                          ↑
          六曹按兵    第五重门第六街       六曹按兵
                          ↑
          四营天将    第三重门第四街       四营天将
                          ↑
              本师    第二重门    祖师
              老师    第一重门    老师
                          ↑
                        仙门

        上：半天白鹤子              下：奏书梁舍人
                       北方黑旗官
          西方白旗官    中央黄旗官    东方青旗官
                       南方赤旗官
               吕山帖文帖状三童子三童郎
```

图 5-9 刘师傅《请神问鬼各煞部》中的神圣空间

行"指金、木、水、火、土五种构成天地万物基本因素，是道家用来解释宇宙运作原理的理论。五行观念起源甚古，春秋战国时期形成阴阳五行学派，以邹衍为代表，将五行说扩展为一个包含诸多内容的复杂体系，以此说明自然界以及受其支配的历史发展过程的必然性。[①] 后来，道教将五行观念纳入其理论体系。五行的要旨在于相生相克原理，相生即木生火，火生土，土生金，金生水，水生木；相克即水克火，火克金，金克木，木克土，土克水。在相生相克之中，宇宙得以建立和运行。同时，道家"五行"理论还常用来解释时空变化和四时天象方位，南方属火，色赤；东方属木，色青；西方属金，色白；北方属水，色黑；中央属土，色黄。通过"五行"理论，道家建构起自己的理论体系，并且借助道教深入每

[①] 张振国、吴忠正：《道教常识问答》，上海人民出版社 2008 年版，第 27 页。

个信仰道教的信徒心中。徐祖祥和张泽洪在论述瑶族道教神仙体系时未指出师公醮仪中体现出的"五行"理念。

奏书是师公根据信徒意愿写具表文，然后由高功法师用法力把它送到天庭呈给天帝审阅。奏书在奏传中呈现的由地到天，再由天返回地的"上与下"、"天与地"的转换中，体现出明显的世俗官僚政治体制。笔者在前面也有论述，神圣世界原本便是按照世俗世的模式复制而成，存在严格的高低等级制度。道书上说，登仙学道，阶业不同，正果成真，高卑有制，三乘七号，从此可明，十转九宫，因兹用辨。道教神仙系谱是现实人间社会的反映，在阶级社会里官有等级，在神灵世界里得到反映。[①] 如梁代陶弘景编制的"真灵位业图"，按照业绩排定座次。其图分为三个阶梯，每个阶梯中神灵多少不一，按先中间，后左面，再右面的次序排序，是现实世界等级秩序的鲜明体现。

在仙境每到一处都要投帖拜见此地守护神，与世俗世界每到一地都要拜访当地威望或权势之人一样。师公在奏程中每一处衙门都有一位神灵掌管，也体现出世俗世界中国每一疆域相应的都有官员镇守一样。从神圣空间可以看出道家受儒家思想影响，有意迎合统治者而建构起来的神圣世界的运行法则。离开世俗世界进入神圣世界原本是信徒一生最大的梦想，但道家所建构的神圣世界却与世俗世界无异，进一步体现了小传统主动向大传统靠拢的趋势。

请完神还要送神，通过刘师傅提供的经文，整理出一份神灵及其道场如图5-10所示。

从送神返道场图来看，反映了英德地区信仰圈的地理传播范围。神仙返回的路线反过来正是信仰传播到英德的路线。从其返回之处来看，闾山派传播到英德的路线有从福建闾山、福州古田、桃源洞到广东英德的东南路线，从江西宁都、龙虎山到广东英德的正南路线。同时联系闾山派与福建三奶信仰可知英德闾山派与福建、江西的民间道教信仰应有较深渊源，也表明该地与英德客家移民某种程度上的迁徙关系。或者至少说明以上三地间的地缘关系对于"教缘"与"族缘"的建构是有密切关系的。

[①] 张振国、吴忠正：《道教常识问答》，上海人民出版社2008年版，第39页。

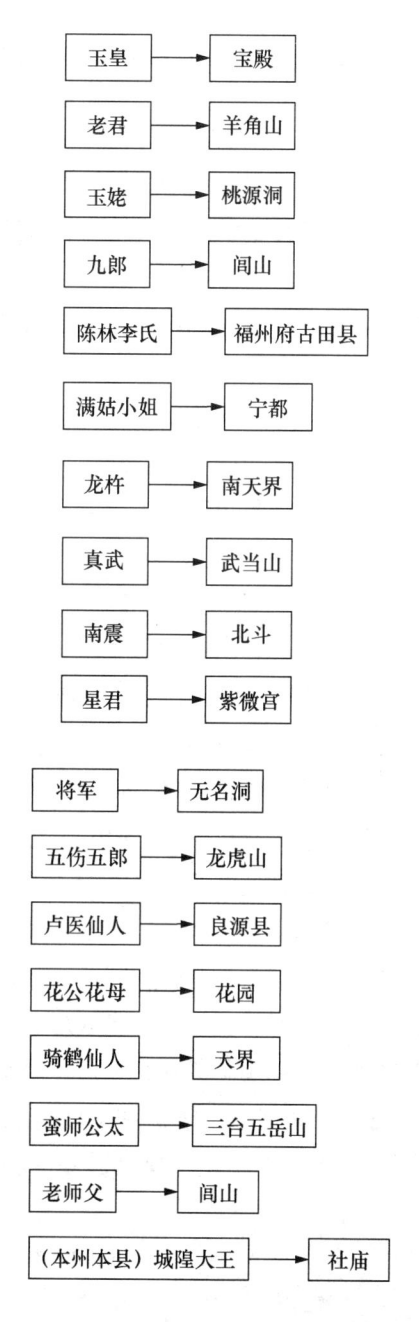

第五章　作为大传统戏台的曹主信仰 ·171·

玉皇 → 宝殿

老君 → 羊角山

玉姥 → 桃源洞

九郎 → 闾山

陈林李氏 → 福州府古田县

满姑小姐 → 宁都

龙杵 → 南天界

真武 → 武当山

南震 → 北斗

星君 → 紫微宫

将军 → 无名洞

五伤五郎 → 龙虎山

卢医仙人 → 良源县

花公花母 → 花园

骑鹤仙人 → 天界

蛮师公太 → 三台五岳山

老师父 → 闾山

(本州本县) 城隍大王 → 社庙

图 5-10　刘师傅《请神问鬼各煞部》神灵及道场

第三节　曹主神诞闾山派仪式过程

　　醮仪科范伴随道教的产生而出现，是道教文化中的重要组成部分。道教在汉代形成后，全盘继承了传统的祭祀仪式，并对其作了革新，形成斋醮科仪，并由历代祖师、炼师，不断改进、补充、删订、发展整合而成，成为道教独具特色的祭祀文化。① 《说文解字》："斋者，洁净也"，《广雅》："醮，祭也"，《说文解字》："醮，冠娶礼祭"。"醮"的原意是祭，为古代礼仪，《说文解字》将其解释为冠娶与礼祀。道教继承并发展了醮的祭祀一面，借此法以与神灵相交感。"斋"与"醮"是不同时期道教对科仪的总称。北魏时期，道教把科仪称为"斋功"。斋法有三种：一为设供斋，二为祭祀斋，三为心斋。② 道教之醮仪，源于"天师因经立教，而易祭祀为斋醮之科"。③ 故有"灵宝立斋，正一有醮"之说。斋醮科仪，是人与神灵沟通的活动，也是神圣的宗教仪式。

　　醮仪就是俗称的"道场"、"法事"，是师公依据一定的程序、章法进行的仪式表演，进行醮仪表演的场所就是醮坛。"醮坛布置的宗教意义，是以艺术的形式创造一个神圣空间，以传达神秘的宗教教义、观念和情感，吸引和感化信徒与观众。"④ 道士寇谦清整道教，反对利用天师道犯上作乱，把父慈子孝臣忠的原则充实为教义。增订符合统治阶级要求的充满儒家色彩的科律戒条，又增加了斋醮仪范，如受箓科仪、求愿科仪、解度科仪、治病科仪、超度科仪、解厄科仪，不一而足，强调道民诵经礼忏的重要性；还制定了规范道民举手投足的许多规矩。

　　经过寇谦之改革的北方天师道称为北天师道，后来归并为正一道。陆修静还完善道教科仪规诫，根据灵宝斋法和上清斋法，重新制定道教斋仪，使道教斋仪开始规范化和系统化。规定道官论功升迁，完善道教组

---

① 彭理福：《道教科范：全真派斋醮科仪纵览》，宗教文化出版社2011年版，第2页。
② 胡道静、陈莲笙、陈耀庭选：《道藏要籍选刊》第1册，上海古籍出版社1989年版，第259页。
③ 同上书，第8册，第323页。
④ 张泽洪：《文化传播与仪式象征：中国西南少数民族宗教与道家祭祀仪式比较研究》，巴蜀书社2007年版，第250页。

织，完善道教科仪戒规，使道教斋醮系统化。经过这次改革的南方道教称为南天师道，后来归并为正一道。清代茅山派、神霄派、清微派、净明派，在民间的活动很活跃，许多科仪媚于世俗，道教活动混同于民间信仰活动，但他们在世俗化的进程中拓展着道教文化覆盖的领域。元代龙虎山天师道第三十八代天师张与材在1304年被元宗室封为正一教主，让他主领阁皂山、龙虎山、茅山等三山符箓，龙虎山宗就改名为正一道，小的道派纷纷归入正一派，从此江南道教全在正一派的麾下。①

英德地区和增埗地区的醮仪活动深受道教醮仪影响，其仪式操作程式是在道教醮仪基础上的简化，并融合当地信仰文化特征。当地民间信仰的节庆日多为庙宇主神的神诞庆典，每逢重大节日，庙宇都要举行庄严、神圣的宗教活动，十方信徒前来敬神、朝拜。

据《北江女神曹主娘娘》介绍，西庙，坐落在现英德市英城马口白楼村背后丛林茂密的蔴寨山南麓。庙前溪水蜿蜒而过，庙后蔴寨山挺拔秀丽。西庙为三进式构造，跨进大门，左边是财神爷神像，右边是白马将军及神马塑像。绕过天井是主殿，端坐着曹主娘娘及其嫂子的神像（见图5-11），主殿正后方为两层结构神殿，上层供奉的是盘古大王神像（见图5-12），下层供奉的为地藏王神像。下层右边是玉皇王母神像，下层左边并列两个神殿，第一殿供奉的是花公花母神像，第二殿供的是观音菩萨神像。《英德县志》载："西祠，即古寨将夫人庙。唐末徐志道建庙于蔴寨冈，祀虞夫人，因号焉。"西庙乃曹主信仰发源地，祭拜的主神为曹主娘娘及其嫂子。每年农历六月初六是曹主娘娘诞辰日，俗称"娘娘诞"。"娘娘诞"那天会举行十分隆重的醮仪活动。林超富说："从前，西庙醮仪活动十分隆重，五年一小醮，十年一大醮。每当举行醮仪活动时，村民在半年前就要开始各方面的工作。英德城的居民都涌到西庙参加活动。"②

笔者看到的醮仪活动已不复往昔盛况。第一，从参与人来看，基本为50岁以上的老年人，没有几个年轻人。第二，参加人数来看，虽然很多，但比起林超富所说的还差太远，可见规模在缩减。第三，活动准备没有以前繁琐、细致。第四，醮仪活动的影响减小，来的大部分是附近村民，以

---

① 张振国、吴忠正：《道教常识问答》，上海人民出版社2008年版，第3—4页。
② 林超富：《北江女神曹主娘娘》，广东人民出版社2009年版，第43—44页。

及一些从韶关、仁化、云岭赶过来的姐妹拜神组。第五，师公作法程序变得简单、随意，法事持续的时间缩短，经文的数量减少，参与仪式的师公减少，醮坛摆设简化。这一方面缘于师公的年事太高，体力不足，据笔者所知，以前师公打醮凌晨开始，而今天师公们六点多才起来，打醮仪式八点才开始；另一方面由于"文化大革命""破四旧"，许多经文资料和仪式工具要么遗失，要么被毁，年龄渐长的高功法师招不到徒弟，等他们一个个过世后，没有记录下来的仪式从此消失。

图 5 - 11 西庙曹主姑嫂坐像　　　　图 5 - 12 西庙盘古大王像

举行斋醮仪式，要设立专门的祭坛，作为祭祀神灵之所。祭坛是人神交流的神圣空间，设立祭坛的宗教意义就是在神圣空间与神灵沟通。举行大型斋醮活动，一般要设立几个祭坛，其中必有一个是主祭坛，其他祭坛都属于分祭坛。西庙为庆祝曹主娘娘神诞，延请三位师公，分别于三处神殿建坛打醮：一个在曹主娘娘神殿，为主坛；另两个分坛，分别在地藏王神殿和玉皇王母娘娘偏殿。选择其他两个坛址的原因一个是出于安全性和方便性，盘古殿在后殿二层，观音殿太靠里面，空间小，打醮和进出不方便，还有一个原因在于西庙属于民间道教信仰系统，观音殿的存在源于宗教的相互影响和混成，但主体还是民间道教信仰。不在花公花母神殿的原因在于神的性质，花公花母作为生殖神和专职神，主要职责在于送子，属于地方神灵系统，比起另外两位神灵，还是有些差距。

一　曹主神诞仪式前阶段

师公仪式分为仪式前阶段（即仪式的准备过程）、仪式中阶段和仪式后阶段。仪式前阶段，供奉曹主娘娘庙的庙长和寺庙理事会聚齐，商量举行神诞仪式事宜，包括通知各方兄弟姐妹，延请师公和舞蹈队，确定各项事务的负责人，如购买食物、祭品、香烛鞭炮、鸡猪、红包等等。仪式头一天，仙姑（参与仪式的婆婆）要为曹主娘娘洗浴、更换新衣。由于师公的年事较高，平均年龄都在六十开外，仪式时间会由于师公的身体以及当时的天气状况有所调整，所以这次仪式开始时间定在八点。以前的仪式时间一般从凌晨开始，持续三天三夜，七天七夜的也有。笔者看到的整体情形是：整个寺庙灯火通明，操持事务的人员已经进入梦乡。（1）作为祭品的活猪拴在寺庙大厅的柱子上；（2）作为仪式道具的雄鸡和祭品的雄鸡系在桌脚；（3）曹主娘娘及其嫂子已更换好新装。第二天早上六点左右，活动筹备人员纷纷起床，紧张有序地忙碌起来。师公在头一天已经入住到寺庙，各筹备人员醒来时师公也跟着起来。师公洗漱完毕后，开始准备仪式。老年信徒在制作奏表科文、令旗、折香纸（见图5-13）。师公拿起道具开始布置醮坛。准备仪式的人员大约20人。

在仪式开始之前，仙姑已经在香案上摆放好1盏油灯、3碗大米、9个杯、6碗茶、3碗酒和祭品。祭品包括原料为高粱粉的包子一盘、苹果一盘、蒸熟的雄鸡一盘、猪肉混鸡肉一盘。还有一盒糖果，盛有红枣、青果、硬糖（见图5-14）。

图5-13 准备奏表　　　　图5-14 供品

醮坛布置：仪式用桌一张，上铺红布。桌上摆放米九碗，叠成三摞，每一摞上放一个红包；两盘米，一盘米上用支架挂有画像，即英德间山派祖师牌位，上书"前传口教祖本宗师历代之神位"。画像后插9根香，左6根右3根。另外一盘米上面插着红纸，红纸写着拜请的各寺庙神灵：

拜请本地师爷白公老人到坛来，

拜请白公庙满堂神明，
拜请白马三郎满堂神明，
拜请东山庙满堂神明，
西庙落成曹主娘娘满堂神明，
拜请孔子庙爷爷满堂神明，
拜请南庙娘娘满堂神明，
拜请连江庙姑婆满堂神明，
拜请观音老母到坛来。

仪式道具（见图5-15）：惊堂木1块、朱砂1盒、法师印1块、红色长袍师公服1件、七星宝剑1把、法铃1个、铜锣1对、龙角3只、筶3串、令旗数面、大雄鸡1只、白酒1瓶、酒杯3个、点燃的香5根、烛2根、香烟2根、包装的香1把、鞭炮1挂、黄色长条奏表科书（即章表，又称表文）两张，黄色信封三个，每个封面分别书为：

图5-15 师公所有仪式道具

千里眼
第一条：古庙红（朝）一座答谢诚恩清吉。
顺风耳
驱邪出外
第二条：为合众信说起神公红（朝）一座答谢诚恩。

引福归堂

左具

第三条：前传口教祖本宗师保佑众清吉。

上申

从以上仪式道具看，有法铃、法师印、宝剑、令旗、龙角、筶、神符（见图5-16、图5-17和图5-18）等。祭坛法器被视为神圣之物，人们相信法器具有某种灵性，上可召神遣将，下可驱邪除魔。法铃，亦称三清铃，高功法师手里摇的法铃高约23厘米，口径约9厘米。法铃一般为黄铜制。法铃有降神驱魔的作用，高功手握法铃摇动，发出叮铃叮铃的声音，意为震动法铃，神鬼咸钦。法印是坛场行法的凭证，道教上奏天廷的文书要加盖印信，有神灵印章才会产生效力。法印多用于驱魔辟邪。道教认为法印乃神灵所赐，为坛场权威的象征。法剑又称宝剑、七星剑等。法剑是道士行法的法器，在道教法术体系中具有特殊功能。道教认为法剑是神授宝物，是代天行法的利器，具有斩妖驱邪的功能。法剑祭祀时可用于画符。令旗，是传令或号令的旗帜，分为帅旗、神旗、令旗三种。帅旗用于镇定乾坤，统领五方兵将，号令大小神将。神旗用于祭坛上招兵遣将。令旗是传令五方兵马的号令旗，表示五营兵将按青、赤、白、黑、黄五色，镇守东南西北中五方，故又名"五色旗"。

龙角又称灵角、号角，长约30厘米，用黄铜制作。龙角作为道教醮坛的法器，用于召集神灵，请神差兵，祛除妖氛，具有降神驱邪双重作用。为人神之间沟通的媒介，法师吹响号角，以呼唤神灵降临法坛。仪式中每个仪节的始末吹奏三声号角，以宣告仪式的开始和结束。法师行法离不开号角，号角是法师神力的象征。竹卦又叫筶子，打卦又叫打筶。竹卦是用竹根、牛角尖对半锯开，上端尖而稍弯，下端宽而平齐，形状略似牛角。卦用来占卜吉凶，以卦相显示神灵的意向，仪式中神灵是否到位，法事是否功果圆满，事主吉凶祸福的判定，都由卦相表示。每副卦由阴阳两片组成，内面为"阳"，外面为"阴"，占卜时可单副使用，也可三副同时使用。法师卜卦达不到预定目的，要么重做法事，要么用字讳诀法，直到达到目的为止。师公的掐诀，又称手诀、法诀等。掐诀是行法中的掌指动作，法师用手指的比划、造型表达特定的宗教含义，它具有驱邪、镇鬼、退病、解厄之法力……道教认为通幽洞微，召神御鬼，关键在于掐诀。掐诀与步罡是最基本的配合。①

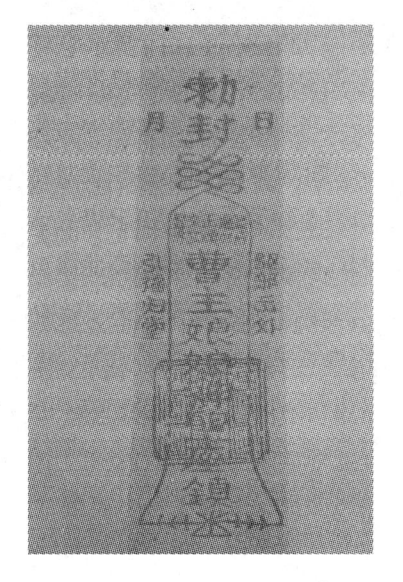

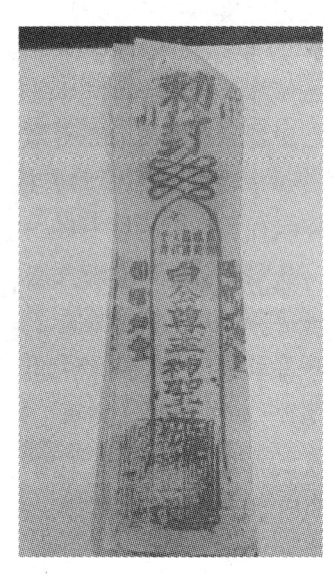

图 5-16　曹主娘娘神符　　　　图 5-17　谭十九郎（白公）神符

师公仪式道具中虽然无幢幡、圭简、如意、符简、法尺、令牌、手炉等道教醮仪中的繁琐道具，但有道教醮仪中的供器、供养、牌位、法器、章表、法印、法剑、令旗、笤等道具。从醮仪道具到醮仪内容，当地师公醮仪都受到道教醮仪的深刻影响。

从以上醮坛布置看，祖师牌位放于法桌正中靠后位置。古人将"天、地、君、亲、师"列为同级，可见古人对师的重视。道教将"师"奉为三宝之一，即：无上道宝、无上经宝、无上师宝。以"师"为最高信仰之一，稽首皈依师……至理剖群疑。师父是修道之人的一盏明灯，更是讲道释经和解剖疑惑的人天之师，换句话说，就是传道、受业、解惑，有师才能明经义悟大道。道教的丹经、法术、科仪等玄学的秘诀，都是秘传的，不行之于文字，历来都师徒授受，一代代传了下来。因此道教举行大型斋醮时，都要延请本派始祖及邀请师父临坛主盟，再召请天庭神灵降坛，才能达到启建斋醮的效果。②

---

① 张泽洪：《文化传播与仪式象征：中国西南少数民族宗教与道家祭祀仪式比较研究》，巴蜀书社2007年版，第263、264、268—269、278—279、282—283、295、330—331页。
② 彭理福：《道教科范：全真派斋醮科仪纵览》，宗教文化出版社2011年版，第333页。

图 5-18 师公仪式中所用祖师符箓

二 曹主神诞仪式过程

师公进行的仪式过程分为开坛、招兵、排兵、开井、造桥、请饭、下马、奏表、娱神和送神十个主要仪式。其中，杀猪时还举行小型"杀猪光"仪式。当一轮仪式做完后再重复整个仪式过程，整个仪式持续一天一夜左右。参与人有加进来的，有退出的，维持在 9 人左右。仪式开始前，两位师公助手坐于法桌两边，手拿铜锣，师公身穿红色师公长袍，立于法桌前。

（一）开坛仪式

师公敲三下惊堂木，表示仪式开始。左座师公助手开始敲响铜锣，仙姑燃放鞭炮。师公手持龙角向东西南北四方神灵叩拜，拜完后吹响龙角。师公连续三次敲三下惊堂木，从米盘中拿起酒杯和铜锣，喝一口酒并吐于铜锣上，手指向铜锣唱念师公经文，"锣一声鼓一声，鸣锣鼓角请仙神。弟子往前来拜请，师南拜请众仙神"。念完后从米盘中拾起筶，扔向法桌，再拿起惊堂木敲三下，把法师印放于米盘中。师公再次三敲惊堂木，从桌角抓起雄鸡向五方神灵叩拜，向东唱念经文，"排起东方九夷兵，兵马九千九万兵。人到下场九千九万众，马到下场九千九万兵。人人头载斗

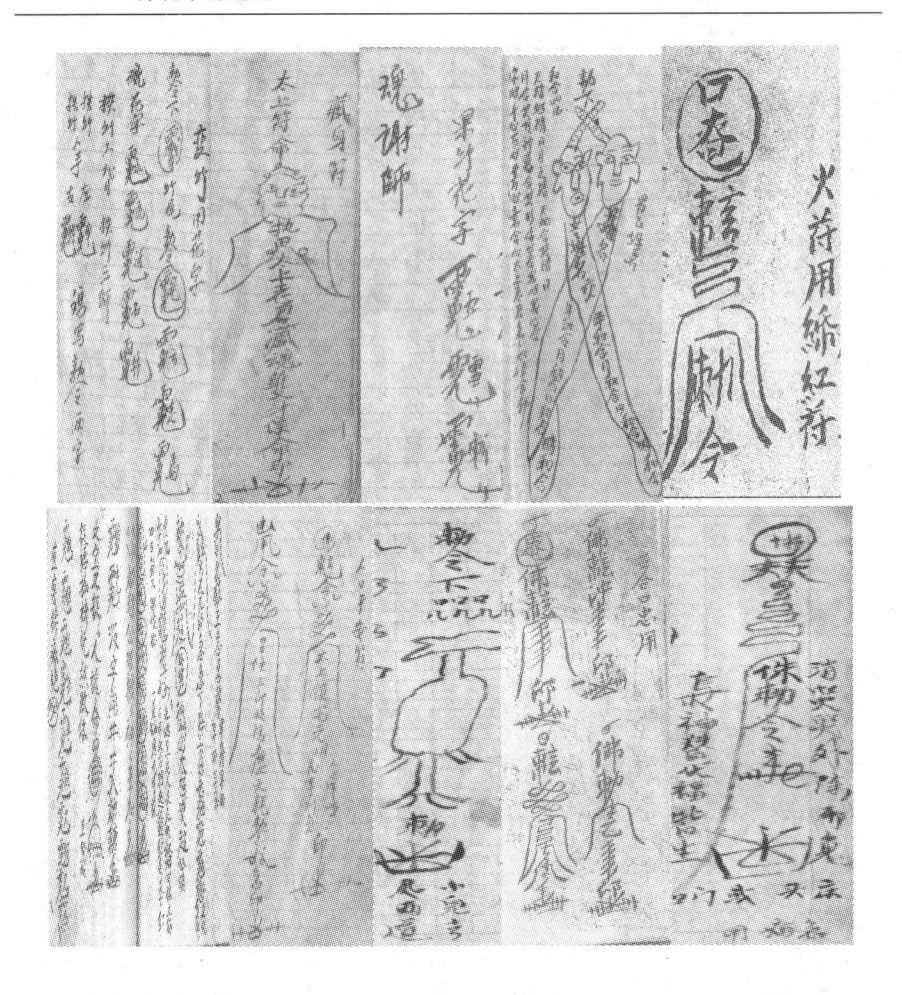

图 5–19　师公仪式用符箓

连身穿甲，手执长枪火烟旗。排起兵勒转马，排兵勒兵转南方"。

同时，拿筶环绕鸡头一圈，向南唱念经文"排起南方八万兵，兵马八千八万兵。人到下场八千八万众，马到下场八千八万兵。人人头载斗连身穿甲，手执长枪火烟旗。排起兵勒转马，排兵勒马转西方"。向桌上扔筶。拧开鸡嘴，向西唱念经文"排起西方六乘兵，兵马六千六万兵。人到下场六千六万众，马到下场六千万兵。人人头载斗连身穿甲，手执长枪火烟旗。排起兵勒转马，排兵勒兵转北方"。向北唱念经文"排起北方五敌兵，兵五千五万兵。人到下场五千五万众，马到下场五千五万兵。人人头载斗连身穿甲，手执长枪火烟旗。排起兵勒转马，排兵勒马转中央"。

回到中央唱念经文"排起中央三秦兵，兵马三千三万兵。人到下场三千三万众，马到下场三千三万兵。人人斗载连身穿甲，手执长枪火烟旗。排起兵勒转马，排兵勒马转中央。"念毕叩拜，开坛仪式完毕。

每一个仪式动作前，师公助手必须敲击铜锣。负责敲锣的师公助手在师公每次仪式动作之前都会敲锣。仪式中，作为师公的助手之一的仙姑，腰系红带，各端一盘包子、一盘蒸熟的整鸡、一盘米、一盘苹果、一盘鸡肉和猪肉立于法桌旁，并适时应和师公唱词。居于右座的师公助手基本不敲锣，从他的表现来看，仅仅是一位用来凑数的，师公对其多次露出不满的表情，但又无可奈何。这也反映醮仪人才的式微，不得不拉上不懂行的熟人来充数。在仪式过程中师公与师公、师公与仙姑间还能聊天、交流，这种在仪式中的随意性淡化了仪式的严肃性和神圣性，是道教斋醮文化不昌的另一证实。

（二）招兵仪式

紧随开坛仪式，一位仙姑手抱雄鸡走在最前头，名为"凤凰引路"。几位仙姑手持祭品，从东面鱼贯绕过神像前香案，师公和两位助手紧随其后。师公走到神像前时，整个队伍停下来，师公唱念经文"一声龙角胜羊羊，招兵弟子下坛场"后吹响龙角，师公助手敲锣。整个队伍仙姑在前、师公在后继续朝西前行，出神殿，进前殿。师公经过神像便停下脚步，唱念"二声龙角胜微微，未知九州兵马何处西"叩拜并吹响龙角。队伍来到拜庭案台后各就各位。仙姑手持祭品立于师公周边，师公从仙姑手中接过雄鸡，抱鸡向南方神灵叩拜，唱念"三声龙角胜哀哀，未知九州兵马何处来。昨夜在我师爷衙内点兵出，如今在师爷衙内点兵来"。把雄鸡归还仙姑后唱念"弟子法兵东方东路去，东方东路去招兵"并向东叩拜，吹响龙角。师公向南重复一遍以上动作后唱念"弟子法兵南方南路去，南方南路去招兵"，转向西方唱念"弟子法兵西方西路去，西方西路去招兵"，倒酒于地。

而后，师公转向北方唱念"弟子法兵北方北路去，北方北路去招兵"后叩拜。继续唱念经文"弟子法兵打在中央中路去，中央中路去招兵"，重复叩拜动作。师公手持令旗向南拜，唱念经文："东方岭上卦起招兵榜，南方岭上升起招兵旗，西方卦起招兵榜，北方岭上升起招兵旗，中央卦起招兵榜，五方岭上升起招兵旗。招转大排兵小排兵，麒麟兵狮子兵常游白将大战兵，麒麟狮子门前坐。"呼唤太上老君下界排兵。继续唱念

图 5-20　开坛仪式

经文:"金鸡放在屋檐啼,驴驴马卒门前护。常游马将四山巡,上村也有同年同月日,下村也有同月同时生。也有催锣并打古,也有出堂去招兵,莫听他人角声响,听我弟郎鸣锣古角去招兵。"叩拜后吹响龙角,仙姑向四方喊"千兵万马来"。师公继续向南叩拜,唱念经文:"一声龙角胜洋洋,告乘三清及玉皇。二声鸣角胜微微,造水奶娘下坛时。三清玉皇神大帝,太上五灵神老君。媓姆七千请徒众,吕山三官神九郎。五百神通请罗汉,拜请三洞诸魔王。金銮院中多教主,王公法主李仙师。三界魔鬼斩鬼将,云洲二十四县宫。刘公八郎师开口,部带刘八皮兵。吕山请出黑虎将,吕山请出大将军。前行十二神尊主,后行二步神本师。"

师公从米盘抓一把米扔向四方,象征向四方招兵并提供兵粮,唱念"为吾招转东营领兵领粮转,领兵领粮转东营。东方兵马领粮转,回身移步转南营。为吾招转南营领兵领粮转,领兵领粮转南营。南方兵马领粮转,回身移步转西营。西方兵马领粮转,回身移步转北营。"接着铜锣敲响,师公助手对白:

师公：招兵大法弟子招齐了？五营兵马未招齐了？

助手：招齐了，到来坛前纷纷乱乱，乱乱纷纷。一宗神户东坐、西坐、南坐、北坐、中坐。有一坐知一坐，有一石支一石，有一斗支一斗，有一合支一合，有一摄支一摄。左营兵马在先，右营兵马在后。大马子一石八斗，小马子一斗八升。好好当坛给出，强者不得多取，弱者不得全无。养兵千日，用在一时，听我坛师打罗古，支消。

对白完毕，师公吹响龙角，师公助手敲动铜锣。招兵末，师公右手执七星宝剑（柄坠铃铛，刀身刻"驱邪出外"），左手抱雄鸡，面向南方说："今将人各走换了，南晨北斗言主长生。弟子有事当坛来教禀，无事不敢请仙神。"放下宝剑，师公咬破鸡冠，将鸡冠血滴于五面招兵令旗下角，并唱念：

拜告南门爷师主，准南门下祖爷师。崔闻师男鸣角请，扶郎清告水细光明。

三座四座连尊主，五座六座众仙神。口吹鸣角来关请，师男关请是何神。

关请上中下年神法主，一十二、二十四营神战丘。

左营兵头刘大保，右营兵头马指挥。刘太保马指挥官，各点仙兵个个归。

闻着弟郎角声响，扶郎仙水洒光明。灌请五方淮率失仙师，香烟仙人童子郎。

未情造符先造酒，造起烟来正造符。加扶弟子神通力，不舍慈悲降来临。

仙姑从隙与之应答。师公手持铃铛环绕鸡头，并向四方叩拜。仙姑随之高声唱和，旋即燃放鞭炮，宣告请到神兵并恭迎神兵。招兵仪式结束。

（三）排兵仪式

招兵后，仙姑抱雄鸡引路，其余仙姑端祭品紧随其后。师公断续吹奏龙角，而铜锣一直在敲。招兵队伍沿原路返回神殿，开始绕案台转圈。转到神像前师公唱念经文"锣一声古一声，明锣古角请神仙。弟子往前来拜请，师南拜请众仙神"，吹响龙角。继续环绕香案，转至神像前师公继续唱念:"东方请出排营排坐师,排坐仙神童子郎。南方请出排营排坐师,排着仙神童子郎。西方请出排营排坐师,排坐仙神童子郎。北方请出排营排坐师,排坐仙神童子郎。中央请出排营排坐师,排坐仙神童子郎。"并吹龙角,仙姑抱雄鸡和唱。环绕香案唱念经文吹龙角,重复三遍后,仙姑开始将祭品摆放在神像前香案上。回到法桌前,师公叩拜并执龙角唱念:"请出男坐左边,女坐右边,合似桃园洞女仙。请出男神坐男位,女神坐女行。请老者坐高好说话,小者坐底好钱茶。请出初开天地盘古大王当天坐,两营兵马排两边。请出大慈大悲观音娘娘当天坐,两营兵马排两边。请出本州本县城皇大皇、勅封正顺曹主娘娘当天坐,两营兵马排两边。请出华光大帝、府洲登坛白公尊主、谭十九郎当天坐,两营兵马排两边。"再叩拜,一师公助手跟拜。

图 5-21 招兵仪式

师公从托盘取出酒杯，倒酒于地，继续唱念："锣一声鼓一声，鸣锣鼓角请神仙。弟子往来来拜请，师南拜请众仙神。请出三清上圣、东华高真、三坛六姆、王母群神、间上三官、六曹安尊、左坛龙氏右坛农母、陈林李氏三奶夫人、仙姑姊妹、八大仙师、千万师主师娘、道献师公张养胜、付有祖师、拿挪太祖、七位龙皇、付有仙人、庙落仙姑、平生汉帝、十大元帅。三清口口鉴韶洲，三清口口鉴韶象。功曹快马拮摇边，师南打马献神仙，落营美酒下排两边。"后重复叩拜吹角动作，倒酒于地，继续唱念："锣一声鼓一声，鸣锣鼓角请神仙。弟子往来来拜请，师南拜请众仙神。请勅封五显华光大帝、府洲登坛白公尊主、谭十九郎、云中得道白马三郎、头灵师主、黄老仙师、本坛师主五十五郎、社发师、逢边九郎、本师洞主、社官大皇。上祠下庙有鉴神共，当金太岁至得尊亲。□□爷爷鉴韶洲、□□爷爷鉴韶象，功曹快马拮摇边。师南打马献神仙，落营美酒下排两边。"重复叩拜吹角动作。

师公继续唱念经文："我师重重来保祐，不敢叠叠请来仙神。我师端坐龙神院，弟郎暂歇半时辰。头坛法事得周知，当坛敬奉我仙神。安敬仙神坐上位，中界师主坐连坛。下界神兵连下座，两营兵马两边排。东连停罗西息鼓，息罗息鼓不息兵。停住罗来息住古，五营兵马嘈嘟嘟。烧金纸来又银钱，顺风吹上大罗天。大罗天上召星斗，羊角山头李老仙。我师莫嫌银钱少，下坛法事又来迎。我师来无好奉献，鸣角奉上众仙仙。安奉列列众神仙，安奉上座仙又仙。中座师爷坐连台，下界神仙排起来。列列仙神听我鸣响，弟郎鸣角奉仙神。"排兵仪式完毕。排兵仪式即安神坐位仪式。

招兵仪式即请神仪式，在道教仪轨中请神科仪又叫请圣科仪。按道教传统仪轨，凡不在宫观庙宇设坛立靖，均要举行请神科仪，道场圆满时又行送神科仪；在宫观庙宇内建醮，除迎神开光，按时间、时辰和喜神方位设坛行请神科仪外，其他道场皆不行请神、送神科仪。[①] 虽然英德地区民间信仰及醮仪活动深深打上道教烙印，但与道教醮仪有所不同。不论在庙宇内还是庙宇外，当地师公都要举行请神仪式。需要指出的是，整个招兵、排兵仪式总共九人参与，仙姑六人，师公及助手三人。拜庭招兵过程中由两位仙姑负责向四方抛米，师公叩拜一次，仙姑抛一次米。招兵仪式

---

① 彭理福：《道教科范：全真派斋醮科仪纵览》，宗教文化出版社2011年版，第318页。

中用到兵旗四面（兵旗上书"送给西庙满堂神留念"），四位仙姑负责在香案前摇旗。其间有香客烧香叩拜，师公的动作基本重复，即唱念、叩拜、吹角。每次唱念完后吹角表示经书的一个小节结束或仪式的一个程式结束。时而师公与助手、师公与仙姑互相唱和。据师公说，参与人数能多则多，人少可少，没有限定。开坛仪式→招兵仪式→排兵仪式，前后持续近1小时。师公说，每个环节至少应该持续半个小时。但据笔者观察并没有持续半个小时，最长20分钟左右，最短五分钟。这是仪式环节的减少、经文的简化和缺失，以及师公年事过高、体力不佳等诸多因素共同造成的结果。

（四）开井仪式

师公重新穿好师公袍，敲惊堂木三下，表示仪式开始。师公手执龙角向四方神灵叩拜后吹响龙角，跳着舞步唱念经文："神水羊羊勅天台，神水纷纷勅地门。天是我父地是姆，左系青龙右白虎。"念完后吹响龙角。继续走着舞步唱念经文："前来朱雀后玄姆，弟子今朝来监时。金鸡来啼玉犬来到，仙人来起玉女来。"唱完后吹龙角。变换方向和舞动范围，向四方边跳着舞步边唱念经文"弟郎带去取水转，坑中取水养仙来。井水又来泉仙水，坑中又来流仙水"，跳完后吹响龙角。

图 5-22　排兵仪式

师公放下龙角，从托盘中取出七星宝剑向四方舞动。师公回到法桌拿起酒杯，继续向南舞动宝剑后面向南挑酒于地，用宝剑在洒酒处画出状如"井"字图案，再沿逆时针方向画一个圈，再往中间点上一点，画出"井"字诀，继续唱念经文"河中大海水神来，媓姆又来治邪水灭鬼水。陈林李奶作法水，吾奉老君急急如律令勒令洞中云水广即大，化水姆镇武自然来"。继续一手持酒杯一手舞剑，向四方绕圈。重复向四方唱念舞剑动作，舞到面向南方时挑酒于地，重复上面画字诀动作并唱念经文。师公重复唱念经文、舞剑四方绕圈动作。舞到面向北方时挑酒于地，重复画字诀及唱念动作。转到西方时倒酒于地，重复画字诀及唱念动作。再次转到南方时舞步开始转急，陷入一种癫狂状态，继续重复倒酒于地、画字诀绕圈动作。一套仪式动作结束后，师公放下酒杯拿起龙角，继续唱念舞跳，跳完后吹响龙角，宣告开井仪式结束。

据师公解释，开井要开东南西北中央五方井。开井仪式持续将近 15 分钟，算是比较长的仪式。由于开井仪式经文短小，师公念唱完一遍会继续重复经文内容。

（五）造桥仪式

师公拿起惊堂木敲击三下，表示仪式开始。师公持龙角向四方叩拜，拜完后吹响龙角。开始唱念舞跳的仪式动作，动作完毕后吹响龙角。依次重复该套动作四遍后端起托盘（里面盛满大米，放有毛巾一条、红包一个、笞一串、令旗五面）向四方神灵叩拜。叩拜完毕后，将托盘放于法桌之前，从托盘中取出令旗，左手执两面，右手执三面，开始向四方跳舞、转圈并做出各种女性动作（扭臀、摆腰、作妩媚状等），口中依然唱念不停。师公助手敲锣，师公舞步速度加快，放一面令旗于托盘，令旗向东南，继续重复唱跳、扭摆动作。师公面向北方唱跳，顺时针舞旗转跳一圈再次面向北方后朝向西南方放下一面令旗。接着师公面向南方唱跳，再转向西北方重复上述唱跳动作后，于托盘西北角放下一面令旗。师公的舞动范围向周围扩大，面向南方舞动手中令旗，再转向北面重复一遍动作即将小旗放于托盘东北角。师公转到南面继续唱跳、舞旗动作，再转回北面将小旗放于托盘中央后迅速拿起龙角和宝剑，开始围着按五个方位放有令旗的托盘绕圈唱念、跳舞、吹龙角。师公重复该系列仪式动作两遍后放下宝剑，持龙角绕托盘跳一圈后放下龙角，拿起托盘从东方开始顺时针向四方神灵叩拜。叩拜完毕脱下法衣，捧法衣叩拜。造桥仪式结束。

造桥仪式所造之桥即仙桥，神灵经此仙桥上下神圣世界与世俗世界。

以上仪式进行下来,已到午饭进餐时间。随着进餐时间到来,开始请饭仪式。先由仙姑盛上三碗饭菜①供奉神灵。据师公介绍,所请之神及顺序为:五方神→盘古大王→太上老君→玉皇大帝→王母→本堂神灵。请神吃饭仪式时间最短,不能超过30分钟,既不能耽误世俗信徒进餐时间,也不能耽误神灵下界飨食时间,时间不能长。

(六)请饭仪式

师公首先持角向四方叩拜,转向南方后吹响龙角,开始唱念请神飨食经文,呼唤神灵下界进餐,旁边仙姑与之应和。重复唱念经文、叩拜、吹角动作九遍后再向东南西北中央唱拜三遍。唱念请神经文,唱完叩拜后吹龙角。每请一位神灵则重复此一动作,依次恭请五方神→盘古大王→太上老君→玉皇大帝→王母→本堂神灵。请神完毕后,开始用膳。由于师公和仙姑身份特殊,得以坐在法桌和神灵同桌进食。

(七)下马仪式②

师公敲响惊堂木三下,表示仪式开始。师公持龙角向四方神灵叩拜三下,转向南面吹响龙角,再转向北面吹角。吹完角师公取酒杯向北南东西四方各倒几滴酒,捧托盘向北南东西四方边叩拜边唱念:"勅开勅符上请三清上胜玉皇神大帝,太上五君神九郎。拜请三天尊八表八真人,左右斩邪后真居。各各闻着师男龙角请,千兵万马到坛来。"随之绕香案一圈,走到神像前叩拜并唱念:"鸣角重重来相请,躬身拜请任何神。拜请闾山吕阳县,闾山三官神九郎。拜我师男官左蒙典山七郎,拜我右典官蒙山十郎。拜请六司六曹六典官,追鬼营教鬼门外斩。邪神判官到送上梁,紫金仙紫殿来杀。勅符姜仲大仙神,拜请长眉仙短眉仙。三日目仙,云中八万象仙神,拜请闾山师主曾主郎。好汉仙人刘汉王,何山十一郎,流带雷公将电姆。风伯将雨师,强风将雨大将军,各各闻着师男龙角请,点兵点马到武坛来。来到坛前宽谢座,弟郎再请后来神。"走到南面时向南方叩拜,再转回北边向北方神灵叩拜,环绕一圈完毕。师公继续唱念:"鸣角重重相得请,躬身拜请任何神。拜请上宫邪王大姆,中宫透邪王姆娘。下宫斩邪突贵弟,七十二宫相女娘。拜请江州江九姐,拜请凡州林九娘。西兵山前林九姐,众神江口李三娘。刘牛山上金九姐,排得殿前金八娘。桥

---

① 菜很简单,只有油炸豆腐、煮白萝卜两样菜。
② 下马仪式在午饭后开始,据师公讲,要做够一个小时才算有效。

头花公李四叔，桥尾花姆祝三娘。闻着弟郎龙角请，千兵万马到坛前。"重复叩拜动作两遍。师公从托盘中拿出黄色信封和奏表科书放于米盘，捧米盘转向南面唱念："龙角重重来相请，声声拜请众仙神。吹角就见下中坛。焚香拜请千师主，万师万爷同师主。一筶落坛保弟郎，各坛各师同相请。请到坛前案保宝座，千千师主万万师。"并叩拜，放下米盘回身拿起龙角吹奏。

师公吹奏完后执角向南方叩拜、唱念："弟子左营天仙兵，右营地仙兵十万雄兵，十万战兵。各各到来宽谢座，香坛台上棵酒齐。请的左右两营神兵马，天地仙兵到坛来。"后吹角。师公重复向南唱、拜、吹角动作七遍，并唱念经文："向当天跪请，拜请天地神明，日月星光，虚望过往神。上祠下庙一切神祈，请到坛前案宝座。鸣角罗古来相请，向灯由烛请仙神。请的仙神列列到，乘云驾务鹤到坛。在地殃马头急摇鞭，在水摇将到坛前。拨开云头亲到座，千金上腾落到坛前来。胜筶筶头落地保平安。"师公回身面向北边唱念、叩拜、吹角后转向西方唱拜、吹角，再回转北方唱念、叩拜。师公助手敲锣，师公继续重复唱念、敲锣再唱念、叩拜、吹角动作三遍后转向南边吹角。再转向北边唱念、敲锣再唱拜后转向南边吹角再回转北边，重复此仪式动作三遍。

师公转回南面后从托盘中取筶向四方摇晃、唱念经文、跪拜、扔筶，师公观看筶相后唱念经文，依次又重复三遍。师公再跪起后归筶于盘，持龙角唱念经文。师公继续唱、敲一次后转向南边唱拜，罢而助手敲锣。师公重复此系列仪式动作六遍后，从托盘中取茶杯向北向南倒茶水于地后放回茶杯，再取酒杯向北向南倒酒于地后放回酒杯，一系列动作皆要同时唱念经文。接着师公取筶向北唱念、敲锣，继续重复相同仪式动作后跪拜于地扔筶、观看筶相并唱念经文，仙姑和唱、师公助手敲锣。师公再唱念、扔筶，仙姑和唱、师公助手敲锣。师公起身、还筶，持龙角向南唱、拜，重复三遍。师公捧米盘继续唱念，师公助手敲锣，师公放米盘于地再向南边叩拜、唱念，吹响龙角。下马仪式结束。

（八）奏表仪式

师公从米盘中取出三封奏表信封分发给仙姑，然后面向南方跪读奏表科文，三位仙姑手捧奏表信封立于师公后。宣读完奏表科文，师公用法师印于奏表信封上盖下三个朱砂印，再于奏表科书上盖下一到两行法师朱印，朱印覆盖奏表科文上所有文字。再由师公助手咬破雄鸡鸡冠，用鸡冠血扫过奏表科文上所有文字。师公面对神像宣读完奏表科文后折起放于米盘中。师公助手捧米盘走在前头，师公吹角居中，敲锣助手紧随其后，仙姑走在最后。队伍从西边出神殿，边走边吹角、敲锣至庙外拜庭。至拜庭后，师公手捧米盘向四方叩拜并念唱："鸣角长长吹一声，拜请南方敕符神。飞云闲来白鹤子，传达奏书梁舍人。弟子楚香伸吕请，赤云胜步降香坛。三声龙角胜连连，拜请西方奏表仙。白鹤仙人临法会，奏文奏表李仙官。供主虔诚来拜请，白云白马降香檀。龙角三声连四声，北殿功曹降来临。北殿闲来白鹤子，谐前奏来梁舍人。弟子楚香伸吕请，黑云黑马降来临。五声龙角胜微微，再请中央敕符神。奏表仙人白鹤子，五殿奏来梁舍人。弟子坛前伸吕请，黄云胜步到坛前。"师公助手敲锣。

师公放下米盘，手捧奏表科文念唱："龙角声声透天京，东殿功曹伸普请。身着青衣裓青甲，领文领表上天堂。南殿赤符赤帝官，赤衣挂甲坐赤安。走马承云来下降，传书达仗奏天堂。"吹角，持酒杯向北向南倒酒于地。师公继续唱念："西殿功曹挂白甲，身骑白马执银鞭。走马承云同下降，奏仙官坛前奏表。北殿符官挂黑甲，身骑黑马坐黑安。降赴坛前奏文表，传文奏表上天堂。五殿含书梁舍人，黄衣卦甲执黄旗。白鹤仙人亲下降，领文传书奏天堂。"师公助手敲锣，而仙姑则在一旁应和师公唱词。师公唱念一句，仙姑则高声应答："是啊，是啊。"重复前述动作多次后，师公助手取奏表科文焚烧，奏送上天。

师公从米盘中取筶并唱念："年勅功曹云里坐，月勅功曹降法坛。日勅功曹打快马，时勅公急摇边。当日功曹亲下降，一筶当坛保地郎。年初功曹毁夫甫，日勅功曹超子龙。日勅功曹刘祖荣，时勅曹杨子钦。生下三朝能会话，四朝能读九经书。来似飞云去似箭，催行三步上青天。朝在四伏门下奏，善思勅封杨子钦。"扔筶，观看筶相唱念："时早亿师龙角请，万里含香赴道场。千里要求千里应，万众香火万家迎。不怕空忙伏断路，不怕关津帝盖神。虎备花红来奉献，奉献功曹下马香。金口伏内起青烟，直透仙官金殿前。佼者赏文传奏表，口时奏达上诸仙。奉献功曹下马灯，奏文奏表早登程。奉献三杯雀舌茶，烦劳奏表上天衙。"师公助手敲锣，师公重复前面扔筶观筶相动作，并念唱："奉献功曹下马氿，坛前供主表口诚。有事坛前来拜请，下马茶酒献三杯。领纳三杯到坐酒，谢来领纳礼银钱。伏望功曹亲到坐，一筶当坛保地郎。功曹佼者在坛前，听我嘱咐二三言。路上行程君莫血，水里行程君莫亭。阴阳树下君莫宿，急水坛头莫洒身。诚恐风吹风浪起，你莫来破我文书。文书肚内有贤人，速来速奏上天堂。"烧奏仪完毕。

师公及助手走后，仙姑继续留在原地高声唱念，点燃鞭炮，并用力向地面跺两脚、高声说两句经文。奏表仪式便告结束。

奏表仪式包括念奏仪式和焚奏仪式两部分。前半部分为拜请各路神灵、法师等醮仪中常规性话语，后半部分为纳钱祈福之信徒名字。师公所用奏表内容如下：

奏为　今棱
中华人民共和国广东道韶州府英德市□□村□□乡□□四围围府。
各方各向立宅安居于往。
今肖启旗叩许或酌还洪朝或远醮，二日三夕，
或三旦四夕，或一夜道场，合众诚心。
今将男妇老幼方各开列于左，
信仕□□名等。
佑领众信人等即日诚心拜于
大道光中，具呈意者，伏惟愿念众信，庇佑
家家清吉，人口均安，男增百福，女纳千祥，
财源顺遂，生意兴隆，耕种大有，万物诚收，
兴财兴旺，六畜成群，茂迎景货，万福由同。
今立文跪一封，言主上光中，冲为福万，官非不惹，祸道全飞。
又将文（跪）奏到曹主案前，焚香祝白。
自许或还以后，托赖神恩降福，彩纳化情，
祛移遭耗，万福优同，仅跪以闻。

师公奏表仪式显然来自道教"上表"科仪，师公根据信徒意愿写具表文，用法力（即焚烧奏表）将之送予天庭神灵呈阅。"表"是一种文体格式，是古代上呈皇帝有所陈请的书信。道教把这种人间的仪式引进神界，借"表文"上请众神，以求能实现某种愿望。①

---

① 张振国、吴忠正：《道教常识问答》，上海人民出版社2008年版，第129页。

(九) 娱神仪式①

1. 师公娱神

参加者：师公三人，师公负责跳舞，两位师公助手负责敲锣；仪式道具：花纸扇一把、红手帕一条、女性衣服一套、插大红花假发套一个，龙角一个。

师公穿上女性衣服，带上插花假发，把自己打扮成女性。各自就位后，师公开始跳舞娱神。师公边跳边唱《师公歌》："左边金搥打金鼓，右边银搥打银锣。锣响之时文官到，鼓响之时武官来。文官到坛安天下，武官勒马到龙坛。太平时年文官贵，返乱之时武官强。法事做了一坛连二坛，好比王姆对吕山。法事做了三场连四场，好比金鸡对凤凰。法事做了五坛连六坛，好比芙蓉对牡丹。法事做了七场连八场，好比亚头对嫩郎。法事做了九坛连十坛，好比仙女下凡间。"师公扭着腰身，摆动着双手，边舞口中边念唱："一声鸣角胜洋洋，王姆衙内借衣裳。二声鸣角胜分分，王姆衙内借仙裙。三声鸣角胜华华，王姆衙内借仙帕。口吹宝角胜洋洋，启告三清及玉皇。启告奶娘是奶娘，奶娘坛下借衣裳。借向乡主公来福主娘，借你锁匙开笼箱。金打锁匙开竹笼，银打锁匙开木箱。开脱笼来揭开箱，笼中取出好衣裳。寒天借出寒衣着，热天借出热衣裳。来得山高路又长，未层带得好衣裳。来得山高路又短，未层带得好绸缎。来得山高路又华，未层带得好仙帕。来得山高路又近，未层带得好仙裙。来得山高路又远，未层带得已多件。来得山高路又愁，未层带得好色头。"只见他左手舞动花扇，做出破浪状的动作，右手扬起红手帕，扭动着脖子，踩着舞步，时前时退，富有节奏感。一会儿见摇着花扇打着圈儿，甩起手帕配合花扇动作，一会儿在身前快速向左向右扇动花扇，抛送红手帕，极富女性阴柔之美。

在舞动过程中，师公继续念唱："借娘锣裙十八幅，借娘锣布逗风流。借娘金簪头上插，借娘花鞋脚下穿。借娘耳环圆叮当，借娘手鈪昌两昌。凡人带来不合着，未层连短又嫌长。借衣娘子回身转，勒裙娘子又来临。勒裙三师三童子，勒裙三师三童郎。加扶弟子神童立，不舍慈悲降来临。谨请东方青帝青罗裙，罗裙□□到东方。妹子好比观音样，救尽凡间已多人。谨请南方白帝白罗裙，罗裙□□到南方。手捧南蛇来腹使，着使

---

① 娱神仪式有两种，分别为师公娱神和信徒娱神。

腹使变成龙。谨请西方白帝白罗裙，罗裙□□到西方。万丈高楼从底起，曲尺难量妹子心。谨请北方黑帝黑罗裙，罗裙□□到北方。妹子生成乌纱样，爱□爱竞交儿郎。谨请中央黄帝黄罗裙，罗裙□□到中央。"跳到中间，师公把花扇换为龙角，开始吹角。

吹完龙角，拿着龙角和手帕重复之前的动作，舞一会儿，吹一下龙角，口中继续念唱："姊妹排来十三介，排来排去妹过靓。五方勒裙又来了，上着妹子有来临。摇摇摆摆摆摇摇，摇摇摆摆请娘行。嘈嘈闹闹闹嘈嘈，八幅罗裙遮地拖。上着绸缎下绫罗，打扮小妹似娇娥。上着绫罗下着圆，打扮小妹似娇莲。上着圆来下着乌，打扮小妹似亚姑。上着乌来下着黄，打扮小妹似娇娘。上着黄来下着青，打扮小妹十分靓。上着青来下着红，打扮小妹逞威风。打扮小妹都齐整，赛过南海观世音。新娶夫娘咀唇红，骂猪骂狗骂老公。新娶夫娘面带黄，骂猪骂鸡骂家娘。新娶夫娘眼角乌，骂猪骂狗骂丈夫。新娶夫娘讲牙花，骂猪骂鸡骂亚妈。新娶夫娘面带红，骂猪骂狗骂家公。天阴阴来地阴阴，男人拌转女人身。天皇皇来地皇皇，男人拌转女人装。未层装身凡间子，装起身来似奶娘。一朵黄云遮妹头，五方邪鬼尽欧愁。二朵黄云遮妹身，五方邪鬼走了清。三朵黄云遮妹腰，五方邪鬼走飘飘。四朵黄云遮妹鞋，五方邪鬼叫喀喀。五朵黄云来遮妹，五方邪鬼叫哀哀。"一套舞蹈下来，估计神灵都已为之陶醉，仿佛欣赏仙女翩翩起舞。

跳舞娱神时，师公还要改变方向，娱神过程中师公不是面对一个方向。两位师公助手则不间断地敲锣，为师公伴奏。师公则仍然边舞边唱《师公歌》：

> 上着妹子回身转，又请五方借水娘。加扶弟子神通力，不舍慈悲降来临。
>
> 借水三师三童子，借水三师二童郎。谨请东南西北中央借水娘，借水娘子出坛场。
>
> 小妹你去行一转，借问叔婆有水无。奈位叔婆借水用，等涯小妹慢慢完。
>
> 日头一出红西西，借出水来又无梳。小妹你去行一转，借问叔婆有梳无。
>
> 奈位叔婆借梳用，等涯娇莲慢慢完。日头一出青球球，借出梳来

又无油。

　　小妹你去行一转，借问叔婆有油无。奈位叔婆借油用，等涯小妹慢慢完。

　　上家借水借梳油借不到，老君衙内借出来。借出油梳何所用，拿来坛下小妹巧梳妆。

　　借水借梳借油回身转，梳妆娘子又来临。柬久吾前巧梳妆，梳头凳子在何方。

　　五更鸡子叫洋洋，梳妆娘子出坛场。五更鸡子叫凄凄，梳妆娘子正当时。

　　左边借出油腊盏，右边借出梳头箱。双手搬出矮凳子，轻轻移步出坛场。

　　左边放落油腊盏，右边放落梳头箱。梳妆娘子一齐到，个人寻介好坐场。

　　中心放落矮凳子，梳妆娘子坐中央。便把金簪来取落，金簪取落放梳箱。

　　便把头绳来取脱，头绳取落放梳箱。便把头发来拆散，头发拆散把梳行。

　　大梳梳了小梳梳，小梳梳了把油磨。日头一出青求求，口啥头索手磨油。

　　一盏黄腊二盏唐，搭得妹头放毫光。一盏黄腊二盏油，搭得妹头活流流。

　　乌仁飞来跌断脚，蚊子飞来跌断肠。闻得广东妹子会打半，一头头发半斤四两油。

　　搭得前面光后面光，爷娘开口值八十两。搭得前面容后面容，众人看见不值三厘铜。

　　你话无介话涯讲好多人都话，头上虱蔴捉埋也有二三揸。
　　你话无柬多涯话有总过多，头上虱蔴捉埋足足二三罗。
　　你话无人信涯话多人仗，头上虱蔴捉埋二三斤。
　　你话无柬重涯话总过重，头上虱蔴捉埋三斤重。

　　捉了已来□得已已，莫在头上咬死里。捉清光来捉清光，莫在头上来作痒。

　　你讲你来你系风华，转头讲你懒道蔴。懒道蔴来懒道蔴，朝朝睡到日头斜。

走起身来眼黄口，又花左边毛右边孖，一孖孖去门扇各落下拿介水杓。

蔴洗得眼睛光凄，姐走去碗柜下拿只碗并双筷添碗仙竹蔴食得。

肚里大过蛇涨彼吧劏猪姆狗骨，硬冰牙老猴哥老猴蔴做糍粑。

讲得多来差得多多，由如水打无公田螺。讲尽千般档牙花，由如路上水推沙。

便把头绳来扎起，头绳扎起在头中。便把头发挽口了起，头发挽口起便成髻。

便把金簪来插起，金簪插起放毫光。左边收起油腊盏，左边收起梳头箱。

双手兜转矮凳子，轻轻移步转修房。转到修房先谢座，烧钱安奉众神仙。

烧金纸来化银钱，当当点当当当点当。点点当当到奈方，点点当当到东南西北方中央。

满堂菩萨共火光，祛邪出外福为堂。男孙女媳满家堂，一朵莲花送亲郎。

男添百福女千祥，弟郎香火远才口扬。

娱神舞蹈持续时间较长，娱神间隙，师公会反复念唱《曹主娘娘留念书》，把曹主娘娘的故事在曹主娘娘及信众前叙说，以营建共同的历史记忆和情感空间。如师公起念："一声鸣角胜洋洋，招转惠妃曹主仙娘，九州兵马擂口到坛场"，念唱完一遍《曹主娘娘留念书》又继续开始，直到娱神仪式结束。

另有娱神仪式师公穿红色师公袍、头戴师公帽，右手拿龙角、左手持七星宝剑，跳舞娱神，大体动作与上面描述相当。

2. 信徒娱神

师公娱神结束后，信徒组成的舞蹈队开始娱神。舞蹈队员全是50岁以上的女性，她们有舞蹈教练，有领舞，有自己的舞蹈服装，平时排练，表演的舞蹈只有几个动作，即双手摆动系在腰上的彩色绸带，同时向左向右扭动身躯，即扭秧歌的简化版。一旦遇到神诞节日，就会过来娱神。整个仪式过程在音乐伴奏下舞蹈队在扭秧歌，以愉悦神灵。

娱神仪式结束后便是送神仪式。送神仪式的操作程序跟以上仪式雷同，唯一不同之处便是师公所念经文。

在村民准备杀死牺牲（猪）前，师公会做一个小型仪式，即杀猪光。杀猪光仪式是为猪"开光"，就是让一件醮仪物品附上法力，从而可让信徒供奉。

杀猪光仪式需要的道具包括：一把短刀，一只龙角，一个铜锣。参与者：师公和师公助手两人。仪式过程中，师公对活猪唱念经文：

一声龙角胜羊羊，调猪弟子下坛场。二声龙角胜连连，调猪弟子下坛前。

三声龙角胜哀哀，调猪弟子到坛来。东方给坛给解师，给解仙人童子郎。

上给老君恒元七宝莫，下给王姆子云飞。百鸟飞来落罗网，虫蚁园来落火坑。

东方给坛给雨满，护吾弟子转南方。南方给坛给解师，给解仙人童子郎。

上给老君恒元七宝莫，下给王姆子云飞。百鸟飞来落罗网，虫蚁园来落火坑。

南方给坛给雨满，护吾弟子转西方。西方给坛给解师，给解仙人童子郎。

上给老君恒元七宝莫，下给王姆子云飞。百鸟飞来落罗网，虫蚁园来落火坑。

西方给坛给雨满，护吾弟子转北方。北方给坛给解师，给解仙人童子郎。

上给老君恒元七宝莫，下给王姆子云飞。百鸟飞来落罗网，虫蚁园来落火坑。

北方给坛给雨满，护吾弟子转中央。中央给坛给解师，给解仙人童子郎。

上给老君恒元七宝莫，下给王姆子云飞。百鸟飞来落罗网，虫蚁园来落火坑。

中央给坛给雨满，护吾弟子转坛场。

师公左手持龙角，右手持刀模仿杀猪动作踩着舞步。师公边舞动匕首边唱念经文，唱完一段后即停下来吹龙角，并一直重复这轮动作。师公助手则在一旁不断敲锣，并与师公应和。整个仪式过程持续将近5分钟，仪式目的在于安抚待宰而惊恐的猪畜，告知掌管猪族的神灵，祈祷神灵的原谅，同时表达感谢之意。

宗教活动的共同特征是它的例行性及重复性。"仪式就是例行化的宗教程序和过程……仪式无疑是所有宗教实践的必经程序。反复的吟唱和音乐上重复的曲调也在强化一个宗教所欲传达的主要信息。仪式是每次都要按标准礼节举行的阶段性事件，因为参与者要从事接近神圣之物的危险行为，为此，他们自己必须处在转化和神圣的状态。进入仪式状态的过程是一种'神圣化'的过程。"① 整个仪式师公的动作不断重复，基本动作都为唱念经文、叩拜、师公吹角、师公助手敲锣、仙姑应和。英德的师公醮仪道教色彩浓郁，醮坛师公多用道家符箓、字讳、手诀等，步罡踏斗以示镇妖驱邪，达到纳吉、祈福的愿望。仪式中师公用到最重要的几个仪式道具都有十分明显的象征意义。一个是雄鸡，一个是大米。

雄鸡象征凤凰，在中国传统文化里，凤凰是中国古人对多种鸟禽模糊集合而产生的神物。有关鸡与凤凰的关系，据庞进考证，《乐叶图》中有"凤凰至，冠类鸡头"句。雄鸡善鸣，有司晨的功能；凤凰也善鸣。汉代李陵有"凤凰鸣高岗，有翼不好飞"的诗句，这"有翼不好飞"，也是鸡的特征。在中华传统菜肴中，大凡以"凤凰"为名的，一般都是鸡。如鸡爪被称为"凤爪"、鸡翅被称为"凤翅"、鸡腿被称为"凤腿"等。整体上以凤凰为鸡或以鸡为凤凰的情形也多有所见。② 大米则指代农业文明，大米对南方居民的重要性和南方居民对大米的重视，故将大米视为非常重要的仪式用材，成为农业的象征符号。

临近中午拜神信众达到高峰，所有信徒在拜神时向四方叩拜，十分虔诚。有人说，在中国古人看来，所有信仰的法则都是人类可以掌握的，人类在掌握这些法则的基础上，可以根据实际情况在生活中调试规则、规避规则，甚至善意或恶意地利用规则让神灵世界为自己服务，在神灵面前，

---

① 庄孔韶主编：《人类学通论》，山西教育出版社2002年版，第401页。
② 庞进：《鸡与凤凰》，http://www.cdragon.com.cn/Rlwkx.asp? NewsID=323，2005年12月1日。

古人自己是自信而乐观的。① 其对宗教的解释过于极端和主观，缺乏田野调查资料的支撑，生计模式是一个地区居民适应环境的结果。为了适应地区特殊的环境生存下来，一个地区会形成一个地区特有的生计模式。英德地区多山和峡谷河流，他们的生计模式为水上运输为主。在险狭的河谷、湍急的水流上行船，对于船夫和商人而言，是极其危险的事。通过祈祷神灵庇护是自然不过的行为。在大自然的鬼斧神工面前，人们不得不承认自己的渺小和脆弱。而神灵则通天彻地、法力无边，臣服于神灵即可获得庇护。中国民间信仰的最大特点是功利性，如果神灵能保佑行船安全，那么船夫是不会介意自己是否在神灵面前显得渺小还是高大。而且，他们也不认为自己在操纵信仰法则，他们就是相信神灵，只要通过虔诚祈祷，神灵就会显灵。信徒不会也不懂掌握信仰法则为自己服务。

其实，真正操纵神灵信仰的，在国家层面上是国家统治者，在地方层面上即地方统治者或地方精英，在英德地区即地方宗族势力。他们才是利用信仰法则为自己谋取利益的行为者。只要神灵有灵，底层民众不会在乎自己在神灵面前是否渺小，民众事实上承认自己在神灵面前的渺小。以古人"祭天"为例显然可以说明这个问题。"天"作为一个有意志的人格神，它赐予人类阳光、水、粮食，是人基本物质生产资料的来源。同时，"天"也有一种绝对至上的权威，支配着人间的一切吉凶祸福、生老病死，对人类的行为进行赏罚以惩恶扬善。因此，面对"天"，人自然而然产生敬畏与恐惧之情。在"天"的面前，人是渺小的，因此古人很谦卑。他们视"天"为自己的祖先，祭祀"天"就是与上帝相沟通的最好方式。

从参加神诞的情形来看，信众总体男性少女性多，年轻人少老年人多。整个王母神诞会，来自广东各地的"姐妹兄弟"也前来拜神。信徒会献上不同的祭品，一般为当地农产品。杨成志在《广东北江瑶人的文化现象与体质型》一文中曾谈到瑶族建醮的社会功能："度身"（亦称小登科）与"拜王"（亦称大登科）是一种原始社会的入社式"Initiation"的遗俗，本属个人仪式，然因庆贺酬谢，已变成大众与全村共有的仪式，"建醮"亦是整个社会最热闹的节期……这种仪式的意义差不多由宗教变

---

① 黄晓峰：《神仙江湖：潜伏在民间信仰中的神仙》，陕西人民出版社2012年版，第170—175页。

成大众娱乐的代替。① 英德曹主娘娘神诞似乎也具有了这种意义。受道教的长期影响，粤北英德地区的神灵信仰、仪式活动，逐渐发展为民间的风俗习惯。"道教植根于中国社会，与民众的日常生活结合最紧密。道教倡行仙道贵生、无量度人，道教斋醮仪式能充分满足人们对生命的祈求，对亡灵的济度，因而得以渗透民众的生活之中，并与民间风俗信仰密切结合。道教斋醮仪式与民俗信仰的结合，是道教影响中国社会的结果。民众的祭祀需求和信仰习俗，是道教斋醮赖以生存的深厚土壤。""自唐宋以来，民间每逢神仙诞辰，例要举行斋醮活动，吸引信众参加，遂逐渐形成庆祝神仙诞辰的道教节日。至明清时期，道教节日的斋醮活动，已成为民间岁时习俗的重要组成部分……道教斋醮与民俗信仰结合的途径之一，是吸收民间俗神进入道教神系，城隍、土地、妈祖、关圣帝君、文昌帝君、碧霞元君等民间俗神，相继成为道教斋坛崇祀的神灵……道教斋醮与民俗信仰能够结合，在于斋醮具备的宗教功能。在神道设教思想浓郁的中国古代社会，人们相信道教斋醮的祈禳济度功能，期望建斋设醮以感动上苍，赐福消灾，济死度生。道教斋醮与民俗结合的根本原因，在于斋醮能够满足民众的心理需要。"②

　　主殿右边放着一个大箱子，里面装满红包，信众会在这里挑选红包，这是给信众装香火钱用的红纸包，通过向神灵布施红包获取神灵的庇佑。庙宇不会强制信徒给神灵布施，但他们会告诉信众给神灵送红包能表示更大的诚意。为了能最大限度地显示自己的诚意以获得神灵更多的庇佑，信徒们会竭尽所能去向神灵表现诚意，比如多磕几个头，多烧几根香，多捐点香油钱。在一些仪式里，信徒如想获得特殊的待遇，就要再给寺庙捐献香油钱。如奏表科仪中，奏表科文上写有许多信徒的名字，有男性名字也有女性名字，但女性名字居多。笔者发现，信徒必须布施香油钱，师公才会把其名字写上去。有信徒问师公布施的价钱，后者回答三元一个名字。尽管那位信徒开始显出不情愿，稍微杀了杀价也就顺从地接受了师公的价格。在追求神灵庇佑时，她们可以把平时不舍得买吃穿的私房钱全拿出来或者拿出大部分布施神灵。她们觉得只有这样才能向神灵证明自己的诚意，以此感动神灵，为自己及家人降福。

---

　　① 张泽洪：《文化传播与仪式象征：中国西南少数民族宗教与道家祭祀仪式比较研究》，巴蜀书社2007年版，第510页。

　　② 同上书，第493—494、500—501页。

信徒想要在庙里用膳须向庙里交付一定的份子钱。信徒向庙宇名目繁多的布施、庙会和神诞带来的商业、庙宇借助旅游收取的门票、因之带来的地摊经济，在神异资源、宗教资本操控中诞生了庙宇经济。文永辉的《神异资源———一个乡村社区的宗教市场与宗教经营》[①] 描述了宗教和宗教仪式在市场经济中的另一面，即宗教文化的利润问题。寺庙拥有一种特殊的"神异资源"，但是如何运用组织者的社会资源与之结合，将寺庙的"品牌"打入宗教市场是每一个宗教领导者和地方寺庙管理者的世俗考量。他所讨论的问题也正是近年来在中国社会一个比较新颖的话题："中国的传统宗教组织虽然不具有高度的组织性，但也并非完全没有组织，一个个的寺庙，其实就是一个个小而精悍、组织化程度非常高的宗教组织，而这些寺庙公司化的发展中，则又极大地提高了其组织机能和经营能力，这使他们在与制度性宗教的竞争中也不处下风，使制度化宗教独霸市场变成不可能。"文中提出宗教市场内的自由竞争这一概念将宗教的世俗面目揭示于人。

庙宇通过操控独有的神异资源、宗教资本，既获得了资金，支持了庙宇规模的扩大、庙宇的维修、日常香火的购买、庙宇人员的生活开支，也扩大了影响和权威，借助信徒的信仰和支持，在一定程度上掌握了决定地方事务的话语权。尤其是地方庙宇，由此获得了在国家资本和权力遍布每个角落的情况下与国家话语进行对话和博弈的力量，进一步确保了庙宇的延续和发展，也确保了地方小传统文化的存续。庙宇也就成为一个小地方的权威中心，在国家力量没有到达之前承担了管理地方事务、调解地方冲突、引领地方舆论、建构地方文化的功能。

在神诞节日醮仪中，村民会请求师公对卖身契施法，上奏神灵，征得满堂神灵的应允，然后贴在庙宇墙壁上公示。在曹主娘娘庙里笔者发现许多卖身契（见附录八）。从卖身契的内容看，卖身者基本上都是刚出世的小孩子，由父母向神灵请愿，将子女卖给庙中神灵，其祈愿皆为"保养长大成人、长命富贵、天长地久、保祈荣华富贵、金玉满堂、大吉大利"等吉祥祈福之语，希望子女获得所有福吉，如若实现愿望，则会"鸡鱼三牲完谢神恩"。卖身契贴于庙墙，最近一张卖身契为2012年农历2月

[①] 文永辉：《神异资源———一个乡村社区的宗教市场与宗教经营》，博士学位论文，中山大学，2007年。

23 日签。卖身契强烈凸显了民间信众对于信仰神灵的功利性。民众将自己最珍视的子女卖给神灵，表明民众对神灵的强烈信任。他们认可神灵的力量，相信自己向神灵的祈愿在适当的时候会得到神灵的兑现。

不管是客家族群、地方宗族还是山地民族，为了获得福祉、消灾祛病，都会把自己或子女卖给庙宇中的神灵，卖身契都会写上某某卖给"合殿神仙"或"满堂神仙"。"卖身"于满堂神仙的村民，不管他是哪个家族、哪个村落、哪个族群的，大家都寄名在同一群神灵之下，这样就在超现实的世界里结成一种异姓兄弟姐妹的关系。卖身契这张神符成为大家身份认同的依据。通过卖身契，知道自己和别人拜什么神灵、同属于哪个宗教—信仰文化圈，以此为中心，形成宗教关系和现实关系上的差序格局。

从师公经文、歌本、仪式以及庙宇内部结构中可以发现曹主信仰是一个跨越族群边界的信仰。虽然其信众主体为英德地区的客家族群，但在乳源地区的瑶族同胞也营建了祭拜曹主娘娘的神庙。由此看来，至少在英德乃至粤北地区，民间信仰不具备划分族群边界的指标功能。周建新用"地方性"和"族群性"双概念来分析客家民间信仰、体现客家民间信仰文化图像和理解客家传统社会结构和文化运作逻辑：民间信仰地方性的张显，往往是客观存在的一种常态，而民间信仰族群性的强调，则往往是因为无族群性的出现……客家民间信仰的地方性和族群性，阐扬的是客家族群的心灵境界与生存经验，既是一种常态的文化历史，又是一种动态的文化政治。[①] 劳格文也指出："在整个客家地区，估计甚至在全中国，地方文化有很多共同点，可是在彼此之间，甚至村与村之间，都有着巨大的差别……村与村之间，地方文化也几乎具有无穷的多样性。"[②] 在英德和增城地区，曹主信仰融入当地的社会文化，具有不同的内涵，成为地方族群建构自身族群文化、谋取族群利益的工具。

当一种新的信仰传入已存原生信仰之地时，借助本地信仰来巩固势力、谋取利益的地方宗族往往会对外来信仰产生排斥，对信仰主体进行打压。当外来信仰群体势力超过地方信仰群体，地方势力对外来势力妥协并开始接受对方时，体现在宗教上便是主神的让位和信仰的混成，在这一过

---

① 周建新：《地方性与族群性：客家民间信仰的文化图像》，《广西民族大学学报》2010 年第 3 期。

② [法] 劳格文主编：《客家传统社会》下编序二，中华书局 2005 年版，第 491 页。

程中本土与外来的信仰符号融为一体，想要离析出一个族群独有的民间信仰，于客观来说实不可为，于主观来说乃有意为之。

同时，这与曹主信仰具有的信仰混成性也有重要关系。往往在神庙中，曹主娘娘与作为粤北少数民族共同祭拜的盘古大帝，代表神兽信仰的判官，代表农耕文化的一系列神祇，代表宗族的"郎"，还有代表国家象征的土地一起祭祀。在一个神圣空间——神庙中，曹主娘娘扮演了一个混成信仰核心神的角色。作为流动的商业移民的信仰，在商业活动中，曹主信仰融合了当地几乎所有的信仰模式，由一个简单的地方神转变为地区保护神、航运保护神、家庭保护神，成为英德地区各个方面都能发挥作用的多功能神灵。这种多功能性以及混成性使得以曹主娘娘为中心，当地信众结成非常密切的关系。将拜同一群神灵的村子和村民团结在一起，形成宗族联盟或宗教联盟组织，为捍卫地方利益、维护地方秩序发挥功效。同时，借助这种身份认同和共同的信仰寄托，为调节不同民族之间的民族关系发挥作用。

第四节 小结

从师公歌本和经文体现的儒家思想看，可以得出以下结论：

（1）儒道两教、瑶客族群交融的表现。据徐祖祥研究，"儒家文化是瑶族进入封建社会后其历史发展的社会背景，儒家思想对瑶族的影响大致有两条途径：一是中国历代统治阶级在瑶族地区推行以儒家文化为基础的政治、经济和文化政策，给瑶族文化的历史演变打上了深深的烙印。二是道教在传入瑶族社会之前，儒家已与道教形成相互利用的微妙关系，道教大量吸收儒家思想入其教义，在道教传入瑶族社会后，道教中的儒家思想进而对瑶族社会产生影响。……宋代以前，儒家文化对瑶族的影响主要是通过迁入瑶区的汉族与瑶族的直接交往发生的"。[①] 英德地区在客家族群迁入以前，本地居民主要为瑶族，从现在英德地区的体质特征以及盘古信仰来看，当地客家人"瑶化"较深，有的客家人其实是从瑶族"汉化"

[①] 徐祖祥：《瑶族的宗教与社会：瑶族道教及其与云南瑶族关系研究》，云南人民出版社2006年版，第104页。

而来。自客家族群迁入粤北地区，两个族群之间长期沟通交往，瑶族道教思想和客家儒家文化相互影响，毕竟地方居住主体是瑶族，道教还是成为普遍性的信仰，但也融合了大量儒家思想。

（2）在师公开展仪式中，尤其是与曹主娘娘有关的仪式活动中颂唱《曹主娘娘留念书》，通过念唱这些歌本内容达到教化信徒的目的。这样，信徒们在烟雾缭绕的神堂中还在接受儒家主导思想潜移默化的影响或濡化。利用信徒对神灵的膜拜，通过这种宗教教化，使村民或族人纳入到既定的社会文化规范当中。

（3）地方宗族势力在仪式中，通过曹主信仰宣扬儒家思想，可以达到稳固地方宗法秩序，使地方社会按着既定的轨迹运行，从而获取地方社会的话语权。这是掌握优势资源的地方上层宗族势力最希望看到的图景。被地方宗族势力所控制的民间信仰，成为抑制叛逆行为、巩固宗族势力、谋取宗族利益的工具。民间信仰依靠神灵的力量将信徒紧紧包裹，地方宗族则将民间信仰牢牢掌控在自己手中。掌控了民间信仰就掌控了地方话语权，拥有了可以无限使用的象征资本。

综上所述，英德地区民间信仰的根基仍属于道教系统，正如鲁迅致许寿棠的一封信中说：中国根底全在道教，此说近颇广行。[①] 但其中混成了大量的佛教儒教、原生信仰、地方信仰的文化因子，是一种混成型的宗教信仰。"通过象征结构，仪式不仅得以利用象征本身的多义，乃至包含两极相反意义在内的特性，更可以吸纳外来不同的力量，以调节传统文化与外来文化间的冲突，使仪式相较于宗教，更有其具体而独特的机制，突显转型期社会的特色，使仪式与社会相互构成独特的课题，并试图剔除宗教仪式只是消极地再现社会而不是积极地塑造社会的理论偏见。"[②] 英德神庙作为仪式的空间和载体，显示了混成型信仰系统机制。

根据盔甲化和绳索化观点，在地方社会中，不同的神祇有着不同的功能和作用，同时也相应地对应着不同的地域社会以及社会群体。也就是说，国家正祀所认可的神灵是整个民族的宗教信仰和象征，而地方神灵则

[①] 鲁迅：《鲁迅书信集》，人民文学出版社1976年版，第365页。
[②] 黄应贵：《反景入深林：人类学的关照、理论与实践》，商务印书馆2010年版，第268页。

是地方社会的保护神①,是一个地方村落社会的重要组成部分,是一个小的地域社会的地域象征,曹主娘娘便是英德地区的保护神和地域象征。对于一般民众来说,曹主娘娘有着具体的职责,她产生于地方上,并由当地人赋予神性,是作为南迁汉人中具有代表性的女性神格化的表现。她的事迹在地方传扬,地方上的民众大体都知道或听闻其来历、事迹以及成仙过程,曹主娘娘与英德地区和增坑社区的人们的日常生活有着紧密的联系。她作为地方保护神,也受到每个出生在当地村民的敬崇祭拜。曹主娘娘作为地方保护神,将整个地区中分散的个体和家庭以超自然力量连接在一起,村民通过对本地区共同地方神的崇拜,整合为一个整体。

曹主娘娘神诞不只是一年一次按惯例举行的神诞会,也是各地信众们集会、祈祷、社交的重要场合。神诞会连接信众间的情感,满足信众的社会需求和精神需求。庙宇是地方社会最重要的文化建构和最具涵盖性的精神空间②。村神诞对于老年信徒来说,意味着一次村落聚会,是老年信徒难得的欢愉与畅聊的机会,为老年信徒尤其是"空巢"老人提供一个参与社会交往的场所,一定程度上填补了其心理的空虚。有的人不远百里赶过来,虔诚中更觉得是需要。

信徒上香时,可与师公同唱同跳。师公作为神圣世界的代表,与信徒交流无隙。整个神诞仪式充盈融洽、温馨、欢快的气氛,神灵在微笑地俯视信徒,信徒微笑地叩拜神灵,呈现出一种交融的状态。神灵借助师公降临到凡间,信徒的意愿通过师公奏送到神灵。这种上与下,神与人,神圣与世俗,天与地的交融,呈现出维克多·特纳所言之"反结构"状态。女性年老信徒在敬神烧香中,她们得到精神上的解脱,获得一种平等的地位,在神灵面前,只有虔诚的信徒存在。在这个神圣世界里,只有信徒和信徒所信仰的神灵存在,信徒相信通过虔诚的祈祷祭拜,神灵会护佑自己实现愿望,也许这是宗教与信仰在现今社会复兴的原因之一。不论在城镇、还是在乡村,神明都代表了公共领域的观念和活动——它们甚至具有地方司法审判的功能。崇拜神明的节日庆典,既反映了地方的骄傲,也为

---

① 赵世瑜:《国家正祀与民间信仰的互动——以明清京师的"顶"与东岳庙为个案》,《北京师范大学学报》(社会科学版)1998年第6期。

② 刘沛林:《论中国历史文化村落的"精神空间"》,《北京大学学报》(哲学社会科学版)1996年第1期。

创造地方认同做出了恭喜。① 如今，可能在民间宗教上，更多具有世俗性的色彩，神性的光辉更多让位于人性的需求。但神灵和信仰的功能却不会消失。

笔者的田野调查主要集中在英中地区，对于英德东乡的情形缺乏田野调查资料。冯志荣②对英东翁源的民间信仰进行较细致的考察。从冯志荣的调查发现，英东翁源地区也存在英中地区的师公信仰或者说郎信仰。其看过的一场法事师公坛号为间茅二院，法号为陈寿一郎，他们的经文中也有《盘古经》、《观音经》、《千佛经》等。从派别源流、师公传承、仪式经文、仪式过程等都可见英东地区与英中地区基本属于同种信仰模式，同样也存在信仰混成的现象。英东地区毕竟与英中地区有所相隔，有自己的独特仪式，如调和合潮（夫妻不和请师爷做的法事）、安社龙（过程包括安龙祝词、抄龙、拜神、请神、搬师、再拜神、献香敬香、奏表盘古踏碓纺棉接济、行江、赐食、打火碗、行龙香、祀五香）等。可见，英德不同地区的民间信仰仪式不尽相同，但都遵循了黎熙元的提法。

中国南方沿海地区的民间仪式也有同一性。地方集体仪式对中国文化一体性的再生产不依赖于严格遵守正统学说及尊崇仪式背后的、唯一的神学意义，而是依赖沿用相同的仪式符号。太平醮之所以一直保持由道士主持，目的不在于由道士宣讲神学，而是通过"有传授"的人士保证仪式格式的规范性。正是这种有限的仪式规范性在表达出不同族群（无论集体或个人）自身文化要求的同时，也表达出他们对中国文化整体性的认同。③

历史上，曹主娘娘神诞日是英德地区非常重要的节庆活动。通过举行神诞，地方庙宇成为地方的权威中心，在国家力量没有到达之前承担了管理地方事务、调解地方冲突、引领地方舆论、构建地方文化的功能。然而，自20世纪80年代以后，曹主信仰由以前的萎缩状态开始复兴起来，但这种复兴只是表面上的。因为去拜神的都是50岁以上的老人家，年轻人几乎不去拜神。一种文化，如果没有年青一代的继承与发扬，其前景必

---

① ［法］劳格文主编：《客家传统社会》上编序一，中华书局2005年版，第3页。
② 冯志荣：《翁源信仰》，参见劳格文主编《客家传统社会》上编，中华书局2005年版，第351—379页。
③ 黎熙元：《民间仪式的统一与变异：以广东与香港太平醮为例》，《广西民族大学学报》2007年第2期。

定是暗淡的。

　　笔者认为，中国民间信仰缺乏制度性宗教的机制要素，中国的民间信仰需要建立起自身的机制。曹主信仰表面上复兴实际在衰微的原因就在于缺乏一种内在的机制，缺乏一种约束或迫使民众信仰的力量。由于缺乏这种机制，导致民众：（1）对神灵的态度变成可信可不信，随意性强；（2）缺乏外在或内在的约束力量，再加上国家一直以来对无神论的宣扬，年青一代已经不太拜神；（3）民间信仰乡土性太浓，所谓"难登大雅之堂"，无法成为信众身份和地位的象征，缺乏上流阶层的信众，在国家层面就缺乏话语权，容易被政府、权力阶层和主流精英漠视；（4）地方民间信仰缺乏组织性，就算有拜神组一类的组织也十分松散；（5）全中国快速的城镇化步伐，是一个消灭乡土的过程，进一步导致民间信仰缺乏发展的土壤；（6）最根本的是土地所有制的变化，导致传统宗族的消失，进而使得祠堂、村庙的功能弱化。

　　正如向柏松所言："中国民间俗神信仰是为满足世俗生活的要求而产生并传承的，所以有着较强的生命力。但是，时至今日，几经社会变革的巨大震荡和新文化的猛烈冲刷，俗神信仰也发生了一系列质的嬗变，作为完整的本意上的俗神信仰已经不复存在，流传下来的仅仅只是这种古老文化的碎片，即分裂成为多种类型的俗神信仰的文化遗存。"[1] 尽管笔者不太赞成其"遗存"的提法，但它暗示中国民间信仰消亡的危机时时存在。

---

[1] 向柏松：《神话与民间信仰研究》，人民出版社2010年版，第216页。

第六章　增埗宗族地方话语权建构与曹主信仰

"乡村生活为两种相互渗透的社会秩序与民俗所支配：其一与宗族社会结构有关；其二则与神明崇拜有关。"① 明代中叶以后，民间信仰体系和地方宗族组织逐渐形成。严复曾经在一封书信中指出："若研究人心政俗之变，则赵宋一代历史，最宜究心。中国所以成于今日现象者，为善为恶，姑不具论，而为宋所造就什八九，可断言也"②，宋代往后梳理神明信仰、社会风俗传衍时，也能清楚看到各地信仰、习俗极强的承继性，有宋形成一整套祠神封赐的制度，大量地方神灵进入国家信仰体系，元明大抵延续了这一思路，民间信仰体系自明中叶后略有增减，然再无多少变化。③ 虽然宗族组织早在宋代开始倡导，然而到明中叶以后，宗族组织才真正强盛起来而且庶民化，尤其是在华南地区，近现代的宗族组织基本定型于明清时期，并没有性质上的改变。④ 下面将探讨从近现代以来民间信仰体系对地方社会产生的影响，兼叙广州地方宗族与民间信仰的关系。同时讨论广州宗族在现代性语境下的功能及特色。

据科大卫分析，清朝以前的地方社会，庙宇与祠堂一直是以儒家教化为代表的大传统与以民间信仰为代表的小传统的两个符号的磨合与默契。儒家精英阶层想推行以个人修养和尊卑等级为核心的儒家道德规范，巫、道、僧则讲究醮仪与法术等超自然力量。明朝以后国家在地方社会实行里社制度，随着国家对地方控制的加强，儒家精英的意识形态教化开始深入地方社会。"在珠三角地区，明代之前的乡村几乎谈不上什么儒家的教

---

① ［法］劳格文主编：《客家传统社会》下编，序二，中华书局2005年版，第475页。
② 严复：《与熊纯如书》，载《严复集》第3册，中华书局1986年版，第668页。
③ 王见川、皮庆生：《中国近世民间信仰（宋元明清）》，上海人民出版社2010年版，第11—15页。
④ 陈启钟：《明清闽南宗族意识的建构与强化》，厦门大学出版社2009年版，第2页。

化。而在佛、道和巫觋在乡村中有广泛和深刻影响的时代，通过文字的法力沟通乡民与民间信仰力量之间的联系，安排乡村中日常生活秩序的是各种各样的法术的宗教仪式。到明清时期，当士大夫要利用文字在地方上推行教化的时候，他们采取的一种主要途径就是在地方上推行种种儒家的'礼仪'，并同时打击僧、道、巫觋的法术。"①

儒家正统在处理与"怪力乱神"之间的分歧时，除儒家文人著文抨击外，国家也积极参与和融入宗族组织和民间信仰的管理。一方面，国家将民间的神灵区分为"正祀"和"淫祀"，对属于正祀的神祇进行敕封，加入祀典并在全国范围内宣传。"地方官员与乡绅积极合作，设立社祭制度，定时参与到符合正统的神祇祭拜中，并设立专款修建庙宇"。② 另一方面，随着地方宗族的扩大，民间修建祠堂已不再是有违国法的行为，反而产生"宗教伦理庶民化"③ 的现象，祠堂成为地方重要的统治工具。这也是"乡民和地方士绅积极用国家正统意识形态将自己'士绅化'的过程"。④ 因此，如今我们所见之宗族村落中庙宇与祠堂并存现象，就是民间信仰和儒家伦理双重在场的表达。

明初开始推行的社祭制度后来演变成地方祭祀的文化传统。尽管露天的社坛变成有盖的社庙，但以"社"作为乡村的基本单位，围绕着"社"的祭祀中心"岁时和社会饮，水旱疠灾必祷"，制度上的承袭十分清楚。同时，"中国宗教信仰之所以会呈现出国家信仰与民间信仰两大系统，一个很重要的原因在于中国的神圣结构是出自于国家权力、家族权力的建构和努力，而非宗教崇拜本身的要求，由此构成了权力与信仰之间强固的关联结构，促使各种信仰关系在权力信仰面前只能表现为一种策略性实践逻辑"。⑤

陈春声对福建樟林神庙体系的研究再现了这一过程，他使用主神—灶

---

① ［英］科大卫、刘志伟：《宗族与地方社会的国家认同——明清华南地区宗族发展的意识形态基础》，《历史研究》2000 年第 3 期。
② 瞿同祖：《中国法律与中国社会》，商务印书馆 2010 年版。
③ 郑振满：《神庙祭祀与社区空间秩序》，载王铭铭、王斯福主编《乡土社会的秩序、公正与权威》，中国政法大学出版社 1997 年版。
④ ［英］科大卫、刘志伟：《宗族与地方社会的国家认同——明清华南地区宗族发展的意识形态基础》，《历史研究》2000 年第 3 期。
⑤ 李向平：《信仰是一种权力关系的建构——中国社会"信仰关系"的人类学分析》，《西北民族大学学报》2012 年第 5 期。

神—土地庙—官方庙宇的分类方式，反映庙宇背后当地民间社会的复杂生态。"当地居民设立社庙祭祀妈祖和三山国王等神祇，而这些社庙的地位变化，与当地社区和商人势力的变化直接相关。在军队和官员到达当地后，又设立文昌、关帝等国家正祀庙宇，这些庙宇甚至成为当地乡绅与官员议事的场所。而在明末清初的巨大变动后，国家政权的更迭破坏了官方庙宇的存在基础，而社庙、土地庙这一庙宇系统由于是民间自发所建立，依然继续着重建和祭祀活动。这说明当地的官方庙宇并未完成本地化和民间化的过程，并不能让本地人产生'有份'的感觉……但传统的政治力量消退后，官方庙宇的衰落，并不意味着国家的观念在乡民的信仰意识中无关紧要。"① 在增埗地区，曹主娘娘庙的修建与增埗宗族利益的发展直接相关，其目的是为了保佑当地船只贸易往来的顺利，由此地方宗族既能实现物资交换，又能收取"保护费"，曹主娘娘庙在航运商人的资助下也得以不断持续。国家没有在增埗地区设立官方庙宇，曹主娘娘庙修建之初就是本地的和民间的，但是国家仍然通过当地乡绅借助曹主娘娘庙向地方渗透国家观念。但是，地方话语权仍旧被以村庙为中心的宗族联盟系统所控制。这种情形与陈春声所论述的福建樟林神庙体系相同而又不同。

黎熙元指出，不少汉学人类学者对家祭由女性负责的现象无法做出明确的解释是因为在研究中国家庭时，都格外地强调了男性的主人地位，却忽视了家庭事务有内外之分。她认为理解这个现象的关键是主客和内外的对应关系，家祭属于为家庭幸福而向神灵祈求，属于家内事务，所以由女人负责；而祠堂的祭祀和其他群祀活动属于超出家外的集体性活动，所以一定要由男性负责。在黎熙元看来，在家以内，主客关系与等级关系是部分重合的；在家以外，两种关系的重合程度随着界域范围的逐级扩大而提高。在宗族内，年长的女主人仍具有某种（家族的）地位，但其权威性相对于她在家中时已大大削弱，在宗族的范围之外，女主人就基本没有权威。男性的身份等级虽然较女性高，但他未必能够处于较高的政治等级，同时，他在主客关系中所处的地位在不同的界域中是变化的，所以，一般来说，等级地位和主客地位是很少完全一致的。以人际关系来说，村长或长老处于村、或宗族中较高的政治等级和身份等级，也是村的主人，对有

---

① 陈春声：《信仰空间与社区历史的演变——以樟林的神庙系统为例》，《清史研究》1999年第2期。

关村的事务,他们有很高权威;但当他访问村中某个家庭时,他的地位是客,他要听从家主的安排,也不能干预家内事务。同理,地方官员虽然政治等级高,但当他进入某个乡村,也要遵守为客之道;俗语说:"强龙不压地头蛇",指的就是这个规则。① 在增埗娘娘神诞中,女性角色不可或缺,她们负责完成村神诞仪式的第一步——沐神。同时,增埗宗族与宗族、村与村之间主客关系和等级关系也在村神诞过程中清晰地呈现出来。

第一节 宗族与地方话语权的控制

一 增埗与蔡氏六村宗族简介

根据《济阳蔡族长房家谱》的记载,蔡氏乃黄帝之子,少昊玄裔:

蔡氏得姓之原

　　吾尝考《周书》,蔡为少昊玄嚣之后,曰禀。为后之官播时百谷,封子邰为夏之祖而周之家室其后也。禀之子不窋失其官守,而自窜于戎狄之间。生子鞠陶,陶生公刘,能修后稷之业。民以富厚,乃相土地之宜,而立国于幽之谷焉。传十二世,而太王徙居之歧之杨,本姬姓迄二十四世,至周文王始受天命,降生百子。第五子叔度封于东土,东土蔡地也,故曰蔡叔度。叔度以危惑王室之故,囚于郜邻。叔度卒。其子故能干蛊克庸只德,遂以卿士命于王邦而复践侯位于东土,是为东王侯。蔡仲,名胡。胡受封之后,其子孙以国为氏,而继继绳绳。蔡姓遂传焉大宋。

淳熙丁酉四年仲冬裔孙彦忠谨志
大中华民国戊辰孟夏端州凤池伦桐轩谨录

同时,根据《仙游赤湖蔡氏谱序》的记载:

　　仙游赤湖蔡氏,而又姬姓,改其祖出,实姬周文王之后蔡仲胡之

---

① 黎熙元:《神的体系和乡村人的社会视觉》,载(香港)《21世纪》(网络版)2001年第6期。

云乃焉。春秋时有蔡墨,事晋顷公,为太史。战国时有蔡泽,事燕昭王,为相。至陈胜时,加侯封传至会孙。昭帝时,蔡义为丞相。光武时,蔡茂为司徒。顺帝时,侍中则有蔡衍。灵帝时,奉郎则有蔡玄。此皆汉代伟人而世系湮没,莫知所自。迨蔡相泽卒葬于陈留,子孙因家焉,故陈留蔡氏为盛。陈留蔡勋仕汉,为平帝郡令。会孙携为顺帝相,号新蔡长,生子左中郎将,高侯谟。蔡尚书睟,睟生荫平太守宏,生平乐太守德。宏生豹,为将军,豹无子,德生从事郎中充,充生晋司徒文,谟生永嘉太守郡武将军开封府仪同三司与宗,生从郎中顺太子慈事。约生黄门侍郎长史系,生司徒属綝,綝生给事兼礼部尚书。廓生西征将军开封府仪同三司。约生黄门侍郎,璟生梁中书令,樽生内城宣史、彦深、黄门侍郎彦高。高生附司马都尉,凝生礼部郎中,履生议曹郎,点生记室将军大同梁大业。大同生陈抚将军,景历生中书。

通过以上内容,蔡氏后人整理可以得出蔡姓源流如图 6-1 所示。

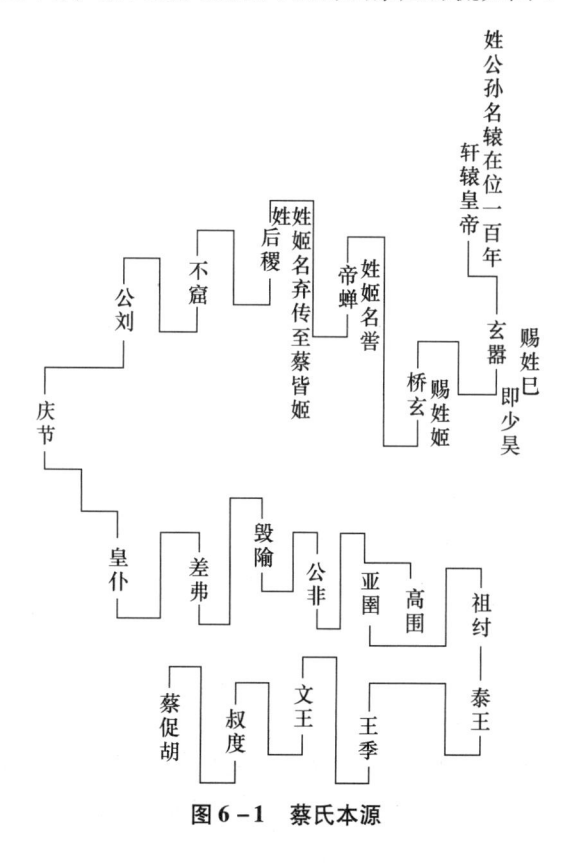

图 6-1 蔡氏本源

广州蔡氏可追溯到原居福建莆田的北宋书法家蔡襄。蔡襄七世孙——蔡瑛于南宋时被贬入粤，尔后这支蔡氏便在广东繁衍开来。粤东又分出蔡瑛五世孙子华一房。蔡襄、蔡瑛、子华三人皆为朝廷重臣，身份不同，地位颇高；故今之广州蔡氏各村祠堂及堂屋中，依然供奉着三人画像。

    附：（明）续修粤东八方公谱跋

    窃念予瑛祖与瑯祖璧祖，乃十二世俚祖口生兄弟，也出于闽中。瑯祖璧祖原居莆田，唯予瑛祖来今口东粤路节推府，遂家口城西，娶林氏。传数世不能口虚而口迁而居此番禺南海，相知名或有知为子姓，而不先何支派等陌路。予甚悯，为随考旧谱，自瑛而三世至宣统，祖桂与祖桂口祖，桂茂祖生我子华祖，与惟一祖良坚祖忠祖端甫祖，其惟一祖宗并居南邑琛邺。口子集祖原居金利，娶袁氏，嫡妣袁氏生五子，仁义礼智信；庶妣生三子，玉璧宝，是时五嫡三庶。历载尽谱无此妣，李南番金利，并西场、窑头而及和峰、沙砚、何村、横岗、岗头、夂口等处，亦皆子华公之子孙口迁居。也惟有福州、潮阳、东莞、龙山、鸭岗、市桥、罗岗、顺德、新会、三水等处不列斯谱者，或枉口、桂茂二祖只遗派，或惟一良坚忠祖端甫兄弟之交裔，抑瑯祖璧祖之迁居皆未可知。但吾姓口别者比安忍以本支而异视乎？故不自揣按口旧谱而续吾家之谱而已虽未必熟悉而续之，庶及遗什一于万亿焉尔？口在闽中，则彼自续之非予岂敢自任也，盖吾姓之在广者，亦多分散，今为之乃续。

广州蔡氏有谱可循的世代在第二十一代以后便失传了，原因是自二十一代以来没有修谱活动。后来又由于"文化大革命"的原因，广州蔡氏六村全部族谱几乎被烧毁殆尽。目前存留在瑶台村的蔡氏族谱，部分内容来自江村镇西北的沙坝村的蔡氏族谱，该村将近3/5的居民姓蔡。"文化大革命"时期，沙坝村蔡氏宗族有位村民听说广西遭受"文化大革命"的波动没有广州大，因不忍心族谱被毁，将族谱送到广西任教的兄弟处保存。据说，广西这位蔡氏族人把族谱拆成几部分，分别藏匿于稻秆堆中或埋于地下。藏于稻秆堆中部分有好些地方被小虫蛀蚀，如今的复印本依然可见这些蛀痕。因此瑶台村蔡氏这本族谱只记载有沙坝村蔡氏一房之前族史。目前，负责瑶台宗教事务的春叔，正在收集广东各种版本的蔡氏族谱，准备对各个版本族谱进行校订工作，希望能够复原散佚的族谱。

重修印旧族谱后语

吾祖历代有记载族谱之美德，除将辈分序列清除，免逆伦常，达尊老扶幼，寻根追源外，还记载先祖之功德，以励后人，起承先启后、发扬光大、和睦友邻之用，善举也。对国对民有利而无害，应以继之。过去由于种种历史原因，南海番禺蔡氏族谱多已失传，或被毁，可叹矣。现幸得和顺仲礼派系，及沙坝名禄裔孙郁钜兄台鼎力支持，以仲信名禄祖旧谱为本，重印此谱分发各房家谱，忆记于重印旧谱文后，以便今后有机会集牒新后族谱，以继绳绳。

仲义祖十七世孙建春谨言
一九九三年五月癸酉年闰三月于瑶台

由于族人的保护，广州蔡氏六村的族谱和大致源流得以保存，改革开放之后宗族复兴在全国各地展开，蔡氏族人也将瑶台这部硕果仅存的族谱刊印并发往各村。各个村子中的蔡氏居民基于"破四旧"所造成的宗谱遗失所痛心不已，所以也积极地将族谱复印回家，一户一份。然而，如上文提到的，现存的族谱主要记载的是瑶台这一支蔡氏族人的源流。其他五个村子的蔡氏族谱因为来不及保护，导致族谱完全湮灭，已分不清在第二十一代以后的源流。蔡氏先人们所最当心的伦常不继的状况终于发生了。直到现在，增埗村和澳口、西场、西村、三元里各村的蔡氏族人仍不气馁，还在寻求各方面的资料以求完善基于瑶台族谱之上的各村宗派源流。可是，一来由于热心于宗族事物的人主要是各村蔡氏的年长村民，文化和社会资源有限；二来年轻人由于工作和搬迁等原因渐渐与原居地失去联系，不知道也不大热心。所以到现在，瑶台以外各村蔡氏出现有祠无谱状况。

根据增埗村保存的《济阳蔡族长房家谱》，载有《续修粤东八房公谱序》详细记录了蔡氏由福建到广东的具体迁徙过程，以及在此过程中的世代更替。全文如下：

窃念予瑛祖于瑯祖壁祖乃十二公俚祖所生之兄弟也出于闽中瑯祖壁祖原居莆田惟予瑛祖来令于东粤官路节推府遂家于城西娶林氏传数世不聚庐而迁居番禺南海等邑散处而居不相知名或有知者为子姓而不知何支派等如陌路予甚悯焉随改旧谱自瑛祖始入粤而生朝奉二世祖三世祖则为宣教祖至四世则为桂与桂发桂茂桂达四祖也桂发字道可而生我子华祖与唯一祖良坚祖忠祖端甫祖为其唯一祖与忠祖并居南邑森村

良坚端甫二祖居莆田予子华祖原居金利娶嫡妣袁氏生五子曰仁义礼智信庶妣李氏生三子则玉璧宝也是时有五嫡三庶之名历载旧谱斯无讹矣而南番金利西场窑头以及和顺沙坝何村横江江头文教等处亦皆子华祖之子孙迁居分支者唯有福州朝阳东莞龙山鸦冈市桥螺冈新会三水等处不列明于谱者或为桂兴桂茂桂达三祖之遗派或是唯一良

坚忠祖端甫祖之兄弟支裔抑瑯祖璧祖之天演分籍别居者而谱系无载皆未可稽而知也然吾姓非别姓者比则自子华祖以后之支流又安忍膜然异视之乎予故不自揣按其旧谱而续之亦续吾家之谱而已不必不熟悉而继续之庶几遗十一于万亿耳若在闽中则被之谱系修续自有人非予之所敢任也盖吾子姓之于广东者亦多今处各方难获其详

根据《谱序》和蔡氏族谱的源流、字辈等信息笔者复原了部分蔡氏世系生支图6-2。此图记录了蔡氏入粤初祖蔡瑛以来到第二十一世的长房基本源流情况。

根据图6-1和图6-2和谱序可以得出蔡氏在广东地区的分布概况。自蔡氏二世三世祖以来其族人主要分布在珠江三角洲地区的南海、番禺、东莞。其中以广州为中心的有金利村、西场村、和顺、沙坝、何村、横江、江头、文教等地。笔者的调查点增埗村从系谱关系上来讲是同祖（思谦公）六房兄弟开枝散叶而来，其中以增埗为长房子孙后裔。这点可以在《增埗鼎建六世祖云溪公小宗祠碑记铭》中可见：

蔡固周文王所封五子叔度之东土也自蔡仲受命于成王尹即蔡封遂以鲁卫为屏翰于春秋时为蔡国姬姓侯爵厥后以国为氏古今名族蔡其选也在赵宋则元定公最著其父子兄弟真能羽翼紫阳夫子者自是道学文章相传不绝宋之南渡由江南朱家巷徙居闽之建宁时有号汪万公名景贤字德润者官拜四六从政于宋光宗绍熙初由建宁入粤择南海之西场而家焉寔称始祖其二世则号无瑕讳瑛者也官拜八府尉生三子长雪松官拜都统府居西场是为长房祖次超凡官拜四理政居西村为二房祖三梅溪官拜五梅山居澳口为三房祖其四世钓叟五世乐洲则以元朝离乱俱隐而不仕也迨六世思沩与子云溪置田在增埗九世观澜识迁近基以就业籍户增埗为长房祖焉予作诸生时已闻蔡氏繁昌其檠如此后读书中秘则知蔡氏益详日者蒙友人邀赴西口修八行遣使走八千里寄予都道传至三世四五世因

祖始粤入

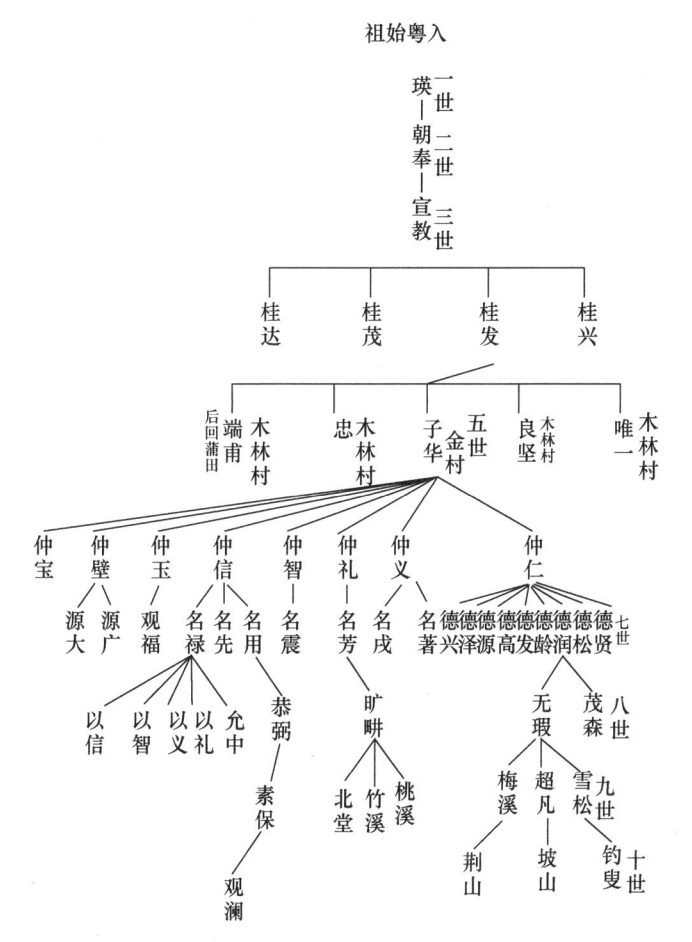

```
一世 瑛 — 二世 朝奉 — 三世 宣教
```

三世分四房：桂达、桂茂、桂发、桂兴

- 桂达：端甫（后回蒲田）、木林村
- 桂茂：忠、木林村
- 桂发：子华（五世 金村）
- 桂兴：良坚（木林村）、唯一（木林村）

五世子华生七子：仲宝、仲壁、仲玉、仲信、仲智、仲礼、仲义、仲仁

- 仲壁：源大、源广
- 仲玉：观福
- 仲信：名禄（以信、以智、以义、以礼、允中、素保、观澜）、名先、名用、名震
- 仲智：名芳
- 仲礼：名戍（旷畊→竹溪、桃溪、北堂）
- 仲义：名著
- 仲仁（七世）：德兴、德泽、德源、德高、德发、德龄、德润、德松、德贤
  - 八世：无瑕（梅溪、超凡、坡山、荆山）、茂森（雪松、钓叟）
  - 九世、十世

图6-2　蔡氏世系生支

元朝离乱坟茔遗失缺祀日久无迹可稽至六世祖思谦公七世云溪公次驿宰公置有尝祭田九亩至十一世敬榕公十三世明田公增置尝田四亩而蒸尝备焉因思我祖云溪公长子观澜公次子驿宰公今两房之子孙日加繁衍前虽有文学时达之士而义举达之事未有成功明季议建始祖祠于西场值世乱而未果今观澜公有白地一假有增埗南议建祠二座安妥二世祖思谦及七世八世祖之神位俾四时祀事得以礼敬而展孝思但建祠二座四围石脚青砖工料之需约银四十余两方能成功尤冀子姓亲支踊跃倡义各捐银四两以为支费祠宇告成立榜标名共垂不朽上而总祀下而云乃实嘉幸焉吾族子孝孙慈素秉一义心兹举也乐输将其毋怠厥志是为引

康熙二十一年壬戌之冬吉旦樵野国辅羽侯谨撰

碑记中有"六世祖思谦与子云溪置田在增埗,九世观澜始迁近基以就业,籍户增埗为长房祖"一句。也就是说,入粤蔡氏第十二、第十三、第十四代居住在增埗附近。直至第十五代终于在增埗定居下来,成为增埗村的历史开端。从增埗这一村名可以得知当时村民除了进行农业劳耕以外很可能有相当的一部分收入是来自渔业,因为根据当地人介绍:增通罾,是一种竹竿或木棍作支架的方形渔网。① 埗通埠指的是停船的码头。② 还有一些村中的老人说,这个埗字以前还有空地的意思,顾名思义,增埗原来是一块用以晒罾的空场。由上,农耕、航运农业、渔业应该是增埗初民所从事的三大主要行业。从此可以看出他们的生计方式具有多元性,经济收入应该比不临江的村落好一些。在这个基础上也造就了增埗相对于几个蔡氏村落经济上的相对优势。再加上又是长房长孙,所以在族内的地位是比较崇高的,因此为其在地方事务话语权的宗族内认同奠定了基础。

二 宗族地方话语权建构的基础

根据对"权威"的定义,马克斯·韦伯将其分为神异性权威、传统权威与科层式权威三大类。神异性权威指的是个人利用创造对众人的福利获得声望,从而具有一定的支配力量和尊严。由于此种权威不经政府界定和干预,因此韦伯又称其为"自然权威"。传统权威指的是某种制度在长期存在中逐步获得公众的认可,成为具有象征力、道德和行为约束力的存在。科层式权威,其力量来自正式的官府以及工作单位上级的任命,以行政等级为其存在基础,涉及制度的建制,因此是官僚式的。③

广东宗族制度的发展和完备是一个长期过程。在这一过程中有许多外界力量介入其中。当代的许多学者往往着眼于代表着国家利益和伦理制度的大传统在乡村宗族建设的过程中起了主导作用。刘志伟认为,在明代中期以后,广东地区的士大夫集团通过一系列的文化创造,积极推动了基层社会在正统文化规范基础上的整合,如黄佐制定《乡礼》,魏校等人的毁淫词、兴社学,都是旨在按正统的文化规范改造基层社会。"士大夫在乡村社会中的文化创造,突出表现为将宋明理学的文化规范积极地向地方社会传播,尤其是他们充分利用当时商业化提供的资源,在家乡建立起按照士大夫文化规范组织起来的宗族组织。这种宗族组织并不是简单的只是由

---

① 参见《新华字典》第十版,商务印书馆2004年版,第604页。
② 同上书,第40页。
③ [德]马克斯·韦伯:《经济与社会》,林荣远译,商务印书馆1997年版,第241页。

父系继嗣关系联结起来的血缘群体，而是通过修祠堂、编族谱、置族田、举行标准化的祭祖仪式等手段整合起来，以血缘的关系维系的，具有强烈的士大夫文化象征和很广泛的社会功能的地域性组织。"① 在其看来，宗族通过建立地方权威而达到维系宗族内关系的同时，还将国家利益和伦理制度带进地方，从而建立起一种传统权威。笔者以为，仅仅有传统权威对于建立地方话语权的控制还是远远不够的。自上而下建立的这套系统如果没有进一步的地方势力的有效支持，事实上，容易被地方社会所解构。

有鉴于此，地方社会的宗族还需要建立起一套与国家权威系统所相对应的一套地方权威系统。根据周大鸣对于广东宗族的传统特点研究指出有三点不可忽视：（1）乡村精英很大程度上依赖于县级行政系统，通过县衙和省级行政机关相连，县的活动代表国家活动的基本方面，精英需要借重固有的治安、财产、教育、宗教等制度确保他们势力范围内的平安，这样做某种程度上也就维护了现行制度，调动了乡民对中央政权的敬畏；（2）有些事情交给地方精英办，国家既不增加行政成本，又扩大了权力的范围，加强了对地方的统治，地方精英的势力通过与官府的连接也得到了扩展；（3）精英的作用取决于国家对他们的信任度，他们要跟各种宗族集团或民间势力建立联系，如果政府反对精英的多向联系，就意味着缩小精英的选择空间，势必危及自己与地方精英的关系。② 如此一来，地方的科层式权威通过地方精英与国家对于地方事务的分工也建立起来了。

地方的神异性权威则是通过家族组织的一系列仪式性活动彰显出来。这些仪式活动是建立在基层社会的自治基础之上。明清时期的专制集权得到了高度的发展，但这也许只是官僚政治的一种表面现象。如果深入分析明清时期的统治体制，换句话说，明清时期的官僚政治实际上无所作为，并不具备控制社会的有效能力。"正是在这一历史条件下，'私'的统治体制不断得到了强化，乡族组织与乡绅集团空前活跃，对基层社会实现了全面的控制。在'私'的统治体制中，家族组织历来是最基本和最有效的社会控制工具。因此，基层社会的自治化，必然导致家族组织的普遍发展，并使之趋向于政治化和地域化。"③ 由此看来，学者们对于马克斯·

---

① 刘志伟：《在国家与社会之间——清明广东里甲赋役制度研究》，中山大学出版社1997年版，第31页。
② 周大鸣等：《当代华南的宗族与社会》，黑龙江人民出版社2003年版，第151页。
③ 郑振满：《明清福建家族组织与社会变迁》，中国人民大学出版社2009年版，第195页。

韦伯提出的权威概念在中国宗族组织在控制地方事务中的表现得到了具化。这样，宗族对于地方话语的控制所产生的上层建筑便自然成立了。

然而，以马克斯·韦伯为代表的学者在谈论权威的时候忽视了一个非常重要的前提，宗族对于资源的占有；尤其是对于土地和港口等生产资料以及区位优势中枢地带的控制是如何建构的，却没有提及太多。没有了对于以上生产资料的控制，宗族组织对于地方的控制以及治理是无从说起的。笔者以为，在谈论上层建筑之前必须先将底层建筑的建构把握好了，才能更准确地理解中国的宗族（至少华南宗族）如何建立地方权威，并且在此基础上如何进行权威的巩固和对于地方的治理。

在调查的过程中发现，除学者传统上认为的村落联盟之外，相同村落和不同村落间宗族的相互武力压制也起着至关重要的威权建构作用。通过大族对小族和大族之间的暴力竞争才能奠定某姓对于地方话语权的控制，从而成为称霸一方的"豪族"。之后，其他的大族和小族或者大村和小村之间产生制约这个"豪族"的联盟。由此，如果豪族的力量不敌，他们也必须寻求与其他村落或宗族的联盟，从而达到一种相对均势的态势。这种情形也是国家所乐见的，通过"打和拉"的策略，国家的话语也可以得到彰显，无须诉诸武力而对地方造成影响。

宗族在治理地方事务的时候也采用了类似国家各职能机关的责任分配形式，这样处理起许多小型问题可以显得更加快速和公正。①

经济发展的同时所带来的直接结果就是人口增加，这样就造成蔡氏人口不断膨胀。为了安置这些新增的房支和人口就需要更多的土地。同时，人口的增加也意味着对于粮食和农地的需要进一步增大。这样就不可避免地与当地其他宗族在垦地和用水方面发生冲突。这些冲突往往都会由小的矛盾激化为村落与村落间乃至宗族与宗族之间的冲突，最坏的结果便是武力冲突——械斗。② 这些冲突也往往会变成一种难分难解的世仇，在笔者的访谈过程中也发现蔡氏附近的一些村落关系到现在都还是十分复杂。例如，作为蔡氏六村之一的瑶台村与三元里至今互不通婚，据报道人说，"以前因为争水源有过械斗，解放以后，虽然仇杀没有了，但现在两村之

---

① 参见冯乃康《简论清代宗族的"自治"性》，《华中师范大学学报》（人文社会科学版）2006年第1期。

② 徐晓望在分析闽粤乡族械斗时也指出此点。参见徐晓望《试论清代闽粤乡族械斗》，《学术研究》1989年第5期。

间毕竟有点'痕'。如果两村的人通婚，就会遭到议论。比如两村的人结为夫妇，他们的小孩发生了意外，被车撞了，夭折了，那么这样旁人就一定会说罪根于两村人的通婚。而西场村与源溪村，虽然如今已经互邀参与神诞，但直到20多年前，刚刚恢复关帝诞时，西场村的游神队伍路过源溪村，神经都绷得很紧"。

新中国成立后由于政府管理强化，加上西场一带的工业化，村与村之间的械斗渐渐消失于村民的视线。但郊区依然常有械斗发生，提供人就回忆了1968年那场规模较大的械斗过程：

> 我印象最深刻的是，张姓人差点将苏姓夷为平地的那一次。那是发生在1968年，因为春节打篮球裁判不公，张姓人决定找苏姓人为自己讨回公道。村里刘关张是大姓，按照《三国演义》的历史传统，三姓是联盟，一姓有事其他的两姓必定会义不容辞地伸出援手。这种情况在广东是很普遍的，只要是兄弟村，联盟的姓氏有事，其他相连的村子就会伸出援手。就好像说，如果西场有事，新市这些较远的蔡姓兄弟村都会过来帮忙。当时张姓8个村的人一起出动，找苏姓的人算账。那时连盲人都去！我那时已经搬到广州来了，所以没有参加。不过搬出来了也还是村里的人，那时族里人还为械斗的事到广州找我募捐。最后有两三个张姓的人被判刑了。我自己的外公姓苏，就是在一次械斗中在村口遭埋伏被打死的。

这位信息提供人回忆中的械斗体现出当时村落关系的三个特征：一是多姓村落中，不同姓氏之间的联系通过攀附传说的方式体现出来，比如用桃园结义的故事来指称三姓之间的关系；二是村落中不同姓氏间的地缘结盟，可以通过宗族这一血缘联盟进行扩展，只要村落中不同姓氏结成联盟关系，其他村落中的同姓也就自然形成联盟关系；三是即使失去了地缘上的联系，宗族内部依然要通过其他方式展现其义务。村落与宗族之间的冲突，使得学武成为一种必要的生存手段。在很多村落中，并没有所谓的专业武术师傅，而是由年长者将武术传授给年轻者，由此在村落中代代相传。师徒制的武术传授方式在血缘与地缘之外又发展出一套以师兄弟及拳会为中心的组织形式。①

从以上描述可以看出村落间为了争夺生产资料或者"面子"可以大打出手兵戎相见，这种大规模的村落间冲突并不是村子之间的矛盾那么简单。事实上是当地各姓宗族为了自身生存和维护其在当地利益的最大化，而发生的一种最直接的解决方法。② 笔者在增埗所见所闻并非孤例，在华南乃至中国各地这一类的冲突不鲜于书。这样的村落间矛盾所发生的械斗并不是单纯的村落之间的问题。像西场村的械斗从村内的小型打架事件变成了跨村落、跨宗族的大型群体事件，说明这类的矛盾并不仅仅是村落与村落之间的仇恨。它是从宗族间的矛盾而衍生出来的世仇。换言之，村落间这样的世仇关系是因为宗族之间的世仇而产生的。比如，在一个村子内有 ABC 三个宗族，当 A 族与外村的宗族有世仇关系，BC 两个宗族是村内的小族，并且与 A 族的关系不好时，有可能会寻求与 A 族世仇联盟的机会。如果村外的那个宗族也有世仇的话，A 族自然也不会放过与他们有仇的宗族联盟的机会。如此一来，宗族间世代血仇便产生了，并且延续至今。

据增埗村的老人说，姓蔡的人占本村人口 95% 以上，所以，不存在村子内的宗族矛盾。然而，一次"借枪事件"将增埗村内的蔡氏族人和三元里的蔡氏族人共同推上了对抗三元里其他宗族的风口浪尖之上。据信息提供人的回忆：

> 增埗村没有参加过村落之间的斗争，一旦村里头面人物通知"有人洗劫村落"的时候，村民就会带齐装备（手枪、竹棍之类）团结一致去抵抗。例如去三元里的打架事件，原来有一帮小伙子（现在已经八十多岁）来增埗村借枪。原本不借。但他说，"我们的兄弟被人欺负，这样不站出来不行啊"，因为这个就借给他了。他们就拿着"79 枪"（有增埗村的标志）去拦截别人。后来三元里的人尝试着去说服增埗村民，希望他们不要介入。炳源叔说这件事应该发生在 1938 年之前，他曾经尝试去了解这件事的具体情况，但很多父辈也不是很清楚，毕竟是发生在抗日之前的事情。抗日战争之后就没有发

---

① 以上有关三元里械斗的故事笔者参考了周安安的部分资料（参见周安安《重建祖先与神灵——广州蔡氏六村信仰复兴实践研究》，硕士学位论文，中山大学，2010 年，第 55 页）。

② 周大鸣等：《当代华南的宗族与社会》，黑龙江人民出版社 2003 年版，第 133 页。

生类似的事情。不过增埗村还发生另外一件事。一年在增埗村划龙船庆祝节日上，有两个敌对的村落划龙船来庆祝，在途中就打起架，死伤一些人。那时的船底是坤甸木做的，很容易沉船。当时增埗村派了两个人，一方船上一个人，随行回到各自村子，两方还是很给增埗村面子，没有再继续斗下去。客观来说，以前增埗有十多只枪，来源于石井兵工厂和广东需应公署。这些枪的质量比较差，最多只能打三发子弹。因为是由废弃炉铁做出来的，不耐高温。私人的枪大部分是手枪，一旦听说有人要洗劫增埗，同盟村就会借枪给增埗。以前村里都姓蔡，所以都很友好。还有一件事情，就是我们蔡氏在南海金利村的居民和夏茅村的关系很好，他们和别人打架的时候落了下风，我们增埗的人还拿了机关枪去打人家的村子。不幸的是子华祖的坟茔就在那个不友好的村子附近。现在我们去拜山，他们都不准我们沿路放鞭炮，只能到祖坟的时候放上两挂。

在这两次事件中，增埗蔡氏族人处理得当，不但没有为自己树敌，还在一定程度上制约了其他宗族之间的火并。所以赢得了当地其他村落的共同尊重，成为有"话事权"的重要村落。虽然增埗村本身人口不多，而且祠堂里的火器威力也不大，但是，附近村落的人们一旦有了任何的纷争矛盾，都会先来和增埗打招呼，想办法要他们出面来解决问题。除了增埗村的长辈们有着比较精明的头脑外，他们对于增埗码头和增埗河航线的控制是另外一个重要的资本，使得外村人不敢小看增埗村。

增埗码头是沟通广州城南和城西之间的重要水路枢纽。南海、番禺、顺德等地的居民要来广州必须从增埗码头上岸，然后循陆路到省城内。否则必须绕道天字码头或者芳村码头，这样就会浪费许多的时间。信息提供人是这样描述增埗码头对于当地人日常生计影响的：

> 解放前，所有西村西场瑶台一代农民种的菜，都挑到西华路一带卖。广州六房的太公（指祠堂）就出钱，就在其中一条街买了两三亩地，建了一个菜墟，好像现在的批发市场那样。不仅蔡氏的人去卖，周围的人也可以过来卖。蔡氏的人就向外面卖的人收菜，他们卖什么我们就收什么，然后转手再卖几毛钱几分钱。同时六房的宗祠还有田产，每年到年底时，宗族内60岁以上的老人就去查看今年的收

成，看要收取几担谷作为租金，最多时候是一亩 77 担。除去太公有地产外，村内也有私人有小块地产，随着出去做工的人增多，很多人都不种地了，就把田卖掉。首先是看兄弟有没有人要买，兄弟不买就卖给太公，太公不买才卖给外姓人。所以负责太公事务的村里人相当于现在大队的财务。

  太公每年还要祭祖两次，清明和重阳，还要搞拜元宵，还有房屋修葺和道路的事，都由祠堂来做……那时候祭祖，以前太公有钱，这是村里的一件大事，大家都会来。1947 年我去过一次，早上 6 点就要从增埗码头出发，差不多中午 12 点才到。那时候的船没有发动机，由一排 4 个或者 8 个烧橄榄的小船拖着走，差不多中午 12 点才到。在增埗上岸还要交钱。如果是自己人或者是友好村的人就不要钱。所以以前码头上是有闸口的，不是你想上就能上岸的。他们不喜欢你，你连河都过不了，或者要交两三倍的上岸钱。

  以上讨论说明，马克斯·韦伯在他所阐述的权威概念时忽略了另外一种特别的权威——像增埗蔡氏一样，宗族以武力控制生产资料和交通要点，并且与其他宗族结成联盟后形成当地的一种暴力威慑，从而控制当地事务的话语权。这样所产生的权威，笔者姑且称之为基础权威。因为在未解决对于基础的生产资料和重要经济要道的控制之前，其他三种的权威建构只是空中楼阁，无从说起。笔者在调查过程中发现，在宗族的眼中，如果没有了对于以上两种资源的控制就失去了地方的权威。对土地的占有意味着人口的滋生，对水运码头的占有意味着对于地方经济活动的控制而产生经济收入和制约其他敌对宗族的盈利。通过"武力"稳稳占据了对于宗族生存的重要资源后，便需要着手处理"文治"问题，即同时运用世俗和仪式手段建立马克斯·韦伯所理解的权威。仪式对于宗族来说具有非常强的世俗象征作用。

第二节 村庄节日与宗族关系

一 增埗的娘娘诞与村落联盟

  广州地区神庙众多，但历史上未进行大规模的普查和记录，所以增埗的曹主娘娘庙没有见诸史籍。林超富先生在准备《北江女神曹主娘娘》一书时，曾到增埗进行过一次简单的调查，并作了以下记录：

> 根据《广州市志》的记载："曹主娘娘庙在增埗，一名英德虞夫人祠。"
>
> 据有关资料介绍，曹主娘娘诞是当地一个民间传统节日。传说大约明朝时，当地还是一片汪洋，百姓兴渔。某年农历五月二十三，上游随水漂来一木，众人弃之，但此木竟逆流不去。有一渔人把它捞起，发现是一个穿着盔甲的英气勃勃女将神像，背后还刻着"曹主"、"英州蔴寨"等字样，遂将其放置在岸边。此后渔人打渔每每收获颇丰。渔人后来在江边盖庙宇供奉曹主娘娘。周边人口逐渐增加，聚而成村。传说自从曹主娘娘神像来了之后，这一带再没受水灾困扰，农历五月二十三就成了约定俗成的庆祝曹主娘娘的诞日。
>
> 据当地一些80多岁的老人称，直到20世纪初，增埗河还是连通石井、南海等地的重要渠道，从这儿移居外地的分支很多，每年在曹主娘娘诞回来的乡亲至少有两三千人。有些港澳客商更是提前一周就到此租船游玩。节日里，除连续天数在庙前搭台唱大戏、舞狮、大围餐外，还在子时由三个以上未婚少女负责给曹主娘娘沐浴更衣，换上新衣饰。喜庆活动从早晨持续到午夜，非常热闹。

每到曹主娘娘诞，村人必隆重祭祀，祈求"威灵瞻赤族，水陆保安康"。后来，曹主娘娘庙被毁，曹主娘娘诞的传统风俗消失，直到20世纪70年代末才恢复。现因村南神庙拆建，曹主娘娘神位被安置在村北的敬老院内。[①]

林先生文中简单提到增埗曹主娘娘庙的来历以及村神诞的仪式过程。笔者在增埗田野调查得到的大量访谈信息显示：增埗的村神诞远远比林先生所描述的复杂，同时亦具有强烈的社会组织功能。下文将在访谈资料基础上重现新中国成立前曹主娘娘诞的仪式大致过程及其社会部分功能。

清末民初，某年农历五月二十二日傍晚，炊烟刚刚散去，暮色渐渐降临。刚刚吃完晚饭的人们，开始忙碌起来。虽然嘈杂，但是一切行动都井

---

① 林超富：《北江女神曹主娘娘》，广东人民出版社2009年版。

然有序，男男女女按照往年的习惯开始准备明天的庆祝事宜。男人开始打扫祠堂洒水洗尘，年轻些的男子们将用于村庆的台桌凳椅开始陆续地搬往曹主娘娘庙旁的空地上布置起来。还有些扛枪的男子，在村子的两个入口处来回巡逻，以防附近的一些贼人觊觎为村庆准备的贡品财物，前来打家劫舍。由于增埗村外有一层五六十米宽的竹林，人们无法穿越，只能从村东和村西两个入口进入村子。由于有了竹林的天然屏障，所以，在两个入口处设置岗哨，就可以基本保证村子的安全。

女人则将明天要用的餐盘碟碗从庙内的餐房处搬将出来，放在增埗河旁比较干净的地方开始打水，然后洗净。身体稍微健壮些的妇女在不远处支起六七口大锅，并将需要用到的厨具准备好，因为在两三个时辰之后，就要使用它们来犒劳出力的人们，同时也要开始招待第一批前来进香的香客。蔡氏的外嫁女们有些在一两天前就已归宁，帮助娘家准备诞节。现在她们与村中的蔡氏媳妇们一道坐在离大锅不远的地方杀鸡宰鹅、**刮**鱼切菜，为珠三角人们用以招待贵客的"九大簋"① 准备食材。

入夜，江上渔火点点，在增埗河中央突然亮起了灯火，那是增埗人为了庆祝村神诞特别搭建的一条从岸边延伸到河中间的竹制走道。走道的尽头是一座戏台，这个戏台正正面对着增埗码头和曹主娘娘庙。走道上和戏台中都灯火通明，戏子们也将戏服和唱戏的家伙准备好，这样可以随时开锣。大轴们此时正在岸上的茶楼中与村中的管事们商讨唱戏的具体时间、场次和报酬等事宜。与此同时，附近船老大们也和村中的其他负责外务的管事们把酒言欢，同时奉上他们的香油钱，以取得以后在增埗码头停泊船只的特权，也希望通过香油钱的捐赠，获得曹主娘娘的青睐，行船顺风顺水。

亥时初，三个盛装打扮的蔡氏未婚姑娘由深巷内款款而出，随后她们的母亲紧随其后先到祠堂中给列位祖先磕头上香后，进入曹主娘娘庙正殿之内，一进入殿门，曹主娘娘庙内的所有香客和族人都要退出庙外，紧闭庙门。再有两位荷枪实弹的守卫站在庙外，严禁闲杂人等靠近。增埗村神诞的第一个仪式——沐神，随着庙门的关闭正式开始。三位姑娘象征着天地人，三位已婚妇女则象征着生生不息，"三"在广州白话中的发音与"生"相通，所以也是取了"生发"之意。妇女们一共六人，也代表着六

---

① 当地人也称其为"九大鬼"。是用珍贵食材炮制，以招待贵宾的大餐的意思。

六大顺和路路通财的吉祥意义。庙门一旦关上，六位女性便开始忙碌起来。

母亲们开始将供品陈设在供桌之上。同时还要指导三位年轻的姑娘们为曹主娘娘沐浴更衣。更衣的第一步，先将曹主娘娘身上的旧衣小心地除下，然后将这些衣服放入供台之前的"聚宝盆"① 中烧化，烧化神衣之后，三位女孩子中的一位扶着神像，一位负责在神龛之前洗刷毛巾，另外一位负责擦拭神像神体。擦拭的过程亦有讲究，必须从神像发髻开始擦拭，由上至下，到面部、头部、躯干、四肢。用净水擦拭完神像之后，还要用干毛巾细细地将神像神体擦干，不留一点灰尘，然后再将早已准备好的新的神衣为曹主娘娘穿上。穿衣的过程是先着衣后套裙，最后为其戴上特制的凤冠。这种凤冠和普通的凤冠不一样，在凤冠后还专门设计了两根小管子，用以插上象征着曹主娘娘武将身份的雉羽。打扮停当之后的神像看上去颇像《杨家将》中的穆桂英。人们对此还有一番评断，如果这年的曹主娘娘神像沐浴完之后，神情越是英挺，这一年增埗便会事事顺利。沐神的一系列活动必须在子时之前完成，否则将会打乱仪式的第二步，会被视为大不吉。

沐神完毕之后，她们将重新点上香烛，重启庙门，将沐神之水与化衣之灰带出庙门。这时，有许多在门外久候的信众便会拥簇在这两件圣物旁，各取所需。沐神之水将会按量分配给村内外有需要的信众带回家，第二天一早用来给他们的孩子洗脸洗头，据说这样可以保佑孩子们文武双全，无灾无难。聚宝盆内的衣灰也会像神水一样，按量用红纸包好由人索取不问。有些人会将这些红纸包放在家中的神龛中，早晚膜拜，祈求平安。还有一些久病不愈的人，会将红包内的灰烬冲水服食，以求神力保佑他们治愈病痛。

子时初刻，祠堂门外的两尊铁炮各响三炮，标志着村神诞的第二个仪式的开始。蔡氏族人早已在门外分好昭穆，在族长以及村中的其他长辈和其他村落中的蔡氏代表进入祠堂内向蔡思谦公行三跪九叩之礼。礼毕。在族长的带领之下，众人擎香步入曹主娘娘庙，向庙内的诸神像逐一行三拜九叩之礼。礼毕。再响炮三声，顿时，锣鼓齐喧，江中戏台便开始持续三天三夜的娱神大戏。有时，因为岸上和水上的这些巨大声响会惊动在增埗

---

① 聚宝盆是专门用来烧化物品的容器。一般是陶或瓷两种质地。

河中觅食的珠江豚。它们会跳跃着离开那片喧闹的水域。村神诞进入了第一个高潮。

对于年轻的已婚女子来说，现在才是这天的真正开始，因为她们接下来要重新梳妆打扮起来；为"睇新妇"做准备。所谓睇新妇就是广州白话里看媳妇的意思。所以在这几天的归宁中，每天媳妇们都要穿着最好看的衣服和戴着最贵重的首饰，还要做最好看的发型在村内行走做事。这样给大家看的目的就是"增埗媳妇，入得厨房，出得厅堂，还可以在外待人接物"。同时，也给村中的爷老们看看她们的婆家并未亏待她们。这天，她们大可以不避忌男人的眼光而出现在这样大型的社交场合。直到现在，老太太们一说起"睇新妇"便会开心地笑起来，还会回忆说哪年的"睇新妇"最热闹。如果某位妇女被人夸赞"精神"，对于婆家和本家来说都是很有面子的一件事情。

辰时，蔡氏族人刚刚起床洗漱完毕，便听到村口和码头都传来震耳欲聋的鞭炮声、锣鼓声和兴奋的人们朝天开枪的声音，因为村口和码头都有盟村组织的进香团络绎而来。一般情况下，当与增埗特别友好的村落来到增埗码头时，曹主娘娘庙前的两门铁炮会各点三响，以示对他们的欢迎。那些村落也会用一种特别的方式向增埗蔡氏表达敬意——他们是乘坐龙舟从村子直接划到增埗，沿途还会敲锣打鼓燃点鞭炮。增埗的老年人回忆，那两门铁炮的炮管一天到晚都是滚烫的。可见，与增埗相好的村落数量之多。从陆路来的友好村落与水路而来的不同，他们会用最隆重的狮舞前来表达对曹主娘娘的崇敬之情。

酉时一到，便迎来了村庆曹主娘娘庙诞的高潮——大会餐。经过一天的周详准备，妇女们终于将九大簋准备好了。各村落的代表和各地前来的信众也终于齐聚一堂。可以开始就坐聚餐了。分排座位的原则为：上首是增埗的蔡氏长辈和村民。之后为广州城西蔡氏六村的代表，按宗支远近的原则排列与上首席位的距离。再后为与增埗有世代姻亲和大恩的村落。最后为其他村落和普通信众。为了表示对其他村落的蔡氏宗族和朋友的友好，他们也会邀请长辈或者"话事人"[①] 与增埗族人同席。在酒觥交聚碗肉盆菜之中，意气相投重申友谊新交朋友。一直热闹到子时初刻，流水般的菜肴、流水般的客人到这个时候便停止下来，再到曹主娘娘庙进香磕

[①] 话事人在广州白话里的意思是：掌管实权的人。

头。至此,村庆仪式便圆满完成了,人们也陆续地敲锣打鼓舞狮而去。

二 增埗的土地诞与宗族地方话语权控制

中华民族有着上万年的农耕文明史,在早期中华民族的先民从采猎社会进入农耕社会时,耕作活动作为主要的生计模式,使得人们对于土地的依赖性逐渐加强。直到新石器时期,我国许多地区的原始社会已经进入了以农业生产为主导的定居社会。中国自北到南的旱稻和水稻农业经济均达到了相当高程度,而且主要农耕模式和生产方式一直延续到现在。在一个充满神灵崇拜的上古时期,土地在人们的生产生活中占据了非常重要的地位。自然而然的,人们便发展出了一套对于土地的神秘性所进行的崇拜行为。在这个时期,出现了对于地母的崇拜。这种文化现象在中国南方表现得比较突出,例如在河姆渡遗址发掘后,学者指出"在农业发展的基础上,对于地母的崇拜特别突出"。[①]

"地"字根据《说文》解释为:"地,元气初分,轻清阳为天,重浊阴为地,万物所陈列也,从土也声。"东汉刘熙《释名·释地说》"土,吐也,吐生万物",有学者认为"土与母这两个字在古汉语中音、译相通。从字音上说,土,古韵在姥部,而姥与母乃同音字,因此,土、母是一音之转"。[②]《说文》将"也"字解释为:"女阴也,象形。"而且在甲骨文中的"母"字,就是一对乳房,可以这样认为,"地"和"母"这两个字,都与远古华夏先民的女性崇拜和生殖崇拜有关。因而,直接将女阴或子宫作为对于土地的生产力象征符号是很正常的,这便是土地崇拜的早期情况。所以,从辽宁、河北、陕西等地的新石器时代遗址考古发现了一批女陶像和女雕像,这些造像的造型多为体态丰满、丰乳、肥臀、鼓腹、粗腿,其中对生命之门(外阴口)、生命之房(孕妇怀孕的肚子)、生命之泉(乳房)有着比较明显的夸张和美化,显然是对女性生殖能力的崇拜。这样的生殖崇拜文化一直延续到中国古代国家体制产生。根据文献记载,最早被奉祀为土地神的是共工之子句龙。《礼记·祭法》载:"共工氏霸九州也,其子曰后土,能平九州,故祀之以社"。

很多民风民俗都把土地同女性、女性的生育联系在一起,如女性分娩要去田野,认为这样可以顺利分娩;要由生育过孩子的女性进行收割谷

---

① 河姆渡遗址第一期发掘报告,《考古学报》1978年第1期。
② 何新:《诸神的起源》,生活·读书·新知三联书店1986年版,第128页。

物,认为这会使土地生产更为茂盛,五谷丰登;祭拜土地时要摆放女性的经血和使用过的器皿。这样,土地与母亲的意象就沟通了。而唯有妇女的旺盛生殖力,才能挽救整个民族或部落的灭亡。而生殖在古人眼中是一个那么神秘又不可理解的偌大谜团。他们总是猜不透"阴阳构精"为因、"万物化生"为果这一因果相连的人类生殖之谜。而凭肉眼见到的只有子女自母体分离而出的外部表征,在古人眼里生儿育女被认为是女性独具的行为和能力。女性在他们看来具有创造生命的神奇力量,是生命的赋予者。男性在生殖观念上的缺席必然导致女性地位的独尊,自然产生对拥有生殖力量女性的膜拜的观念和行为,这种观念和行为在神话传说和原生信仰中占据非常重要的地位。我们经常吟咏"大地啊母亲",其实它的语源正是原始生殖观念的延伸。

中国古代的"国祭"社稷以及高禖祭祀也是史前地母信仰在文明时代的蜕变和分化出的新形式。一方面,地母信仰在文明社会中被礼教文化抽象和升华后转变为拥有政治和宗教双重身份的社稷祭祀;同时地母信仰的核心意识——生殖崇拜则以礼俗的形式极大地保留在后来的媒神祭祀和民间社祀中。故而,在祭祀农神的社日里,统治者一方面为了农业的丰产、国家的祥和祭祀社稷神,同时为了促进人口繁衍的需要祭祀生殖之神——高禖。这种将土地崇拜与女性生育与人口的繁衍需要相联系的思想,以巫术的仪式行为和风俗习尚保留在人们的信仰和意识中,大量保存在民风民俗之中。①

杜正乾指出:土地神主的人格化是指以人奉祀为土地神的神主,早期奉祀为土地神的是故史传说的英雄人物,这基于古人的尊祖敬宗思想……随着民间土地神崇拜的世俗化,不仅高官显贵、文人学士,而且低级胥吏、贩夫走卒也被人们奉为土地之神……先秦时期,人们祭祀的社神就已经出现人格化的倾向,只是还未独立成神,仅将其作为祭祀土地神时的配祀,《周礼·春官·大宗伯》"以血祭祭社稷"郑玄注:"社稷,土谷之神,有德者配食焉。"按照古人设立祭祀的标准,在先秦时期,能够配祀社神的英雄人物计有句龙、相土、大禹、修车……自然神人格化的结果,祭土地五谷神必以古代圣人配祀。②

---

① 樊淑敏:《审视视阈中的土地崇拜文化研究》,博士学位论文,上海师范大学,2009 年。
② 杜正乾:《中国古代土地信仰的研究》,博士学位论文,四川大学,2005 年。

第六章 增埗宗族地方话语权建构与曹主信仰

所谓人格化，必须要有原型。古人对于土地神的原型的取材标准主要是以"有德者配食焉"。至于有德者的内涵究竟包括哪些类别的历史人物会具有代表性，有学者列举了一系列历史人物：如《汉书·栾布传》载："（栾布）以功封为俞侯，复为燕相，齐楚之间皆为立社，号曰栾公社。"《后汉书·宋登传》中说，宋登"为汝阴令，政为民能，号称神父"，死后"汝阴人配社祀之"。《后汉书·方术传下》："（费长房）能医疗众病，鞭笞百鬼，及去势社公。"《搜神记》卷五载："蒋子文者，广陵人也。谓曰：'我当为此土地神，以福尔下民。尔可宣告百姓。为我立祠，不尔将有大咎。'"于是人们立庙奉蒋子文为土地神，相传为唐之韩昌黎，不知其所始。按《胰坚之》，湖州乌镇普静寺，本沈约父墓。约官于朝，尝每岁一归祭扫，其反也，梁武帝辄遣昭明太子远之。约不子安，遂迁葬其父于金陵，而舍墓为静普寺。故寺僧祀约为土地神。又《宋史·徐应镳传》："监安太学，本岳飞故地，故岳父为太学土地神。今翰林、吏部之祀昌黎，盖亦仿此。"洪迈《胰坚支志》癸卷"四画眉山土地条"中说画眉山的土地神是侯官县以造扇为业的市井小民杨文昌。台湾民间将土地神称为土地公。他们所奉的土地公相传是周代税官张福德，因为人公正，多善举，死后奉其为社神。①

笔者在增埗访谈时，问到当地村民土地庙内祭祀的神祇是谁的时候，有些村民表示："土地神不一定有名有姓，为有德行的人居之。我们村都是姓蔡的，所以土地神是要保佑我们蔡氏族人，那也该姓蔡。"另外一些受访谈者表示，增埗的蔡氏最有名的就是"百岁祖"，他的仁义让增埗成为了当地有名的"义村"，在族谱上唯一上谱的子孙只有他一个，所以要从蔡氏族人中找出最合适担任增埗土地神的只有这一位蔡大勋。根据南海县《耆寿公传志》：

> 公蔡姓名大勋字希尧号，增所南邑恩洲之增埗乡人也。性孝友，年十龄父卒哀毁绝粒。迨母终哀如丧父，寝苫枕块读礼居庐人无间言。与弟大韶字希舜号各明田友于甚笃，白者同爨怡怡如也。万历口狂飓覆舟，黄童白叟随波浮沉旁观束手。公则立恻然，独挺身先率众拯溺

---

① 唐仲蔚：《试论社神的起源、功用及其演变》，《青海民族研究》（社会科学版）2002年第3期。

救六十八人。被援生者多酹以金帛，皆却之。众感息图像奉事马。公生于明嘉靖甲辰年十月二十九日子时，终于崇祯辛巳年十月十九日巳时，享寿一百又四岁。乡人皆以善人称之。先于己卯年藩司黄公表其闾，赠匾旌曰：百龄人瑞，编入南海县志。皇恩宠赐冠带荣身。南海邑后侯朱公赠匾曰：齿荣椿，茂其行谊。至今人犹称述之云。

从传志看，蔡大勋的主要德行为：孝、义、寿，并且还接受过崇祯皇帝的荣恩。在增埗建村以来，蔡氏后裔只有大勋一人有过如此突出的表现，所以他死后成为护佑增埗村的土地神，在族人看来也是当然的事情。增埗的土地神庙与其他村落有显著的不同，它是依附于蔡氏宗祠的一个角落。这象征着蔡姓对于增埗村范围内的整体空间有着绝对的控制权。由于土地神也是蔡氏族人，自然而然的蔡姓对村落事务是有着无可争议的决定权。还值得一提的另一个现象是：除了土地神庙以外，增埗村外的田头原先还树立了一个社坛。后来，由于增埗被划为广州市，原先用于耕种的土地被征用于建设国企职工宿舍、工厂、印刷厂、啤酒厂和水厂。增埗河对岸原属于增埗村的大片耕作土地在20世纪90年代也被征走后，被地产商买下建设成为了一个能够容纳近十万人的居民小区。在此一系列过程中，增埗村民几乎没有得到任何补偿，所以，一直觉得他们的利益被剥夺了。在征地建设活动中，社坛也被拆毁，不复存在。

社坛的消失，标志着增埗完全变为广州市区的一部分。与此同时，当地人民的身份也由农村人口变成了城市居民。换言之，他们的生计模式也由于以上各种原因发生了彻底的改变，由原来日出而作，日落而息的农耕生活变成为"朝九晚五"的市民和工人。由此，当地祭祀土地神的仪式也逐渐发生改变，并且慢慢地淡化下来。

老人们说，以前的土地诞是很热闹的，在每年的二月初二子时，在长辈们的召集之下，首先在祠堂内向祖先磕头行礼，还要宣读祭文。然后到土地庙前进香磕头并献上贡品。再到村外田埂边的社坛前跪拜行礼。之后再回到村内进行舞狮之类的一系列娱神的活动。热闹了一天之后晚上还要大摆宴席，为即将到来的农忙做好准备。如果有哪户人家在去年添丁了，无论再穷也好，都必须尽其所有，自行酿制或者到街市上去购买好几坛黄酒在席间与大家分享。而诸乡亲们也必须将这些酒喝完，否则就不吉利。老人们说，以前就是因为没有计划生育，每年差不多户户添丁，大家都愁酒喝不完，所以，每次的土地诞晚宴都会闹腾得很，直到深夜，大家才尽醉而归。

从以上的描述可以看出，旧时增埗村中仍有社坛和土地，这个现象直到现在在华南农村仍然非常普遍。社与土地功能的区别非常明显，首先社坛的功能是属于自然神的功能，它只是有一个"保佑风调雨顺、五谷丰登"的职能。在一个地区，如果要看城市化进程的程度，可以从各村落中是否还拥有社坛为标准，无社则不成村。像增埗这样的农村被卷入城市化的进程，农耕土地到最后消失，社坛也就失去了它的功能。所以，保存似乎也没有必要了。其次，土地神和社坛不一样，它是"人神"，代表着一个村落的精神面貌；往往人们总是以土地神生前的事迹或功绩作为一个村落的榜样，类似于个人的座右铭。同时，土地神的职司很重要的一个方面，就是生育神。

在增埗的土地诞仪式中，也特别提到添丁的家庭必须与村民分享黄酒，就是这种生育的好运可以通过仪式与族人分享。而分享的媒介就是代表着生命的黄酒。因为黄酒是由糯米制成，而糯米本身在去壳之前是种子，通过蒸酿，它就成了代表生命力精华的仪式符号。

图 6-3 增埗土地庙近景　　图 6-4 增埗土地庙全景

增埗土地庙（旺相堂）内供奉有土地公公和土地婆婆两尊神像，两位福德正神都是慈眉善目，和蔼可亲，一派长者风范。尤其是土地婆婆的形象与珠三角地区关于她的传说出入甚大。

土地神信仰最初只是单身，只是人格化以后，人们开始给土地公许配土地婆，并配有子嗣。有关土地婆的传说有很多，大多对她是描写不太善良。玉皇大帝委派土地公下到凡间护佑安民，并问他下到凡间后有什么抱负。土地公答曰："希望凡间百姓个个富有，人人过着快乐的日子。"但土地婆听到后表示反对，她认为世间的人应该有贫富差距，这样才能鼓励大家更加地努力工作。土地公说："那贫穷的人不是太可怜了吗？"土地婆说："如果人人都富有，那将来女儿出嫁，雇不到轿夫，谁来替咱们女儿抬轿子呢？"土地公无话可答。土地婆反对把财产平分给人间，所以世间的穷人觉得土地婆自私自利，对她的印象不好。

另有一段传说，很久以前，台湾一对土地公婆，有急事想渡过海峡到南澳岛。正当走至海边，忽遇一位妇女在树下痛哭，便问其故。原来，那妇女随夫出航，遇大风翻船，丈夫死在海里，她侥幸活了下来，想起死去的丈夫，很是悲伤，于是想上吊追随其夫。土地公听后，不禁起了恻隐之心，并想让其夫复活，土地婆连忙阻止并说："生死乃为因果轮回，切不可改变轮回运作，渔夫遇风，死在海底，何止千万，况且如果人人长生不死，那我们神仙与凡人有啥区别。"土地公听了土地婆的建议，便取消了救人的念头。

在这些传说中，世间一般土地婆视为自私自利、精明算计的"恶婆"，所以民间很多家中只供奉土地公，而不供奉土地婆。在澳门的土地神庙中，供奉土地婆的土地庙只占20%。[1]

在增埗的土地庙上有这么一副对联，"公公十分公道，婆婆一片婆心"，这样的描述与以上资料的描述差距是比较大的。若是蔡氏宗族通过神化蔡氏先祖，使其成为村内土地神的话，就很好理解。首先，土地神在其神职之前的身份是祖先，然后才是神仙，所以神即家人。从感情上来看，他们有蔡大勋这样一个至仁至孝至义的祖先，其配偶的生前个人品德必然也应当与其丈夫相匹配的。所以在这两位先祖变成土地神的时候，他们的个人品德也留在了当地族人的心中。同时他们的生前事迹也一直流传下来，作为其成为土地神合法性的一个标志。从"神即家人"这个观点

---

[1] 童慧桥：《澳门土地神庙研究》，广东人民出版社2010年版，第126页。

出发,"公公十分公道,婆婆一片婆心"就很好理解了。

在曹主娘娘庙建成之前的相当一段时期内,土地诞应当是增埗当地的主要节日。它不但是代表着农业传统,还是一个象征着生育和团结的节日。虽然珠三角地区的人口自秦朝以来一直都是处于逐渐增长的趋势,在明末之前土地供应量应该是高于人口增长速度的。明清两代,广东人口增加非常快。据《南海志·元(大德)·户口》记载:

> 广州为岭南一都会户口,视他郡为最汉而后州县沿革不同,户口增减,亦各不一。大抵建安东晋永嘉之际至唐中,州人士避地入广者众,由是风俗革变,人民繁庶。至宋承平,日久生聚愈盛。自王师灭宋平广以前,兵革之间,或雁锋镝,或被驱掠,或死于寇盗,或转徙于他所,不可胜计。至元二十七年,朝廷籍江南户口方见定数。比年官府肃清盗贼宁息,人皆安生乐业,故广之生齿日番户计日增矣。

《清代人口研究》认为,清代初期,按丁数与实人口折算,每丁为4.99人。《番禺县志》载清初实编番禺为39208丁,按丁口征田赋,照此推算,清代初叶(1665年)番禺的人口约为195647人,比1391年净增114544人,在274年间增加238%。[①] 这就意味着由于人口快速增长,必然导致对于生产资料和其他重要资源的竞争。而这种竞争机制则是由宗族所主导的,村落与村落之间的武装抗衡。其结果就是强大的宗族或宗族联盟在一个地区会战胜其他宗族,而拥有了对当地资源的基本控制权。这种控制权是通过村落的节日和仪式过程表现出来的,与其称之为某神的诞期,不如称之为是宗族对于地方话语权控制的宣示。这种对于基础权威的宣示是土地诞的最重要功能。

在争夺土地控制权的过程中,一些地区可能存在这样一个现象:各宗族力量相差不大,或者相对弱小的宗族联盟的力量可以与当地豪族分庭抗礼。此时,巩固联盟、重申友谊就变得非常重要了。当地各宗族便会通过村神诞、土地诞、清明节、重阳节等一系列诞节来举行大规模的祭祀、庆祝、联谊。以这种仪式的形式,在符号的世界里,将各族象征性地"绑定"。在这些仪式过程中,除去重申与其他宗族的世谊,更重要的是,让本

---

① 罗敬祥:《番禺县志》,广东人民出版社1995年版,第150页。

族人感受到一种"朋友遍天下"的情怀，从而加强宗族内部的凝聚力。"中国人的信仰结构……其本质是过程的、关系论的。它的真正内涵来自于各种关系，也只有在各种关系系统中，中国的宗教—信仰概念才能够获得它应有的意涵。这是一种超越了主客二元对立的方式，是中国人用来分析和解释世界的基本方法，最终又深深地渗透在中国人的信仰与信仰实践之中。"① 同时，这些仪式的另外一个重要内容就是通过众村落的认同，宣示宗族或其联盟在地方建立基础威权的合法性，进一步建构他们的地方话语权。

第三节　宗族与曹主娘娘庙重建

一　从拆牌坊冲突看宗族对待城市化的态度

"拆牌坊"冲突是最近十年的事情。当时要建一个牌坊，村内村外都拉了一些赞助，募了大约十万元。建成后，富力房地产公司在河对面开始建起楼盘。运送建筑材料的大型卡车过不去牌坊，房地产公司就要拆掉牌坊。增埗村的人都不同意。房地产公司和政府达成了默契，强行要拆牌坊。当时想出了一个办法，让老人站在牌坊前面，阻止挖机拆牌坊。武警也过来了，双方弄得很僵。经过几次对抗，村里有人私自签了字，结果没办法，要了几十万的赔偿，让房地产公司的人把牌坊给拆了。楼房建好了，富力公司又打算在增埗河上建桥。当时计划将桥建在啤酒厂那儿，但是啤酒厂不愿意，因为没有给钱给他。后来想在水泥厂"中矿公司"的附近建。"中矿公司"要求高额付账才让建。市政规划没有明确规定建在那里，后来强硬将桥建在增埗大街几间屋的屋顶上。

几乎在同一时期，离增埗社区不远的广州老城区中的陈家祠、龙津路和恩宁路等处得居民也遇到了同样的问题——拆迁。同样的，住在这些地方的居民们有些对于补偿的方法和拆迁的方式不满，也有抗争的行动发生。由于缺乏组织性，没有统一的抗争计划，所以抗争行为也为发展商们所化解，到最后成为一两户或者几户"钉子户"的孤独抗争。到最后，有些钉子户还是被强拆了。2007年6月16日《新快报》报道了一则钉子

---

① 李向平：《信仰是一种权力关系的建构——中国社会"信仰关系"的人类学分析》，《西北民族大学学报》2012年第5期。

户暴力抵抗拆迁的新闻：

号称广州最牛的钉子户——荔湾区龙津东路604号的潘宅屹立3年，于昨日下午5时被夷为平地。荔湾区法院执行庭依法实行强拆，拆迁过程中由于遭遇泼硫酸、喷不明气体等暴力行为，潘伟业等3人被司法拘留。十几个执行法官和法警受轻微伤，一人吸入不明气体送院治疗，现已出院。

潘伟业："给个天安门也不要！"

据荔湾区法院介绍，2004年下半年，康王路龙津路交界处地块内的442户拆迁户中，除龙津东路604号、606号房屋的住户外，其他均已顺利搬迁并安置完毕。龙津东路604号、606号房屋建筑面积共324.4平方米，物业5人共有，潘伟业占1/5产权（折合建筑面积约64.88平方米）。

荔湾区法院称，强拆前，荔湾区法院执行局领导、执行法官曾十多次前往潘伟业的住处协商，但潘伟业均以粗言谩骂相待，表示只能"同地段、同面积、同朝向、同新旧程度"安置，否则"给个天安门都不要"，甚至还采取写遗书、准备引燃煤气瓶等过激行为对抗。针对潘伟业的要求，相关单位工作人员多次带着各种安置方案前往潘伟业家中协商，如区建设局另外提供了荔湾区周门北路某低层房屋（建筑面积83.2平方米）和荔湾区康王中路惠城花园一套房屋（建筑面积83.71平方米）等两处房屋给潘伟业选择异地永迁安置补偿；或由潘伟业委托房屋评估机构对其房屋作出评估，由区建设局作价补偿。但潘伟业始终不予理睬，并将安置方案的有关材料扔出门外。

三人泼硫酸被司法拘留

根据荔湾区法院的相关判决，2007年5月8日是潘家搬离的最后期限，6月15日法院按照法定程序和要求，予以强制执行。现在潘家被安置在荔湾区康王中路惠城花园一套建筑面积83.71平方米的房屋里。由于潘伟业、肖某、胡某采取泼硫酸、喷不明气体等行为暴力抗拒执行，荔湾区法院依法将其司法拘留。

据了解，目前潘家的家具和用品在强拆前已经由有关人员运到上述惠城花园单位。而到记者截稿为止，潘伟业的妻子仍逗留在荔湾区法院内。潘太虽然承认丈夫有过激行为，但对搬到强制安置地址尚未表同意，而上学在校的潘伟业儿子，放学后滞留学校由亲戚领回代管。

强拆现场：执法人员铁锤砸门进屋

昨日上午强制搬迁，11时开始拆楼，到下午5时，广州牛钉龙津东路604号、606号成了一堆瓦砾。几百市民围观拆楼。龙津路下午2时40分后数度封闭，车龙一直延伸到人民中路。

上午10时45分，记者赶到位于西关老城的"潘宅"，只见骑楼两边的人行道已被警方用警戒线封锁了近四百平方米的区域，但中间的龙津东路车行道则并未封闭。马路边停靠有3辆警车，有20多名身穿制服的警察在现场维持秩序，30多名头戴安全帽的拆迁人员则在潘宅外墙搭建竹棚。

潘宅楼顶悬挂的白底红字的大幅抗议标语已经被拆迁人员收起，一楼门窗紧闭，除了几名法院的工作人员外，并没有看见潘宅的屋主潘伟业。楼房内也看不到任何的家具物品。

记者了解到，上午10时30分左右，潘太和两个前来"支援"的朋友被警察强行带上警车，稍后潘伟业被单独带上警车。有街坊称，当时潘伟业被警察从屋内带出时，头上套有黑色胶袋，留有两个小洞方便露眼，手上戴着手铐。

围观街坊称，早上谈判不成，潘家往外泼硫酸。执法人员用锤子把趟栊门打出一个洞来，强制入内制伏潘伟业等人。其间，有十几个执行法官和法警受到轻微伤，一人吸入不明气体送院治疗。

潘伟业等人被警察带走后，头戴安全帽的施工人员分两批，一批搭起脚手架，一批搬出潘家物品。11时前已经搬空家当，强拆行动开始展开。

下午5时左右，604号、606号楼已不复存在，广州牛钉只剩一堆瓦砾。①

虽然在拆迁过程中暴力抗拆的例子不多，但是这些社区的居民对于拆迁的观点是比较负面的。比如陈家祠拆迁补偿方案中规定："补偿方案，其中框架结构的产权房每平方米补偿1.55万元，混合结构的房子每平方米补偿1.502万元，砖木结构的私房每平方米则可获补1.478万元。同时，如果被拆迁人能在今年6月15日前协议搬出房屋，可另外获得每平方米1500元的奖励，即两项相加最高补偿价可达每平方米1.7万元。2007年7月10日前搬出每平方米可奖励1000元；7月30日前搬出则每

---

① 金羊网、《新快报》，http：//www.sina.com.cn，2007年6月16日。

平方米只能奖励500元。然而，该地段的一手楼价普遍在23000元/平方米以上，二手楼价在15000元左右者居多。"① 虽然媒体表面上说陈家祠的补偿方案在当时创下了新高，事实上他们提出的补偿款项和拆迁后的安置方案引起了当地居民诟病：

> 住在简溪首约31号的一位阿婆提醒财新网记者注意："政府给我们的补偿是按套内面积计算，但我们出去买房却要按建筑面积付款，在这个寸土寸金的地方，随便差几平方就等于差十几二十万元。"
>
> 那么能不能拿这笔钱到郊区买房呢？据统计，广州市番禺等地的一手楼价在万元左右。一位年轻人说，由于中国的户籍制度与孩子入学相捆绑，他们不得不只考虑那些交通便利、生活便利且有优质教学资源地段的楼房。
>
> 所有受访者均提出政府在制定补偿方案前应听取街坊们的意见，单伯说："我们最希望的不是给多少钱——钱再高，如果不够买房也没用，而是给我们现楼，让我们马上就有地方可住。"
>
> "我们不太清楚政府是按什么标准给补偿金定价。"一位自称叫"阿雄"的中年男子说，"是按二手楼的价格，还是一手楼的价格。换句话说，我不清楚政府把我们的房子拆了以后，他们认为我们应该住回到一个破房子，还是可以住进新房子。"他说，"如果拆迁不能让生活变好一些，反而变得更差、更麻烦、更不方便，我们为什么要同意拆？"②

当访谈增埗社区居民关于拆迁的看法时，他们提到了陈家祠和龙津东路由于拆迁所造成的政府和群众的矛盾，还提到处理拆迁问题最关键的不仅仅是钱的问题，还有更重要的一个问题，就是如何安置被拆迁居民的去留。由于广东人比较恋旧，所以大部分被拆迁的居民基于交通、生活习惯、社交圈子、子女教育等因素，往往倾向于回迁。但是，由于土地使用和开发的关系，他们的诉求没有得到充分的认识，所以造成暴力抗拆现

---

① 《新世纪》财新网，2010年5月14日。
② 同上。

象。由此，荔湾区出台了新的安置方案①：

　　昨日荔湾区回应，3个多月来居民对征询工作反应热烈，许多业主能主动反映意愿，并提出了不少改造建议。但荔湾区更新办也坦言，现时的拆迁补偿安置条件未能满足绝大部分居民的要求。有不少居民投了反对票，但反对票中的大部分居民同时表达了希望回迁的意愿，如果有回迁的选择将同意改造。

　　针对这一情况，荔湾区更新办有关负责人表示，有信心改造工作能获得居民广泛的支持，下一步将根据居民的意见，对《荔湾区龙津长寿项目拆迁补偿安置方案》（征求意见稿）进行调整。居民可根据调整后方案的情况，修改自己的意愿。而亦有相关的工作人员向记者透露，新的方案现正在修改，届时还要送到市有关部门审批，一旦审批通过，居民有望解决回迁这一问题。

　　荔湾区更新办重申：必须90%以上的房屋业主同意，才会启动本地块的改造工作。目前，荔湾区更新办正根据大部分被征询产权人的意愿，正在对《荔湾区龙津长寿项目拆迁补偿安置方案》（征求意见稿）进行研究调整。下一阶段将公布修改调整后的补偿安置方案。届时，有修改征询意愿的产权人可携带产权证及身份证到龙津东路752号龙津长寿地块征询工作小组办理修改意愿手续。

　　同时，荔湾区政府也希望将龙津东路的这一系列拆迁补偿安置方案推广到全区，成为所谓的"龙津东模式"。这也给一直在苦苦等待明确的政府态度的增埗居民一线希望。由于大部分增埗居民也希望可以回迁，而不是被安置到人生地不熟并且交通很不方便的芳村地区。所以根据龙津东安置方案，他们提出两点要求：

　　（1）补偿款项必须与当地房地产价格挂钩。也就是说，在补偿款项到位后，他们还能通过购买行为在重建后的增埗地区买一套与原来相同大小的房子，或者房地产开发商直接在新建的物业中，补偿回一套相同大小的物业给拆迁户，但被拒绝。

---

① 大洋网：《广州日报》，http://news.163.com/10/0722/14/6C72T2PA000146BC.html，2010年7月22日。

（2）祠堂不能拆，曹主娘娘庙旧址要建一个小庙或小型祭祀点，方便居民们回来拜祭。由于增埗的蔡氏宗祠并非文物保护单位，只属于古旧建筑物的范畴。所以可拆可不拆。增埗居民告诉笔者，开发商的态度很明确——根据设计一定要拆。同时，曹主娘娘庙不属于宗教庙宇，所以不予考虑。如此一来，增埗居民提出的两点要求都被拒绝，导致居民与开发商之间的对立。一位居民抱怨道："我们只想要一套还在增埗的房产。同时祠堂和村庙也提醒着我们不要忘本，是我们的精神寄托。全都要拆掉，又不给合理的安置和善后措施，你怎么能不生气？"

二 从重建曹主庙与宗祠看宗族精英的作用

据《宋史·蔡襄传》载："徙知泉州，距州二十里万安渡，绝海而济，往来为其险。襄立石为梁，其长三百六十丈，种蛎于础以为固，至今赖焉。又植松七百里以庇道路，闽人刻碑记德。"

这段史料记载的是蔡襄在泉州任上时主持修造跨海的洛阳桥之事。"这座桥从北宋皇祐四年（1053）至嘉祐六年（1059）12月，历时7年，耗银一千四百万两。桥长三百六十丈，宽一丈五尺，武士造像分立两旁。造桥工程规模巨大，方便了周边地区的交通往来。"[①]

有关蔡襄的传说故事，兴许与其身为书法家的盛名脱不开关系。世俗世界的知识和权力借助神话传说的形式展现，其实质是在强化一种结构：以皇帝为代表的世俗世界赋予蔡襄世俗权力，蔡襄在襄助神仙中表现并运用这种俗世的社会资本；神圣世界又赋予凡人蔡襄突破世俗世界的能力，通过解决修桥的难题进一步强化了蔡襄在世俗世界的国家官僚体系中的地位。神话传说的建构其实质是象征资本生产的过程。蔡襄的政治能力被解释为神仙襄助的结果，就是一种象征资本生产的过程。以神灵为象征来解释世俗世界中士大夫拥有的能力。

作为明晰宗族来龙去脉和强化宗族凝聚力的唯一文字资料，族谱通常包括三种内容：宗族关系被宗族成员整理出来，作为建构和联结宗族关系的证据；谱文中的家训曾是用以指导宗族成员日常生活行为伦理的规约；还有一个出处无法考证的杰出先辈的传说。三部分的资料正好构成宗族生活的结构：血缘关系是宗族关系得以产生的前提，家训是宗族成员在俗世

[①] 泉州市地方志编纂委员会编：《泉州市志》第一章"人物传"，中国社会科学出版社2000年版。

中安身立命的规范，神鬼故事则是基于日常体验又超越日常体验的另一种叙述现实的方式。

先辈的荣誉以及基于荣誉而虚构的神鬼故事，最后都将成为后人茶余饭后的谈资，以塑造和强化蔡氏族人对宗族血脉的认同感。然而在日常生活中，围绕国家、宗族、民间信仰三个方面，仍然不断生产出不同的象征资本，在话语的传达和运行中表达和模塑现实世界。除此之外，这类的祖先"通神"故事实质上还为当地的蔡氏族人掌控地方事务而制造一种舆论优势。使得他们的活动具有某种道德的传统高尚性，并且代代相传成为一种世俗的思维定式——本应如此。这样一来，旧时宗族精英通过操纵象征资本在使其成为传统的过程也是一个神诞习俗塑成的过程。①

广州沦陷后，增埗村外（现在广州监狱一带）成为了日军的一个养马场。由于曹主娘娘在当地的威名大，连日本马场的军官也常常来庙里拜神。由此，"萝卜头们"② 对当地村民也比较友好，还有时会给他们一些工作和食物。这无疑又为曹主娘娘的神明更添加了一层威灵。所以，村神在庇佑村民远离兵祸的同时，还"降服"了日本侵略者。这使得当地人民更加尊崇曹主娘娘，他们甚至还动用家法处死了一个在光复后贯彻民国宗教政策密谋拆庙的蔡氏族人。

在新中国成立初期村神庙遭到了严重破坏，所有的神像都被拆毁，神像的香案和座椅被劈为柴火，神庙也成为国营工厂的仓库。后来，为了满足当地的文体活动的需要，神庙被整体拆毁，然后在庙址上建了一个游泳池和增埗小学。前几年，增埗小学被并入环市西路小学后，游泳池被拆毁并在曹主娘娘庙的原址上建了个公共厕所。

90年代初，由于政策放宽，八婶的丈夫就和其他的几位村民在居委的默许下，在村内的一块空地用铁枝架了个临时的大棚来供养曹主娘娘。在拆牌坊事件后，村内得到了30多万元的赔偿。由是，蔡氏族人商量着要建一个老人活动中心，选址就在曹主娘娘的新址。村内还出钱给曹主娘娘重新塑像并在活动中心建成后搬了进去。从此后曹主娘娘便天天看着村民们在中心内外打牌热闹，同时接受来自村内外的膜拜。蔡氏宗族正是意

---

① 部分参考周安安《重建祖先与神灵——广州蔡氏六村信仰复兴实践研究》，硕士学位论文，中山大学，2010年，第17—20页。
② 广东人对日本侵略者的蔑称。

识到这种微妙的村神、宗族和村子三位一体的关系,所以在增埗拆迁闹剧中坚持要保祠堂和给曹主娘娘庙立碑。

图6-5　增埗曹主娘娘庙内神像 　　图6-6　增埗曹主娘娘庙内画像

图6-7　增埗蔡氏祠堂整修前 　　　图6-8　增埗蔡氏祠堂整修后

1997年香港回归时刚好是增埗村神诞前后,广州市民自发举行了许多大规模文化活动来庆祝这一令国人扬眉吐气的大事。增埗作为第一次鸦片战争在广州打响一枪的地方决不能自外,也考虑着以居委会的名义搞一个活动,同时希望将曹主娘娘诞慢慢恢复起来。在街道的支持下,这次活动终于举办成功。与此同时,街道办的书记和当地派出所所长都出席了这次活动。对于增埗蔡氏来讲,这样就意味着只要是符合政策的文化活动,官方并不会阻止,所以下决心将村神诞常态化。于是附近的村落也"跟

风"慢慢地恢复了当地的传统文化活动。这次在"天子脚下"的文化活动运作具有着非比寻常地意义。这使当地居民意识到,改革开放政策后开始注意培养和恢复地方传统文化了。所以,自第一次重办曹主娘娘诞后,平均每年都要办100多桌的酒席。

在开发商拒绝了增埗村民关于保留宗祠和为曹主娘娘庙立碑之后,每年村神诞客人比以往更多。过来参加村神诞是为了声援增埗的正当要求。他们认为,饮水思源是中国人的好传统应该予以保护,一味为了经济发展而"拆屋填井"是不道德的。还有相当一部分外流的增埗人回到村内是为了重温过去的回忆因为"今天不知明日事"。不知道会否下次再回来时这个村子已经荡然无存了。村内头脑比较灵活的人还联系了广州电视台等大众媒体在村神诞当日来进行采访,他们希望可以这样通过曹主娘娘诞这样的文化活动,唤起社会对于增埗存亡的关注,并且寄希望市里的领导人看到了采访节目会支持他们的诉求。这样,开发商便不敢轻举妄动,于是便和村民们僵持了下来。在政府大力推行"龙津东模式"失败的同时,增埗居民的抗争行为得到了社会舆论的广泛支持。在此大环境下,开发商不得不让步,承诺保留增埗原貌不再提拆迁之事,于是增埗蔡氏族人将祠堂整修一新。

第四节 小结

1927年4月,国民党建立南京政府后,制定了一系列针对宗教的法律法规,逐步形成其宗教管理系统。一方面,对民间的宗教活动进行保护,如1930年公布的《中华民国约法草案》中,即规定了民众有信教的自由,"非违背良善风俗及干扰社会秩序者,不得干涉"。在1945年正式颁布的《中华民国宪法》中,也重申了宗教自由和宗教平等的原则。

另一方面,国民党所确立的官方意识形态为三民主义,故宗教条例中明文规定,各宗教的宣教内容与宗教活动不得从事违反三民主义的政治活动。如《监督寺庙条例》规定,寺庙"不得从事于三民主义及法律规定之范围以外之政治活动"。根据郭华清的分类,当时民国政府除制定有管理基督教、伊斯兰教、藏传佛教等制度性的宗教的法律法规外,特别针对民间信仰及民间信仰关系密切的道教、汉传佛教设立了专门的管理条例,如：1928年9月2日公布《寺庙登记条例》、1928年9月22日公布《废除卜筮星象巫觋堪舆办法》、1928年10月公布《神祠存废标准》等。1929年1月公布《寺庙管理条例》后，1929年12月又公布取代前者的《监督寺庙条例》；另外，国民政府还鼓励寺庙兴办慈善教育事业，于1932年9月颁布《寺庙兴办公益慈善事业实施办法》。①

国民政府希望通过这些法律法规对民间信仰进行规范管理，尤其是禁止和取缔民间信仰中那些迷信和营利性的部分，树立新的社会风气，宣扬新的意识形态，以巩固自身政权。但是这些做法并没能获得直接的效果。1928年所颁布的《神祠存废标准》即是一例。这条法规保留政府认为有益风化的神祇和偶像，而那些迷信和过滥的神祇和偶像则被明令禁止，比如保留了神农、伏羲、孔孟、岳飞、关羽等传说人物和历史先贤，而废除了日月星辰之神、山川土地之神、风云雷雨之神，以及规定张仙、送子娘娘、财神、二郎、齐天大圣、瘟神、痘神、时迁、宋江等偶像属于淫祠，要求地方予以取缔。②这一做法在各地引起了强烈的反弹，"纠纷时闻"，到1937年，国民政府不得不停止强制执行这一法规，"明令改作参考"。③

中国社会长期存在的多神信仰并非是简单的"巫婆神汉"利用人们的"迷信心理"这么简单，它是与当地的风俗习惯和历史传统紧密结合在一起的。如在华南地区已累世形成了一套与宗族社会紧密地联系在一起的、围绕这民间信仰地方社会组织方式。民国政府的这个条例只注重神灵符号本身的含义，比如其背后的故事是否"有益风化"；而在实际的推行中，必然触动到以神灵崇拜组织起来的地方社会既有的生活方式。然而，广州地区在这一阶段已经开始了现代化的转变，无数本地人改变以农业为主的生活方式，转而进厂做工，人口的流动性也大大增加。但人们依然生活在既有的村落与宗族之中，当国民政府的行政力量与民间社会发生矛盾时，往往以政府一方的失败而告终。1927年广州新风尚运动小组事件，即反映出民国政府在宗教控制方面的窘境。

而宗教人员的抗议则显示出，界定正规宗教活动与迷信活动这一思路

---

① 郭华清：《南京国民政府的宗教管理政策论析》，《广州大学学报》2007年第2期。
② 神祠存废标准参见《中华民国史档案资料汇编》第五辑第一编"文化"之（1），江苏古籍出版社1994年版，第495—506页。
③ 内政部民国二十六年二月礼字第106号咨（G），广东省会警察局公函（安字第232号，1937年2月23日），广州市档案馆，第10-4-792号，第15—16页。

政府并不能以新的意识形态作出令人信服的解释。广州市社会局曾于1930年2月查禁"南吭道馆",并将放焰火、渡仙桥、盂兰会、万人缘、书符等26种法事定性为迷信行为。1936年政府依照此标准,再次对这些道观进行查禁时,引发了宗教人员的抗议。邓荣新等道士认为这些活动属于宗教行为而非所谓迷信,他们在对广东省政府的呈书中写道:"放焰火、渡仙桥两项,在僧道尼等一向均有,但亦无非依据经文持诵而已……"政府无法提出有力的驳斥,最终只能强制用行政手段查封。

虽然国民党政府发动的这一系列轰轰烈烈的"反迷信"新生活运动,取缔了许多以打着宗教幌子诈取钱财的迷信活动和据点,但是在广大农村地区成果却不如市区显著。

什么原因造成了这种结果?广大华南农村有着牢固的宗族组织和村落间的敬神活动。民间信仰作为广大农村人口的日常生活的不可或缺的组成部分,它是维系地方社会各方基础权威均势的重要平台。而且,民间信仰本身除了得到本村宗族的支持以外,也有自己的经济来源,比如庙田。再加上民间信仰与华南乡村的生计生产活动已经结为一体,断难分割,所以民间信仰在华南地区一时不能被摧毁。新中国成立以后,宗族组织和民间信仰作为封建主义的代表受到了批判和打击。

然而,在改革开放之后,宗族和民间信仰进入了重建和复兴的过程。正如有学者分析:"宗族话语权的扩张是当下国家不能回避的问题,宗族话语权的扩大对乡村治理、农村经济建设、精神文明建设、构建和谐社会都有着不确定的影响。宗族话语权的影响首先是在族内,宗族势力一旦复兴,宗族对族内成员就有一定的号召力和约束力,如果我们加以正确地引导和利用,对乡村社会的稳定与和谐发展是十分必要的。另一方面则是面向族外,宗族势力作为一种力量在与外界甚至国家的交往中,它会为宗族和族员争取最大利益,在此过程中可能出现矛盾甚至冲突,因而,进行话语权调适是十分重要的。我们队宗族话语权力扩大的评价不能作简单的利弊分析,主观上要从宗族成员的诉求的正确与否去衡量,客观上要从宗族对当地经济建设、秩序维护、文化传承的作用大小去评价。"[①] 笔者在增埗调查的时候发现:宗族、民间信仰、地方事务,其实是在一个母题下的

[①] 葛政委、黄柏权、刘冰清:《权力的再生产——荷叶镇修谱建祠活动的人类学考察》,参见罗布江村、徐杰舜主编《人类学的中国话语》,黑龙江人民出版社2008年版,第413页。

三个子命题。

《乡村的代理人受害者：乡村革命的协从》[1] 一书从新中国成立前后乡村统治精英性质的转变，论述了社会主义革命前后国家与乡村关系的变化。肖凤霞认为，传统中国村落是由乡村精英的士绅进行管理，士绅起到类似于"经纪人"的作用。士绅通过地方宗族获得对村落大小事务的管治权。"一方面士绅是国家延伸其权力的中介，一方面国家也承认士绅在乡村的精英地位。士绅同时代表国家意识形态和乡村的利益，有充分的自治权力，维持了乡村的自主性。"

社会主义革命后，传统的乡村权力结构受到了实质性的挑战。在社会主义革命和实现现代化的意识形态指导下，中央政府进行了一系列社会主义改造，如土地改革，农业合作化，建立人民公社等。在此过程中，凭借集体所有制将权力赋予贫下中农等措施，建立起一套"干部制"的乡村管理模式。肖凤霞用"代理人"来说明农村干部在农村统治中扮演的角色。在所有财产都收归集体所有的情形下，乡村干部在地方的合法性主要来源于国家权力的授予。下一级官员是否忠于上一级党政机关，是否能够高效的推行中央针对地方的运动和政策，成为地方干部是否称职的标准。

在这种严格的层层递进的官僚体制下，中国农村逐步实现"细胞化"转变："土改摧毁了宗族存在的经济基础；集体化运动使国家加强了对农业生产的控制，国家以低价向农民征收粮食，限制经济作物的生产以及自由市场贸易；公有化运动使农民完全被限制在由乡村干部所控制的人民公社中；宗教活动、宗教信仰逐渐遭到扫荡，政府权威在乡村社区的有力渗透，打破了乡村社区的人际界限，并力图使农民对血亲的忠诚转向对新发展起来的法人团体即集体的忠诚。乡村社区不再为地方势力所控制，国家正式官僚机构在乡村进行了强有力的渗透与扩张。"[2] 国家力量主导乡村发展的结果使得原来近乎一个有机体的独立村落，就此演变为国家政治体制架构中的一个单位。这样导致的后果就是在一个僵化的行政体制中，地方社会的基层自治组织失去应有的活力，个人权力变得尤为脆弱和孤立。

城市街道办或居委会对社区的直接管治，比萧凤霞所说的"贫下中

---

[1] Siu, Helen F., *Agents and Victims in South China: Accomplices in Rural Revolution*, New Haven: Yale University Press, 1989.

[2] 姜振华：《肖凤霞〈华南的代理者和受害人：乡村革命的胁从〉》，《中国学术》，商务印书馆2000年版。

农成为乡村的实际管理者"更进一步。在一个移民遍布的城市社区中，相对于世世代代居住在这片土地上的地方宗族成员来说，街道办或居委会的工作人员都是彻底的外来人。他们是国家机关"派驻"到社区的干部，对社区居民生活的"公共服务"是通过自上而下的行政指令而实现。随着中国改革开放的推进，社会主义市场经济的完全市场逐步实现，尽管政府对民间组织的约束并未彻底放开，然而经济上的自由化也使得社区开始寻求组织的空间。与依靠利益关系组合在一起的大都市移民相比，传统上依赖血缘和地缘联结在一起的本地居民拥有更牢固也更多的组织资源。

地方宗族与民间信仰曾经被视为现代化与文明的对立面。改革开放步步深入后，中国民间信仰在现代化的生活方式下又以文化之名开始复兴。

地方社会组织并不会盲目反对任何对于当地发展有益的事务。只有触及当地居民的根本利益时，他们才会自发地组织并利用地方传统来维护自身的权益。同时，"随着人口结构的改变，经济发展的多元化发展，物质生活向都市化的发展，大众传播的普及，人们的观念会逐渐现代化。同时，民主化的政治制度在乡村社会的建立，以法治、契约、平等观念作为村民的价值体系，或许就是'市民社会'的建立"。[1] 这就意味着以年长儒士作为组织领导人的模式[2]已经发生了改变。由于增埗蔡氏家谱散失，组织民间事务的人物也不再是家长式的人，而是由新中国的教育制度培养出来的地方上的有声望人物。他们虽然姓蔡，但无一不是党员。这样导致他们的思维具有双重性。一方面，作为增埗蔡氏成员他们感觉有义务承担起当地的社会责任；另一方面，正如南叔说的"我们都是党员，也要有党员应该有的立场"。也就是说作为党员，他们了解政策和法律并且是在这样的框架内考虑保护群众权益问题的。从地方抗争的事实层面上看，他们的活动的确保持了最大的克制；并未像某些地方的居民盲目地使用武力抗拆。这与他们的工作成果是分不开的。

由此就产生了一个问题：国家对民间信仰的模糊态度有时也是导致群众不满的一个原因。因为广东的民间信仰和宗族在改革开放后的崭新历史和社会条件下发挥着与过去截然不同的作用。尤其在城市化过程中对于村

---

[1] 周大鸣：《凤凰村的变迁——〈华南的乡村生活〉追踪研究》，社会科学文献出版社2006年版，第329页。

[2] [美] 葛学溥：《华南的乡村生活——广东凤凰村的家族主义社会学研究》，周大鸣译，知识产权出版社2012年版，第67—72页。

庄的吞并而发生的拆迁问题以及地方社会的民间组织和活动的再建过程中，以宗族为中心运用民间信仰平台与国家权力发生对话，从而保护地方社会的利益和重建中国民间文化。这是一个由下至上自主发生的过程。我们应该意识到在这个过程中，宗族和民间信仰组织在中间是起了为民发声和缓冲冲突的重要作用。在全民生产资料所有制和集体所有制这两面大旗之下，宗族与民间信仰组织失去了经济独立的基础。它们和以往通过暴力争夺以维持基础威权的社会功能已经不能同日而语了。

　　增埗曹主信仰的功能变化并非是一种意外。曹主信仰从发端开始就一直处在变化—定型—再变化—再定型的状态。这种现象的直接表现就是曹主信仰的混成性，同时与宗族和航运商业紧紧相连，产生了一种信仰—商业—宗族"三位一体"的机制。然而这种机制从清末以来就被打破，宗族丧失了对于区位优势和基础权威的控制，从而造成曹主信仰变化和其信仰文化圈的萎缩。但这不代表曹主信仰就此退出历史舞台和人们的生活。相反，在中国大陆所特有的现代化语境之中，她发挥着与之前不同的社会矛盾调解功能。这种功能的变化整体过程究竟如何？信仰的混成过程在曹主信仰系统的整体变化过程中又扮演了一种怎样的角色？"三位一体"机制形成过程又是如何开始的？在结论中，笔者将对以上问题进行讨论和总结。

第七章　结论

　　本书在第一、第二章对民间信仰理论和研究进行了回顾，指出儒释道、原生信仰、民间信仰、外来的基督教、伊斯兰教在岭南地区交织碰撞而形成一个多元混成的宗教—信仰文化圈。然而在新的社会、经济、文化条件下，尤其是民间信仰和宗族的复兴，岭南地区的宗教文化以及与世俗社会的关系出现新的特点。笔者以粤北英德市和广州增埗作为田野调查点，以当地具有代表性的曹主信仰为研究对象，运用动态信仰圈、商业与宗族关系理论、结构人类学的神话理论以及"深描"方法，目的在于透视北江航运的商业活动与该地区信仰和跨族群的关系，探讨地方事务话语权与商业力量、信仰之间的内在变迁，以及曹主信仰结构与生计模式依存及该信仰的特殊性。

　　增埗曹主信仰从粤北沿北江—珠江传播到广州地区。先秦时期，岭南地区南北交流和南方各民族早期宗教观念就已发端。而到秦汉时，原生信仰、道教、儒家思想、外来佛教开始在岭南地区共存与交流。从东汉末年到宋元，经过历代多次大规模的移民浪潮，岭南地区产生了汉人三大民系，即广府、客家和潮汕的格局。随着汉文化与当地民族文化的交流与融合，形成了为岭南地区广大百姓津津乐道的多元混成的民间信仰体系。当地各族群既信仰佛道，也存在土地神、社神、灵石、树神、水神等原生信仰，粤北客家女神曹主娘娘的信仰就是在此时随着大量早期客家移民进入并且与当地人民的生产生活发生了密切互动之后产生。岭南宗教信仰混成特质的整体形貌亦是在此时期基本形成。于是她很快便被当地各族群所接受并成为地方主要保护神之一，在各个神庙中享食香火。

　　本书第一、第二章重点表达的是，南北文化包括宗教信仰文化都是双向交流，通过北江、西江这两大水上"高速公路"传播开来。陆上通路"梅关古道"在唐朝才进一步拓宽，岭南过去一直是主要通过水上运输对外进行物流输送的。中原打开岭南管辖之路，对岭南进行战争征伐的路线和水上通道也是重叠的。征伐必定导致大量的人口、物资流动，促进了双方之间的交流。费孝通在《中华民族多元一体格局》的演讲中，对南岭走廊的形成做了详细的介绍，认为南岭走廊实际上有两条路线。一条是长江中下游—福建沿海—粤东—岭南，另一条则是从长江中游经珠江流域越南岭进入岭南的路线。① 费孝通的民族走廊理论偏向于族群的陆上和水上迁移并重。然而在岭南多山地方，水上交通反而便捷，族群通过水路迁徙也是重要的迁移通道。当时强势的北方文化传到南方，是对南方文化征服的过程，文化的主要流向是由北向南，但由南向北的状况同样存在。毕竟人流、物流交替的过程中不可避免地发生思想上的碰撞和交流。"岭南巫风浓厚，巫术盛行，早在汉代已经出名，甚至传到中原"②，汉武帝笃信楚越之风、扶乩占卜之术，"大建越祠"就是一个比较典型的现象，证明北方文化同样受南方文化影响。所以南北文化交流碰撞过程中，南方文化对北方文化也造成了一定影响，在某一特定历史时期还造成相当的影响。

在梅关古道进一步拓宽以后，人口和货物的南北流通依然主要依靠北江水运。曹主信仰的产生、发展及壮大与岭南地区的客家移民潮和商业活动紧密相关。这几次移民潮对粤北经济、语言、人口结构及宗教信仰产生了重大影响，形成了英德地区庞大的客家族群。出身早期客家移民的曹主娘娘身份和地位的每一次变迁其实都是不同力量间、不同信仰文化间的一次碰撞与交融。曹主信仰的神庙主要分布在大小北江以及滃江沿岸，其中在小北江一带尤多。这些庙宇在大小北江和滃江沿岸分布十分密集，证明曹主信仰的传播与北江内河航运息息相关。

在田野调查资料的基础上，本书论述了曹主信仰传播路径、曹主信仰与郎信仰的冲突与融合，以及与其他信仰之间的关系。曹主信仰的传播主要通过水上传播、兼靠陆上传播。由南庙、西庙、铜锣祖庙、江口祖庙四个庙宇环绕而成的宗教—信仰文化圈乃是曹主信仰文化的核心区，也是客家群体的核心聚居区域。曹主信仰和郎信仰之间的冲突与融合，其背后反映的是商业和宗族两者之间的冲突与融合。商业、宗族和信仰三个方面如同"三位一体"，其交叉的平台就是曹主信仰。地方化的曹主信仰成为调和三方关系以及不同功能的平台。国家力量决定双方斗争的结果，最终在

---

① 费孝通：《中华民族多元一体格局》修订本，中央民族大学出版社2003年版。
② 王丽英：《道教南传与岭南文化》，华中师范大学出版社2006年版，第30页。

国家意志影响下，航运主导的商业力量与地方宗族和地方精英在冲突、磨合中最后融合为一体。其背后的重要推动力便是以客家人为代表的移民活动。

　　民间信仰混成的方式与生计模式之间亦存在关联。曹主信仰代表商业力量，必然与城镇的城隍信仰和山地民族的盘古信仰发生混成。与以农业为主要生计模式的地方宗族接触、磨合过程中，曹主信仰又与地方宗族的郎信仰发生混成。在共同信仰的基础上，当地村落与村落、宗族与宗族、族群与族群之间结成宗族联盟或宗教联盟关系，为捍卫地方利益、维护地方秩序、调节民族关系发挥作用。英德地区庙宇中往往尊盘古大帝为主神，似乎表明当地客家居民主体的来源的另外一种族群的远古记忆。从英德丰盛古庙的更名亦表明商业力量对信仰的塑造起着非常重要的作用。在这个过程告一段落后，曹主女神已经脱离了客家的身份而升格成为整个英德地区的保护神之一；在此信仰"闯入"增埠后，此信仰的跨地域和跨族群特性更加明显。

　　第三、第四章说明以移民为代表的商业文化与以宗族为代表的地方农业文化之间的博弈。双方博弈的结果是进一步深化曹主信仰在当地的混成。不但国家认同曹主娘娘，民间也认同曹主娘娘，还发展成为具有代表性的地区保护神、航运保护神、家庭保护神，由原来一个简单的地方保护神，成为多功能的地方性神灵。

　　第五章主要从师公经文和仪式中窥探当地闾山派的师公系谱、神灵体系和神圣空间，以及从中体现对大传统文化的承继。当地师公以个人或宗族为中心，在所请神灵体系中形成神灵的差序关系。这种差序格局反映了当地师公流派的源流和属性。从经文和仪式可知当地师公一般为正一道的闾山派。经文反映的神灵体系中可以发现宗教神灵混成的现象，其中有许多自然神，体现出英德地区民间信仰的原生信仰特质。英德地区民间信仰承继了道教神灵体系，并吸收了其他各式各样的神灵，庞杂的神灵体系明显可以划分为家神、佛道众神、自然神、地方神。师公经文中还反映出地方女神谱系，既有农业女神、生育女神、地方保神，也有闾山派神灵。醮仪科范是民间道教文化中的重要组成部分。西庙每年固定举行曹主娘娘神诞，整个仪式包括仪式前准备、开坛仪式、招兵仪式、排兵仪式、开井仪式、造桥仪式、杀猪光仪式、请饭仪式、下马仪式、送奏仪式、娱神仪式。仪式中师公的基本动作为唱念经文、叩拜、吹角、敲锣，反映宗教活动的共同特征即它的例行性及重复性。庙宇通过操控独有的神意资源、宗教资本，一定程度掌握了决定地方事务的话语权，获得了在国家资本和权力遍布每个角落的情况下与国家话语进行对话和博弈的力量，进一步确保了庙宇的延续和发展，也确保了地方小传统文化的存续。

第六章主要以广府地区的曹主信仰与宗族地方话语权的建构为探讨对象。在清朝以前的地方社会，祠堂与庙宇一直是代表大传统的儒家教化与代表小传统的民间信仰的两个符号之间的磨合和默契，而宗族村落中祠堂与庙宇并存的状况，就是民间信仰和儒家伦理的表达。从增埗的情况可看出，传统权威对于建立地方话语权的控制远远不够，地方宗族需要建立起一套与国家权威系统相对应的地方权威系统。地方宗族与国家权威系统的关系并不是对抗式的，"如果强调国家与社会对立，无疑就等同于隔断了宗教与信仰、国家信仰与民间信仰的同构性；而突出了国家与社会的整合功能，同时也就认定了国家信仰与民间信仰之间的整体性"[1]。通过国家对地方事务的分工以及一系列仪式性活动，地方宗族获得科层式权威和神异性权威。以武力控制生产资料和交通要点所产生的权威，即为基础权威。对资源的占有是村落和宗族掌握地方话语权的重要资本，由此也获得掌控地方的基础权威。仪式对于宗族来具有非常强的世俗象征作用，仪式性活动正是基于地方宗族对基层社会的绝对性控制。

本书尝试重现增埗新中国成立前曹主娘娘诞的仪式过程及其部分社会功能。增埗曹主娘娘诞仪式包括神诞前的仪式准备、沐神、拜神、娱神大戏、"睇新妇"、大会餐几个部分。神诞成为增埗宗族对于地方话语权控制的宣示的平台，当遇到外部挑战时，当地各宗族便会通过一系列诞节来举行大规模的祭祀、庆祝、联谊，重申与其他宗族的世谊，加强宗族内部的凝聚力。这些仪式的另一项内容就是通过众村落的认同，宣示宗族或其联盟在地方建立基础权威的合法性，进一步建构他们的地方话语权。蔡氏宗族与其他宗族在生产资料和其他重要资源的竞争中获胜拥有了对当地资源的基本控制权，增埗的土地神庙依附于蔡氏宗祠的一个角落，也象征着蔡姓对于增埗村范围内的整体空间有着绝对的控制权。

蔡氏族谱中"借蔡襄修桥"等先人的荣耀及依附其上产生的鬼神故

---

[1] 李向平：《信仰是一种权力关系的建构——中国社会"信仰关系"的人类学分析》，《西北民族大学学报》2012年第5期。

事，塑造蔡氏后人对姓氏宗脉的认同。这类的祖先"通神"故事实质上还为当地的蔡氏族人掌控地方事务制造一种舆论优势。蔡氏宗族意识到村神、宗族和村子三位一体的关系，所以在拆迁中坚持保留祠堂和给曹主娘娘庙立碑。借助增埗村种种有趣的传说，人们认为村庙神灵仍然在保佑着这一方水土人脉，成为当地蔡氏族人重建神庙的动因。在重建曹主娘娘庙与宗祠过程中宗族精英发挥着领导作用。

中国社会中长期存在的多神信仰是与当地的风俗习惯和历史传统紧密结合在一起的。民间信仰作为广大农村人口的日常生活的不可或缺的组成部分，它是维系地方社会各方基础权威均势的重要平台。转型中的地方社会开始通过复兴传统的组织方式，来争取重建其秩序，信仰符号的塑造过程即是再造秩序的过程。重建后的民间信仰的内涵已经发生改变，宗族与民间信仰组织在性质上也不同于过去，宗族和民间信仰组织已经找到了其在地方事务中的新的地位，弥补了国家职能机关许多不足。在增埗拆迁事件中，蔡氏宗族精英就发挥了重要的组织和调解作用。

本书撰写过程中引用了当地诸多神话故事来论证和支持笔者的一些观点。但是我们在运用神话故事的时候还是需要有一定的反思性，毕竟神话故事在某种程度上源于地方文化人士的建构，不一定完全是真实情况的反映。在使用神话故事作为论证证据时，笔者仅仅基于所掌握神话故事的文本，逻辑推理地去复原真实的情景以及背后的机制。运用王国维提出的多重引证法将民间口头传统与其他记录进行相互印证，以最大限度地复原传说背后的意义。

"我们应当拥有这样一种视角，这种视角反映的是人类学长期以来对各种文化着重点所具有的多样性的欣赏，如果说的再具体一点，那就是要坚持同样一贯的理解，即这些文化着重点的不同代表着象征图式的不同制度性整合。在此，经济表现为占据着支配地位，所有其他的活动都在它们各自的范畴之中反映着生产关系的诸种形态；在那里，一切事物都似乎'沐浴在'宗教观念的'天国光辉之中'。换言之，文化图式以各自的方式被占支配地位的象征性生产场所曲折变化了，正是这个象征性生产的支配场所为其他的关系和活动提供了主要的惯制。由此我们可以说到象征过程的首选制度场域，强加于整个文化的分类网格就是从这个场域中产生的。"[1] 本书所要讨论的场域就是曹主信仰文化圈及其变化与影响。

发源于粤北客家的曹主信仰，围绕着移民、商业、宗族在其传播范围内所产生的场域中，起到象征性的资源控制的宣示功能，并通过以《曹主娘娘留念书》为代表的粤北民间信仰经书用神话的方式记载下来。由此，曹主信仰的产生、发展以及现况是遵循着这样一条轨迹：在先秦时期，岭南与中原的物质文化交流已经开始了，并且其交流的通道以珠江水系中的北江和西江为主，此一水道的发现与探索导致秦汉王朝对于岭南地区的征服和开发，为岭南地区的文字历史揭开了序幕。此时，早期客家移民开始出现。唐宋时期，以黄巢起义之乱波及岭南地区这一历史事件为契机，产生了曹主信仰的雏形，并在之后的历史流程中与当地佛教、道教以及其他地方性信仰发生了多次混成，在清朝形成固定的科仪以及宗教—信仰文化圈。在此宗教—信仰文化圈形成的同时，也奠定了水上和陆地两种宗教信仰文化类型。在乾隆年间，曹主信仰传播到了珠江三角洲地区的广州增埗西村地区。经过笔者的田野调查，发现曹主信仰的传播并不是偶然的。曹主娘娘代表的国家和商业力量在客家移民与粤北山地族群融合以后形成了以航运商业移民为代表的传播力量，将此信仰传播到北至韶关、南至广州、东至翁源、西至广西这一广大地区，形成了曹主娘娘的宗教—信仰文化圈之外缘。然而，其内在核心地区仍旧是在粤北英德地区，尤其是在北江、连江、滃江交汇的三江地区为其核心传播区域。

近代以来，由于粤北地区的铁道、公路等交通网络的不断完善，广东地区对于水运航运的依赖性大大减少。于是，许多原来的水上人家和以水运为生的沿河居民纷纷上岸，代表着航运商业的曹主信仰开始发生变化，最直接的表现就是其宗教—信仰文化圈之萎缩。促成这一现象发生的力量正是塑造曹主信仰的商业活动。由此曹主信仰由商业保护神逐渐变成了许多大北江流域沿岸居民的家庭保护神。这样的功能变化，代表着当地居民对于过去生计模式的一种象征性回忆。不但如此，增埗延续着自古以来的商业—宗族—村神地方话语和地方权威的控制机制，在现代性话语中起到了地方与国家沟通与交流的平台作用。然而，在古代这类的叙事就像《魔戒》中所阐述的从故事到传说，再从传说到神话的进程一样被记录下来。

---

[1] [美]萨林斯：《文化与实践理性》，赵丙祥译，上海人民出版社2002年版，第273页。

约瑟夫·坎贝尔有一种观点认为，所有东方的神话系统皆代表着一种追求永生的哲学思想。这种思想遵循着发源于美索不达米亚平原后被印度文化吸收进而传入中国，在此之后再传播到古中美洲文化的轨迹。[①] 这样的论调毫不掩饰地表现出西方文明中心论和传播论的主要思想。事实上，这样的神话研究解释方法是不正确的。因为它无法解释地方性原创神话的整体形成过程与当地特殊的社会组织、生计模式甚至族群关系之间的相互作用之合力。笔者以为，中国的神话研究尤其是地域性神话研究应该遵循这样一个共识：我们的研究应该从中国的特殊性出发来作研究……从地方的特殊性才能走向世界。[②] 这就意味着中国地方性神话研究中必须在借鉴他国既有研究方法和思维的同时，因地制宜、客观地整合出一套中国人类学话语中的神话研究方法。如叶舒宪提出："随着西方社会科学所经历的后现代与后殖民思潮的大洗礼，深受人类学影响的新史学正方兴未艾，成为两千多年来西方人文学术范式根本转变的一个突出范例。可是在与人类学和后殖民思潮相对隔膜的中国文史研究界，唯文字至上和文献至上主义情结远远没有得到过批判和清理。""尝试一种立体的释古方法，即多角度多层面地综合运用迄今可以得到的四重证据来恢复和重构失落的文化记忆，同时说明人类学介入中国历史所形成的中国话语的一种形式。"[③] 同时，"神话中比比皆是的以己度物，以已知推测未知，以局部代替整体的'全息对应'以及通过'混沌的整体表象'来类比或模拟的思维方式，亦是需要通过象征和隐喻的方式来进行直觉把握的"。[④]

在粤北地域性神话研究中，我不应该仅仅停留在对神话所表达的意义的解读，还应寻找神话意义背后所代表的各社会组织之间的关系以及各组织对于当地生计模式的掌握和对于话语权的博弈在神话中的象征性表达，从而真正做到"深描"全息景象的把握。这就需要在研究神话本身基础上采用多层次的信息，其中包括经史子集、地方志、考据考古、口头传说等，这样才可以达到真正意义上的"深描"。所以，笔者在解读曹主神话

[①] Joseph Compbell, *Transformations of Myth Through Time*, 1st ed., New York: Perennial Library, pp. 95 – 100.

[②] 徐新建、徐杰舜、王铭铭、周大鸣等：《人类学的中国话语》，载罗布江村、徐杰舜主编《人类学的中国话语》，黑龙江人民出版社2008年版，第229页。

[③] 叶舒宪：《人类学的中国话语的一个案例——黄帝有熊氏的四重证据立体阐释》，载罗布江村、徐杰舜主编《人类学的中国话语》，黑龙江人民出版社2008年版，第180—181页。

[④] 邓启耀：《中国神话的思维结构》，重庆出版社2004年版，第192页。

时运用大量地方志、口头传说等"全息证据"的同时,运用结构人类学和象征人类学的解释方法揭示了曹主娘娘背后的商业和宗族力量对于控制地方话语权的角逐,以及客家移民对于当地历史、文化、信仰、生计等诸方面影响。

在发现曹主信仰背后的社会力量运行机制时,"权威"这一概念很自然地进入讨论范畴。有学者在田野调查过程中体会到从象征的组织到民间观念,庙宇所创造的是一种权威的制度。"从功能上讲,民间权威和圣者所扮演的角色也是如此。他们必须首先是'为民请命'、'为民做主'的人物,才可能是社会'中心主题'的界说者。从这一点上看,中国民间的权威还带有传统权威的色彩,或者说他们是一种经过适时改造的传统表述者。"[1] 这样的对于权威的讨论仍然没有离开马克斯·韦伯对于中国的宗教讨论之范式。首先,"作为欧洲文明之子,韦伯是一名百科全书式的学者,其思想可谓博大精深,同时其中也充满了许多奇异和矛盾,许多相互抵牾着的观点都可在他那里找到根源,因而时常引起不同诠释者的争论"[2]。韦伯将"权威等同于命令权力。更精确地说,'支配'即意味着此一情况:'支配者'(单数或多数)所明示的意志('命令')乃是要用来影响他人(单数或多数的'被支配者')的行动,而且实际上对被支配者的行动的确也产生了具有重要社会性意义的影响——被支配者就像把命令的内容(仅仅为了命令本身之故)当作自己行动的准则。从另外一端看来,此一情况即可称为'服从'"[3]。韦伯进一步将权威定义和分类为"正当性支配有三个纯粹类型。对正当性的主张之是否妥当,必须建立于:1. 理性的基础——确信法令、规章必须合于法律,以及行使支配者在这些法律规定之下有发好施令之权利(法制型支配)。2. 传统的基础——确信渊源悠久的传统之神圣性,及根据传统行使支配者的正当性(传统型支配,Traditonale Herrschaft)。3. 卡理斯玛的(Charisma)基础——对个人、及他所启示或制定的道德规范或社会秩序之超凡、神圣

---

[1] 王铭铭:《村落视野中的文化与权力:闽台三村五论》,生活·读书·新知三联书店1997年版,第273—293页。

[2] [德]马克斯·韦伯:《中国的宗教:儒教与道教》,康乐、简惠美译,广西师范大学出版社2010年版,总序二:Ⅷ。

[3] [德]马克斯·韦伯:《支配社会学》,康乐、简惠美译,广西师范大学出版社2010年版,第8页。

性、英雄气概或非凡特质的献身和效忠（卡理斯玛支配，Charismatische Herrschaft）"①。

使用马克斯·韦伯对于权威的论述解释中国工业化开始之前的社会和文化现象时有个"时差"。在《支配社会学》和《经济与历史：支配的类型》中对于权威的分类是基于大量运用了欧资本主义社会的案例讨论所得出来的结论。如果试图将这一权威的解释和分类方法使用在前资本主义社会时期的中国社会以及宗教的分析讨论中去，就是一个不合时宜的概念性错误。由此所产生的研究方法以及在这样的研究方法中所取得的成果是值得重新考虑的。因而，在讨论曹主信仰—客家移民—生计模式—宗族之间的权力分配规则后，引入"基础权威"即宗族通过使用斗争行为掌握区位优势或资源后，通过商业行为和移民把当地信仰传播到他处，并在长期的与"他族"磨合的过程中形成了以信仰（庙宇）为平台的宗族与宗族、宗族与国家间的对话渠道。通过对此渠道（民间信仰）的控制（往往是以宗族武力作为后盾的）从而形成一种基础的权威，各个宗族在对于这个权威的控制的博弈过程中形成了一种脆弱的"均势"平衡。在此"均势"的前提之下才能发生韦伯所谓的权威之变化。

这种变化的前提极有可能是以激烈的武装斗争为方式所取得。武装斗争的根源即对生存资源的争夺，尤其在一批批数量庞大的北方移民迁入的岭南地区。如张研等人指出："人口与资源的平衡是相对的，不平衡是绝对的。由于资源有限和社会财富分配不公，在经济发展水平极不平衡、绝大多数地区仍以传统生存方式为主的清代，经济发展至少在某些地区某些时期赶不上人口增长的速度，不能保持与人口增长相适应的社会经济承载力，人口增长势必突破社会经济承载力的临界点，而使人口过剩的问题以大兵、大灾的人间惨剧形式表现出来。"② 诸如绵延数十年的川楚陕白莲教大起义、土客大械斗以及太平天国、捻军起义，除了生存资源的牵扯外，宗族冲突往往包含族威问题。"小至乡族成员间偶发的口角、争道等纠纷，大至水利、海场、山场及各种乡里公共事务所引起之纠纷，往往牵扯族威因素在其中。族威强弱除了有其精神上的象征意义外，常也影响族

---

① ［德］马克斯·韦伯：《经济与历史：支配的类型》，康乐等译，广西师范大学出版社 2010 年版，第 297 页。

② 张研：《17—19 世纪中国的人口与生存环境》，黄山书社 2008 年版，第 140 页。

性对地方资源之支配力。"① 冲突也终须有个了结,"在暴力产生与最终结束之前,边打边谈,既斗又和,便成为暴力奇观的边缘风景。不管如何,谈判与和解,将导致暴力的最终消解"②,消解之后又回到脆弱的"均势"平衡,所以,"基础权威"并不同于韦伯所谓权威的"三种类型"。

另外一个问题是,以上情形究竟应该是"权威"还是"威权",毕竟韦伯是德国人,在德语语境中的"权威"是否就能代表在中国文化所理解的"权威",这里究竟是一个概念还是两个概念。在此,我们应当先将中文语境中的"权"和"威"暂作切割。《说文解字》"权"为权衡,义为秤锤,引申为权衡、权变之义,权变即所谓"反常"。③ "威"义为婆母。④《康熙字典》"权",反经而合道者也。又平也。《礼·王制》:原父子之情,立君臣之义,以权之。⑤ "威",《谥法》:猛以刚果,疆义执政并曰威。又虎肋两旁及尾端有骨如乙,名虎威。又与畏通。威、畏,义同。⑥《中华字海》"权",秤锤、秤砣;秤;称量;权力;权利,公民依法形式的权力和享受的利益。⑦ "威",使人慑服的力量或气势;使人敬畏的气魄;刑罚;震惊;祸患。⑧ 所以,在现代语境中,"权威"的形成应该是从"威"与"权"两个基本概念谈起。

从字典解释可以看出,"权"的主要意义为平衡、均衡甚至是制衡的意思;"威"则是以传统家长制或暴力使他人感到震慑或屈服的一种力量。所以,"基础权威"对于"权"与"威"的解读是先以家族或族群之"威"以制地方资源和区位优势控制权,这是一个先威后权的过程。"清中期以后,江浙闽粤沿江沿海等地,商品经济高度发达带来一系列后果以及诸子平分的继承惯习,使地主土地从集中趋向分散。分散的地主经济难于在这类经济发达而矛盾尖锐、生存竞争激烈的地区立足,特别是难

---

① 胡炜崟:《清代闽粤乡族性冲突之研究》,《台湾师范大学历史研究所专刊》,1996年,第109页。
② 刘平:《被遗忘的战争:咸丰同治年间广东土客大械斗研究》,商务印书馆2003年版,第86页。
③ 李恩江等编:《文白对照〈说文解字〉译述》,中原农民出版社2000年版,第493页。
④ 同上书,第1154页。
⑤ (清)张玉书等编纂:《〈康熙字典〉:标点整理本》,汉语大词典出版社2002年版,第510页。
⑥ 同上书,第197页。
⑦ 刘玉刚:《中华字海》,上海古籍出版社2008年版,第788—789页。
⑧ 同上书,第686页。

于适应大面积经济作物种植和农工商综合体制的要求，于是他们纷纷将地主土地私人占有转换为地主土地集体占有，以宗族地主的面目出现……广东福建经济发达地区族田的数量特别多，其占总田产的比例相当大。"① 这段话很好说明了这一点。

然后，在国家的语境中是以制衡地方各宗族之间的"威"以达到社会稳定，这是一个由权制威的过程。比如："清代因袭前代，采取官员流转的制度。这种制度通过科举考试选拔官吏，将中试的知识分子也即绅衿，源源不断地输送到各级官僚机构，按期考成，升调黜转，进行游宦天涯的大循环……等级地位上升的第一步是成为绅衿。绅衿中一部分再进一步成为官僚，进入层层政权机构，通过吏控制基层社会的里甲保甲团练；一部分与在职非在职官僚构成乡绅，控制基层社会的家族、宗族和乡族。"② 国家通过权力的循环流转对地方宗族进行控制。当绅衿转为地方宗族领导者后又可能与其他地方宗族形成竞争关系，容易导致宗族间的冲突。比较典型的两个案例就是曹主娘娘与朱念七郎的故事以及土客大械斗所反映出来的当时的宗族之间和宗族与国家之间关于"权"与"威"的不同理解。同时，通过武装冲突才能重新达到社会诸力量的权力均势。由此便完成了一个关于话语中三要素：交流、权力和知识的循环。③ 这一循环在曹主信仰文化圈内的语境中就是从"威权"到"权威"这一过程。

长久以来，中国的宗教和民间信仰"作为道德规范体系，它对人们的认知、行为、互动、个人及群体关系等生活实践具有影响及制约功能；而作为象征符号体系，它对人们的世界观、价值、认同、思维逻辑等意识形态领域有建构及支撑作用。宗教与中国人意识形态乃至生活实践的联系如此广泛，以至于其功用和意义非常显而易见；同时，其产生、发展及发挥作用的机制又多样复杂，很难从社会或文化的某一侧面的分析得出合理判断"④。人类学者应该立足于田野调查，针对个案或某一文化现象做细致的研究，发现研究对象产生和发展的机制。

---

① 张研：《17—19世纪中国的人口与生存环境》，黄山书社2008年版，第72页。
② 同上书，第87—88页。
③ C. Fred Blake：《美国文化人类学的当代理论趋势》，冉凡译，载罗布江村、徐杰舜主编《人类学的中国话语》，黑龙江人民出版社2008年版，第97—98页。
④ 王建新、刘昭瑞编：《地域社会与信仰习俗：立足田野的人类学研究》，中山大学出版社2007年版，序言：Ⅰ。

过去曹主信仰的存续机制为：客家商业移民通过水上航运活动将代表着商业传统的曹主信仰从珠江流域的北江各航道由粤北传播至广州。在传播的过程中，与当地其他宗教信仰系统发生混成后，与其信仰文化圈内各个宗族发生社会管理机制和资源控制以及权力话语的交集，并成为地方宗族威权形成权威机制的平台从而成为一种超越地域和族群乃至社会性别的民间信仰。

随着所有制的改变，曹主信仰所代表的宗族和商业权威机制也发生了改变。换言之，在中国社会进入"现代化"后，由于社会力量和经济基础发生了重大变革，旧时的曹主信仰亦随之发生改变。博厄斯认为："现代文明的特征在于保守的传统惯性与激进主义之间的冲突。激进主义轻视历史，试图在有助于发扬其观点的理智基础上重建未来。冲突常表现在教育、法律、经济理论、宗教与艺术之间……所有这些都是冲突的表现。它们只能在新旧文化并存的快速转型期才会存在。我们习惯于用暗含速变的文化成就来测定某种族的能力。因而，似乎是变化最为迅速的种族才能发展程度最高的。因此，研究造成稳固或变化的原因和到底是机体或文化决定变化就显得至关重要。"① 对此，格尔茨也是持有相似的意见："现代性可能是一个过程，是一种将稳定而自给自足的传统生活方式，改造成具有高度适应能力、持续变化、充满风险的生活方式，也是由于这个原因，现代性以现代化一词出现于社会科学中。"②

由此可以看出，20世纪70年代以前，人类学界中关于现代化的研究主要是集中在社会变迁，似乎对于传统文化的存续关注少了一些。然而，吉登斯在总结人类历史进程时，提出这样一个关于现代性断裂的议题："毫无疑问，历史发展的各个阶段都存在着断裂……现代性以前所未有的方式，把我们抛离了所有类型的社会秩序的轨道，从而形成了其生活形态。在外延和内涵两方面，现代性卷入的变革比过往时代的绝大多数变迁特性都更加意义深远。在外延方面，它们确立了跨越全球的社会联系方式；在内涵方面，它们正在改变我们日常生活中最熟悉和最带个人色彩的

---

① ［美］弗朗兹·博厄斯：《人类学与现代生活》，刘莎、谭晓勤、张卓宏译，王建民校，华夏出版社1999年版，第86—87页。

② ［美］克利福德·格尔兹：《追寻事实：两个国家、四个十年、一位人类学家》，林经纬译，北京大学出版社2011年版，第152页。

领域。很明显在传统和现代之间还存在着延续，两者都不是凭空虚构出来的。"① 所以，关于现代化的讨论在吉登斯的语境中，断裂和延续是两大主题。

吉登斯所提到的外延和内涵在中国指的是生产资料所有制的变化，对于曹主信仰所代表的传统意义上的宗族对于地方话语权的控制所产生的划时代之影响。在研究曹主信仰的现代性时候，必须意识整个国家由于生产资料所有制变化导致曹主信仰失去独立的经济来源，意味着传统的地方权威机制发生了根本性"断裂"。这种"断裂"所带来的直接影响就是曹主信仰文化圈的萎缩和它的社会功能的改变。它不再是传统意义上的地方保护神，因为对于航运依赖的大大减少和中国普遍存在的唯科学主义对于传统文化的批判，导致人们对于曹主娘娘的"法力"产生了质疑并抛弃之（在年轻人中尤其明显）。

但是，这并不意味着短期内曹主信仰会完全消失。相反，在"增埗拆迁事件"中，曹主信仰成为当地宗族联系社会各方面与开发商进行理性抗争的力量；同时，还透过这一抗争行为所产生的整个居民区的危机感加强了社区人民的凝聚力。这一事件的另外一个重要社会意义便是在于由当地传统所形成的社会网络在"曹主娘娘诞"中集中亮相，并共同发出公平社会的呼声，在某种程度上成为一支独立的有益于监督政府的民主话语表现。这样的现象值得进一步研究，并且在以后的国家政策制定中，可以将其特有的社会贡献纳入政策制定的考量当中去。在应用人类学中，我们在进一步了解和把握这样的社会现象后，也可以考虑运用"适度的学术干预"② 去预知和化解类似的社会矛盾。

综上所述，当下人类学对于世界各地的混成型信仰的研究已经取得了相当的进步。然而对于中国大陆民间信仰的混成型特质及其核心机制的研究尚未有标杆性成果。中国人类学者在讨论南岭文化走廊的起源、发展及其功能时，对于水上通道的独特人文景观关注不足。通过混成型信仰理论来研究中国大陆民间信仰的成果不多。尤其是对于在一个像南岭文化走廊这样一个文化地理位置所发生的如此剧烈的、频繁的、大规模的、长时间的人口变化所带来的宗教信仰文化混成，以及由此所形成的以曹主信仰为

---

① [英] 吉登斯：《现代性的后果》，田禾译，译林出版社 2011 年版，第 4 页。
② 雷秀武、雷清平：《"适度的学术干预"是城市边缘地区传统文化重建的良方》，载罗布江村、徐杰舜主编《人类学的中国话语》，黑龙江人民出版社 2008 年版，第 335 页。

代表的宗教信仰文化混成并形成信仰文化圈现象背后的动因、机制和变化的关注不足。在进入现代社会后，混成型信仰圈的混成机制变化和功能特质的研究成果也不多。

通过针对粤北英德和广州增埗地区曹主信仰混成特质的田野调查发现：与欧美所代表的西方人类学主流视野中原生信仰与基督教发生混成的各个信仰相比，南岭文化走廊的信仰混成的发生和变化机制与上述的各个信仰不同。首先，岭南不存在一个被基督教所代表的殖民文化深入同化的一个过程，因为基督教在该地区在近现代后并没有强制性迫使当地民众入教的一个过程，而且在民国时期之前的传播深度和广度都比较有限。其次，南岭走廊的信仰文化是一种混成模式。这与大部分后殖民地区的一次混成现象大相径庭，是一种独特的人文景观。再次，南岭走廊的信仰混成发生的时间过程非常的长，从先秦时期一直到清末。这个特点也是大部分后殖民时期地区所没有的。最后，曹主信仰的发端、混成和变化的核心机制一直与中国内部的客家移民以及内河运输的变化息息相关。同时曹主信仰作为地方精英对当地区位优势和基础权威控制的一种象征性表述的平台，帮助地方宗族达到对于地方话语的掌控。即使进入现代社会之后，曹主信仰文化圈的功能改变，也是由于生产资料所有制变化所带来的生计模式变化和当地宗族基础权威被边缘化引起的。

附　录

附录一　英德行政区划沿革

春秋时期英德属于百越之地，战国时属于楚国，秦朝时属南海郡。关于英德地区最早见于正史的记录和南越王国建立有密切关系[①]：（赵）佗，秦时用为南海龙川令。至（秦）二世时，南海尉任嚣病且死，召佗曰："闻陈胜等作乱。秦为无道，天下苦之。空盗兵侵地至此，吾欲兴兵绝新道。自备，待诸侯变，会病甚。且番禺负山险阻，南海东西数千里，可以立国……嚣死，（佗）即移檄告横浦、阳山、湟溪关'盗兵且至，急绝道聚兵自守……佗并击桂林、象郡自立为南越王'。"所以，在此期间，英德地区当属南越王国，一直持续到汉武帝元鼎六年南越国被灭为止。

两汉时期（自元鼎六年，公元前111年始）英德地区则分属浈阳和含洭两县，此两县属荆州桂阳郡。三国时期属荆州始兴郡。两晋太康年间（280—289）改属广州。永嘉元年（307）改属湘州。东晋成帝年间（326—342）又改属广州。

宋（南北朝）秦始三年（467），浈阳改名贞阳，属湘州始兴郡；六年，在贞阳西60里置冈溪县，割始兴之桂阳（含今连县、连南、连山3县）、阳山、含洭、冈溪立宋安郡，属湘州。秦豫元年（472）年，废宋安郡，省冈溪县，改始兴郡为广兴郡。齐（479—502），贞阳、含洭属始兴郡。梁天监六年（507），设衡州，州的治所在含洭县城西30步。次年，在含洭县城西两里设阳山郡。陈太建十三年（581），浈阳隶东衡州

[①]　（清）阮元等撰：《岭南史志三种》，杨伟群、林梓宗、李默点校，广东人民出版社2011年版，第7—8页。另据《英德县志》2006年版第749页记录，湟溪关就是位于连江口镇江口咀村的万人城遗址，此关隘也被称为洭浦关。

始兴郡，含洭隶西衡州阳山郡。

隋开皇十年（590），置洭州，废衡州、阳山郡。含洭、贞阳同属洭州；十六年，贞阳一部并入曲江县（后复浈阳）；二十年，废洭州，贞阳、含洭属广州。

唐武德五年（622），含洭、贞阳又属洭州（贞观元年废）。唐贞观元年（627），贞阳复浈阳，含洭为洽洭，属广州。

南汉（五代十国）乾亨四年（920）年，在浈阳设英州。浈阳属英州，含洭属广州。

宋开宝五年（972），避宋太祖赵匡胤讳宣和二年（1120），英州赐名为真阳郡。南宋庆元元年（1195），以宁宗潜邸升英州未英德府。

元至元十五年（1278），立英德州为路，立2县。至大元年（1308年），2县入英德州直隶广东道。明洪武二年（1369年），降英德州为英德县，属韶州府。清沿明制。

英德古代行政划分如附表1所示，前后更改26次之多，恰恰说明历代统治者对于其经济和军事重要地位的重视。然而矛盾的是，在五岭南麓诸地之中，英德的地理位置相对封闭，周围的山地非常多，与岭北或珠三角地区不能形成有效的管理网络，这与当地的陆上交通不发达有极大关系。

附表1　　　　　　　　英德行政区划沿革

朝代	年号（公元纪年）	隶属
春秋		百越
战国		楚国
秦朝		南海郡
两汉	武帝元鼎五年（前111年）	浈阳和含洭
三国		荆州始兴郡
西晋	太康年间（280—289）	广州
西晋	永嘉元年（307）	湘州
东晋	成帝年间（326—342）	广州
宋	秦始三年（467）	湘州始兴郡
	泰豫元年（472）	广兴郡

续表

朝代	年号（公元纪年）	隶属
齐	479—502 年	始兴郡
梁	天监六年（507）	衡州
	天监七年（508）	阳山郡
陈	太建十三年（581）	浈阳属始兴郡，含洭属阳山郡
隋	开皇十年（590）	洭州
	开皇十六年（596）	曲江县
	开皇二十年（610）	广州
唐	武德五年（622）	洭州
	贞观元年（627）	广州
南汉	乾亨四年（920）	浈阳属英州，含洭属广州
宋	开宝五年（972）	英州
	和二年（1120）	真阳郡
南宋	庆元元年（1195）	
元	至元十五年（1278）	广东道
	至元二十三年（1286）	降为散州
	大德五年（1301）	升英德州为路
	至大元年（1308）	广东道
明	洪武二年（1369）	韶州府
清	宣统三年（1912）	韶州府

说明：表中内容综合道光《英德县志》、《英德县志》（2006）以及《英德年鉴》（2003—2005）内容而成。

附录二 英德行政管辖区及人口

一 英德行政管辖区

据《英德县志》（2006）记载，明代以前英德行政管辖区无考。道光《英德县志》区划的英德地理区域为：

东西广三百六十五里，南北袤二百二十五里；东至翁源县交界罗家渡计一百三十五里；西至阳山县交界邝家铺计二百三十里；北至曲江县交界高桥铺计一百一十五里；东北隅至惠州府长宁县交界姚田溪计一百三十里；东北隅至佛冈厅交界高台樟树坳计六十里；西南隅至广府清远县交界计一百一十五里；东北隅至翁源县交界九龙峒计一百二十里；西北隅至乳源县交界大布坪计一百八十里；东北至府治陆路二百二十里，水路三百里；南至省城七百八十里；北至京师七千五百五十五里。

根据县志和其他资料记录，辛亥革命（1912）后废州府。民国时期（民初英德属岭南道），隶属北江善后公署并先后改称：北江区绥靖委员会公署、第二区行政督察专员公署等。英德的行政区域几经更迭。1949年秋，中国人民解放军进军南粤。英德县城10月9日解放，隶属韶关地区（韶关地区先后称为：北江专员公署、北江行政公署、粤北行署、韶关专属、韶关地区公署、韶关地区革命委员会等）。1983年韶关地区与韶关市合并，英德隶属韶关市。1988年1月设立清远市，英德隶属清远市辖。英德县人民政府驻英城镇。

2006年，英德市设23个镇、1个街道办事处，有257个村、42个社区，5578个村民小组、758个居民小组。市界线4段，总长234.19公里，其中英德与新丰45.97公里、英德与翁源63.21公里、英德与曲江285.94公里、英德与乳源39.02公里，埋设界桩4个。县界线3条，总长310.016公里，其中英德与佛冈102.76公里（埋设界桩3个）、英德与清新147公里（埋设界桩6个）、英德与阳山60.256公里（埋设界桩2个）。[1] 详细划分见附表2。

附表2　　　　　　　　2006年英德市行政区划（简表）[2]

镇（街道）名称	村（社区）名称	数量（个）	村（居）民小组数（个）
英城街道	长岭、江湾、白沙、矮山坪、岩前、廊步、城南社区、城中社区、城北社区、城西社区、南山社区、仙泉花园社区	12	220

---

[1] 此项资料源自英德市人民政府门户网站：http://www.yingde.gov.cn/info/795。
[2] 此表源自英德市人民政府门户网站：http://www.yingde.gov.cn/info/795。

续表

镇（街道）名称	村（社区）名称	数量（个）	村（居）民小组数（个）
白沙镇	白沙、水心、车头、太平、红星、会英、石园、新潭、双星、门洞、白沙社区	11	191
青塘镇	青北、新青、石联、榄村、青南、椰社、建新、青塘社区	8	163
桥头镇	板铺、仙蕉坑、红桥、潭坑、五石、博下、联群、亚婆石、新益、石角、桥头社区	11	206
东华镇	大船顶、重新、九围、牛岗岭、雅堂、双寨、茶山、同乐、蒲岭、古滩、塘下、金洞、九朗、黄陂、光明、东水、东升、文南、鱼湾、坐下、汶潭、文策、宝洞、文田、大镇社区、英华社区、黄华社区、鱼湾社区	28	622
横石水镇	横岭、溪北、江古山、联雄、新星、塔岗、横石水社区	7	157
英红镇	水头、新岭、虎迳、锦田、星光、田江、红旗社区、红桥社区、红卫社区、红光社区、坑口咀社区、云岭社区	12	160
沙口镇	园山、高桥、洲西、红峰、平峰、石坑、新建、蕉园、群英、清溪、官坪、冬瓜铺、江溪、沙口社区	14	237
望埠镇	古村、崦山、青石、坪迳、下塘、桥新、同心、鹤坪、黄田、朗新、寿江、崩岗、莲塘、望埠社区、望河社区	15	227
大站镇	联丰、菜洲、江南、大塘、景头、大蓝、丹洲、波罗坑、樟滩、黄岗、侧塘、大站社区	12	289
黎溪镇	新村、大坪、黎明、恒昌、松柏、黎新、大埔、黎洞、铁溪、大湖、湖溪、黎溪社区	12	316
连江口镇	三井、小舍、严村、下步、红溪、银坑、初溪、连樟、南坑、连江口社区、城樟社区	11	266
横石塘镇	维塘、共耕、石门台、前峰、新群、龙新、龙华、龙建、仙桥、横石塘社区、工村社区	11	173
石牯塘镇	三联、石下、八宝、尧西、黄洞、长江、永乐、石小、沙坪、萤火、鲤鱼、联山瑶族、石牯塘社区	13	306
浛洸镇	镇南、三村、鱼水、燕石、白米庄、鱼咀、丰收、麻塘、张陂、三江、先锋、福园、新平、五星、洭州社区、荷州社区、光南社区	17	509

续表

镇（街道）名称	村（社区）名称	数量（个）	村（居）民小组数（个）
下太镇	灯塔、上太、沙岗、新联、高洞、下太社区	6	109
大洞镇	龙潭、黄沙、麻蕉、黄塘、大田、庙坑、苗花、大洞社区	8	183
西牛镇	西联、高道、鲜水、小湾、花田、花塘、金竹、赤米、沙坝、兴塘、石金、黎沙、西牛社区	13	325
水边镇	热水、白坑、乌城、五角、黄竹、流寨、水边社区	7	151
九龙镇	新田、泉水、金鸡、枫木、塘坑、河头、金造、宝溪、太平、新龙、龙塘、寨背、大陂、石角、乌石、团结、九龙社区	17	346
石灰铺镇	光明、美光、勤丰、美村、石灰、子塘、惟东、友联、保安、独山、新联、竹田、大田、三门、石灰铺社区	15	300
大湾镇	麻步、中步、上洞、长山、布心、茅塘、小联、古道、上坝、英建、蓝山、鸡蓬、瑶排、田心、磅脚、大湾社区、青坑社区、金湾社区	18	556
波罗镇	波罗、太平坪、建棠、沿沙、东风、板水、更古、乌田、前进	9	111
黄花镇	放板、新民、城下、迳孔、公正、溪村、三山、平星、岩背、德岗、管塘、明迳社区	12	276

二　人口状况

据《英德县志》（2006）和道光《英德县志》记载：北宋时期有8019户。元明时期，由于战乱和饥荒，到明太祖时期英德地区仍是地广人稀。"洪武初，土旷民稀，只一乡九都；续增二十都又一甲，共二十一都一甲。"照此算来，只有二十一条村子。一直到清朝康熙早期，丁口仍然只是徘徊在1.2万—1.4万。至嘉庆道光年间（1818—1836），英德设60个乡，人口也攀至206274人。到民国三十七年（1948）时，人口进一步增至30万。新中国成立后至今，人口更是一增再增。到2006年，英德人口达到106万。

附表3　　　　　2004—2006年英德人口变化[1]

指　标	2004年	2005年	2006
年末户籍户数（户）	266020	273605	271511
年末户籍人口（人）	1051091	1053616	1066646
其中：男性人口	559471	559903	568091
女性人口	491620	493713	498555
性别比（女=100）	113.8	113.4	113.9
其中：非农业人口	215856	215272	216021
占户籍人口比例（％）	20.5	20.4	20.3
年内出生（人）	10425	9509	14695
人口出生率（‰）	9.92	9.04	13.78
年内死亡（人）	4614	4519	3854
人口死亡率（‰）	4.4	4.3	3.6
人口自然增长率（‰）	5.53	4.74	10.17
计划生育率（％）	84.9	87.4	88.3
年内迁出（人）	15781	12775	16079
年内迁入（人）	11979	10372	16475
人口密度（人/平方公里）	185.3	185.8	188.1

附录三　英德地貌与自然物产

一　英德地区地貌[2]

1. 流水地貌。是英德地貌的主要成因类型，遍布于县内各地。其形态分为平原、阶地、台地、丘陵和山地五种。

2. 平原：按其大小，分为冲积平原、河台平原和山间平原三种。总面积63.09万亩。占县土地总面积的7.4％，主要分布于大站、英城镇、浛洸、大湾。石牯塘、大镇等镇，是主要的农业用地。平原大部分为河成地貌，是最年轻的地貌类型。土壤以潮沙泥土、潮沙土为主，土地松厚、

---

[1] 此表源自英德市人民政府门户网站：http：//www.yingde.gov.cn/info/802。
[2] 参见《英德县志》（2006），第127—129页。

肥沃，地处河旁，易受洪水淹。

3. 阶地：有河流阶地、洪积阶地、洪积冲积阶地和洪积坡积阶地。

（1）河流阶地：是县内阶地地貌的主要类型，面积达95.50万亩，占县土地总面积的11.2%。主要分布在东部盆地及中部两江盆地。地表有不同程度的起伏，坡度一般小于6度，个别地段达10—15度。表土一般厚度是30—300厘米的红壤化黏土，剖面中常含有厚度20—100厘米上的硕石层呈二元结构。另外，英德河流阶地可分为三级：一级河流阶地高度为40—50米；二级为60米左右；三级为70—80米。一般可开垦为耕地。

（2）洪积水阶地。面积不大，仅980.8亩，为县土地总面积万分之一强。只分布于沙口镇。组成物质为黏土、黏砂及硕石。洪积冲积阶地。英德习惯上称为洞田、坑田的地貌。主要分布在丘陵、低山地区的沟谷中。面积22.09万亩，占县土地总面积的2.5%强。洪积坡积阶地。只要分布成各大山地体的坡麓及丘陵坡脚。面积9.47万亩左右，占县土地总面积的1%强。往往具有较完整的冲积扇形地形态。比高在80米左右，坡度15度以下。

台地：介于阶地与丘陵之间，比高小于80米，坡度小于15度的地貌类型。因此高的不同，分为低台地（比高小于30米、坡度小于7度）和高台地（比高30—80米，坡度小于15度）。上述地貌主要分布在英德东部盆地及中部盆地，面积26.97万亩，占县土地总面积的3.2%。

（3）丘陵：是英德地貌类型之一，面积达199.31万亩，占县土地总面积的23.4%分为低丘陵（顶高250米以下，比高80—200米，坡度大于15度）和高丘陵（顶高250—500米，比高100—400米，坡度大于25度）。

（4）山地：分为低山（顶高500—800米，比高200—700米，坡度大于30度）和中山（顶高800—1648米，比高400—1500米，坡度大于35度）。面积247.51万亩，占县土地总面积的29.1%，为英德的主要地貌类型。

二　岩溶地貌

1. 岩溶平原。岩溶区域内，较为平坦、开阔的地貌类型。分为溶蚀平原、溶蚀冲积平原、溶蚀倾斜平地、溶蚀洼地和溶蚀台地等。

2. 溶蚀平原。只要分布在九龙、明迳、青坑、石塘等地。面积8054.1亩，占县土地总面积的1%弱。该地貌地面平坦，土层较厚，但地下暗河系统比较发育，地表呈干旱状态，农业以旱耕作物为主。

3. 溶蚀冲积平原。是岩溶地貌中最有利于农业生产的类型。水文状况比溶蚀平原好，地表有家完整的水系发育，土地也较为肥沃，农业生产的结构和产量与冲积平原无多大区别，如九龙镇的九龙、新田、塘坑等管理区。该地貌类型面积12.32万亩，约占县土地总面积的1.5%，主要分布在九龙、明迳、青坑、横石塘、沙口等地区。

4. 溶蚀倾斜平原。该地貌类型面积5.07万亩，占县土地总面积的0.6%，主要分布在波罗、岩背、石牯塘、横石塘、石灰铺等乡镇，地表多呈坡呈坡状起伏，有一个总的倾斜趋势，坡度一般在15°左右，形态上犹如倾斜波状平原。

5. 溶蚀洼地。该地貌类型是高度发育岩溶区的典型地貌类型，往往由一个或数个溶蚀漏斗发育而成，大小几十亩到上千亩不等，常常是暗河河流过之处，地表极为干旱，加上裸石度高、土壤极少，生产落后，九斤洞、栗米洞的地名由此而来。另外，该地貌是封闭洼地，地面流水从底部的漏斗落入暗河，每逢暴雨容易受淹，故不少洼地称为水浸洞、进水洞等。该地貌类型主要分布在波罗、青坑、岩背等石灰岩地区，面积4.39万亩，占县土地总面积的5%强。

6. 溶蚀谷地。只要分布在横石塘、石灰铺等地区，面积2.76万亩，约占县土地总面积的3%。该地貌类型呈狭长谷地的形态，两侧石岩壁立，谷底平坦开阔，犹如平原，谷宽常在200—500米间、长1—5公里不等。山地裸石度高，坡度大，林业用地极少。

7. 岩溶台地。一般呈起伏丘陵冈状，分为低台地和高台地。该地貌类型面积19.25万亩，占县土地总面积的2.2%，其中溶蚀侵蚀类15.86万亩，占该类型总数的82.45%。

8. 岩溶山地。英德岩溶山地属于低山，高度在727米以下（波罗饭甑寨顶），比高一般200—300米，呈连座峰林形态。面积26.59万亩，占县土地总面积的3.1%。主要分布于青坑、波罗、岩背等地区。大部分溶蚀低山（面积20.87万亩，占岩溶山地面积的78.4%）。裸石度高，坡度大，林业用地极少。

这样的地形地貌为英德的农林产业提供了较好的条件，英德地区山货非常丰富。详细物产请参看下表。

附表4　　　　　　　　　　　英德自然物产①

物产	名称
矿产资源	硫、铁、煤、锰、铅、锌、钨、锡、铜、金、银、钼、铋、稀土、泥炭土、耐火黏土、水泥配料黏土、石英、砂矿、硅石、重晶石、萤石、英石、石灰石、大理石、花岗岩
动物资源	野猪、黄猄、狐狸（果子狸）、黄鼠狼、穿山甲、山瑞、刺猬、龟、獭（虎已绝迹）；水鸭、猫头鹰、燕子、鹧鸪、白鹅、麻雀、雏鸡、毛鸡、竹鸡、乌鸦、喜鹊、翠鸟、画眉、斑鸠、鹤、鹏鹰、啄木鸟、百灵、杜鹃、鹌鹑、了哥；青蛙、蟾蜍、石蛤、蚯蚓、蚂蟥、蜈蚣、蜘蛛、蝙蝠、螳螂、蝴蝶、蜻蜓、蚱蜢、蚁、蜂、蚕、萤火虫、银环蛇、金环蛇、过树榕、蝮蛇、五步蛇、青竹蛇、草花蛇（黄头蛇）、蟒蛇、水蛇、马鬃蛇；鲫、鲮、鲹、鳙、鲶、鳝、鳜、鳅、虾、蟹、蚌、甲鱼、螺
林业资源	枫、松、桐、樟、桧、柞木、柯、酸枣、柠檬、梧桐、黎蒴、苦槠、鸭脚木、乌桕、芒秆、城竹、赤蕨、萌萁、马甲头、金银花、车前草、独脚金、半支莲、两面针、土茯苓、桃金娘、淮山、益母草、白花蛇舌草、金钱草、鹅不食草、路边菊、三桠苦、土牛膝、大青叶、地胆头、鱼腥草、凤尾草、马齿苋、箣苋、鸡骨草、野牡丹、田基黄、千斤拔、溪黄草、辣蓼、三加皮、马鞭草、香附、山苍子、狗脊、威灵仙、猪血藤、巴戟、五月艾、岗稔、仙鹤草、白茅根、旱莲草、石斛、瓜蒌、石菖蒲、铁包金、曼陀罗、穿破石、鸡矢藤、青竹子、草决明、淡竹叶、葫芦茶、木芙蓉、栀子、独脚乌桕
谷类	芒谷：白猪膏、早稻、晚稻；糯米：香糯、大糯、细糯、红头糯；高粱粟：狗尾粟、黄狗尾粟、赤狗尾粟、狗爪粟、鸭爪粟、苞粟（珍珠粟）；大麦：瞿麦、荞麦（红花、白花）、大麦；菽豆：大黄豆、大青豆、白花豆、大乌豆、赤小豆、绿豆、小黑豆；芝麻：黑芝麻、白芝麻、黄芝麻；芋：黄芋、南芋、花腰芋、阳春芋、红芽芋、狗爪芋；番薯：红番薯、白番薯；山薯：竹篙薯（山药薯）、猪肝薯；食用碱：山蕉豆、黄花莓
布类	吉贝草：白棉（籽可榨油）、木棉：木棉絮；苎麻：野生苎麻、栽生苎麻；焦布：山蕉（布蕉）；葛布：络麻布
油类	茶油、落花生油、菜子油、桐子油

① 大部分内容来自《英德县志》。

续表

物产	名称
糖类	片糖、茅蔗（糖蔗）、蜜糖
茶类	绿茶：观音山茶
金类	金官：金造蚂子坪、金池、金山：金砂；银山：银矿：大点银星、夹石矿；铜矿、锡、铁；铅矿：黑铅、白铅
奇石类	石英、清溪石、白石、石钟乳；石灰：煤灰、草灰石粪；硫磺：璜矿、数实矿
药类	石斛：木斛、石斛；黄精根、仙茅叶青、金樱子、天门冬、麦门冬叶、水杨柳（水杨梅）、车前子
菜类	菠菜、蕹菜、苦荬菜、荸荠（马蹄）、苋菜、生菜；芹菜：旱芹、芥菜、白菜、芥蓝菜、韭菜、蕹菜、木耳、豆腐、冬笋、石耳；蒜荤菜：蒜仁；南华菇、香菌、姜
瓜类	黄瓜（胡瓜）、白瓜、冬瓜：白冬瓜；节瓜、丝瓜、葫芦瓜、苦瓜、番瓜、茄：青茄、紫茄、白茄
花类	山兰、桂叶、木樨叶；月季：红月季、白月季、淡红月季；山茶、栀子；杜鹃：粉红杜鹃、大红杜鹃、黄杜鹃、紫杜鹃、千叶杜鹃
果类	梨；柚：红瓤柚、白瓤柚；黄皮、杨梅、枇杷、五敛子、释迦果、南华李、蔗：茅蔗；落花生、荔枝
草类	芝、檐前草、薜荔蔓、蓝染草、薯莨：红薯莨、白薯莨；艾叶、地胆草、马兜铃藤、土常山、旱莲草、犁头草、山桠虎、天河头（野芋）、胡蔓草（断肠草）
竹类	毛竹、黄竹、紫竹、水竹、丹竹（笪竹）、甘竹、麻竹、钓丝竹、蒲竹、观音竹、油竹、黄金竹、棘竹、筋竹、火纸沤竹、英纸草竹
木类	赤子木；橘（黎）：猪血橘、赤橘、蓑衣橘、橘耳；石斑木、黄错木、黄京木、青构木、梓叶：红梓叶；杉：沙木；樟木、石胶木、桃榔木、蚊母树（古度树）、松、榕
虫类	蜞：青蜞（旱蜞）、黄蜞；萤：熠耀萤、放光萤；蛊：蛇蛊、虱蛊、蜘蛛蛊、蜥蜴蛊、蜣螂蛊、挑生蛊
鱼类	鲩：草鱼；鲫、鲋鱼、鲤鳞、鲈、鲮：黄尾鲮；鲥鱼、石首鱼、剑鱼、鲇鱼、偃额（鳡）、鳙鱼（大头鱼）、鳊鱼（鲂鱼）
介类	穿山甲（钱鳞）、鲮鲤）、食蚁、毛龟、白鳖、蟮、山瑞、虾、田螺、石螺、蚌、蟹
禽类	白鸽、斑鸠、山凤凰、鹰、鸬鹚、雉、画眉、鹧鸪、了哥、翠尔、鸭颈、巧妇（相思仔）、白鹇
兽类	鹿、麂、麋、豺狗、熊猪、豪猪、山牛、果狸、猫狸、白足狸、猴、虎、豹；牛：牧牛、马、乳羊（英德）：绵羊（广东）、茅羊
器用类	水碓、水轴、水车、吸水、陶器

附录四　英德陆路交通网的形成

时期	线路名称	起讫点	境内长度（公里）	途经境内主要乡镇
夏商周				
	古道	不详	不详	不详
秦				
秦始皇三十四年（前187）	新道	湖南—番禺	不详	连县、湟溪关、阳山关、洭口关
		江西南康—番禺	三百余里	排场、黄冈、板铺、吉河
汉				
西汉	洭浦—曲江	洭浦—曲江	不详	浈阳
西汉	广英路	江西南康—番禺	三百余里	大庾岭、南雄、曲江、英德、番禺
光武帝建武二年（26）	广东境内最早修筑的长距离陆路	含洭—湖南郴州	五百余里	浈阳（今英德）、曲江
北宋				
嘉祐四年（1059）	浈阳大庙峡桥路	真阳峡—洸口	不详	清远、广州
嘉祐六年（1061）	浈阳大庙峡桥路	浈阳—广州	不详	浈阳、广州
明				
	广东—江西陆路	清远横石—英德浈阳	不详	清远横石、英德浈阳
嘉靖年间（1522—1566）	浈阳峡—中宿峡	浈阳峡—中宿峡	五十里	浈阳峡、中宿峡
清				
顺治七年（1650）至康熙元年（1662）	英德大庙峡—清远中宿峡	英德大庙峡—清远中宿峡	五十里	清远中宿峡、英德大庙峡

· 274 · 神境中的过客

续表

时期	线路名称	起讫点	境内长度（公里）	途经境内主要乡镇
嘉庆六年（1801）	百磴石路	百磴石—金山径	二十余里	磴顶、径口
道光五年（1825）	连云寨—洽洸	连云寨—洽洸	一百三十八里	连云寨、洽洸
道光七年	望夫冈石路	墟场—河头	五里多	望夫冈圩、河头
	浈阳峡—中宿峡	浈阳峡—中宿峡	五十里	浈阳、中宿峡

附录五　各庙宇曹主娘娘配饰

镇名	村名	庙名	曹主服饰	曹主法器	表情
望埠镇	鹤坪村	南（蓝）庙	斗篷绿衣	无	微笑
	中下岭村	东山古庙	铠甲	蟠桃核	慈祥
	清溪村	凤凰大庙	红束衣右衽	无	严肃
西牛镇	高道村	鼎水灵祠	绿长袍	宝剑	微笑
	金竹上寨	迴龙古庙	低胸绿长衫	蟠桃	微笑
	金竹村	飞龙祠庙	披肩黄长袍	宝剑	威武
	镇中心	关帝祖庙	绿长袍	宝剑	慈祥
	镇中心	娘娘庙	凤冠霞帔	蟠桃	微笑
	莲塘村	太平祠	凤冠霞帔	宝剑	严肃
	花田符炉径村	镇安祠	绿彩长袍	宝剑	慈祥
	花田下湾村	迴龙祠	绿长袍	宝剑	慈祥
	下湾村	安乐祠	铠甲	宝剑	威武
	花田村	永丰祠	铠甲	羽扇	微笑
	小湾村	迴龙庙	绿长袍	无	庄重
	小湾上村	酪岗灵祠	铠甲	宝剑	双目带电
	小湾上良村	永兴古庙	绿彩衣	宝剑	微笑
	鲜水邨	太平古庙	铠甲	宝剑	庄重
	赤米村	永兴灵祠	铠甲	宝剑	微笑
	花塘田心村	镇龙祠	金色长袍	蟠桃	微笑
	路湖村	迴龙古庙	黄色长袍	无	威严
	长黎黎沙村	金溪古庙	铠甲	宝剑	微笑

续表

镇名	村名	庙名	曹主服饰	曹主法器	表情
洽洸镇	镇南金山村	镇安祠	坎肩红花彩衣	宝剑	微笑
	镇南胜利片连村	安埠古庙	绿长袍右衽	蟠桃	微笑
	南口咀村	雷神古庙	坎肩红长袍	宝剑	微笑
	南口咀村	新龙庙	绿长袍骑马	无	微笑
	鹤仔岭村	永丰祠	金铠甲	宝剑	威武
	鱼咀村	下庙（旗龙古庙）	铠甲	兵书	慈祥
	鱼咀村	玉虚宫	高领红长衣	无	慈祥
	三村村	永丰祠	披肩绿长衣	羽扇	庄重
	邹屋村	七星祠（七仙庙）	深绿长衣，右手无名指上有戒指	无	庄重
	三江五星村	永兴祖庙	蓝冠绿长袍红腰带右衽	无	严肃
	三江谢屋村	天神古庙	坎肩彩纹长袍	无	微笑
	三江五星林屋村	丰熟祖庙	金帽绿彩铠甲	宝剑	微笑
	三江吴屋村	百家祖庙	红袖绿长袍	宝剑	微笑
	福园村	饶乐祠	坎肩绿长衣	无	微笑
	木排湾村	园龙祠	绿长袍右衽	无	庄重
	新屋村	吉龙祠	绿长袍	宝剑	微笑
	先锋村	石龙祠	绿长袍	宝剑	慈祥
九龙镇	水塘村	龙福古庙	黄色铠甲	宝剑	怒目
	中心塘村	广镇古庙	斗篷绿长袍	宝剑	威武
	枫木村	水口迴龙古庙	蓝色长袍	无	微笑
	新龙村	歌堂古庙	黄色铠甲	宝剑	威严
	澳口水井村	法斌堂庙	红色铠甲	无	威严
	上坑村	镇龙祖庙	无神像只有一个牌位		
	太平陈屋村	飞鹅庙	凤冠绿衣白色大氅	无	微笑
	金鸡凹下村	古竹祖庙	铠甲	宝剑	威武

续表

镇名	村名	庙名	曹主服饰	曹主法器	表情
九龙镇	新田村	七甲姑婆庙	姑：淡绿长袍 胸戴护心镜 脚穿塑料拖鞋	膝上放羽扇脚下放宝剑	微笑
			嫂：绿衫蓝裤 胸戴护心镜 脚穿塑料拖鞋	膝上放羽扇脚下放宝剑	木讷
	白石村	青龙庙	铠甲	右箭左弓	威武
	大落村	盘龙庙	红衣绿裙	无	慈祥
大湾镇	镇中心	金山祖庙	官服	无	微笑
	蓝山留眉村	飞龙祠	纯绿长袍	宝剑	微笑
	上洞村	荷岩祖庙	坎肩绿长袍	无	庄重
	新田村	蟋蟀古庙	坎肩红腰带绿长袍	无	庄重
	谷冲村	迴龙古庙	绿铠甲	无	威武
	巾步村	丰舒古庙	红长袍右衽	宝剑	微笑
连江口镇	小舍村	迴龙古庙	华丽长衫	兵书	微笑
	神滩头村	威灵殿	凤冠华衣	无	庄重
	岭头村	飞龙庙	黄色铠甲	宝剑	威严
	波罗坑下楼村	村庙	披肩绿长衣	长衣	严肃
黄花镇	新民村	聚螺祖庙	坎肩长袍	无	威武
	放板村	圣公祖庙	铠甲	宝剑	威武
	黄花公园	永丰庙	花裙右衽	蟠桃	慈祥
	三山村	林婆祖庙	红斗篷绿铠甲	无	威武
	砑塘村	感应祖庙	坎肩蓝长袍	无	微笑
	板下村	杨树庙	绿坎肩蓝长袍	宝剑	慈祥
	岩口村	迴龙庙	铠甲	无	微笑
	岩背村	镇定祠	铠甲	宝剑	慈祥
	德岗村	飞马庙	铠甲	宝剑	微笑
	求水坪村	灵仙祠	坎肩绿长袍	蟠桃	微笑
		飞灵庙	绿长袍	一篮蟠桃	微笑
	溪村	永兴庙	坎肩红腰带绿长袍	宝剑	微笑
	管塘大塘村	大塘庙	花彩衣	一篮蟠桃	微笑

续表

镇名	村名	庙名	曹主服饰	曹主法器	表情
石灰铺镇	竹田村	天启灵祠	武将打扮	无	慈祥
	隔子背村	青龙祠	铠甲	蟠桃（被人拿走）	严肃
	美村	石板庙	凤冠彩衣	无	微笑
	美村	铜锣祖庙	凤冠霞帔	无	庄重
	美光先陂村	合水灵祠	凤冠霞帔	蟠桃	微笑
	美光新屋村	集福祠	凤冠霞帔	蟠桃（被人拿走）	慈祥
	下周村	兴灵祠	凤冠霞帔	无	庄重
	车代下村	镇江祠庙	红长褶裙	宝剑	微笑
	田螺墩村	石龙桥庙	红长袍	无	严肃
	亚婆岩新梁村	祖国天皇大庙	凤冠霞帔	宝剑	庄重
水边镇	铜锣芬村	金华古庙	铠甲	羽扇	微笑
	五角中心坪村	鱼梁古庙	武将打扮	无	威严
石牯塘镇	石小村	迴龙庙	蓝色长衣右衽	令牌（有求必应）	慈祥
	长江独山村	曹主宫	铠甲	宝剑	慈祥
	永安村	白马庙	铠甲	蟠桃	慈祥
	横陂村	迴龙庙	绿彩上衣下红裙	宝剑	慈祥
横石塘镇	三峰径村	雅家古庙	绿衣红褶裙	宝剑（折断）	庄重
	琵琶山新屋村	大岗庙	红长袍右衽	无	庄重
	谢屋村	利岗古庙	花领红长袍	元宝	微笑
	工村	沙口缺古庙	红长裙	无	慈祥
沙口镇	新建村	太平庙	铠甲	蟠桃	微笑
	仙塘村	扶莲大庙	纹服彩衣		微笑
大洞镇	平仔村	龙潭古庙	武将打扮	宝剑	威严
英城区	廊步	孔子庙	斗篷红长褶裙	蟠桃	慈祥

资料来源：笔者田野调查资料。

附录六　各庙宇神诞日

庙名	镇	神诞	主要诞期（农历）
西庙	英城	闹年宵 曹主娘娘前诞 玉皇、皇母旦 拜娘娘地登高节旦 西庙落成旦	正月十五日 六月初五日 七月十八日 九月初九日 十一月十六日
孔子庙	英城	许神作福 孔子生日 茅山师傅旦日 孔子庙登基进伙圣旦节	正月初十日 八月二十七日 五月十三日 十二月十六日
龙王古庙	英城	许神作福 四大金龙圣诞 登基圣诞与酬神旦	正月二十六日 九月十七日 十二月初八日
清水寺古庙	英城	许神作福 传统放炮平红蛋节 对岁还神旦	正月十九日 六月初六日 十二月初八日
鸿角古庙	英城	起神 旦日 旦日 还神旦日	正月十九日 二月十九日 八月初六日 十二月初六日
白公祠	大站镇	谭十九郎旦 放炮 满堂神明复兴登基旦 还神酬神旦	正月十六日 七月十三日 十月初一日 十二月初十日

续表

庙名	镇	神诞	主要诞期（农历）
太平古庙	大站镇	许神作福旦 满堂神出行旦 圣旦节（神楼大鼓生钟登坐日） 神生日 完神谢神旦	正月十九日 六月初四日 九月初九日 十一月十八日 十二月十二日
东山古庙	大站镇	土地证神圣旦 仙水节	二月初二日 六月初二日 七月初七日 九月初二日 十二月十六日
仙师古庙	大站镇	曹主娘娘诞	正月二十二日 五月十二日 八月初六日 十月初十日 十二月十四日
马岭合水古庙	大站镇	洪潮圣旦	逢三年做一次
丹洲三公古庙	大站镇	起神旦 酬谢（还神旦）	正月二十九日 十二月二十六日
高廊古庙	大站镇	曹主娘娘诞	正月十八日 五月初九日 十二月初五日
波罗坑迴龙古庙	大站镇	登基旦 大神圣旦节 还神旦	正月二十六日 六月初十日 八月二十八日 十一月十三日
龙王古庙	大站镇	起神 旦日 还神旦	二月初五日 七月十九日 十一月二十一日
鲁班先师古庙	望埠镇	许神作福诞 生日圣旦	正月十九日 六月十三日 十一月初八日

续表

庙名	镇	神诞	主要诞期（农历）
仙师公庙	望埠镇	登基旦日	二月初二日 十一月二十三日
迴龙古庙 （七甲庙）	望埠镇	神明每年满月旦许神作福 清明节作福 神明周年作福旦日 年满酬谢满堂神明作福旦	
关帝古庙	望埠镇	关帝爷大寿旦 酬谢还神旦	五月十三日 十二月十四日
田白马大庙	鱼湾镇	许神作福 满堂神明洗身旦 田白马亚公生日旦 田白马满堂神明登基旦 年满酬谢完神旦	正月十九日 六月初九日 八月二十六日 十月初八日 十二月十九日
大镇关帝古庙	大镇	圣诞日	十二月初四日
大镇迴龙圣庙	大镇	圣诞日	十月十八日
鱼湾文策迴龙庙	东华镇		五月十九日
鱼湾文策丰霖庙	东华镇	圣诞节	十一月二十日
鱼湾文策 五显灵官庙	东华镇	圣诞日	七月初十日
下角古庙	东华镇	圣诞日	十月十六日
金社古庙	东华镇	圣诞日	十二月初九日
鸡子石古庙	东华镇	圣诞日	十二月初九日
师姑古庙	东华镇	对旦日	十一月二十二日
钟社古庙	东华镇	圣旦日	十二月二十日
庵下古庙	东华镇	圣旦日	十二月二十七日
靖保祠古庙	石灰铺镇	天皇招财童子旦 曹主娘娘旦 王母娘娘旦 大法仙师旦	正月二十六日 六月初六日 七月十八日 九月十四日

续表

庙名	镇	神诞	主要诞期（农历）
石板古庙	石灰铺镇	文昌帝君圣旦 王母娘娘生日圣旦 古庙复兴满堂神明登殿圣旦	二月初二日 七月十六日 十月初五日
	石灰铺镇		
洽洸镇燕石骑龙古庙	洽洸镇	圣旦日	十月二十八日
洽洸太平庙	洽洸镇	旦日	八月初三日
洽洸镇雷神古庙	洽洸镇	旦日	八月初三日
西牛娘娘庙	洽洸镇	旦日	十一月二十一日
陈爷公古庙	含光镇	圣旦日	十月初十日
三村永丰祠	洽洸镇	旦日	十月初十日
五星永兴祖庙	洽洸镇	圣旦日	十月初十日
五星百家古庙	洽洸镇	圣旦日	十月十六日
鱼咀玉虚宫	洽洸镇	旦日	十月初一日
工村祖庙	横石塘镇	百日旦 曹主娘娘旦 庙会旦 还神旦	正月十五日 六月初六日 十月二十三日 十二月初九日
利岗古庙	横石塘镇	圣旦日	十一月二十七日
北帝庙	大湾镇	圣旦日	十二月十八日
江口祖庙	连江镇	曹主娘娘正诞	六月初六日 十月初一日 十二月十五日
江湾镇迴龙古庙	江湾镇	曹主娘娘正诞	正月二十九日 七月十二日 八月二十日 十一月二十九日

资料来源：本表格整理自当地民间刊物《民心》。

附录七 《曹主娘娘留念书》

扶定龙床娘下马，娘来讲出娘说话。娘娘英州蓣寨住，英州蓣寨是娘家。
扶定龙床娘得仙，娘来讲出根源口。太白星君度给法，度法就系李国仙。
月台台来月台台，娘娘英州蓣寨来。三天邪风落细雨，今日有缘天眼开。
日出一红东方来，童子大门两扇开。三岁便行长口路，仙人看见下凡来。
云开日月大天晴，四岁便行冷水坑。娘食坑水有甘味，娘娘安名甘水坑。
日出东片红东东，五岁六岁有神通。七岁八岁行仙路，每日送饭到田中。
第一朝时娘送饭，遇见公公在路中。开口向娘讨饭食，娘送饭才给公公。
第二朝时娘送饭，又见公公路旁中。开口问娘讨饭食，敬送饭才给公公。
第三朝时娘送饭，又遇公公在路中。开口问娘讨饭食，娘送饭才给公公。
送饭送到稻田中，哥哥发姓难讲通。大哥骂妹送饭晏，使牛鞭子打身中。
送饭送到稻田场，哥哥发恶难开讲。又话送饭送得晏，使牛棍子打身上。
送饭送到稻田边，哥哥发姓大过天。嫂嫂话哥莫怪妹，吾知拿鞭就来缠。
哥哥拿棍就来打，妹妹仙法上杵子。千讲万讲吾下地，嫂嫂言语来讲下。
讲落妹妹来讲出，妹食桃肉剩桃物。拿过嫂嫂看一下，谁知嫂嫂吞桃物。
嫂嫂拿着桃物仁，桃物食进肚中心。妹妹食肉嫂食物，姑嫂两人仙法身。
敢觉姑嫂有姻缘，娘遇寻龙李国仙。仙人便对娘娘说，问娘祖骨在那边。
娘娘便对仙人说，娘有祖骨在岭岗。娘娘实时回家取，立即取来在身旁。
仙人便问娘娘说，问娘要富要留财。娘娘不爱金生富，只要万古永流财。
三更子时来下葬，英州更古定分详。选得吉时又吉日，吉时吉福赐娘娘。
葬好三朝娘去巡，四面兵马乱分分。此地显娘又灵应，娘骑白马在天云。
云开日月片片新，曹主娘娘善心人。天爷天母在天上，看准娘娘度出身。
云开日月片片光，英州得道曹主娘。天爷天母度出法，度出长泽曹主娘。
日出东边一点黄，九块田亩是法场。九垎田中来宪法，企在禾苗尾顶上。
云开日月片片新，曹主姑嫂心连心。九垎田中来生道，太白星君度出身。
太白星君度法真，姑姑企在禾尾身。嫂问亚姑吃什么，为何今日变了身。
妹妹讲出是真情，太白星君打救人。拿到仙桃妹食得，食了仙桃就变身。
嫂嫂问妹讲真情，妹食仙桃落肚心。仙桃皮肉妹食得，食进仙桃救良民。
妹妹讲出系真情，食得仙桃打救人。拿给桃物嫂吞得，嫂妹两人仙法身。
姑嫂两二很熟情，妹食皮肉嫂食仁。妹变仙皮和仙肉，嫂嫂变成仙骨身。
葬地未有半年长，王巢做贼劫村乡。此地出娘真猛勇，杀猪集会点刀枪。

集会点刀千万张，人人马上用刀枪。法出雄兵千万个，战场营内练刀枪。
铜锣庙内闭兵马，韶州六景放兵下。只因白土地神恶，假作鸡啼催娘下。
姑嫂二人急忙忙，回到英州天未光。布署雄兵人十万，战场内外练刀枪。
东瓜岭土打一望，王巢兵将列成行。战鼓一声锣一声，便与王巢战一场。
大杀一场王巢精，尽起坭尘不见人。辰时杀到午时后，午时杀到末时辰。
杀了王兵贼大哥，可昔草虫投刺刀。娘娘骑马呵呵笑，无奈娘娘仙法高。
大战一场天地音，娘娘年步十八令。血流平地浸马脚，低处流血浸杀人。
英州王巢贼老王，英州本地当霸王。四面八方故乡村，真是一个害人王。
王巢施法是也心，用草结扣变成兵。阴谋诡计害姑嫂，扣成草结害人民。
娘娘姑嫂仙法人，认真对负害人精。姑嫂二人仙法大，打败王巢保良民。
王巢贼老害人精，四面八方害人民。民众纷纷去告状，拿着状纸上朝廷。
王帝接状救良民，贴出布告捉贼人。谁人杀到王巢头，拿来见官有官升。
王巢自知是罪人，看到布告无心诚。寸步难行无路走，追虎跳墙更害人。
王巢是个死对头，利用法求搞阴谋。一心想害两姑嫂，千万百计杀娘头。
开战就在仙水圹，王巢阴谋更猖狂。施法放出飞毛剑，杀脱妹头真凄凉。
妹妹头脱真凄凉，嫂用仙法驳好上。葱梗拿来做喉管，鱼皮包颈医好伤。
嫂嫂仙法手术强，驳好妹头笑洋洋。妹妹能行又能走，齐心合力战贼王。
曹主娘娘灭贼王，怒火伤心打贼王。喝草成兵去追击，追到王巢无处藏。
追打黄巢害人精，寸步难行怕见人。走投无路想办法，走进蕉洞不脱身。
藏在蕉洞怕见人，最怕别人看得真。就把石古变蕉杵，变成蕉杵藏脱身。
云开日月片片光，幸得长泽曹主娘。姑嫂二人有仙法，打败王巢保家乡。
长泽有个穷苦人，名字叫做朱卖神。担柴卖水实在苦，烧炭打米度日辰。
王巢在洞怕见人，流浪山中过白辰。石山碰见烧炭老，蒙骗好心朱卖神。
善好良心朱卖神，担柴卖水养巢人。长年日久养王巢，妻氏外走嫁别人。
王巢长久卖神养，打救卖神心应当。王巢自杀交人头，叫他吊去报中央。
王巢交布朱卖神，拿其人头报朝廷。定会立功当官职，立到大功做官人。
官府奖赏朱卖神，封官提职人财人。其妻崔氏知消息，就去拉马抱郎身。
卖神骂妻无良情，嫌贫重富嫁别人。今日卖神苦德福，拦路拉马来认亲。
妻子崔氏朱卖神，不放马头抱郎身。愿在马头冲死了，死落阴间不做人。
崔氏无面无良心，中去马头死为阴。卖神眼见难过意，买副棺材死她身。
葬落池边坎一坯，千年埋骨不里修。她是人间闲人妇，自古遭殃不可休。
云开日月片片光，卖神转到长泽方。姑嫂二人德仙法，卖神德福坐中央。
娘娘开口向土神，土地开口讲言因。土地公公开口讲，娘娘生死扶人民。
娘娘生死扶英州，扶德军民各项有。若有农民敬我者，田禾大熟任君收。
南天星君兄弟和，北斗星君兄弟多。大白星君身姓李，便照日月照江河。

娘娘天天来护兵，又讲天兵和地兵。娘娘开口问土神，又来开口问古今。
好花红时好花红，好花扦在娘坛中。神仙社庙神仙造，九曲黄河水流通。
皇帝便把玉印灵，消灭黄巢见太平。汉伏王巢初封勒，勒封正顺娘娘身。
勒封未经一年辰，火烧皇城半里呈。丙丁末年天大旱，火烧泥土化灰尘。
皇帝出榜贴墙身，何处仙法护朝廷。娘娘仙法讲天地，即降尾雨救良民。
娘骑白马云中游，黑风黑鱼降来临。娘娘亲身来救护，救出皇城半里人。
人才天师卜出想，卜出英州曹主娘。皇帝连勒三道令，满朝军臣敬恩娘。
勒封英州官员游，勒封正顺大神明。天下娘娘有名议，除凶爱国救良民。
初开天地盘古名，玉皇置造北京城。龙王置水过人食，仙人造桥过人行。
好花扦在娘头上，荣华富贵永留人才。若是前缘修得好，天地不亏好心娘。
唱了柬多听分详，初开天地永留人才。娘娘根言说未尽，说尽根原更久长。
初开天地十二月，十二月头闪出天。李广将军去射日，寒婆留日照阳仙。
蒙恬造笔写纸上，蔡文造纸写文章。孔子造书世间读，日月造出是三光。
南北有斗无米量，屋背有田也丢荒。董永卖身葬父母，丁兰刻木养爷娘。
子路送米养爷娘，曹安杀子哄亲娘。土地原骑伏龙虎，三清上圣写文章。
赶牛下田圫成将，放火烧山山就光。日头得过尖风顶，灯心过得滑油圹。
鲁班认得山中杵，龙王识得海中鱼。太白认尽天上星，孔子读尽九经书。
初开天地九条龙，日月造行又西东。五条龙行风雨顺，四条龙水下海中。
家有黄金用斗量，不如教子习文章。黄金有书书无价，书比黄金书更长。
人生在世莫多愁，书中自有好风流。黄金用尽书无尽，用尽黄金书中求。
姑嫂二人救良民，为民除害度出身。二人度法仙法大，骑龙骑凤上天游。
拿着油烛拿着香，大家姊妹到坟堂。格山格凹步难到，九月初九拜坟堂。
点着油烛烧着香，姊妹亲手扦坟堂。大家姊妹诚心意，七头落地拜娘娘。
烧着香烛扦坟前，姊妹下口你面前。涯求娘娘开金口，口头跪落报娘恩。
蜡烛点火放毫光，香烟□□上天堂。娘娘祖先坐宝地，祖先坐在宝地方。
想里一月又一年，来到娘娘计面前。我求娘娘爱开眼，表出文字显青天。
过了一山又一程，番山过凹又来寻。今日娘娘唉灵应，表出文字看得明。
天灵灵来地灵灵，阳间姊妹看得真。我求娘娘赐恩德，旁好子女好回身，
口头落地拜娘娘，娘娘开眼看分详。我求娘娘灭地煜，驱邪出外福为堂。
说了一场又一场，九月初九拜娘娘。涯求娘娘来度出，度出姊妹行十方。
天灵灵来地灵灵，姊妹娘娘度出身。各位姊妹香火旺，姊妹除去救良民。
日出东边一点黄，初一十五爱烧香。显心文明敬神道，驱邪出外福为堂。
九月初九拜娘娘，兄弟姊妹到坟堂。拜里坟堂娘保佑，金银财宝转家堂。

附录八 卖身契

立卖身契人张伟雄仝妻黄娟娟

今有花庚生于二〇一一年农历,七月十六日酉时出。花男对于父母亦不相生,父母谪议愿将白花安名张神幕卖于永丰祠合殿神仙,保养长大成人,长命富贵天长地久日,头柬高水柬祈保金玉满堂护佑读书考到北京大学堂结婚之日,鸡鱼三牲完谢神恩上上大吉大利大吉大昌

信士张神幕敬拜
公元二〇一一年农历九月初二立契为凭

立卖身契人唐应忠张亚金

今有花庚生于二〇〇四年农历八月十八日莲生莲花对于父母亦不相生服务谪议愿将白花安名唐神就卖给予永丰祠合殿仙神保养保佑长大成人长命富贵天长地久日头柬高水柬长保祈荣华富贵金玉满堂上上大吉大吉大利大吉大昌结婚之日鸡三牲酬完

信士唐神就敬拜
二〇〇五年新历一月廿一日立写身契为凭

立卖身契人张大强仝妻刘亚羲

今有花庚生于二〇〇四年农历六月廿六日建生对于父母亦不相生夫妻谪议愿将白花安名张神金卖给予永丰祠合殿仙神满堂仙神保佑天长地久长命富贵日头柬高水柬长完婚之日鸡鱼三牲拜回身契为要上上大吉大吉大利大吉大昌

信士张神金敬拜
二〇〇四年七月廿六日立契为凭

卖身契约

张细水系浛洸镇白米庄桃园人现夫妻商议现将儿子张家豪今年二岁生于二〇〇八年初八日卖给桂花庙大神为儿望大神笑纳并将儿子张家豪抚养成人快高长大长命百岁身体永远健康全家幸福。空口无凭，特立此约为据

立卖身契人张家豪夫亲张细水母亲李伙娣
二〇〇九年四月十九日（农历）同立

卖身契

白米庄鲜水塘陈光明生有弟弟花男一名陈世豪卖给桂花庙大神保养请全堂大神共照

此致

敬礼

陈光明拜二〇〇九年五月初

卖身契

现有广东省英德市浛洸镇燕石管理区七队，父冯格明，母吴水娣，夫妻今生下一女名叫冯幸儿生于二〇〇九年七月二十日午时生、由于本人有与父母不相生、故应卖身于神灵前下、待神灵扶助本人身体平安快高长大、百病消除。事事顺利、现择吉于二〇一二年农历二月二十三日中午十一点三十分午时卖身于神灵前、用拜神物品、茶、饭、菜、香、烛、炮、扫巴、手巾、茶胡、茶杯、等及本人身契一份、前往神灵前卖身、卖身后望神恩本人结婚之时再拿谢神物品前往赐回身契、望神灵扶持本人合家幸福、顺利平安、特写此卖身契立作为证据。

二〇一二农历二月二十三日午时即十一点三十分左右卖身 X。

立卖身契人浛洸燕石村信士黄水清同妻杨氏
成男黄文斌原命生于巳丑年十二月廿七日亥时注生自父母生身以来命

宫广大与父母相刑兄弟姊妹相克多生灾厄小见平安合家严心卜于庚寅年八月初二日度给凡仪恭对骑龙古庙列胜案前焚香祝白花男黄文斌立卖身契更后祈祐花子凶星退位吉宿来临花男成人长大配合成婚答谢洪恩之至以闻天运

庚寅年八月初二日立卖身契一纸

　　立卖身契人清远市莫德大焉古道大岩村，成花男陈富贵。因而命硬三分，相克父亲。现在。父母同意将花男八字。写为身契一纸。卖给宝丰庙全堂大神等大神保护花男养育成人长大成双成对。日后宜用鸡鱼三生、花红利市、米碗酒肉香烛炮头，前来领回身契。请保平安身体平安、四面八方、方方大吉、高跑四处、财源广进、学习进步。特此长命富贵一生健康为据

公元二〇一〇年庚寅岁七月十五日早上十一点半吉立。

附图1　英德庙宇卖身契

附录九 地方文献资料

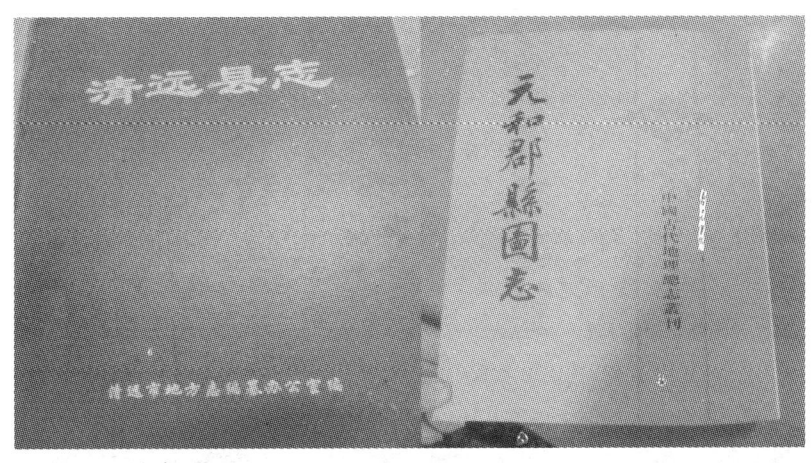

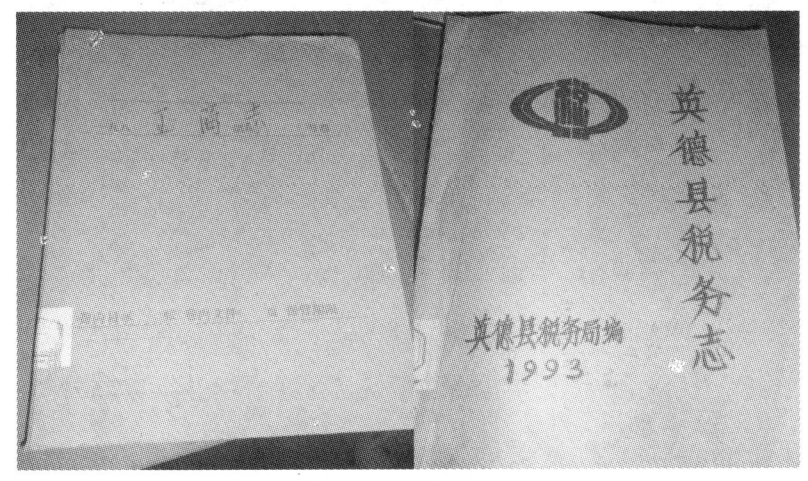

附录十　师公仪式经文、歌本

·290· 神境中的过客

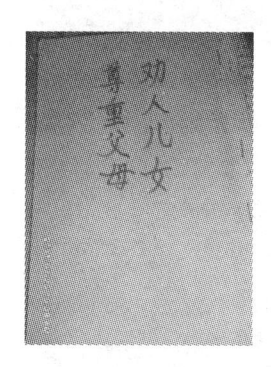

参考文献

专著类

［日］阿部正雄：《佛教》，张志强译，上海古籍出版社2008年版。

［美］阿兰·邓迪斯编：《西方神话学读本》，朝戈金译，广西师范大学出版社2006年版。

［法］爱弥尔·涂尔干：《宗教生活的基本形式》，渠东、汲喆译，上海人民出版社1999年版。

［美］保罗·康纳顿：《社会如何记忆》，纳日碧力戈译，上海人民出版社2000年版。

［日］滨岛敦俊：《明清江南农村社会与民间信仰》，朱海滨译，厦门大学出版社2008年版。

［美］博厄斯：《人类学和现代生活》，杨成志译，商务印书馆1985年版。

［苏］C. A. 托卡列夫：《外国民族学史》，汤正方译，中国社会科学出版社1983年版。

陈启钟：《明清闽南宗族意识的建构与强化》，厦门大学出版社2009年版。

陈先钦、吴伯卿编著：《清远宗教史话》，（香港）银河出版社2008年版。

陈泽泓：《岭南建筑志》，广东人民出版社1999年版。

［日］渡边欣雄：《汉族的民俗宗教——社会人类学的研究》，周星译，天津人民出版社1998年版。

邓启耀：《中国神话思维结构》，重庆出版社1994年版。

邓正来：《国家与社会》，北京大学出版社2008年版。

杜赞奇：《文化、权力与国家：1900—1942年的华北农村》，王福明译，江苏人民出版社1994年版。

杜正乾：《中国古代土地信仰的研究》，博士学位论文，四川大学，2005年。

［英］E.E.埃文斯·普理查德：《原始宗教理论》，孙尚扬译，商务印书馆2001年版。

［英］E.E.埃文斯·普理查德：《阿赞德人的巫术、神谕和魔法》，覃俐俐译，商务印书馆2006年版。

樊淑敏：《审视视阈中的土地崇拜文化研究》，博士学位论文，上海师范大学，2009年。

范玉春编：《移民与中国文化》，广西师范大学出版社2005年版。

范正义、林国平：《神圣的纽带：分灵—进香—巡游》，九州出版社2003年版。

房学嘉主编：《解读客家历史与文化：文化文类学的视野》，知识产权出版社2011年版。

房学嘉、宋德剑、钟晋兰等：《客家妇女社会与文化》，华南理工大学出版社2012年版。

杨念群主编：《空间·历史·社会转型——"新社会史"研究论文精选集》，上海人民出版社2001年版。

方志远：《明清湘鄂赣地区的人口流动与城乡商品经济》，人民出版社2001年版。

费孝通：《从事社会学五十年》，天津人民出版社1983年版。

费孝通：《乡土中国》，北京大学出版社1998年版。

费孝通：《费孝通文集》，群言出版社2001年版。

费孝通：《中华民族多元一体格局》修订本，中央民族大学出版社2003年版。

费孝通：《江村经济》，上海人民出版社2007年版。

费孝通：《中国士绅：城乡关系论集》，赵旭东、秦志杰译，外语教学与研究出版社2011年版。

冯尔康等：《中国宗族史》，上海人民出版社2009年版。

冯民牪主编：《广州市地名志》，（香港）大道文化有限公司1989年版。

［美］弗朗兹·博厄斯：《人类学与现代生活》，刘莎、谭晓勤、张卓宏译，王建民校，华夏出版社1999年版。

傅筑夫：《中国经济史论丛》，生活·读书·新知三联书店1980年版。

高丙中：《民间文化与公民社会》，北京大学出版社2008年版。

[法]葛兰言：《中国人的宗教信仰》，程门译，贵州人民出版社2010年版。

[法]葛兰言：《古代中国的节庆与歌谣》，赵丙祥、张宏明译，广西师范大学出版社2005年版。

葛剑雄、曹树基、吴松弟：《简明中国移民史》，福建人民出版社1993年版。

葛剑雄、曹树基、吴松弟：《中国移民史》，福建人民出版社1997年版。

[美]葛学溥：《华南的乡村生活——广东凤凰村的家族主义社会学研究》，周大鸣译，知识产权出版社2012年版。

苟志效、陈创生：《从符号的观点看——一种关于社会文化现象的符号学阐释》，广东人民出版社2003年版。

关振东主编：《岭南逸史》，花城出版社2008年版。

郭于华主编：《仪式与社会变迁》，社会科学文献出版社2000年版。

何新：《诸神的起源》，生活·读书·新知三联书店1986年版。

何国强：《围屋里的宗族社会——广东客家族群生计模式研究》，广西民族出版社2002年版。

贺雪峰：《村治的逻辑：农民行动单位的视角》，中国社会科学出版社2009年版。

胡道静、陈莲笙、陈耀庭选：《道藏要籍选刊》，上海古籍出版社1989年版。

胡炜崟：《清代闽粤乡族性冲突之研究》，《台湾师范大学历史研究所专刊》，1996年。

黄伟宗、司徒尚纪主编：《中国珠江文化史》，广东教育出版社2010年版。

黄应贵：《反景入深林：人类学的关照、理论与实践》，商务印书馆2010年版。

[英]吉登斯：《现代性的后果》，田禾译，译林出版社2011年版。

贾二强：《唐宋民间信仰》，福建人民出版社2002年版。

姜振华：《萧凤霞〈华南的代理者和受害人：乡村革命的胁从〉》，《中国学术》，商务印书馆 2000 年版。

蒋祖缘、方志钦主编：《简明广东史》，广东人民出版社 1995 年版。

江绍源：《髪须爪——关于它们的迷信》，中华书局 2007 年版。

金泽、陈进国主编：《宗教人类学》第一辑，民族出版社 2009 年版。

金泽、邱永辉主编：《中国宗教报告》（2008—2010），社会科学文献出版社 2008—2010 年版。

[英] 科大卫：《近代中国商业的发展》，周琳、李旭佳译，浙江大学出版社 2010 年版。

[法] 克洛德·列维-斯特劳斯：《结构人类学》（1）、（2），张祖建译，中国人民大学出版社 2006 年版。

[法] 克洛德·列维-斯特劳斯：《忧郁的热带》，王志明译，生活·读书·新知三联书店 2000 年版。

[美] 克利福德、马库斯编：《写文化：民族志的诗学与政治学》，高丙中、吴晓黎、李霞等译，商务印书馆 2006 年版。

[美] 克利福德·格尔兹：《文化的解释》，纳日碧力戈等译，译林出版社 1999 年版。

[美] 克利福德·格尔兹：《地方性知识》，王海龙、张家瑄译，中央编译出版社 2000 年版。

[美] 克利福德·格尔兹：《追寻事实：两个国家、四个十年、一位人类学家》，林经纬译，北京大学出版社 2011 年版。

[美] 孔飞力：《叫魂：1768 年中国妖术大恐慌》，陈兼、刘昶译，三联书店 1999 年版。

[法] 劳格文主编：《客家传统社会》上、下编，中华书局 2005 年版。

刘平：《被遗忘的战争：咸丰同治年间广东土客大械斗研究》，商务印书馆 2003 年版。

雷雨田主编：《近代来粤传教士评传》，百家出版社 2004 年版。

雷雨田等：《广东宗教简史》，百家出版社 2007 年版。

汤一介主编：《中国宗教：过去与现在——北京国际宗教会议论文集》，北京大学出版社 1992 年版。

[日] 濑川昌久：《族谱·华南汉族的宗族·风水·移居》，钱杭译，

上海书店出版社 1999 年版。

［日］濑川昌久：《客家：华南汉族的族群性及其边界》，［日］河合洋尚、姜娜译，社会科学文献出版社 2013 年版。

李少梅：《中国广东乳源瑶族与瑶语》，民族出版社 2008 年版。

李亦园：《人类的视野》，上海文艺出版社 1996 年版。

梁启超：《先秦政治思想史》，中华书局 1986 年版。

梁肇庭：《中国历史上的移民与族群性：客家人、棚民及其邻居》，冷剑波、周云水译，社会科学文献出版社 2013 年版。

林超富：《北江女神曹主娘娘》，广东人民出版社 2009 年版。

叶涛、周少明主编：《民间信仰与区域社会——中国民间信仰研究论文选》，广西师范大学出版社 2010 年版。

刘思奋等编：《岭南三家诗选》，广东人民出版社 1980 年版。

刘晓春：《仪式与象征的秩序：一个客家村落的历史、权力与记忆》，商务印书馆 2003 年版。

刘志伟：《在国家与社会之间——清明广东里甲赋役制度研究》，中山大学出版社 1997 年版。

林胜俊：《台湾寺庙的职权与功能之研究》，（台北）文史哲出版社 1988 年版。

林庆昌：《妈祖真迹——兼注释、辨析古籍〈勅封天后志〉》，中山大学出版社 2003 年版。

林耀华：《民族学研究》，中国社会科学出版社 1985 年版。

林耀华：《金翼》，庄孔韶、林宗成译，生活·读书·新知三联书店 2008 年版。

鲁刚：《文化神话学》，社会科学文献出版社 2009 年版。

鲁迅：《鲁迅书信集》，人民文学出版社 1976 年版。

路遥主编：《中国民间信仰研究述评》，上海人民出版社 2012 年版。

［美］罗伯特·C. 尤林：《理解文化：从人类学和社会理论视角》，何国强译，北京大学出版社 2005 年版。

罗布江村、徐杰舜主编：《人类学的中国话语》，黑龙江人民出版社 2008 年版。

罗勇主编：《客家学刊》，中国社会科学出版社 2009 年版。

罗雨林编：《荔湾风采》，广东人民出版社 1996 年版。

罗香林：《客家源思考》，《崇正总会20周年纪念特刊》1950年。

吕大吉主编：《宗教学通论新编》，中国社会科学出版社2000年版。

吕大吉、牟钟鉴：《中国宗教与中国文化》第一卷（概说中国宗教与传统文化），中国社会科学出版社2005年版。

麻国庆：《走进他者的世界》，学苑出版社2001年版。

马建钊、乔健、杜瑞乐主编：《华南婚姻制度与妇女地位》，广西民族出版社1994年版。

［德］马克思：《政治经济学批判》，《马克思恩格斯选集》，人民出版社1972年版。

［德］马克斯·韦伯：《经济与社会》，林荣远译，商务印书馆1997年版。

［德］马克斯·韦伯：《中国的宗教：儒教与道教》，康乐、简惠美译，广西师范大学出版社2010年版。

［德］马克斯·韦伯：《经济与历史：支配的类型》，康乐等译，广西师范大学出版社2010年版。

［德］马克斯·韦伯：《支配社会学》，康乐、简惠美译，广西师范大学出版社2010年版。

［英］马林诺夫斯基：《西太平洋的航海者》，梁永佳、李绍明译，华夏出版社2001年版。

［英］马林诺夫斯基：《野蛮人的性生活》，金爽、高鹏译，团结出版社2005年版。

马西沙：《中国民间宗简史》，上海人民出版社2005年版。

毛丹：《一个村落共同的变迁》，学林出版社2000年版。

茅盾：《中国神话研究初探》，江苏文艺出版社2009年版。

［英］莫里斯·弗里德曼：《中国东南的宗族组织》，刘晓春译，上海人民出版社2000年版。

牟钟鉴、张践主编：《中国宗教通史》，社会科学文献出版社2000年版。

潘恩德编著：《全像民间信仰诸神谱》，巴蜀书社2001年版。

彭理福：《道教科范：全真派斋醮科仪纵览》，宗教文化出版社2011年版。

彭维斌：《中国东南民间信仰的土著性》，博士学位论文，厦门大学，

2009 年。

彭兆荣：《人类学仪式的理论与实践》，民族出版社 2007 年版。

皮庆生：《宋代民众祠神信仰研究》，上海古籍出版社 2008 年版。

[英] 齐格蒙特·鲍曼：《全球化——人类的后果》，郭国良、徐建华译，商务印书馆 2001 年版。

覃乃昌：《追问盘古：广西来宾市盘古文化考察札记》，广西人民出版社 2006 年版。

瞿同祖：《中国法律与中国社会》，商务印书馆 2010 年版。

[美] 萨林斯：《文化与实践理性》，赵丙祥译，上海人民出版社 2002 年版。

司徒尚纪：《珠江传》，河北大学出版社 2008 年版。

邵彦敏：《中国农村土地制度研究》，吉林大学出版社 2008 年版。

上海市经济学会、中国经济思想史研究会编：《中国经济思想史论文集》，上海社会科学院出版社 1986 年版。

沈丽华、邵一飞编：《广东神源初探》，大众文艺出版社 2007 年版。

[美] 施坚雅：《中国农村的市场和社会结构》，史建云、徐秀丽译，中国社会科学出版社 1998 年版。

孙丽娟：《清代商业社会的规则与秩序》，中国社会科学出版社 2005 年版。

孙立平：《转型与断裂：改革以来中国社会结构的变迁》，清华大学出版社 2004 年版。

孙尚扬：《宗教社会学》，北京大学出版社 2003 年版。

谭伟伦、曾汉祥主编：《英德的传统地方社会与民俗》，四川大学出版社 2010 年版。

谭元亨：《广东客家史》，广东人民出版社 2010 年版。

谭元亨编著：《客家文化史》，华南理工大学出版社 2009 年版。

谭元亨：《客家圣典：一个大迁徙民系的文化史》，广东高等教育出版社 2012 年版。

谭元亨：《华南两大族群文化人类学建构——重绘广府文化与客家文化地图》，人民出版社 2012 年版。

谭元亨、詹天庠主编：《客家文化大典》，广东教育出版社 2010 年版。

谭同学：《桥村有道》，生活·读书·新知三联书店 2010 年版。

汤一介：《佛教与中国文化》，宗教文化出版社 1999 年版。

田汝康：《芒市边民的摆》，云南人民出版社 2008 年版。

田兆元：《神话与中国社会》，上海人民出版社 1998 年版。

童慧桥：《澳门土地神庙研究》，广东人民出版社 2010 年版。

[德] W. 施密特：《原始宗教与神话》，萧师毅、陈祥春译，上海文艺出版社 1987 年版。

[英] 维克多·特纳：《象征之林——恩登布人仪式散论》，赵玉燕、欧阳敏、徐洪峰译，商务印书馆 2006 年版。

[英] 维克多·特纳：《仪式过程结构与反结构》，黄剑波、柳博赟译，中国人民大学出版社 2006 年版。

[美] 维克多·特纳：《戏剧、场景及隐喻：人类社会的象征性行为》，刘珩、石毅译，民族出版社 2007 年版。

王见川、皮庆生：《中国近世民间信仰》（宋元明清），上海人民出版社 2010 年版。

王建新主编：《南岭走廊民族宗教研究——道教文化融合的视角》，宗教文化出版社 2011 年版。

王建新、刘昭瑞编：《地域社会与信仰习俗——立足田野的人类学研究》，中山大学出版社 2007 年版。

王丽英：《道教南传与岭南文化》，华中师范大学出版社 2006 年版。

王明珂：《羌在汉藏之间》，中华书局 2008 年版。

王铭铭：《社会人类学与中国研究》，生活·读书·新知三联书店 1997 年版。

王铭铭：《村落视野中的文化与权力：闽台三村五论》，生活·读书·新知三联书店 1997 年版。

王铭铭、王斯福主编：《乡土社会的秩序、公正与权威》，中国政法大学出版社 1997 年版。

王青：《中国神话研究》，中华书局 2010 年版。

王霄冰主编：《仪式与信仰——当代文化人类学新视野》，民族出版社 2008 年版。

王增永：《神话学概论》，中国社会科学出版社 2007 年版。

文永辉：《神异资源——一个乡村社区的宗教市场与宗教经营》，博士学位论文，中山大学，2007年版。

乌丙安：《中国民俗学》，辽宁大学出版社1985年版。

乌丙安：《中国民间信仰》，上海人民出版社1996年版。

吴郁文主编：《广东省经济地理》，新华出版社1988年版。

夏建中：《文化人类学理论流派——文化研究的历史》，中国人民大学出版社1997年版。

肖海明：《走向神圣——真武图像的综合研究》，博士学位论文，中山大学，2005年。

肖唐镖：《农村宗族与地方治理报告》，学林出版社2010年版。

谢重光：《客家、福佬源流与族群关系研究》，人民出版社2013年版。

许地山：《扶箕迷信的研究》，商务印书馆2004年版。

徐斌：《明清鄂东宗族与地方社会》，武汉大学出版社2010年版。

徐祖祥：《瑶族的宗教与社会：瑶族道教及其与云南瑶族关系研究》，云南人民出版社2006年版。

严复：《严复集》，中华书局1986年版。

林业强编：《广东出土晋至唐文物》，广东博物馆、香港中文大学文物馆编，1985年。

杨利慧：《神话与神话学》，北京师范大学出版社2009年版。

［美］杨庆堃：《中国社会中的宗教——宗教的现代社会功能与其历史因素之研究》，范丽珠等译，上海人民出版社2006年版。

叶春生、蒋明智：《悦城龙母文化》，黑龙江人民出版社2003年版。

叶显恩主编：《广东航运史》，人民交通出版社1989年版。

余庆绵主编：《广州六榕寺志》，寺庙内部资料，1999年。

张琳：《现代性的信仰困境与信仰塑造》，博士学位论文，复旦大学，2012年。

张蔚：《闹节——山东三大秧歌的仪式性与反仪式性》，中国传媒大学出版社2009年版。

张研：《17—19世纪中国的人口与生存环境》，黄山书社2008年版。

张泽洪：《文化传播与仪式象征：中国西南少数民族宗教与道家祭祀仪式比较研究》，巴蜀书社2007年版。

张振国、吴忠正：《道教常识问答》，上海人民出版社2008年版。

赵春晨、郭华清、伍玉西：《宗教与近代广东社会》，宗教文化出版社 2008 年版。

赵世瑜：《狂欢与日常——明清以来的庙会与民间社会》，生活·读书·新知三联书店 2002 年版。

郑土有、刘巧林：《护城兴市——城隍信仰的人类学考察》，上海辞书出版社 2005 年版。

郑振满：《明清福建家族组织与社会变迁》，中国人民大学出版社 2009 年版。

郑志明：《想象：图像·文字·数字·故事——中国神话与仪式》，贵州人民出版社 2010 年版。

钟宗宪：《炎帝神农信仰》，学苑出版社 1994 年版。

周安安：《重建祖先与神灵——广州蔡氏六村信仰复兴实践研究》，硕士学位论文，中山大学，2010 年。

周大鸣等：《当代华南的宗族与社会》，黑龙江人民出版社 2003 年版。

周大鸣：《人类学导论》，云南大学出版社 2007 年版。

周大鸣：《传统的断裂与复兴——凤凰村信仰与仪式个案研究》，社会科学文献出版社 2000 年版。

周大鸣：《凤凰村的变迁》，社会科学文献出版社 2006 年版。

周建新：《动荡的围龙屋：一个客家宗族的城市化遭遇与文化抗争》，中国社会科学出版社 2006 年版。

周星：《乡土生活的逻辑》，北京大学出版社 2011 年版。

周雪香主编：《多学科视野中的客家文化》，福建人民出版社 2007 年版。

周雪香：《明清闽粤边客家地区的社会经济变迁》，福建人民出版社 2007 年版。

庄孔韶主编：《人类学通论》，山西教育出版社 2002 年版。

期刊类

蔡洪滨、周黎安、吴意云：《宗族制度、商人信仰与商帮治理：关于明清时期徽商与晋商的比较研究》，《管理世界》2008 年第 2 期。

陈春声：《社神崇拜与地域关系研究——樟林三山国王信仰的研究》，《中山大学史学集刊》第二集，1994 年。

陈春声：《信仰与空间社区历史的演变——以樟林的神庙系统为例》，《清史研究》1999 年第 2 期。

陈代光:《论历史时期岭南地区交通发展的特征》,《中国历史地理论丛》1991 年第 3 期。

陈勤建、衣晓龙:《当代民间信仰研究的现状和走向思考》,《西北民族研究》2009 年第 2 期。

陈泽泓:《广东历代祀典及其对民间信仰的影响》,《广东史志》2002 年第 53 期。

范涛:《林美容教授在民间信仰研究中的开拓与创新》,《广西民族学院学报》2001 年第 5 期。

范正义:《社会转型与民间信仰变迁——泉州个案研究》,《世界宗教研究》2010 年第 1 期。

费孝通:《关于我国的民族识别问题》,《中国社会科学》1980 年第 1 期;《谈深入开展民族调查问题》,《中南民族学院学报》1982 年第 3 期。

高丙中:《主文化、亚文化、反文化与中国文化的变迁》,《社会学研究》1997 年第 1 期。

郭华清:《南京国民政府的宗教管理政策论析》,《广州大学学报》2007 年第 2 期。

何方耀、胡巧利:《岭南古代民间信仰初探》,《广东社会科学》2002 年第 6 期。

金泽:《关于"转型时期民间信仰的地位与作用"的几点认识》,浙江大学、浙江省社会科学界联合会:《汉学研究与中国社会科学的推进国际学术研讨会论文集》,2008 年。

科大卫、刘志伟:《宗族与地方社会的国家认同——明清华南地区宗族发展的意识形态基础》,《历史研究》2000 年第 3 期。

李向平:《信仰是一种权力关系的建构——中国社会"信仰关系"的人类学分析》,《西北民族大学学报》2012 年第 5 期。

黎熙元:《神的体系和乡村人的社会视觉》,载(香港)《21 世纪》(网络版)2001 年第 6 期。

黎熙元:《民间仪式的统一与变异:以广东与香港太平醮为例》,《广西民族大学学报》2007 年第 2 期。

林美容:《由祭祀圈到信仰圈——台湾民间社会的地域构成与发展》,《中国海洋发展史论文集》1988 年第 3 期。

林美容:《由祭祀圈来看草屯镇的地方组织》,《中研院民族学研究所集刊》1986年第62期。

刘沛林：《论中国历史文化村落的"精神空间"》，《北京大学学报》（哲学社会科学版）1996年第1期。

刘素霞：《北江流域水上交通与水神信仰关系初探》，《商丘师范学院学报》2012年第8期。

刘志伟：《地域社会与文化的结构过程——珠江三角洲研究的历史学与人类学对话》，《历史研究》2003年第1期。

罗彩娟：《论汉族民间信仰的功利性》，《广西民族学院学报》2005年第3期。

[日]末成道男：《祭祀圈与信者圈——基于台湾苗栗县客家村的事例》，《客家研究辑刊》2011年第2期。

皮庆生：《"中国民间信仰：历史学研究的方法与立场"学术研讨会综述》，《世界宗教研究》2008年第3期。

钱杭：《中国当代宗族的重建与重建环境》，《中国社会科学季刊》1994年第1期。

沈洁：《反对迷信与民间信仰的现代形态——兼读杜赞奇"从民族国家拯救历史"》，《社会科学》2008年第9期。

施振民：《祭祀圈与社会组织——彰化平原聚落发展模式的探讨》，《"中央研究院"民族所集刊》1973年第36期。

泰瑞·雷：《宗教资本：从布迪厄到斯达克》，李文彬编译，《世界宗教文化》2010年第2期。

谭元亨：《客家民系形成于赣的历史文化动因》，《华南理工大学学报》（社会科学版）2004年第3期。

唐仲蔚：《试论社神的起源、功用及其演变》，《青海民族研究》（社会科学版）2002年第3期。

陶思炎、[日]铃木岩弓：《论民间信仰的研究体系》，《世界宗教研究》1999年第1期。

万静：《关于"九井十八庙"的乡土调查报告——兼论商业与民间信仰的互动》，《民俗研究》2009年第2期。

王建新：《人类学视野中的民族宗教研究方法论探析》，《民族研究》2009年第3期。

王守恩：《论民间信仰的神灵体系》，《世界宗教研究》2009年第

4 期。

王维娜:《劳动与山歌——闽西客家山歌传承的文化生态》,《文化遗产》2009 年第 2 期。

王维娜:《婚姻、性别与山歌——传统时期闽西客家山歌的文化生态》,《民间文化论坛》2009 年第 6 期。

王宜峨:《道教的神仙信仰及其造像建筑艺术》,《道教会刊》1986 年第 17 期。

冼剑民、王丽娃:《明清时期广东瑶族的锐减与迁徙》,《中南民族大学学报》(人文社会科学版) 2006 年第 1 期。

向柏松:《传统民间信仰与现代生活》,《中南民族大学学报》2003 年第 1 期。

熊昌锟:《论桂北地区商业发展和民间信仰的互动关系——基于大圩祭祀圈的考察》,《广西民族研究》2011 年第 4 期。

许怀林:《关于客家"同化"与"本地说"的几点辨识》,《客家研究辑刊》2011 年第 1 期。

许嘉明:《祭祀圈之于居台汉人社会的独特性》,《中华文化复兴月刊》1978 年第 6 期。

徐晓望:《试论清代闽粤乡族械斗》,《学术研究》1989 年第 5 期。

叶春生:《广东水神溯源》,《民俗研究》1992 年第 1 期。

叶茂:《略论重农抑商的历史根源》,《中国经济史研究》1989 年第 4 期。

张晓宾、陈宏之:《潮汕民间信仰的窥探——以潮汕传统建筑工艺嵌瓷为视角》,《社科纵横》2010 年第 215 期。

张小军:《象征资本的再生产——从阳村宗族论民国基层社会》,《社会学研究》2001 年第 3 期。

张泽洪:《近现代中国西南少数民族宗教研究述论》,《宗教学研究》2001 年第 2 期。

赵菲菲:《闽东白马尊王信仰源流》,谱牒研究与五缘文化研讨会论文,2008 年。

赵世瑜:《国家正祀与民间信仰的互动——以清明京师的"顶"与东岳庙为个案》,《北京师范大学学报》(社会科学版) 1998 年第 6 期。

郑定、马建兴:《论宗族制度与中国传统法律文化》,《法学家》2002

年第 2 期。

郑土有：《共生互荣：城隍信仰与中国古代城市经济关系研究》，《上海大学学报》2006 年第 4 期。

郑振满、陈春声：《〈国家意识与民间文化的传承——民间信仰与社会空间〉导言》，《开放时代》2001 年第 62 期。

郑志明：《关于"民间信仰"、"民间宗教"与"新兴宗教"之我见》，《文史哲》2006 年第 1 期。

周翠玲：《从宗教到迷信——论岭南民间的信仰特质》，《广东社会科学》1999 年第 6 期。

周建新、刘宇：《客家神灵和地域文化的多元视界——"客家民间信仰与地域社会"国际学术研讨会综述》，《广西民族大学学报》2008 年第 1 期。

周建新：《地方性与族群性：客家民间信仰的文化图像》，《广西民族大学学报》2010 年第 3 期。

朱海滨：《民间信仰——中国最重要的宗教传统》，《江汉论坛》2009 年第 68 期。

外文类

Ahern Emily, *The Cult of Dead In a Chinese Village*. Standford：Stanford University Press, 1973.

Aisha, Khan, Sacred Subversions Syncretized Creoles, the Indo – Caribbean, and "Culture's In – between". *Radical History Review*, Issue 89, Spring 2004.

Apter, Andrew, Herskovits's Heritage Rethinking Syncretism in the African Diaspora. *A Journal of Transnational Studies*, Volume 1, Number 3, Winter 1991.

Asai, Susan, Origins of the Musical and Spiritual Syncretism of Nomai in Northern Japan. *Asian Music*, Vol. 28, No. 2（Spring – Summer, 1997）..

Beatty, Andrew, The Pope in Mexico Syncretism in Public Ritual. *American Anthropologist*, Vol. 108, No. 2. June 2006.

Boas, Franz, *Race, Language and Culture*. New York：Macmillan, 1982.

Bodley, H. John, *Victims of Progress*, 5th edition. Plymouth：AltaMira Press, 2008.

Bourdieu, P. and Loic J. D. Wacquant, 1992 An Invitation to Reflexive Sociology, Cambridge: Polity Press in association with Blackwell Publishers.

Bourdieu, P. and LoicJ. D. Wacquant, *The Field of Cultural Production*, Edited and Introduced by Randal Johnson. Cambridge: Polity Press.

Bourdieu, P. and Loic J. D. Wacquant, *Social Space and Symbolic Power*, Sociological Theory 1989, 7(1).

Compbell, Joseph, *Transformations of Myth through Time*, 1st ed., New York: Perennial Library.

De Groot, J. J. M., *The Religious System of China*. Volume I, Dans Le Cadre De La Collection: "Les Classiques des Ssciences Sociales" Fondée et Dirigée par Jean – Marie Tremblay, http://classiques.uqac.ca.

Eric R. Wolf, *Peasants*. New Jersey: Prentice Hall, 1966.

Feuchtwang, Stephan, *Popular Religion in China—The Imperial Metaphor*. Surrey: Curzon Press, 2001.

Frankfurter, David, Syncretism and the Holy Man in Late Antique Egypt. *Journal of Early Christian Studies*, Volume 11, Number 3, Fall 2003.

Gellner, N. David, For syncretism., The position of Buddhism in Nepal and Japan compared. *Social Anthropology* (1997), 5, 3.

Grayson, Huntley James, The accommodation of Korean Folk Religion to the Religious Forms of Buddhism an Example of Reverse Syncretism. *Asian Folklore Studies*, 51.2 (Oct. 1992).

Goh, P. S. Daniel, Introduction – Religious Syncretism and Everyday Religiosity in Asia. *Asian Journal of Social Science* 37 (2009).

Haeger, John Winthrop, The Intellectual Context of Neo – Confucian Syncretism. *The Journal of Asian Studies*, Vol. 31, No. 3 (May, 1972).

Hellmut Wilhelm, The Problem of Within and Without, a Confucian Attempt in Syncretism. *Journal of the History of Ideas*, Vol. 12, No. 1 (Jan., 1951).

Heusch, Luc de, *Kongo in Haiti: A New Approach to Religious Syncretism, Man*. New Series, Vol. 24, No. 2 (Jun., 1989).

Hill, Thomas D., The Rod of Protection and the Witches' Ride Christian and Germanic Syncretism in Two Old English Metrical Charms. *Journal of Eng-*

lish and Germanic Philology, Vol. 111, Number 2, April 2012.

Jing, Jun, *The Temple of Memories: History, Power and Morality in a Chinese Village.* Stanford University Press, 1998.

Kanatsouli, Meni, Religious Syncretism in Modern Greek Children's Literature. *Children's Literature Association Quarterly*, Volume 24, Number 1, Spring 1999.

Kent, F. Eliza, Secret Christians of Sivakasi Gender, Syncretism, and Crypto – Religion in Early Twentieth – Century South India. *Journal of the American Academy of Religion*, September 2011, Vol. 79, No. 3.

Levenson, T. Alan. Syncretism and Surrogacy in Modern Times: Two Models of Assimilation. *An Interdisciplinary Journal of Jewish Studies*, Vol. 30, No. 1, 2011.

Claude, Levi – Strauss, *The Elementary Structures of Kinship.* Beacon Press, 1971.

Morrison, Kenneth M., Baptism and Alliance The Symbolic Mediations of Religious Syncretism. *Ethnohistory*, Vol. 37, No. 4 (Autumn, 1990); *Native Americans, Christianity, and the Reshaping of the American Religious Landscape*, Edited by Joel W. Martin and Mark A. Nicholas. Chapel Hill: University of North Carolina Press, 2010.

Mueggler, Erik, *The Age Of Wild Ghosts: Memory, Violence, and Place in Southwest China.* University of California Press, 2001.

Naylor, Larry L., *Culture and Change: An Introduction.* Westport: Bergin & Garvey, 1996.

Nutini, Hugo G., *Education Syncretism and Acculturation: The Historical Development of the Cult of the Patron Saint in Tlaxcala.* Mexico (1519 – 1670), Ethnology, Vol. 15, No. 3 (Jul., 1976).

Peel, J. D. Y., *Religion in Africa: Experience and Expression*, Edited by Thomas D. Blakely, Walter E. A. van Beek, Dennis Thomson, *Journal of Religion in Africa*, Vol. 26, Fasc. 2 (May, 1996); Gender in Yoruba Religious Change. *Journal of Religion in Africa*, Vol. 32, Fasc. 2, the Politics of Mission (May, 2002).

Potter, S. and J. Porter, *China's Peasants.* Cambridge: Cambridge University Press, 1991.

Redfield, Robert, *Peasent Society and Culture: An Anthropological Approach to Civilization*. Chicago: The University of Chicago Press, 1956.

Sangren P. Steven, Orthodoxy Heterodoxy, and the Structure of Value in Chinese Rituals. *Modern China*, Vol. 13, No. 1, *Symposium on Hegemony and Chinese Folk Ideologies*, Part Ⅰ. Jan. , 1987.

Sharaby, Rachel, *Looking Forward and Backward Modern and Traditional Gender Patterns among Yemenite Immigrant Women in a Moshav*. A Journal of Jewish Women's Studies and Gender Issues, Number 8, Fall 5765/2004.

Siu, Helen F. , Recycling Tradition: Culture, History, and Political Economy in the Chrysanthemum Festivals of South China. *Comparative Studies in Society and History*, Vol. 32, No. 4. Oct. , 1990.

Siu, Helen, *Agent and Victims in South China*. London: Yale University Press, 1989a.

Smith, Henry N. , *Beyond Dual Religious Belonging: Roger Coreless and Explorations in Buddhist – Christian Identity*. Buddhist – Christian Studies, Vol. 17 (1997).

Stewart, Charles, Syncretism and Its Synonyms: Reflections on Cultural Mixture. *Diacritics*, Vol. 29, No. 3 (Autumn, 1999).

Twinem, Paul de Witt, Morden Syncretic Religious Societies in China I. *The Journal of Religion*, Vol. 5, No. 5 (Sep, 1925).

Tylor, E. B. , *On a Method of Investigating the Development of Institution: Applied to Laws of Marriage and Descent*, *Cross Cultural Methodology*, edited by F. W. Moore, New Haven: HRAF Press, 1970.

Wanlass, Ramona, *The Goddess, Syncretism, and Patriarchy*, Women in Judaism: A Multidisciplinary Journal Winter 2011 Volume 8 Number 2.

Watanabe, M. John, From Saints to Shibboleths Image, Structure, and Identity in Maya Religious Syncretism. *American Ethnologist*, Vol. 17, No. 1 (Feb. 1990).

Wissler, C. , *Man and Culture*, New York: Crowell, 1923.

Wolf, Daniel, *Feminist Dilemmas in Fieldwork*. Westview Press, 1996.

Yang, Kao – Ly, The Meeting with Guanyin, the Goddess of Mercy: A

Case Study of Syncretism in the Hmong System of Beliefs. *Hmong Studies Journal*, *Vol. 7.*

［日］冈田谦：《台湾北部に于はる祭祀圈》，《民族学研究》1938年第4期。

史志·字典类

（汉）司马迁：《史记》。

（汉）班固：《汉书》。

（三国）陈寿：《三国志》。

（隋）费长房：《历代三室记》。

（唐）房玄龄：《晋书》。

（宋）朱熹集注：《四书集注》，陈戍国标点，岳麓书社2004年版。

（明）邱濬：《广文献公开大庾岭路碑阴记》。

（明嘉靖）《广东通志初稿》。

（明嘉靖）《广东通志》。

（清）黄佐：《广东通志》。

（清）《屈大均全集》，人民文学出版社1996年版。

（清）翁方纲：《粤东金石略补注》，欧广勇、伍庆禄补注，广东人民出版社2012年版。

（清）仇巨川：《羊城古钞》，陈宪猷校注，广东人民出版社2011年版。

（清）阮元等撰：《岭南史志三种》，杨伟群、林梓宗、李默点校，广东人民出版社2011年版。

（清）阮元主修：《广东通志·金石略》，梁中民点校，广东人民出版社2011年版。

（清）《雍正重修英德县志》。

（清嘉庆）《增城县志》。

（清道光）《广东通志》。

（清道光）《东安县志》。

（清光绪）《九江儒林乡志》。

《道光英德县志》。

《英德县志》。

《英德年鉴》（2003—2005）。

《清远县志》。

《翁源县志》。

《阳山县志》。

罗敬祥：《番禺县志》，广东人民出版社 1995 年版。

广州市志方志编纂委员会：《广州市志》，广州出版社 1995 年版。

《清远文史·连南瑶族文史专辑》，清远市政协文史资料编辑委员会，1995 年。

《史记集解索引正义》，中华书局 1999 年版。

胡平生、陈美兰译注：《礼记·孝经》，中华书局 2007 年版。

陈秋平、尚荣译著：《金刚经、心经、坛经》，中华书局 2007 年版。

（清）张玉书等编纂：《〈康熙字典〉：标点整理本》，汉语大词典出版社 2002 年版。

李恩江等编：《文白对照〈说文解字〉译述》，中原农民出版社 2000 年版。

刘玉刚：《中华字海》，上海古籍出版社 2008 年版。

《新华字典》第十版，商务印书馆 2004 年版。

《圣经》。

网络资料

金羊网：《新快报》，http://www.sina.com.cn，2007 年 6 月 16 日。

大洋网：《广州日报》，2010 年 7 月 22 日。

财新网：《新世纪》，2010 年 5 月 14 日。

庞进：《鸡与凤凰》，http://www.cdragon.com.cn/Rlwkx.asp?NewsID=323，2005 年 12 月 1 日。

后 记

从本书选题伊始，我便一直难以决断。直到去广州荔湾区增埗社区的一次调研，偶然发现了当地独特的曹主信仰，进而了解到粤北英德也存在曹主信仰，从此开始了我艰苦而又富有意义的田野调查和书稿撰写。如今拙作已处于完善阶段，从2009年开始调查到现在转眼四年，回顾这一切，还是有一点点感慨。本人自幼顽劣，自认资质平平，没有人认为我会在学业上取得多少成功。在家人、师长和朋友们一直以来对我的鼓励、鞭策之下，走到现在这一步，心中充满无限感激。

首先，我要感谢我的父亲和妻子一直以来给予我无私的爱和支持。如果没有他们的支持，我不可能完成从本科到现在的成果。其次，我要感谢我的博士导师王建新教授。他一直教导我"做学问等于做人"，要高标准地要求自己。学习乃是一门艺术，没有巅峰和尽头，唯有不懈努力，待到老来之时回首人生，对得起自己匆匆这几十年。在马丁堂这座古老而又年轻的建筑里，我有幸聆听到人类学系师长们对我的谆谆教导和鼓励。亲和朴实的邓启耀老师、刘昭瑞老师在民间信仰研究方面给予我多方指点。学识渊博的麻国庆老师、幽默风趣的朱健刚老师，都给予我本书写作上许多有益的启发。尤其要感谢周大鸣老师对我无微不至的照顾。同时，还要感谢张应强老师、何国强老师以及谭同学老师给我很多宝贵的建议，使得本书能够再上一个台阶。

另外，我要感谢在田野调查过程中给予我无私支持和帮助的各位贵人。我要衷心地感谢《北江女神曹主娘娘》的作者林超富先生，在读他的书和与他交谈过程中给予了我写作和创意上的诸多灵感。我要感谢英德的邓文阿叔、邓师傅、九叔、赖师傅兄弟，在我田野调查的过程中，他们作为英德通，给予了我田野调查太多的帮助。我还要特别感谢连江口镇张美灵小姐他们一大家子十几口人，作为我田野调查中的几个关键信息提供人，给予我田野调查的巨大帮助和支持。我要感谢广州荔湾区增埗社区给予我田野调查热心帮助的众位乡贤，尤其是两位"八婶"。我还要感谢给予我技术上支持的朋友们，他们包括叶玩璋、江欣桃、陈丹萍、陈丽君、黄嘉欣、王克女、奚晓萍、温乐思、林红等人。

要特别感谢张晶晶、王磊、王田、杜洁莉等一干同窗们，以及汤旭、郑谦、林丹、龚霓、詹虚致、毛晴心等一众师弟妹们，他们给予我学术上的砥砺和分享。最后，我还要感谢杨熊端博士和她的家人、叶丁夫妇、李旻杰和李雨林，在我最需要帮助的时候伸出援助之手。

在此，我还要诚挚感谢为我及拙作劳心劳力的周建新先生，正是因为他的拳拳盛情和对本人学术上的关心，这本书才得以梓行。同时，中国社会科学出版社卢小生等各位编辑朋友，为拙作投注大量精力和时间，没有他们认真细致的校阅和编辑，我的书不会这么顺利地出版。在我博士阶段及毕业以后，黎熙元老师一直对我的学术和工作予以深切关怀与提携。人生路上有幸结识这位师者，是我的福分。

书山学海，吾辈唯有勤奋和努力，才能不至于成为浅薄的研究者。路漫漫其修远兮，吾将上下而求索。砺心耕读，暮春不晚。谨以此自勉。

2014 年 12 月 17 日
加拿大北英属哥伦比亚大学